内蒙古自治区
经济社会
发展报告 2015

REPORT ON ECONOMIC AND SOCIAL DEVELOPMENT OF INNER MONGOLIA AUTONOMOUS REGION，2015

内蒙古自治区社会科学院

主　编　　张志华

副主编　　王关区　天　莹　焦志强
　　　　　崔树华　双　宝

内蒙古出版集团
远　方　出　版　社

目　　录

综合篇

经济发展篇

社会发展篇

地区发展篇

专题研究篇

综合篇

关于《内蒙古自治区党委关于制定国民经济和社会发展第十三个五年规划的建议》的说明

——王君同志在自治区党委第九届委员会第十四次全体会议上的讲话

受自治区党委常委会委托，现在，我就《内蒙古自治区党委关于制定国民经济和社会发展第十三个五年规划的建议》起草的有关情况向全委会作说明。

一、建议稿起草的背景和过程

“十三五”时期是全面建成小康社会、实现我们党确定的“两个一百年”奋斗目标第一个百年奋斗目标的决胜阶段。制定一个顺应时代要求、符合区情实际、凝聚各方面力量的“十三五”规划建议，描绘好内蒙古未来5年的发展蓝图，对指导“十三五”规划纲要编制、引领“十三五”时期经济社会发展，具有十分重要的意义。

自治区党委高度重视建议稿的起草工作，在去年底召开的九届十三次全委会暨全区经济工作会议上，就对制定“十三五”规划建议提出明确要求。今年年初，自治区党委、政府针对全区经济社会发展中的重大战略问题，确定了一批重大课题，委托有关部门、高校、研究机构开展专题调研，形成了一批重要研究成果。自治区党委常委和人大、政府、政协有关领导同志，围绕适应和引领经济发展新常态、加快转变经济发展方式、建设“五大基地”、推进农村牧区“十个全覆盖”工程等重大问题进行了全面系统的调查研究，为建议稿的起草作了充分准备。

4月下旬，自治区党委成立了由我担任组长、有关方面负责同志参加的文件起草组，在自治区党委常委会领导下开展起草工作。半年多来，文件起草组认真学习习近平总书记系列重要讲话和考察内蒙古重要讲话精神，学习中央有关文件精神，深入开展调查研究，广泛听取各方面意见建议，全力以赴投入起草工作，形成了建议初稿。期间，自治区党委多次召开常委会议，对建议稿的指导思想、基本原则、发展目标、主要任务等重大问题，进行了深入研究讨论，提出了明确具体要求。按照常委会的意见和要求，文件起草组对建议稿进行了反复修改，形成了《建议》征求意见稿。

党的十八届五中全会闭幕后，自治区党委分别召开盟市委书记、区直部门单位负责人、民主党派工商联负责人和无党派人士、专家学者座谈会，认真学习党的十八届五中全会和习近平总书记重要讲话精神，广泛听取有关方面的意见建议，在涉及今后长远发展的若干重大问题上，进一步统一了思想、形成了共识。11月9日，建议稿印发自治区各大班子和各盟市、各部门、各单位党委(党组)以及省级离退休老同志、自治区第九次党代会代表征求意见，先后有3000多人参加讨论，提出修改意见560多条。11月13日，自治区党委召开党外人士座谈会，再次征求了各民主党派、工商联负责人和无党派人士的意见。对各方面的意见和建议都认真进行分析研究，尽可能吸收采纳。11月16日，自治区党委常委会讨论并原则通过了建议稿，决定提交本次全委会议讨论。

历经多半年，数易其稿，建议稿凝结着集体的智慧，承担着历史的使命。可以说，建议稿的形成过程，既是深刻把握内蒙古发展的阶段性特征，进一步统一思想认识、凝聚广泛共识的过程，也是坚持党的思想路线和群众路线，推进科学决策、民主决策的过程。

二、建议稿的主要考虑和基本框架

建议稿的起草，突出了3个方面的考虑：

第一，主动适应、积极引领经济发展新常态，加快转变经济发展方式。经济发展进入新常态，是党中央顺应经济发展规律、把握经济发展趋势作出的重大战略判断。新常态下，经济增长速度从高速转向中高速，发展方式从规模速度型转向质量效率型，经济结构调整从增量扩能为主转向调整存量、做优增量并举，发展动力从主要依靠资源和低成本劳动力等要素投入转向创新驱动。这些趋势性变化，没有改变重要战略机遇期的判断，改变的是重要战略机遇期的内涵，使重要战略机遇期由加快发展速度的机遇转变为加快经济发展方式转变的机遇，由规模快速扩张的机遇转变为提高发展质量和效益的机遇。谋划“十三五”时期经济社会发展，必须充分考虑经济发展新常态的趋势和要求，更加自觉地坚持以提高经济发展质量和效益为中心，大力推进经济结构战略性调整，加快形成适应经济发展新常态的发展方式。

第二，牢固树立、切实贯彻发展新理念，不断开拓新的发展境界。发展理念是发展行动的先导，从根本上决定着发展的成效乃至成败。党的十八届五中全会在深刻总结国内外发展经验教训、深刻分析国内外发展大势的基础上，针对我国发展中的突出矛盾和问题，提出创新、协调、绿色、开放、共享的发展理念。这“五大发展理念”相互贯通、相互促进，集中体现了改革开放30多年来我国的发展经验，集中体现了“十三五”乃至更长时期我国的发展思路、发展方向、发展着力点，进一步丰富发展了中国特色社会主义理论体系，是全面建成小康社会、实现“两个一百年”奋斗目标的思想指引和行动指南。谋划“十三五”时期经济社会发展，必须树立和贯彻“五大发展理念”，坚定自觉地用新的发展理念破解发展难题、增强发展动力、厚植发展优势，以新的发展理念引领发展实践、开拓发展境界。

第三，准确把握、努力实现发展新目标，确保如期建成全面小康社会。到2020年全面建成小康社会，是我们党确定的“两个一百年”奋斗目标的第一个百年奋斗目标。新世纪以来，自治区党委紧紧扭住这一奋斗目标，团结带领全区上下奋发努力，取得了全面建设小康社会的巨大成就。现在，实现这一目标走到了需要一鼓作气向终点线冲刺的历史时刻，今后5年我们的各项任务归结起来就是全面建成小康社会。谋划“十三五”时期经济社会发展，必须紧扣全面建成小康社会奋斗目标，清醒认识和把握实现这一目标具备的充分条件、面临的艰巨任务，提出并落实更具明确政策导向、更加针对发展短板、更好顺应人民意愿的目标要求，下大气力破解制约全面建成小康社会的重点难点问题，动员全区各族人民奋力夺取全面建成小康社会决胜阶段的伟大胜利，如期实现第一个百年奋斗目标。

建议稿的起草，着重把握了3条原则：

第一，全面贯彻中央精神，以中央精神指导谋划发展。党的十八大以来，以习近平同志为总书记的党中央，坚持和发展中国特色社会主义，形成一系列治国理政的新理念新思想新战略，为在新的历史条件下深化改革开放、加快推进社会主义现代化提供了科学理论指导和行动指南。习近平总书记在我区考察时，对我们提出守望相助、把祖国北部边疆这道风景线打造得更加亮丽的殷切希望，为当前和今后一个时期内蒙古发展指明了前进方向。制定“十三五”规划建议，必须全面贯彻党的十八大和十八届三中、四中、五中全会精神，全面贯彻习近平总书记系列重要讲话和考察内蒙古重要讲话精神，全面贯彻党中央各项决策部署，坚定自觉地在思想上政治上行动上同以习近平同志为总书记的党中央保持高度一致。

第二，准确把握区情特点，结合实际创造性地系统谋划。新常态下，我区的发展条件、外部环境、比较优势都发生了深刻变化，经济发展呈现出许多不同于以往的新情况新特点。制定“十三五”规划建议，既要着眼“四个全面”战略布局和“五位一体”总体布局全面部署，又要从区情实际出发，针对薄弱环节和滞后领域集中攻关，使“十三五”时期我区发展的指导思想、基本原则、目标要求和重大任务更加符合中央要求，更加符合区情实际，更加符合人民意愿，更具有针对性和可操作性。

第三，坚持完善发展思路，保持发展的连续性稳定性。近年来，自治区党委深入贯彻习近平总书记系列重要讲话和考察内蒙古重要讲话精神，深入贯彻中央决策部署，不断深化对区情实际的认识和把握，与时俱进地丰富和完善发展思路，作出一系列重大决策、重大部署、重大举措。实践证明，这些决策、部署和举措，与党中央要求高度契合，与自治区实际高度契合，已经成为全区上下的广泛共识和一致行动。制定“十三五”规划建议，要充分体现党的十八大以来自治区党委理论创新和实践创新成果，坚持完善在实践中探索形成的发展思路，以更好地指导和推动内蒙古的发展。

考虑建议通过后，还要根据建议制定“十三五”规划纲要，两个文件之间要有合理分工。所以，建议在内容上重点是贯彻“五大发展理念”，明确我区“十三五”发展的方向、思路、重点任务、重大举措，而一些具体的工作部署则留给纲要去规定，以更好地体现和发挥建议的宏观性、战略性、指导性。

在结构上，建议稿分三大板块、十个部分。导语和第一部分、第二部分构成第一板块，第一部分讲全面建成小康社会决胜阶段的形势和指导思想，总结“十二五”时期的发展成就，分析“十三五”时期发展环境的基本特征，提出“十三五”时期发展的指导思想和必须遵循的原则。第二部分讲“十三五”时期经济社会发展的主要目标和基本理念，提出全面建成小康社会新的目标要求，强调牢固树立、切实贯彻创新、协调、绿色、开放、共享的发展理念。

第三至第九部分构成第二板块，第三部分讲推动经济持续健康发展、壮大地区综合经济实力，从释放有效需求、加强基础设施建设、推进农牧业现代化、促进工业转型升级、发展现代服务业、培育壮大市场主体、加强经济运行调控和治理7个方面展开。第四部分讲坚持创新发展、提高发展质量和效益，从实施创新驱动发展战略、增强区域创新能力、拓展发展新空间、构建产业新体系、推动金融创新、发展互联网经济、构建发展新体制7个方面展开。第五部分讲坚持协调发展、增强发展整体性，从推动城乡协调发展、推动区域协调发展、推动物质文明和精神文明协调发展、推动军民融合发展4个方面展开。第六部分讲坚持绿色发展、建设我国北方重要生态安全屏障，从促进人与自然和谐共生、加快建设主体功能区、加强自然生态系统保护和修复、加强环境综合整治、推动低碳循环发展、全面节约和高效利用资源6个方面展开。第七部分讲坚持开放发展、提高开放型经济水平，从深度融入“一带一路”建设战略、提高对俄罗斯蒙古的开放合作水平、深化国内区域合作3个方面展开。第八部分讲坚持共享发展、增进人民福祉，从增加公共服务供给、实施脱贫攻坚工程、提高教育质量、促进就业创业、提高居民收入水平、建立更加公平更可持续的社会保障制度、推进健康内蒙古建设、做好人口和老龄化工作8个方面展开。第九部分讲推进和谐内蒙古建设、筑牢祖国北疆安全稳定屏障，从巩固和加强民族团结、推进全面依法治区、加强和创新社会治理3个方面展开。

第十部分和结束语构成第三板块，第十部分讲加强和改善党的领导、为实现“十三五”规划提供坚强保证，从完善党领导经济社会发展工作体制机制、动员各族人民团结奋斗、加强人才队伍建设、以优良作风推动事业发展、确保“十三五”规划落到实处5个方面展开。结束语号召全区各级党组织和广大党员干部群众，守望相助、团结奋斗，共同夺取全面建成小康社会决胜阶段的伟大胜利。

三、需要重点说明的几个问题

建议稿紧紧围绕全面建成小康社会目标，提出一系列新的发展要求和重大举措。这里，就其中几个重点问题作简要说明。

第一，关于经济保持中高速增长。建议稿提出，今后5年我区经济要保持中高速增长，也就是要继续保持高于全国平均水平的增长速度。这是因为，我区是欠发达地区，在基础设施、产业发展、农村牧区、社会事业、人民群众生活水平等方面同先进地区相比还有一定差距，有的差距还比较大。要缩小这些差距，必须以高于全国平均水平的速度持续发展。

保持经济中高速增长，关键在自身，关键看作为。经过新世纪以来特别是近年来的持续发展，我区具备了一定规模的经济体量，特色优势产业加快发展，基础设施条件明显改善，奠定了较为坚实的物质基础。这些年，有效投入不断累积，“五大基地”建设深入推进，一批重大项目将陆续建成投产，新的经济增长点加快培育形成，发展潜力和后劲较大。随着创新驱动发展战略深入实施和改革开放不断深化，新产业、新技术、新模式、新业态大量涌现，发展动力进一步增强。尤为可贵的是，近年来全区上下心齐气顺、风正劲足，各族干部群众干事创业的热情空前高涨，这是我们事业发展最为宝贵的精神财富和力量源泉。只要我们抓住机遇，积极作为，保持高于全国平均水平的增长速度是能够实现的。

发展要有一定速度，但这个速度必须是尊重经济规律，有质量、有效益、没水分、可持续的速度。我区各地资源禀赋、比较优势、发展基础不同，发展速度不可能整齐划一，有条件的地方可以也应当发展得快一些。各级在谋划和推动发展时，一定要坚持以质量和效益为中心，只要投资有效益、产品有市场、企业有利润、员工有收入、政府有税收，发展起来能快就不要慢。

第二，关于户籍人口城镇化率加快提高。户籍人口城镇化率直接反映城镇化的健康程度。2014年，我区城镇常住人口1490.6万，常住人口城镇化率59.5%；全区非农业人口1016.6万，户籍人口城镇化率41.4%。这就意味着474万以农民工为主体的外来常住人口，目前在城镇还不能平等享受就业、住房、医疗、子女入学、社会保障等基本公共服务。

建议稿按照中央要求，结合自治区实际，提出了户籍人口城镇化率加快提高的目标，也就是要实现自治区推进新型城镇化意见和规划确定的到2020年户籍人口城镇化率超过50%的目标。以这一目标倒推，“十三五”时期全区户籍人口城镇化率年均需提高1.4个百分点，5年解决210多万农民工和其他常住人口在城镇定居落户问题。

提高户籍人口城镇化率，关键要从深化改革、加快发展上找出路。要进一步加大自治区户籍制度改革意见落实力度，加快完善相关配套政策，健全财政转移支付同农牧业转移人口市民化挂钩机制，建立城镇建设用地增加规模同吸纳农牧业转移人口落户数量挂钩机制，依法维护进城落户农牧民土地承包权、宅基地使用权、集体收益分配权，促进有能力在城镇稳定就业和生活的农牧业转移人口举家进城落户，让转移进城农牧民从生产方式到生活方式实现由乡到城的转变，真正过上和城里人一样的生活。

第三，关于实施脱贫攻坚工程。农村牧区贫困人口脱贫是全面建成小康社会最艰巨的任务。中央要求，到2020年我国现行标准下(按2010年不变价计算2300元)农村贫困人口实现脱贫、贫困县全部摘帽、解决区域性整体贫困。2011年，我区确定了高于国家的脱贫标准，即农区2600元、牧区3100元，这对加快脱贫进程起到了促进作用，但也出现了与国家扶持政策、考核标准衔接不够的问题。为了在“十三五”时期更好地与国家扶持政策、考核标准相衔接，自治区决定今后5年的脱贫攻坚统一执行国家标准。自治区原定的脱贫标准线下贫困人口，继续纳入扶持范围，享受相关扶持政策，加大工作推进力度，但不作为全区的脱贫考核对象。

按照国家统一标准，去年底我区还有98万农村牧区贫困人口，通过实施脱贫攻坚工程，实施精准扶贫、精准脱贫，这98万贫困人口脱贫目标是完全可以实现的。具体讲，到2020年，通过产业扶持，可以解决47.1万人脱贫；通过转移就业，可以解决13.5万人脱贫；通过易地搬迁，可以解决20.2万人脱贫，总计80.8万人。还有17.2万完全或部分丧失劳动能力的贫困人口，可以通过全部纳入低保覆盖范围，实现社保政策兜底脱贫。

第四，关于转方式调结构。建议稿把转方式调结构作为"十三五"时期的关键任务进行了系统阐述，从调整优化产业结构、城乡结构、区域结构三个方面作出部署，进一步明确了转方式调结构的主攻方向、实现路径和工作要求。

加快转方式调结构，是国内外发展的大势所趋，更是内蒙古自身发展的紧迫要求。从稳定经济增长看，当前我区经济运行中遇到的困难和问题，虽然有市场趋紧、需求减弱等因素的影响，但归根结底是结构性问题，只有加快转方式调结构，才能有效克服经济下行压力，巩固和拓展经济发展的良好态势。从增强发展后劲看，随着市场环境变化和发展要求提高，支撑我区经济高增长的因素逐步消减，传统竞争优势趋于弱化，产业结构单一、创新驱动不足的弊端愈加凸显，只有加快转方式调结构，才能培育形成新的经济增长点，为长期发展注入新的动力。从破解发展难题看，经过新世纪以来的快速发展，我区一些长期累积的深层次矛盾逐步显现，发展中不平衡、不协调、不可持续问题日益突出，只有加快转方式调结构，才能从根本上解决制约发展的矛盾和问题，增强发展的均衡性协调性。这些都充分说明，我区经济已经走到了只有转方式调结构才能持续健康发展的关键阶段，早转早见效早主动，慢转积累的问题会越多，后续发展会更加被动。

"十三五"时期是转方式调结构的重要窗口期。我们一定要进一步增强责任感和紧迫感，按照总书记考察我区时提出的重要要求，推动转方式同调整优化产业结构相结合、同延长资源型产业链相结合、同创新驱动发展相结合、同节能减排相结合、同全面深化改革开放相结合，着力改变简单的粗放型资源开发模式，提高资源综合利用率和产业精深加工度，加快形成优势突出、结构合理、创新驱动、区域协调、城乡一体的发展新格局。

第五，关于“三农三牧”工作。我区有1亿多亩耕地、13亿亩草原，已具备年产粮500多亿斤、牲畜存栏1亿多头(只)的综合生产能力，是国家重要的农畜产品生产基地。目前，全区尚有1000多万人生活在农村牧区，580多万人直接从事农牧业生产，占全部从业人员的44.7%。这些基本区情，决定了“三农三牧”工作始终是自治区全局工作的重中之重。

近年来，自治区党委认真贯彻落实党在农村牧区的各项方针政策，不断加大惠农惠牧政策力度，推动“三农三牧”工作取得长足进步。同时我们也要看到，虽然农牧业经济平稳发展，但农牧业科技含量和劳动生产率较低，规模化集约化产业化经营水平不高，农牧业基础仍很薄弱；虽然农牧民收入持续增长，但增收的渠道较窄，工资性、财产性收入比例偏低，农牧民生活水平和质量亟待提高；虽然农村牧区面貌加快改观，但由于历史欠账较多，社会事业发展、基础设施建设和基本公共服务仍然滞后。这就要求我们，必须把“三农三牧”工作摆在更加重要的位置，把握农牧业发展的新特点新规律，适应农村牧区工作的新形势新任务，顺应农牧民过上美好生活的新期待新愿景，以农牧业现代化为主攻方向，全面落实建议作出的各项部署，扎实有效地做好“三农三牧”工作，让农牧业强起来、农牧民富起来、农村牧区美起来。

第六，关于生态环境保护。总书记考察我区时指出：“内蒙古的生态状况如何，不仅关系内蒙古各族群众生存和发展，也关系华北、东北、西北乃至全国生态安全”，要求我们“努力把内蒙古建成我国北方重要的生态安全屏障”。党的十八届五中全会提出了绿色发展的重要理念，强调坚持绿色发展、建设美丽中国，促进人与自然和谐共生。建议稿对我区“十三五”时期坚持绿色发展作出全面部署，这既是贯彻落实总书记考察我区重要讲话和五中全会精神的重大政治任务，也是建设我国北方重要生态安全屏障和实现绿色富区、绿色惠民的必然要求。

对于绿色发展的战略意义和目标任务，我们在思想认识上必须要有新飞跃。一定要看到，内蒙古横跨“三北”，是我国北方面积最大、种类最齐全的生态系统，在国家生态安全大局中具有重要地位。保护和建设好我区的生态环境，既是内蒙古自身发展的需要，更是维护国家生态安全的需要，必须作为重大战略任务坚持不懈地抓紧抓好；一定要看到，绿色生态是内蒙古的最大优势和最响亮的品牌，依托绿色资源、发展绿色经济，是我区实现永续发展的必然途径和最大潜力；一定要看到，绿色是人民对美好生活追求的重要体现，必须顺应各族人民对清新空气、干净饮水、安全食品、优美环境的期待和要求，着力改善生态环境，为广大群众提供更多更好的生态产品。总之，在今后的发展中，全区上下都要把绿色发展的理念树得更牢，把改善生态环境的工作抓得更实，加快形成绿色发展方式和生活方式，努力实现生产发展、生活富裕、生态良好的有机统一，让内蒙古大地青山常在、绿水长流、蓝天永驻。

第七，关于扩大对外开放。内蒙古是我国向北开放的重要前沿，具有沿边开放的独特优势。总书记在考察我区时要求我们：“要通过扩大开放促进改革发展，发展口岸经济，加强基础设施建设，完善同俄罗斯、蒙古合作机制，深化各领域合作，把内蒙古建成我国向北开放的重要桥头堡。”随着国家“一带一路”建设和经略周边等战略的深入实施，我区在国家对外开放格局中的地位更加重要、作用更加凸显。党的十八届五中全会提出开放发展理念，丰富了对外开放的内涵，必将进一步提高对外开放质量和发展的内外联动性，为我区发挥区位优势、发展开放型经济提供了新的历史机遇。

建议稿以建设我国向北开放重要桥头堡为目标，对我区坚持开放发展、提高开放型经济水平提出了明确要求，具有很强的指导性和针对性。我们一定要按照党中央和自治区党委的要求，牢固树立开放发展的理念，深度融入国家“一带一路”建设战略，全方位扩大对外开放特别是对俄蒙的开放，全方位扩大对内开放特别要加强同京津冀、长三角、珠三角等发达经济区的合作，以扩大开放带动创新、推动改革、促进发展，加快构建面向北方、服务内地的对外开放新格局，努力走出一条边疆民族地区开放发展的新路子。

第八，关于和谐内蒙古建设。社会和谐是中国特色社会主义的本质属性。我区是边疆民族地区，巩固发展民族团结大局、确保祖国北疆安全稳定，既是我们必须履行的重大政治责任，也是各族人民的根本利益所在。总书记考察我区时，殷切希望全区各族干部群众守望相助，守好家门、守好祖国边疆、守好内蒙古少数民族美好的精神家园，把内蒙古建成祖国北疆安全稳定的屏障。建议稿专门用一个部分，对推进和谐内蒙古建设、筑牢祖国北疆安全稳定屏障作出部署，目的是要在坚持贯彻“五大发展理念”的同时，坚持守望相助，使各族人民紧紧拧成一股绳，切实把维护祖国北疆安全稳定的重大政治责任履行好。

内蒙古各族人民具有热爱祖国、民族团结的优良传统，长期以来一直保持了团结和谐稳定的良好局面，这是各族人民共同创造的宝贵财富，也是打造祖国北疆亮丽风景线的重要保证。在全面建成小康社会的征程中，我们一定要牢记总书记守望相助的殷切希望，以建设祖国北疆安全稳定屏障为目标，发扬民族团结的优良传统，弘扬守望相助的时代精神，坚定自觉地守好家门、守好祖国边疆、守好精神家园，进一步巩固发展民族团结、社会稳定、边疆安宁的政治局面，让党中央放心，让全区各族人民生活得更加美好。

同志们，讨论、修改、通过自治区“十三五”规划建议，是这次全委会议的主要任务。做好这项工作，对指导自治区“十三五”规划纲要编制、引领“十三五”时期经济社会发展具有十分重要的意义。大家要全面把握、深刻领会建议稿提出的目标、理念、任务、举措，认真思考、深入讨论，统一思想、凝聚共识，以高度的政治责任感和历史使命感，共同把建议稿修改好、完善好，共同把这次全委会议开好。

自治区第十二届人民代表大会第三次会议精神

——巴特尔同志2015年《政府工作报告》节选

2015年是全面深化改革的关键之年，是全面推进依法治区的开局之年，也是全面完成“十二五”规划的收官之年。我们面临的形势依然严峻复杂，既有许多重要机遇和有利条件，也有诸多风险和挑战，必须主动适应经济发展新常态，坚定信心，扎实工作，在新起点上进一步开创我区现代化建设的新局面。今年政府工作的总体要求是：全面贯彻落实党的十八大和十八届三中、四中全会及中央经济工作会议精神，以邓小平理论、“三个代表”重要思想、科学发展观为指导，深入贯彻习近平总书记系列重要讲话和考察内蒙古重要讲话精神，全面落实自治区党委九届十一次、十二次全委（扩大）会议和九届十三次全委会议暨全区经济工作会议的工作部署，坚持稳中求进工作总基调，坚持以提高经济发展质量和效益为中心，主动适应经济发展新常态，保持经济运行在合理区间，牢固树立持续发展、转型发展、协调发展、和谐发展理念，把转方式调结构放到更加重要的位置，狠抓改革攻坚，突出创新驱动，强化风险防控，加强民生保障，同步推进新型工业化、信息化、城镇化、农牧业现代化，加快建设“五大基地”、“两个屏障”、“一个桥头堡”，全面发展各项社会事业，加快转变政府职能，促进经济持续健康发展和社会和谐稳定。主要预期目标是：地区生产总值增长8%左右，规模以上工业增加值增长10%，固定资产投资增长13%，社会消费品零售总额增长11%，一般公共预算收入增长6%，城镇和农村牧区常住居民人均可支配收入分别增长9%和10%以上，新增城镇就业25万人，居民消费价格涨幅控制在3%左右，单位生产总值能耗和二氧化碳排放量均下降2.2%。

这些预期目标的确定，充分考虑了经济发展新常态下的新特征新要求以及各种因素，并与编制“十三五”规划和全面建成小康社会目标相衔接，符合经济发展规律，反映了现阶段我区经济增长潜力，兼顾增速换挡与产业升级双重要求，是实事求是、积极稳妥的，也是需要经过艰苦努力才能实现的。把握好总体要求、实现预期目标，关键是坚持稳中求进的工作总基调，把“稳”的重点放在稳定经济运行上，确保增长、就业、物价不出现大的波动，确保金融、房地产、地方政府性债务等风险可管可控；把“进”的重点放在调整经济结构和深化改革上，确保转变经济发展方式和调整经济结构取得新成效。

当前，我国经济发展进入新常态。这是以习近平同志为总书记的党中央全面总结发展经验，准确研判当前形势和未来走势作出的重大战略判断，也是当前和今后一个时期我区经济发展的大逻辑。我们必须把思想行动统一到中央和自治区党委关于新常态的分析研判和部署要求上来，牢牢掌握引领和推动经济发展的主动权。一是正确认识新常态。认真学习、深刻领会新常态的思想内涵和实践要求，充分认识新常态下速度变化、结构优化、动力转化的特征，做到观念上适应、认识上到位，坚持以提高经济发展质量和效益为中心，保持经济运行在合理区间，切实增强推动持续发展、转型发展、协调发展、和谐发展的自觉性和紧迫感。二是主动适应新常态。针对面临的“三期叠加”矛盾，准确把握新常态下经济发展的阶段性特征和趋势性变化，做到方法上对路、措施上有力，用改革的思路、创新的举措，加快转变经济发展方式，调整优化经济结构，发现和培育新的经济增长点，推动经济持续健康发展和社会和谐稳定。三是积极引领新常态。按照习近平总书记“八个更加注重”的要求，准确把握发展大势，主动顺应发展规律，做到谋划上超前、行动上作为，以奋发有为的精神状态，抢抓新常态下的新机遇，应对新常态下的新挑战，与时俱进地开创我区经济社会发展新局面。

2015年要重点做好十个方面的工作。

一、牢牢把握扩大内需这一战略基点，努力保持经济稳定增长

促进投资稳定增长。抓住国家支持基础设施建设、能源资源类项目向中西部地区、民族地区优先布局的重大机遇，积极争取国家的支

持。深化投融资体制改革，形成政府投资、社会投资、招商引资的聚合效应。充分发挥政府投资引导作用，通过设立重点产业发展资金、新兴产业发展基金以及特许经营、投资补助、政府购买服务等方式，有效撬动社会资本参与投资。加快培育多层次资本市场，加大直接融资力度，鼓励民间资本发起设立产业投资和股权投资基金，通过发行债券筹集资金，支持有条件的中小企业进行股权融资。大力推广政府和社会资本合作模式，以存量资产作股权、以建设任务引资金，加强与大企业的深度合作，创新基础设施建设融资模式。加大政府性担保资金投入，发挥信用担保、贷款贴息等政策工具作用。积极开展排污权、收费权、土地承包经营权等质押贷款，推进土地、矿业权抵押融资。

加强重点项目建设。围绕调结构、补短板，加快实施一批具有全局性、战略性的重大项目，努力增加有效投资，力争全年500万元以上项目新开工规模达到1.5万亿元，完成固定资产投资1.34万亿元。积极推进包钢350万吨稀土钢冷轧、鄂尔多斯煤炭清洁高效利用等1000个亿元以上新建续建项目，争取新投产400个。加快锡林郭勒至济南特高压外送通道建设，推进锡盟至江苏、蒙西至天津南、上海庙至山东特高压外送通道尽早开工，争取蒙西至湖北武汉、通辽北至河南特高压外送通道列入国家“十三五”规划。加快与电网配套的电源点和煤炭项目建设，努力实现同步开工、同步建设、同步达效。加快推进高速公路、口岸公路、干线公路和农村牧区公路建设，力争完成投资700亿元，高速公路通车里程突破5000公里，新增通沥青水泥路嘎查村1000个，提前一年完成嘎查村街巷硬化任务。加快推进呼张客专、呼准鄂快速铁路等在建项目，开工建设通辽、赤峰至京沈客专连接线，力争完成投资350亿元，新开工里程1600公里。积极谋划贯通自治区东西的高速铁路客运大通道建设，争取满洲里至海拉尔至乌兰浩特至通辽、锡林浩特至张家口、呼和浩特至银川等高速铁路项目列入国家“十三五”铁路网规划，并全部启动前期工作。加快推进呼和浩特机场迁建工程前期工作，建成3个运输机场和8个通用机场，全区民用机场总数达到29个。加快建设以大型水利工程为骨干、“毛细血管”相配套的水支撑体系，重点推进列入国家规划的12项重大水利工程。以城镇地下管网改造为重点，加快建设一批城市基础设施项目，力争完成投资700亿元。

有效扩大消费需求。实施鼓励居民消费的财税、信贷和信用政策，激活商务消费，增加住房消费，提升教育文体消费，升级旅游休闲消费，扩大信息服务消费，刺激养老健康家政消费，打造多点支撑的消费增长格局。加强产品质量安全监管，整顿和规范市场秩序，保持物价总水平基本稳定，营造便利安全放心的消费环境。加强流通体系建设，创新流通方式和流通业态，大力发展电子商务等商业模式，适应个性化、多样化消费需求。推动旅游、文化等与相关产业的融合发展，大力开拓农村牧区消费市场，培育新的消费增长点。

着力稳定经济运行。以稳定工业运行和企业生产经营为重点，加强经济运行调度，帮助企业减负增效，稳定经济增长基础。进一步加大煤炭控产稳价力度，落实电煤长期稳定供应合作协议，探索建立煤炭产销区域联动机制，提高煤炭行业效益。进一步加大电力综合扶持政策实施力度，有效降低企业用电成本。公布涉企收费目录清单，切实做到清单之外无收费。

二、着力调整优化经济结构，加快转变经济发展方式

大力推进产业结构转型升级。以“五大基地”建设为重点，以提高资源综合利用率和产业精深加工度为主攻方向，构建多元发展的现代产业体系。加快传统产业新型化，推动煤炭生产企业与下游转化企业深度合作、战略重组，实施煤电、煤化联合发展，提高煤炭就地加工转化水平。扩大煤电冶、煤电化、煤电硅等特色产业链规模，形成成本竞争新优势。促进钢铁、有色、农畜产品加工等产业延伸升级，加快发展稀土钢、铝后加工、绿色农畜产品等中高端产品。推进新兴产业规模化，做大现代煤化工，力争新开工煤制烯烃220万吨、煤制气280亿立方米、煤制油416万吨。加强以云计算为重点的信息化基础设施和服务能力建设，夯实“两化”融合基础。加快发展先进装备制造、稀土新材料、清洁能源等产业，依托重点产业园区培育发展中小企业，推进配套、延伸和应用服务，形成产业集群化发展新格局。促进支柱产业多元化，大力发展新产品、新业态，积极扶持节能环保等

新兴产业做大做强，培育新的增长点。

发展壮大现代服务业。加强总部基地、物流园区、旅游景区、科技创业园区等重大项目建设，形成一批规模较大、辐射带动作用较强的服务业集聚区。深化服务业改革，引导社会资本进入重点领域，扩大政府向社会购买公共服务范围。继续抓好呼和浩特市国家服务业综合改革试点，启动自治区服务业改革创新试点。大力推进阿尔山国家旅游扶贫试验区和生态旅游示范区建设，认真落实促进旅游业发展的政策措施，全面提升旅游业发展水平。扩大服务业对外开放，加强与周边省区市及俄蒙等国在商贸、物流、旅游、文化、科技等领域的合作。

切实加强创新能力建设。加快创新型内蒙古建设，推动经济增长由投资和要素驱动向创新驱动转变。加强政策支持和引导，发挥企业科技创新主体作用，打造一批掌握核心技术、引领行业发展的创新型大企业，培育一批具有自主知识产权的中小型科技企业。大力推进技术创新，组织实施重大科技专项，推动清洁能源、现代煤化工、节能环保、生物工程等重点产业领域关键共性技术攻关，不断提高产业核心竞争力。重视基础研究，加强科技基础设施、创新平台和载体建设，启动自治区自主创新示范区建设工程。改革科技管理体制，促进科技与经济结合，推动科技成果转化。加强知识产权保护，坚决打击侵权盗版行为。深入实施人才强区战略，推进"草原英才"工程建设，培养和引进一批高层次创新创业型人才。

三、围绕建设现代农牧业，切实转变农牧业发展方式

提高农牧业综合生产能力。继续实施百亿斤粮食增产规划，全年新增节水灌溉面积450万亩、高标准基本农田400万亩，确保粮食总播面积不低于8000万亩、总产稳定在550亿斤以上。落实最严格的耕地保护制度，坚决守住耕地数量红线和质量底线，加快划定永久基本农田，夯实粮食生产根基。推动种植业结构由"生产导向"向"消费导向"转变，加快发展市场需求旺盛的绿色有机产品，扩大优质高产高效农作物和饲草料种植面积，加强设施农业特别是大中城市蔬菜基地建设，积极争取建设国家优质马铃薯种子功能区和种植加工基地。扎

实推进“粮安工程”，提升粮食仓储和流通基础保障能力。大力发展现代畜牧业，继续实施“双百千万”高产创建工程，重点抓好牲畜品种改良，提高单产、增加效益。加快发展农区畜牧业，积极推广标准化、规模化养殖。稳步发展草原畜牧业，推进生态草业发展，抓好畜牧业基础设施建设，增强抵御灾害能力。

提升农牧业产业化水平。围绕建设绿色农畜产品生产加工输出基地目标，进一步加强产业基地建设，打造优势产业带，提高产业集中度。大力培育壮大龙头企业，把产业链、价值链等现代产业组织方式引入农牧业生产，推进产业集群发展。坚持市场主导、政府引导，完善龙头企业与农牧民利益联结机制，因地制宜推广成功的利益联结模式，构建农畜产品现代营销体系，让农牧民从产业化经营中得到更多实惠。加强农牧业品牌建设，做好原产地保护和绿色、有机、无公害产品认证，培育更多驰名品牌和地理标志商标。净化农畜产品产地环境，加快农畜产品质量安全标准体系和追溯体系建设，形成覆盖从田间到餐桌全过程的监管制度。抓好国家毛绒质量检验体制改革试点。严格实行牲畜交易强制检疫制度，强化重大动物疫病和布病等人畜共患病防治。

创新农牧业生产经营方式。在稳定家庭经营的基础上，积极稳妥地推进多种形式的适度规模经营，大力发展种养大户、家庭农牧场、专业合作社等新型农牧业经营主体，鼓励发展集体经营、合作经营和企业经营，加快构建现代农牧业经营体系。扎实开展土地确权登记颁证试点和草原确权承包工作。完善土地草牧场经营权流转政策，健全公开规范的流转市场，重视并解决好流转过程中出现的问题，调动广大农牧民和市场主体投资积极性。稳步推进农村牧区集体产权制度改革，制定农村牧区宅基地制度改革指导意见。

加强以水为中心的农牧业基础建设。加快“引绰济辽”、毕拉河水利枢纽等项目前期工作，开工建设绰勒水库下游灌区、嫩江干流防洪和黄河二期防洪工程，加强大江大河主要支流、中小河流治理，加大山洪灾害防治和病险水库除险加固力度。实施灌区、牧区及生态脆弱区高效节水灌溉工程，基本完成农村牧区安全饮水工程。积极调整用水结构，推进跨盟市水权转让。统筹推进农村牧区公路、电网等基础设施建设，全面开展农村牧区人居环境综合整治，提高新农村新牧区建设水平。

四、全面深化改革开放，激发经济社会发展动力活力

扎实推进重点领域改革。强化中央和自治区改革方案的落实，突出抓好习近平总书记鼓励我区先行先试的三项重点改革。深化行政审批制度改革，取消和下放行政审批事项，大幅度减少前置审批，推广“三证合一”、网上并联审批等模式，强化事中事后监管。深入推进商事制度改革，制定企业投资项目负面清单，推行行政权力清单和责任清单。继续推进电力市场化改革，扩大蒙西电网多边交易和蒙东大用户直供规模，做好蒙西电网输配电价改革试点，实施霍林河、棋盘井微电网示范工程。加快价格形成机制改革，修订自治区政府定价目录，完善地方铁路货物运输价格管理，推进医药价格改革，做好大豆目标价格改革试点。深化财税体制改革，改进预算管理制度，建立跨年度预算平衡机制，清理规范财税优惠政策，严格政府举债行为。深化金融领域改革，更好地服务实体经济发展。继续推进国有企业改革，完善国有资产监管体制，出台国企负责人薪酬制度改革方案。

全方位扩大开放。抓住国家实施“一带一路”、京津冀协同发展、长江经济带三大战略带来的机遇，找准我区在国家发展战略中的定位，做好与国家规划的衔接配套，在融入和服务国家战略中拓展发展空间。创新同俄蒙的合作机制。编制推进“丝绸之路经济带”建设实施方案，争取将我区向北开放重大事项和项目纳入国家顶层设计。加快建设满洲里、二连浩特国家重点开发开放试验区和呼伦贝尔中俄蒙合作先导区，办好中蒙博览会。加大口岸建设力度，积极推进与俄蒙基础设施的互联互通，扩大商贸往来和人员交流，全面提升沿边开发开放水平。加快推进区域协作。抓住京津冀产业转移的机遇，在乌兰察布、赤峰等地打造承接产业转移基地、发展“飞地经济”。进一步完善京蒙合作机制，加强蒙晋冀长城金三角合作区建设。积极推广浙商产业园、鄂尔多斯市江苏工业园等模式，打造高水平产业承接平台。跟踪落实我区与外省区市签订的合作协议，推动合作项目尽快落地。全年争取引进国内（区外）到位资金5000亿元左右。

五、扎实推进新型城镇化，统筹城乡区域发展

加快新型城镇化步伐。以人的城镇化为核心，重点解决400万农牧业转移人口市民化问题。保障进城农牧民工及随迁家属平等享受城镇基本公共服务，扩大城镇社会保障对农牧民工的覆盖面，完善随迁子女在当地接受义务教育和参加中高考相关政策，探索农牧民工享受城镇保障性住房的具体办法。加快户籍制度改革，建立居民居住证制度，分类推进农牧业转移人口在城镇落户。坚持规划先行，编制实施自治区城镇体系规划，抓好新型城镇化试点工作，进一步优化城镇布局，积极推动大中小城市与小城镇、产业与城镇、城镇化与新农村新牧区建设协调发展。着力改善城市基础设施条件，全面开展城市地下管网普查，推动城市综合管廊建设。积极创新投融资机制，通过特许经营、投资补助、完善价格机制等途径，引导社会资本投资城市基础设施项目，不断提高城镇产业和人口承载能力。加强对房地产业的引导和监管，促进房地产业持续健康发展。建立基础数据共享的城市数据中心，推动智慧城市、智慧社区、智慧园区建设。

大力发展县域经济和非公经济。围绕“产城融合”推进县城和中心镇扩容提质，加快基础设施和公共服务城乡连接、共建共享。推动县域经济特色化发展，发挥比较优势，统筹扩大规模、做响品牌和错位发展，加快优势特色产业发展。继续抓好“扩权强县”改革试点工作，总结试点经验，确保下放的经济社会管理权落实到位，提升县域治理和自主发展能力。加大对非公经济的扶持力度，制定非公企业进入特许经营领域的具体办法，鼓励发展非公有资本控股的混合所有制企业。完善中小微企业公共服务平台，构建中小微企业普惠制服务体系。进一步优化发展环境，依法保护非公企业合法权益，推动非公经济发展取得新突破。

统筹区域协调发展。全面落实主体功能区规划，构筑经济优势互补、功能定位清晰、资源高效利用、人与自然和谐相处的区域发展新格局。大力推进呼包鄂一体化，率先在交通、通讯、金融等领域实现同城化。积极推进乌海及周边地区一体化发展，加大区域内资源要素整合和产业结构调整力度。扎实推进沿黄河沿交通干线经济带建设，

充分发挥辐射带动作用。认真落实国务院支持东北振兴的政策措施，促进东部盟市加快发展。推进资源型地区和林区转型发展，加大对牧业旗县、边境旗市、三少民族自治旗、民族乡和少数民族人口相对集中地区的扶持力度。

六、切实保障和改善民生，稳步提高人民生活水平

多渠道增加城乡居民收入。深化收入分配制度改革。完善机关事业单位工资制度，调整基本工资标准，实施旗县以下机关公务员职务与职级并行制度，落实职工带薪休假制度。推动企业工资集体协商，完善最低工资标准调整机制。进一步拓宽农牧民增收渠道，引导农村牧区劳动力转移就业，不折不扣地落实各项惠农惠牧补贴政策。建立健全资源开发、征地拆迁补偿机制，依法保障农牧民对土地、宅基地和集体资产的权益。

织密织牢社会保障安全网。继续提高企业退休职工基本养老金和城乡居民基础养老金、优抚对象抚恤和生活补助、城乡低保对象补助水平。提高社会保险统筹层次和保障水平，完善职工基本养老保险自治区统筹管理办法，规范医疗、生育等保险盟市级统筹。落实国家关于机关事业单位养老保险制度改革的政策，完善被征地农牧民社会保障措施，将城镇常住人口逐步纳入城镇基本医疗保障范围。扩大新农合大病保障范围，推进城乡居民大病保险政策有效衔接，完善疾病应急救助机制。提高城镇居民医保和新农合政府补助标准，由每人每年320元提高到380元。继续推进医保付费方式改革，实现基本医疗保险区内异地就医直接结算。全面建立临时救助和重特大疾病医疗救助制度，扎实做好困难群众的社会救助工作。

大力推进重点民生工程建设。深入实施农村牧区“十个全覆盖”工程，认真落实规划方案，科学调配资源，合理摆布项目，精心组织施工，加强后续管理维护，切实把这项自治区最大的综合性民生工程抓紧抓实，使广大农牧民长期受益。扎实推进创业就业工程，以高校毕业生就业为重点，统筹做好农牧民转移就业、返乡创业和城镇失业人员、就业困难人员就业工作。优化创业环境，推动大众创业、万众创新，以创业带动就业。大力扶持劳动密集型产业、服务业和中小微

企业发展，不断加强政府公共就业服务能力建设，保持“零就业”家庭动态清零，确保完成新增城镇就业25万人、城镇登记失业率控制在4%以内的目标。深入推进扶贫攻坚工程，认真落实领导干部联系贫困点制度，扎实做好“三到村三到户”帮扶工作，切实抓好金融、教育和社会扶贫，加快实施大兴安岭南麓集中连片特困区和燕山—太行山片区扶贫攻坚规划，确保减少贫困人口40万人。继续实施低保家庭大学生入学资助和农村牧区低收入家庭免费发放取暖煤政策。大力推进百姓安居工程，加快保障性安居工程建设和农村牧区危房改造步伐，下大气力抓好包头北梁、赤峰铁南、兴安盟阿尔山等重点棚户区改造，加强保障房分配管理，推进棚改货币化安置，确保新开工保障性安居住房24.2万套、基本建成16万套，完成农村牧区危房改造17万户。

七、促进文化繁荣发展，不断满足广大群众精神文化需求

着力建设共同精神家园。坚持用中国特色社会主义理论和中国梦凝聚共识，认真落实培育和践行社会主义核心价值观实施意见，深入开展“中国梦·尽责圆梦”系列主题实践活动，巩固共同团结奋斗的思想基础。突出实践要求，丰富活动载体，把培育和践行社会主义核心价值观与精神文明创建、群众文化活动相结合，弘扬主旋律，凝聚正能量，全面提高公民道德素质和社会文明程度，激发实现中国梦的精神动力。

大力发展文化事业。加快公共文化服务体系标准化、均等化建设，出台构建现代公共文化服务体系实施意见和基本公共文化服务指导标准。深入实施文化信息资源共享、数字图书馆等文化工程，扩大“数字文化走进蒙古包”工程覆盖面，实施边境旗县新闻出版广播影视固边工程，推动首批自治区公共文化示范区、示范项目创建。加强对精品创作演出的扶持引导，以“中国梦”主题文艺创作活动为抓手，推进内蒙古文化艺术长廊建设，继续抓好重点舞台剧目精品创作、草原文学精品创作和优秀蒙古文作品翻译工程。加大重点文物、非物质文化遗产保护力度，促进优秀民族文化传承保护和创新发展。繁荣发展社会科学、广播影视等事业，促进新型媒体与传统媒体协同联动、融合发展。

积极推动特色文化产业发展。实施文化产业中长期发展规划，推动特色化、差异化发展。健全重点文化产业项目库，培育文化产业主体，充分发挥大企业大项目的带动作用，扶持发展特色中小微文化企业，形成一批具有核心竞争力的特色文化企业和品牌，引导开发一批特色文化旅游项目。搭建自治区文化产业发展投融资平台，扩大文化产业发展专项资金规模。

努力提升对外文化交流水平。积极参与国家对外文化交流活动，推动我区民族优秀文化更好地走出去。按照自治区加强对外宣传工作意见的要求，落实重点任务，建立长效机制，拓展交流合作领域，创新话语体系和表达方式，讲好中国和内蒙古故事。扩大文化产品和服务出口，提升草原文化的对外影响力。

八、大力发展社会事业，加强和创新社会治理

加快发展各项社会事业。继续加大教育投入。落实自治区义务教育均衡发展实施意见，扩大义务教育均衡发展旗县覆盖面。统筹推进学前教育、民族教育、特殊教育、民办教育和继续教育发展，促进普通高中多样化、特色化和高等教育内涵式发展，积极构建现代职业教育体系，出台自治区考试招生制度改革实施办法。大力发展医疗卫生事业，加快自治区本级重点卫生项目和盟市、旗县及基层医疗服务体系建设，全面推开县级公立医院改革，人均基本公共卫生服务经费标准提高到40元。继续巩固基本药物制度和基层运行机制，扩大基本药物制度实施范围。启动蒙中医医药服务能力提升工程，加快蒙医药标准化建设。加强重大疾病防控，健全突发公共卫生事件应急机制。加大基层医疗卫生人才培养力度，为推进基本公共卫生服务均等化提供人才保障。促进竞技体育与群众体育协调发展，提升体育产业发展水平，办好第十届全国少数民族传统体育运动会。编制完成足球事业发展规划，建设国家（北方）足球训练基地和国家（北方）青少年足球夏令营活动基地。坚持计划生育基本国策，提高出生人口素质，促进人口长期均衡发展。推进妇女儿童、老龄事业健康发展。

切实做好民族宗教工作。坚定不移走中国特色解决民族问题的正确道路，全面贯彻落实党的民族政策，坚持和完善民族区域自治制

度，坚持各民族交往交流交融，守望相助，团结奋斗，使“四个认同”和“三个离不开”思想更加深入人心。把发展作为解决民族问题的根本途径，大力推进少数民族和民族聚居地区发展，加快全面建成小康社会步伐。扎实推进兴边富民行动，扶持人口较少民族发展。进一步加强城市民族工作。加大对蒙古语言文字规范使用的监管力度，推进蒙古语文法制化、规范化、标准化和信息化建设。全面贯彻党的宗教工作基本方针，发挥宗教界人士和信教群众在促进经济社会发展中的积极作用。

全力维护社会和谐稳定。完善维护群众切身利益的相关制度，严格执行重大决策社会稳定风险评估机制。健全劳动关系协调机制，规范企业用工秩序，认真解决拖欠农牧民工工资问题，维护劳动者合法权益。构建社区服务体系，提高社区治理服务水平，依法做好嘎查村村民委员会换届工作。加快社会信用体系建设，逐步建立覆盖全社会的征信体系。把信访纳入法治化轨道，健全依法维权和化解纠纷机制，解决好征地拆迁、劳动社保、资源开发、环境保护等重点领域的信访问题。深化“平安内蒙古”建设，加强社会治安综合治理，加快完善立体化社会治安防控体系，依法严厉打击各类违法犯罪活动，做好隐蔽战线工作和对敌斗争，维护社会大局稳定。加强网络监管和舆情引导，保障互联网运行安全。强化安全生产责任制，切实加强矿业生产、交通运输、危险化学品等领域的安全监管，严格落实大型活动安保责任和措施，强化消防安全管理，加大隐患排查和专项整治力度，坚决防止各类重特大事故发生。强化食品药品安全监管，依法从重从快打击食品药品违法犯罪行为。加强应急管理，提高防灾减灾能力。支持国防和军队现代化建设，加强国防动员和后备力量建设，推进双拥共建和军民融合发展。

九、积极推进生态文明建设，进一步筑牢生态安全屏障

着力加强生态保护和建设。严格执行基本草原保护制度，认真落实草畜平衡和阶段性禁牧、休牧、轮牧措施，继续实施草原生态补奖政策，确保完成草原建设面积4000万亩以上。组织实施好天然林保护、京津风沙源治理等重点生态工程，完成林业生态建设面积1000万

亩、重点区域绿化200万亩。加强水土资源保护，完成水土流失综合治理面积650万亩。继续实施呼伦湖和乌梁素海综合治理工程，加强自然保护区、生态功能区和湿地、野生动植物保护，大力发展林、沙、草产业。

深入开展环境综合整治。强化大气、水、土壤和重金属污染综合防治，加强减排治污重点工程建设，推进排污权有偿使用和交易试点，探索推行环境污染第三方治理模式和建立环境保护基金，下大气力解决损害群众健康的环境污染问题。加大环境综合整治和执法力度，对环境违法行为“零容忍”。完善节能减排政策措施，加强十大重点节能工程建设，加快重点行业和企业节能降耗技术改造，探索建立碳排放、碳交易制度体系，推进低碳试点城市建设，继续淘汰落后产能。抓好农牧业清洁生产、工业循环利用示范项目和示范基地建设，提高资源综合利用水平。实行最严格的水资源管理制度，强化地下水节约保护。加强矿山地质环境、地质灾害及煤田火区、沉陷区环境治理。

积极推进生态文明制度建设。坚持源头严防、过程严管、后果严惩，治标治本多管齐下，加快生态文明制度建设，最大限度地增加生态资产、减少环境负债。继续开展主体功能区建设试点示范，划定生态红线和基本草原红线。积极推进编制自然资源资产负债表、领导干部自然资源资产离任审计、生态环境损害责任终身追究制度三项重点任务，认真落实资源有偿使用和生态补偿制度，健全体现生态文明要求的评价、目标和政策体系。

十、全面加强政府自身建设，提升政府执行力和公信力

深入贯彻落实党的十八届三中、四中全会精神，忠实履行宪法和法律赋予的职责，按照推进国家治理体系和治理能力现代化的要求，加快建设法治政府、创新政府、廉洁政府和服务型政府。推进依法行政。切实把政府工作全面纳入法治轨道，用法治思维和方式履行职责。认真执行人大及其常委会的决议、决定，依法向人大及其常委会报告工作，自觉接受人大及其常委会的法律监督、工作监督和政协的民主监督，认真办理人大代表建议和政协委员提案，积极组织实施

自治区政府和政协年度协商计划，广泛听取各民主党派、工商联、无党派人士和人民团体的意见建议。完善政府立法机制，严格遵守重大行政决策法定程序。继续深化行政执法体制改革，严格规范公正文明执法。大力推行政务公开，保障人民群众知情权、参与权、表达权、监督权。创新管理和服务。完善公共服务供给模式，扩大政府购买公共服务范围。创新社会组织管理，让市场和社会组织承担更多事务。建立统一规范的公共资源交易平台，加快推进政务大厅和电子政务建设，构建综合高效的政务服务体系。加强作风建设。严格落实从严治党八项要求，严格执行党的政治纪律，坚定自觉地同党中央保持高度一致，坚决贯彻党中央、国务院和自治区党委的决策部署。不断强化宗旨意识，切实解决好关系群众切身利益的难点、热点问题，以作风建设的实际成效取信于民。巩固和拓展党的群众路线教育实践活动成果，进一步强化整改落实，推进作风建设常态化。坚持依法治权。推行权力清单制度，依法公开权力运行流程，加强对职能部门履职情况的监督，坚决整治行政不作为、乱作为。强化对重要领域、关键岗位的行政监察和审计监督，加大行政问责力度。认真落实党风廉政建设主体责任，加强反腐倡廉制度建设，健全政府系统廉政风险防控体系，强化对权力运行的监督和制约。

2015年是“十二五”规划的收官之年，在全面总结工作的同时，我们要加快推进“十三五”规划的编制工作，积极动员各方面力量，深入调查研究，广泛征求意见，研究谋划好关系自治区全局和长远发展的重大政策、措施和项目，为推动科学发展、实现富民强区提供有力支撑。同时，扎实做好自治区成立70周年各项准备工作，围绕重大迎庆项目，加强统筹协调，加大推进力度，确保如期完成建设任务。

展望新的一年，我们面临的任务艰巨繁重，肩负的责任重大光荣。让我们更加紧密地团结在以习近平同志为总书记的党中央周围，高举中国特色社会主义伟大旗帜，以邓小平理论、“三个代表”重要思想、科学发展观为指导，深入贯彻习近平总书记系列重要讲话和考察内蒙古重要讲话精神，奋发有为，真抓实干，扎实做好改革发展稳定各项工作，为把祖国北部边疆这道风景线打造得更加亮丽而努力奋斗。

内蒙古“十三五”经济社会发展形势展望

胡敏谦

党的十八届五中全会为我国、我区“十三五”经济社会发展新常态勾勒出清晰蓝图，创新、协调、绿色、开放、共享“五大发展理念”为自治区“十三五”发展指明了方向。在深入学习贯彻党的十八届五中全会精神的过程中，我们认为自治区党委提出的“8337”发展思路以及打造“六道亮丽风景线”建设目标等一系列政策措施，都完全符合党的十八届五中全会提出的“五大发展理念”。特别是我区全力实施的农村牧区“十个全覆盖”工程，不仅切实践行了习近平总书记考察内蒙古时的重要嘱托，更是“共享发展”理念的先行者。我们感到，“十三五”时期我区在深入贯彻党的十八届五中全会精神的同时，要进一步深入领会和贯彻习总书记考察内蒙古重要讲话精神，更加充分认识“8337”发展思路对我区在经济发展新常态下转变发展方式的长期引领作用，全力打造祖国北疆“六道亮丽风景线”，与全国同步全面建成小康社会。

一、努力实现提前两年经济总量翻番

习近平总书记指出，“十三五”时期是全面建成小康社会、实现我们党确定的“两个一百年”奋斗目标的第一个百年奋斗目标的决胜阶段。内蒙古作为肩负总书记重要嘱托的祖国北疆亮丽风景线，有可能也有必要在我国的“十三五”发展时期发挥重要作用，做出新的贡献。在经历多年高速增长后，我区经济发展的内在因素和外部条件都已经发生了深刻变化，经济总量也接近两万亿元，基数相对较大，客观上要求速度“换挡”，“十二五”期间内蒙古经济增长率逐年下降，预计年均增长10%，较“十一五”期间回落约7.6个百分点。这是经济发展阶段性变化中的正常反应。但经济增速“换挡”并不是“失速”，而是要质量要效益的体现。经济发展进入新常态。虽然国内外发展环境仍然比较复杂，机遇和挑战相互交织，调结构转方式任务仍然艰巨，但是内蒙古发展的重要战略机遇期仍然存在，经济社会发展前景十分广阔。一是城乡、区域“两大差距”仍然是我区经济发展的巨大空间所在。城镇化是我区内需的最大潜力。二是消费蕴藏着巨大发展潜力。我区总人口达到2500多万，加之人口流动性增强，消费市场前景广阔，处于消费快速升级阶段，这是需求潜力和发展活力的源泉。三是产业转型升级带来新动力。随着我区科技创新能力不断增强、产业结构优化升级，经济综合竞争优势将长期存在并更加凸显。四是人才、改革红利将为经济提供有力保障。我区劳动力素质和技能迅速提高，有望从“人口红利”转变为“人才红利”，通过全面深化改革可以释放出更大的制度红利。因此，“十三五”时期稳增长的有利条件很多，地区生产总值年均增长7.5%的预期目标是可望实现的。这样我区生产总值可以提前两年，也就是在2018年实现翻一番目标。退一步说，如果“十三五”时期地区生产总值年均递增7%，也将提前一年实现翻一番的目标。但需要看到的是，目前经济下行压力仍较大，实现预期目标也是有较大难度的，必须付出艰苦努力。

二、坚持创新发展，培育增长新动力

在党的十八届五中全会提出的“五大发展理念”中，创新发展居于首位，意义重大。全会提出，必须把创新摆在国家发展全局的核心位置，不断推进理论创新、制度创新、科技创新、文化创新等各方面创新。习总书记曾指出：“要深入实施创新驱动发展战略，推动科技创新、产业创新、企业创新、市场创新、产品创新、业态创新、管理创新等，加快形成以创新为主要引领和支撑的经济体系和发展模式。”

“十二五”期间，内蒙古不断加强创新能力建设，科技队伍不断壮大，科研成果硕果累累，为内蒙古全面建成小康社会注入了活力和强大动力。清洁能源、现代煤化工、有色金属和现代装备制造、农畜产品加工和文化旅游“五大基地”多极支撑打造内蒙古经济“升级版”。2014年，全区R&D经费支出占地区生产总值的比重为0.68%，比2010年提高0.13个百分点。战略性新兴产业占地区生产总值的比重达5.26%。

（一）以“五大基地”建设为抓手，构建产业新体系

推动新技术、新产业、新业态蓬勃发展。按照传统产业新型化、新兴产业规模化、支柱产业多元化的思路和要求，支持节能环保、生物技术、信息技术、智能制造、高端装备、新能源等新兴产业发展。针对我区传统产业层次不高的问题，用高新技术和先进适用技术改造煤炭、电力、冶金等传统产业，推动产品升级换代和企业转型升级，增强传统产业活力和竞争力。针对我区新兴产业规模不大的问题，大力发展战略性新兴产业，培育壮大新能源、稀土新材料、高端装备制造、生物科技、云计算等产业集群，形成具有旺盛活力和持续竞争力的新的经济增长点。支持战略性新兴产业发展，发挥产业政策导向和促进竞争功能，更好发挥产业投资引导基金作用，培育一批战略性产业。坚持把资源型产业发展的重点放在转化增值上，大力延长资源型产业链条，提高煤炭、稀土、有色等矿产资源综合利用率和精深加工度，促进产业向高端、产品向终端发展。加强清洁能源、现代煤化工、稀土、冶金、新材料、生物工程等重点产业领域关键共性技术攻关，组织实施一批科技重大专项，努力取得重大技术突破。强化科技人才支撑，深入实施“草原英才”工程，培养和引进一批创新型人才。

（二）以产业协调推进和实现提质增效为切入点，狠抓二产和三产融合发展

首先，狠抓第二产业持续发展和结构调整。当前，工业是全区经济发展的基石和支柱。工业发展的质量效益与速度结构也直接决定着整个自治区经济的质量效益和速度结构。今后，自治区应继续以产业多元、产业升级、产业融合为抓手，用先进技术、创新力改造提升传统产业，延长产业链，大力培育新型产业和替代接续产业，尽快形成新的产业增长点。同时，不断培育和壮大建筑产业，建议将建筑业发展目标、发展举措等列入自治区“十三五”发展规划中。

另外，要狠抓第三产业发展壮大和优化调整。第三产业作为现代经济的重要产业，在国民经济体系中扮演着重要角色，第一产业和第二产业的健康持续发展均离不开第三产业的支持。针对当前全区第三产业发展实际，建议相关部门在自治区“十三五”规划的指导下，要分别制定服务业中各产业、各行业的“十三五”发展规划，提出明确的发展目标、发展路径、发展举措等。此外，结合当前互联网、云计算、大数据、物联网等现代信息技术，挖掘、培育新型的第三产业新领域，争取在“十三五”末使服务业占全区经济的比重达到45%以上。

三、坚持协调发展，提升整体效能

全会强调，坚持协调发展，重点促进城乡区域与经济社会协调发展，促进新型工业化、信息化、城镇化、农业现代化同步发展，提升国家软实力。习总书记曾指出：“要采取有力措施促进区域协调发展、城乡协调发展，加快欠发达地区发展，积极推进城乡发展一体化和城乡基本公共服务均等化。”

“十二五”时期，按照自治区“8337”发展思路，内蒙古统筹城乡区域协调发展成绩显著。“十个全覆盖”工程构筑美丽乡村。自2014年工程启动以来，截至2015年9月，累计完成投资556.5亿元。县域经济总量超万亿元。新型城镇化稳步推进。2014年，全区城镇化率达到59.5%，居全国第10位，高于全国平均水平4.7个百分点，比2010年提高4个百分点。

（一）区域协调发展

“十三五”时期，要继续把壮大县域经济实力作为推进区域协调发展的重要基础，把加快新型城镇化步伐作为推进区域协调发展的有力支撑，深入实施“十个全覆盖”工程，加快形成城乡一体化发展格局。支持优势地区率先发展，加快呼包鄂地区经济转型升级步伐，集中打造呼包鄂城市群，辐射带动西部地区率先发展。加大对东部地区及其他欠发达盟市的扶持力度，积极推动其与周边地区在产业发展、市场培育和基础设施等方面的合作和对接。促进全区各盟市旗县之间的产业分工协作，加快构建沿黄沿线经济带，统筹布局重点产业园区，促进生产力合理布局，形成区域之间优势互补、共同发展的新格局。进一步提高城镇化质量和水平。优化城镇布局和形态，做大做强区域中心城市，统筹抓好旗县城关镇和重点镇建设，走多中心带动、多节点支撑的发展路子。坚持先规划后建设、先地下后地上，优化城市内部空间结构，彰显城市历史底蕴、文化内涵和个性特色，提升城市规划建设管理水平。

（二）消费和投资协调发展

消费方面。要在“十三五”期间，全力扭转全区主要依靠投资拉动的经济增长格局，提高消费需求和净要素流出对经济增长的贡献率和拉动力。建议“十三五”时期全区社会消费品零售总额年均增长10%左右。鉴于当前全区消费不振的现状，政府相关部门要适应民众对消费需求多样化的特点，大力规范整顿消费市场秩序，努力营造良好消费环境，出台一些刺激消费的措施。鼓励批发零售企业迎合时代发展潮流和居民消费习惯，拓展消费渠道，将线下消费和线上消费相结合，促进消费升级。在投资方面，要重点储备开工一批大项目、好项目，要结合国家推出的“简政放权、放管结合、优化服务”改革思路以及迎接自治区成立70周年的契机，简化和下放投资审批手续，运用政府与社会资本合作（PPP）模式，再谋划开工一批民生工程、民心工程、发展工程。要持续不断地推进自治区“十个全覆盖”工程的实施，确保在自治区成立70周年前夕此项重大民生工程如期完成，切实惠及广大农村牧区居民。建议“十三五”时期全区固定资产投资总额年均增长12%左右，确保我区经济有强大的投资拉动。

（三）物质文明和精神文明协调发展

坚持社会主义先进文化前进方向，加快文化改革发展步伐，促进民族文化大区向民族文化强区跨越，不断满足人民群众日益增长的精神文化需求。加快发展文化事业。加强重大公共文化工程和文化项目建设，完善基层公共文化服务网络，促进基本公共文化服务标准化、均等化，让群众广泛享有免费或优惠的基本公共文化服务。大力发展文化产业。坚持把社会效益放在首位、社会效益和经济效益相统一，发展壮大出版发行、影视制作、广告印刷、演艺会展等传统文化产业，加快发展文化创意、数字出版、移动多媒体、动漫游戏等新兴文化产业，构建现代文化产业体系，把文化产业培育成为支柱产业。建成体现草原文化、独具北疆特色的旅游观光、休闲度假基地。

四、坚持绿色发展，建设美丽内蒙古

全会首次把绿色发展作为“五大发展理念”之一，这与十八大将生态文明纳入“五位一体”总体布局一脉相承。全会提出，必须坚持节约资源和保护环境的基本国策，坚持可持续发展，推进美丽中国建设。习总书记曾指出：“绿水青山就是金山银山。”“让居民望得见山、看得见水、记得住乡愁。”

“十二五”时期，按照习近平总书记视察内蒙古时提出的“建设我国北方重要生态安全屏障”要求，紧紧围绕“8337”发展思路，内蒙古更加注重生态建设和环境保护，节能降耗成绩显著，生态环境持续改善。2011—2014年，全区完成地区生产总值能耗累计下降15.4%，超过“十二五”节能总目标0.4个百分点，提前一年完成“十二五”单位地区生产总值能耗下降目标。

（一）要以生态文明理念打造祖国北疆亮丽风景线

按照习近平总书记视察内蒙古时提出的“把祖国北部边疆这道风景线打造得更加亮丽”的要求，结合自治区“8337”发展思路，围绕建设“两个屏障”的功能定位，加强生态建设和环境保护，把资源节约、环境保护和生态文明建设作为经济社会发展的重要前提，牢固树立绿色循环低碳发展理念，推进生态文明制度建设，促进可持续发展，实现人与自然和谐相处。内蒙古要建成保障首都、服务华北、面向全国的清洁能源输出基地，加快能源技术创新，建设清洁低碳、安全高效的现代能源体系。提高非化石能源比重，推动煤炭等化石能源清洁高效利用。加强生态环境综合整治，加大水土保持综合治理和水资源保护力度，加强城乡环境综合治理，认真落实京津冀及周边地区大气污染防治行动计划，推进重点流域水污染、重金属污染防治和重点区域环境综合治理，大力发展循环经济，加快淘汰落后产能，狠抓节能减排工作。

（二）经济要环保，环保要经济

经济要环保，任何经济行为都必须以保护环境和生态健康为基本前提。环保要经济，即从环境保护的活动中获取经济效益，将维系生态健康作为新的经济增长点，实现“从绿掘金”。要求把培育生态文化作为重要支撑，协同推进新型工业化、城镇化、信息化、农业现代化和绿色化，牢固树立“绿水青山就是金山银山”的理念，坚持把节约优先、保护优先、自然恢复作为基本方针，把绿色发展、循环发展、低碳发展作为基本途径。

五、坚持开放发展，加快建设一堡一带

党的十八届五中全会将“开放”列入“五大发展理念”，重申了“中国开放的大门永远不会关上”的坚定决心，勾勒出“对外开放的力度将会越来越大”的具体路径。

“十二五”时期，自治区全面提升对外开放水平，被国家纳入“丝绸之路经济带”建设范围，建设向北开放桥头堡迈出重要步伐。不断深化与俄、蒙的务实合作，满洲里重点开发开放试验区建设稳步推进，二连浩特重点开发开放试验区获得国务院批准。海关进出口总值由2010年的87亿美元，增加到2014年的146亿美元，年均增长13.7%。

习近平在考察我区时曾强调谋求发展要跳出当地、跳出自然条件限制、跳出内蒙古。“十三五”时期，我们要更加积极主动地实施对外开放战略，提升开放型经济发展水平，抓住国家“一带一路”建设新机遇，加快建设向北开放的重要桥头堡和充满活力的沿边经济带。大力发展口岸经济，加快满洲里、二连浩特等重点口岸建设，加快沿边开发开放试验区建设步伐。完善与俄、蒙在加工贸易、资源开发、文化教育等领域的合作机制，简化过境签证手续。以对外开放规模的扩大、结构的优化、水平的提高，带动我区发展方式的转变，发展外向型经济。

六、坚持共享发展，改革成果普惠全民

全会要求，坚持共享发展，必须坚持发展为了人民、发展依靠人民、发展成果由人民共享，朝着共同富裕方向稳步前进。

“十二五”时期，自治区坚持把保障和改善民生作为重中之重，加大民生投入力度，使改革发展成果更多惠及全民，努力增进人民福

祉，民生保障日益加强。居民收入持续增长。2014年，内蒙古全体居民人均可支配收入20559元，居全国第10位；城镇居民人均可支配收入为28350元，居全国第10位；农牧民人均可支配收入为9976元，居全国第16位。城乡居民收入差距连年缩小。城乡居民收入差距从2010年的3.2倍缩小至2.8倍。

“十三五”时期，要按照“守住底线、突出重点、完善制度、引导舆论”的思路，着力提高基本公共服务水平和城乡居民收入水平。大力提高居民收入，缩小收入差距。优先发展教育事业。全面落实中长期教育改革发展规划纲要，深化教育领域综合改革，办好人民满意的教育。促进就业和社会保障，加快建设社会服务体系。加快发展医疗卫生事业。加大保障性住房建设投入力度。大力推进扶贫攻坚力度。

经测算，“十三五”时期，我区城镇居民人均可支配收入年均增长8%，可达到2020年如期实现翻一番的目标，如果年均增长8.5%或10%，可提前一年或两年实现翻一番的目标；农牧民人均可支配收入年均增长9%或8.5%，均可提前两年实现翻一番的目标，如果年均增长10%，可提前到2017年实现翻一番的目标。

作者系内蒙古自治区统计局党组书记、局长

2016年内蒙古经济形势与展望

杨臣华等

2015年，面对经济下行压力加大的严峻形势，自治区全力稳增长、促改革、调结构、惠民生、防风险，全年经济运行保持缓中趋稳、稳中有进的态势。2016年，我区经济下行压力不减，但经济发展的内生动力正在加速集聚。下阶段，需要我们坚定发展信心，以改革创新提升发展驱动力，以扩大内需释放发展带动力，以改善民生夯实发展保障力，以对外开放提升发展集聚力，大力增强我区经济持续稳定发展能力。

一、2015年内蒙古经济运行特征及需要关注的问题

（一）2015年内蒙古经济运行特征

经济运行缓中趋稳。一季度、上半年、前三季度地区生产总值分别增长7%、7%和7.5%，呈现“缓中趋稳、稳中有进”态势。后期，随着国内及自治区稳增长、保工业、稳投资、扩消费等政策落地增效，全区经济回稳态势将进一步巩固，预计全年经济增长7.8%左右。

产业结构加快调整。工业企稳态势显现，1—10月，全区规模以上工业增加值增长8.6%，较一季度、上半年分别加快0.4和0.5个百分点，平稳向好态势显现。其中，装备制造、高新技术、农畜产品加工产业对工业增长的贡献率较上年同期提高4.9个百分点，工业内部结构渐趋优化。后期冶金建材、装备制造、高新技术产业将继续保持较快增长，预计全年规模以上工业增加值同比增长8.8%左右。服务业支撑力稳步提高，前三季度，全区服务业增加值增速同比加快0.8个百分点，旅游、金融等服务业提速明显，其中，旅游业总收入同比增长23.1%，带动服务业占比同比提高2.4个百分点。预计全年服务业同比增长7.7%

左右。农牧业保持稳定。全年粮食生产实现“十二连丰”，畜牧业实现“十一连稳”，年度牲畜存栏连续5年稳定在1亿头只以上。

内需动力亟待增强。投资“稳态”运行，1—10月，500万元以上项目固定资产投资增长14.5%，较一季度、上半年分别加快0.6和0.1个百分点，高于全国平均水平4.3个百分点。后期，随着重大项目进入冲刺期，电力、基础设施投资逐步提速，预计全年固定资产投资同比增长15%左右。消费低位回稳，1—10月，全区社会消费品零售总额同比增长7.9%，较上年回落3个百分点左右，但分别高于一季度、上半年分别回落1.1和0.6个百分点。后期，居民消费品价格水平持续低位、节庆促销等因素，将支撑全年社会消费品零售总额增长8.2%左右。进出口波动回落，1-10月，全区进出口总额同比下降3.4%，较一季度、上半年、前三季度分别下降12.1、2.3和4.1个百分点，放缓态势明显。

经济效益恢复艰难。工业企业效益持续回落，1—10月，全区规模以上工业企业利润同比下降23%，降幅同比扩大13.7个百分点，亏损企业亏损额增长39.8%，企业经营较为艰难。财政增收步伐平稳，1—10月，全区一般公共预算收入同比增长6.3%，较一季度、上半年、前三季度分别放缓0.8、0.6和0.3个百分点，预计全年全区公共财政预算收入增长7%左右。城乡居民收入增长小幅放缓。前三季度，全区城镇、农村牧区常住居民人均可支配收入增速同比分别放缓1.3和3.8个百分点，较全国平均水平分别低0.3和0.7个百分点。预计全年城乡居民人均可支配收入分别增长8.3%和10.3%左右。

物价总水平低位运行。1—10月，全区居民消费价格同比上涨1.1%，涨幅同比收窄0.6个百分点，全区工业品出厂价格指数同比下降5.7%，跌幅同比扩大3.2个百分点，已连续40个月负增长，预计全年居民消费价格指数（CPI）同比上涨1.2%左右，工业生产者出厂价格指数（PPI）同比下降6%左右。

（二）需要关注的问题

新旧动力转换尚未完成，经济下行压力不减。进入三季度，全区经济运行呈企稳态势，但回稳势头尚不稳固，经济增长更多依靠传统动力，新动力短期内难以弥补传统动力下降带来的影响，经济下行压力较大。前三季度，内蒙古地区生产总值增速低于全年预期目标0.5个百分点；1—10月份，规模以上工业增加值、社会消费品零售总额增速分别低于全年预期目标1.4和3.1个百分点，均处2001年以来较低水平。从内蒙古（DRC）宏观经济景气预警系统数据看，10月份，经济预警指数及工业、消费等主要分项指数继续处于过冷状态，除此，经济先行指数持续回落，表明后期全区经济运行仍存较大下行压力。

有效供给滞后，供给需求脱节矛盾加剧。受前期产能持续释放、投资品市场低迷以及能源需求结构加快变革等因素影响，全区传统投资品产能过剩格局尚无实质缓解。1—10月，高热值动力煤、螺纹钢、A00铝、水泥、一级多晶硅价格继续处于下行通道，同比分别下降30.5%、29.4%、16.8%、16.4%和26.3%。同时，鉴于市场调节机制不完善，投融资、科技创新体制不健全等制约，社会资本向战略性新兴产业和服务消费领域流动不畅，新型工业品和新兴消费领域供给跟进滞后，实际产能与市场有效需求较为脱节，进一步加大了经济下行风险。

企业造血功能持续减弱，经营环境愈加艰难。2015年，主要工业品产品价格持续回落，企业经营困境不减，全区工业企业利润各月同比降幅均在20%以上，企业“造血”功能大幅下降。同时，主要产品产销不畅致企业销售资金回笼周期延长，上下游企业采取承兑票据方式结算的比例进一步提高，资金周转压力致企业“贫血”症状加剧。另外，企业盈利能力下降、市场预期持续回落、银行风险管控趋严等因素使金融机构对风险控制力度进一步加大，企业融资难、融资贵问题更为凸显。除此，财政压力致部分地区对已停收收费项目重新开始征收，企业利润空间被进一步压缩。

主导产业增长空间受限，产业支撑力趋弱。10月中旬，全区30种主要工业品价格中环比、同比下降的分别达到18种和27种，其中，原煤、粗钢、水泥产量增速仍在下降，对工业运行带来持续冲击。1—10月，煤炭、电力、化工行业增速继续维持低位，三行业占工业比重达到42.9%，对规模以上工业增加值增长的贡献率仅为14.9%，同比回落19.1个百分点。除此，化工、有色金属加工、装备制造等主导产业面临转型发展的迫切要求，但受制于资金压力、发展技术人才缺乏，企业转型能力和自主转型意愿明显不足，主导产业市场空间拓展短期难改善。

二、2016年内蒙古发展环境及增长动力分析

（一）2016年内蒙古发展环境分析

国际方面，世界经济仍将延续温和低速增长态势，主要经济体经济状况持续分化，发达国家保持温和复苏态势，新兴和发展中经济体经济仍存在下行压力。国际资本市场和地缘政治格局依然复杂，能源和大宗商品价格低位震荡趋势难改，预计2016年世界经济增长3.6%左右。国内方面，2016年，国家经济工作将更偏重于“稳、实、改、松”。一是经济工作重点仍将是稳增长，尤其在稳定工业增长、促进消费升级、优化经济结构等方面将继续出台一系列鼓励性政策。二是改革思路将转变为供给、需求“两手抓”，针对化解过生产能、降低垄断行业准入门槛、推动要素市场优化配置等方面改革将出实招。三是国企、财税、金融等重点领域改革将继续为经济增长注入强大的新动力。四是“积极财政+稳健货币”政策组合将为经济结构调整与转型升级营造提供适度宽松环境。总体看，我国经济发展的韧性、空间、动力仍具备支撑中高速增长的条件，预计2016年经济增速在6.8%左右。

（二）2016年内蒙古经济增长动力分析

经济向好基本面牢固，保持经济平稳增长具备强支撑。一是新增长点加快培育。国家和自治区仍处于“新五化”深度推进阶段，产业结构调整、消费结构升级、创新驱动发展等趋势为我区新能源、绿色农畜产品加工等优势特色产业提供发展机遇，新增长点正在加快培育。二是新增长极逐步形成。我区东西部发展不均衡，区域发展回旋余地较大，以增长极为突破口推动区域协调发展大有可为。随着呼包鄂、乌海及周边地区、霍乌哈等区域基础设施互联互通、公共服务一体化、产业协作分工的加快推进及人口、资金等要素的不断集聚，各区域增长极将迎来新一轮发展动力。三是对外开放潜力将逐步释放。随着我区对外开放战略与国家“一带一路”战略的深入对接，全区对外开放将驶入快车道，同时，《内蒙古自治区建设国家向北开放桥头堡和沿边经济带规划》已获得国家批复，将进一步助推我区发挥比较优势，提高开放发展水平。

供给侧结构持续优化，产业转型升级步伐更为稳健。一是新型工业体系加快构建。随着结构调整持续推进，我区高耗能、资源性传统产业比重持续下降，“一煤独大”的产业格局加速转变。同时，自治区推进“宽带内蒙古”工程和“宽带乡村”示范工程建设、制定云计算创新发展行动方案、成立国内首家省区级“互联网+高效物流”的物流云平台，推动“互联网+”与工业深度融合、增加新兴产业项目储备，“传统产业新型化、新兴产业规模化、支柱产业多元化”的产业发展格局正在加快形成。二是服务业现代化、新兴化发展势头良好。目前，我区正大力推进新能源、新材料、生物医药、高端设备制造等战略性新兴产业发展，加快实施云计算发展规划，工业规模的不断扩大和非资源型产业、战略性新兴产业的发展将带动我区金融、信息等生产性服务业进入新的发展阶段。而随着收入分配改革的推进和居民消费需求的升级，以及我区旅游业“夏热冬冷”局面的改善，旅游休闲、健康、养老和文体娱乐等生活性服务业的增速也有望提高。

需求侧结构继续改善，内需动力更趋增强。一是投资后劲仍较充足。从投资结构看，前三季度，全区改建和技术改造项目同比增长46.9%，占投资比重达15.9%，高技术产业、装备制造业投资增速高于平均水平，更高于高耗能行业。投资结构的优化和转型投资规模的扩张，将进一步推动我区投资效益提升。从投资环境看，国家调低投资项目最低资本金比例、加大重大交通、水利等基建项目专项建设资金投放、降低企业债发行门槛、扩大固定资产加速折旧优惠范围等多重利好有助于支撑我区投资平稳增长。二是消费内生增长基础渐趋稳固。一方面，国家加快推进重大消费工程，努力扩大住房、养老、旅游、教育、信息、绿色消费，加快消费基础设施建设，这与我区的消费发展需求高度契合。下阶段，自治区将在着力提高居民消费能力的同时，进一步完善相关消费政策，营造更为良好的消费环境，进一步激发市场消费潜力。另一方面，自治区积极开发以信息、休闲旅游、养老健康家政、教育文化体育等为代表的新兴消费热点，新消费热点的不断涌现将有效推动全区消费提质升级。

创新驱动战略深入实施，内生增长动力加快形成。一是科技创新环境不断优化。出台《内蒙古科技体制改革实施方案》、《关于深化科技计划管理改革加强科技项目和资金管理的意见》等政策，在改革科研项目和资金管理、创新科技投入方式，推进科研基础设施开放共享等方面进行了大力度改革和整体部署，为科技创新体系建设奠定了坚实基础。国家级平台建设实现重大突破，新增2家国家级企业重点实验室，科技创新的平台支撑进一步增强。二是双创氛围正在形成。出台《关于大力推进大众创业万众创新若干政策措施的实施意见》、《关于加快发展众创空间的实施意见》等政策，通过加大财税、金融扶持力度，优化创业创新融资环境，完善普惠性税收措施等，加快构建有利于大众创业、万众创新蓬勃发展的政策环境、制度环境和公共服务体系。前三季度，全区新登记注册市场主体26.09万户，比上年同期增长26.8%，大众创业、万众创新的氛围正在形成。

政策调控精准发力，护航经济平稳增长。一是国家经济政策的发力点仍是稳增长，为明年我区经济持续健康发展奠定了基础。二是供给侧结构性改革将进一步拓宽我区经济发展空间。从我区发展现状看，人均资本存量仍然较低，人力资源潜力开发不足，全要素生产率不高，供给侧三大要素均有进一步提升和优化的空间。三是"一带一路"、"中蒙俄经济走廊"建设深入推进，我区基建、能源、旅游等多个产业迎来新的发展契机。京津冀协同发展和长江经济带战略实施，有助于我区进一步融入周边发展，加快承接产业转移步伐。国家实施新一轮西部大开发和东北振兴等战略，在发展现代农牧业、资源型城市转型、保障改善和民生等方面给予支持，为我区补齐短板、加快转型发展提供了重要政策保障。四是重点领域关键环节改革按计划稳步推进，为经济发展注入新动力。

三、2016年内蒙古经济增长支撑分析

（一）地区生产总值增长7.5%的支撑分析

2016年，世界经济延续低速不均衡复苏态势。发达经济体经济前景略有改善，但增长分化局面持续，经济增长总体仍显乏力。新兴市场国家资本加速外流，内部结构性矛盾或将更加突出，加之国际大宗商品价格持续低迷态势，影响能矿等初级产品出口国家经济增长，新兴经济体将继续承压。在此背景下，预计2016年世界经济约增长

3.3%，我国外部需求总体变化不大。同时，考虑到企业效益低迷、新动力尚难完全对冲传统动力下降影响等因素，我国经济下行压力仍然较大。基于此，国家将继续坚持“稳中求进”的工作总基调，在“稳增长”的基础上，实施积极的财政政策和适度宽松的货币政策，在区间调控的基础上，加大定向调控的力度，强化预调和微调方式，推动经济平稳增长。预计2016年全国经济增速为6.5%左右。

在这一国内外环境和国内政策假设情景下，我区经济可实现7.5%的增速。从工业看，我区主要工业行业仍处于去产能、去库存周期，煤炭、电力、化工、冶金行业市场需求继续维持低位，分别增长约5.3%、5.5%、10.3%和15%，规模以上工业增加值增长8.5%左右；从投资看，我区将强化重点工业项目建设和调度，保持优化特色产业领域投资力度，大力推进基础设施项目建设，同时，加大装备制造、电子信息和服务业等领域投资强度，全社会固定资产投资增速有望保持在14.5%左右。从消费看，居民收入稳步提高，消费空间不断拓展，消费市场继续平稳运行，预计社会消费品零售总额增长8%左右。

（二）地区生产总值增长8%的支撑分析

2016年，世界经济持续温和复苏态势。主要经济体货币金融政策分化将积累全球金融风险，但总体上，经济复苏势头更趋稳固，经济增长动力明显增强。新兴经济体经济增长总体仍快于发达国家，结构性改革取得成效，应对经济冲击的能力有所增强。在此背景下，预计2016年世界经济增长3.6%左右，对于改善我国外需状况具有积极的促进作用。基于此，国家将继续保持宏观调控政策连续性和稳定性，在统筹“稳增长、促改革、调结构、惠民生、防风险”的基础上，大力推进行政、国企、金融、财税、土地等关键领域改革，协调推进供给侧改革和需求侧管理，着力扩大有效供给，大力提高供给质量、效率。随着各项改革举措落地实施，我国市场环境更加公平、透明，民间资本参与竞争更加充分，投资效益和质量明显提升，消费环境进一步改善，消费空间拓展和消费结构升级对产业升级的带动作用增强。预计2016年全国经济增速达7%左右。

在这一国内外环境和国内政策假设情景下，我区经济可实现8%的增速。从工业看，外部市场对我区工业品需求有所恢复，主要工业品产销状况好转。随着产业结构调整步伐的进一步加快，优势特色产业延伸升级取得新成效，新兴产业支撑力进一步增强，工业经济总体呈企稳向好态势，煤炭、电力、化工、冶金增加值可分别增长约5.6%、5.8%、10.8%和16%，规模以上工业增加值增长9%左右；从投资看，我区优势特色产业领域投资稳定增长，装备制造、新能源、新材料等新兴产业投资占比进一步提高，产业投资增长的新支撑加快形成。投融资体制改革进一步深化，民间资本投资活力得到有效释放，投资意愿明显提高，预计全社会固定资产投资增长15%左右。从消费看，消费环境进一步优化，农牧民消费占社会消费品零售总额比重有所提高，教育、文化、信息、医疗等新兴消费领域快速发展，预计社会消费品零售总额增长9%左右。

四、对策建议

（一）扩大有效需求，持续释放经济发展带动力

一是围绕优结构、增效益，提升有效投资规模。加大对传统产业延伸升级、新兴产业培育的投入力度，引导社会资本强化新兴消费领域投资，大力推广公私合营模式，引导民间资本进入公共基础设施、科技创新、环境治理等领域。切实取消和下放投资审批权限，解决好前置手续繁杂、效率低下等问题，清理审批事项互为前置、互相掣肘问题。建立政府履约约束机制，提高地方政府信用。二是加快新型消费业态供给。扩大服务消费、信息消费、绿色消费、时尚消费、品质消费等新型消费领域的供给规模，大力实施“互联网+流通”行动计划，加强城市共同配送网络和农村商贸物流网络建设，构建“互联网+产业+流通”新模式。

（二）以改革创新助推供给侧结构调整，加快提升经济发展驱动力

一是有效化解产能过剩。引导企业主动调结构，促进社会资本流向有前景新兴行业，加快对境外新兴行业投资并购力度，完善淘汰落后产能的指标体系，清理处置“僵尸企业”。二是增加有效供给。以市场需求为导向，调整产品结构，拓展市场空间。完善新材料、装备制造、新型化工、生物制造、云计算等领域的政策配套和推进机制，力促新兴产业规模化。大幅放宽服务业市场准入，在财税、土地、资

源价格等方面给予更多支持，带动新兴服务业加快发展。三是激发创新活力。加快科技创新，强化模式创新，促进科技创新与产业发展深度融合。大力推动万众创新，促进创新创业资源对接聚合，科技创新向生产力转化。

（三）兜牢民生底线，进一步夯实经济发展保障力

一是千方百计促进居民增收。加大减税清费力度，大幅降低企业经营成本，稳定企业生产，力促城镇居民工资性收入稳步增长。推动“互联网+农畜产品”新模式，畅通农畜产品产销对接，提升农牧民经营性收入。二是增强社保托底力度。整合城乡居民基本养老保险制度和基本医疗保险制度，推动流动人群、非公企业职工和农民工全部纳入参保范围，推进大病医疗保险、城乡最低生活保障制度全覆盖。着力解决社会保险关系跨地区、跨制度转移接续问题，提高社会保障制度适应流动性。三是紧抓民生工程不放松。加大“十个全覆盖”工程投入力度，全面完成各项目标任务。加快推进保障性安居工程建设和棚户区改造，深入推进扶贫攻坚，为贫困群众早日脱贫夯实基础。

（四）构筑全方位对开放新格局，大力提升经济发展集聚力

一是深度融入国家大开放战略。加快形成“临空”、“临港”、“临边”多层次对外经济合作新格局，全面提升对外开放合作平台软硬件建设水平，加快交通、跨境管道皮带、信息等六大通道基础设施互联互通建设，共同推动信息互换等海关合作及检验检疫等多双边合作。二是努力形成宽领域、深层次、多领域、全方位合作格局。加强产业与产能合作，支持优势领域骨干企业走出去，重点在农畜产品加工、电力、资源开发、装备制造、物流、跨境旅游等方面取得新突破。大力推动跨境电子商务发展，加快形成“互联网+外贸”新型贸易方式。深化智能技术、物联网、新能源、新材料等领域国际科技合作，加大文化、环境保护等领域合作交流。三是加强区域合作。加大承接产业转移力度，在保持特色产业合作规模基础上，全力挖掘新能源、新材料、装备制造、生物制药等领域合作潜力，进一步强化科教文卫、旅游等方面交流，努力拓展合作空间。

作者系内蒙古发展研究中心主任

经济发展篇

内蒙古农牧业经济发展情况

一、2015年农牧业经济运行情况及分析

（一）粮食生产实现“十二连丰”

2015年，粮食产量可达565.4亿斤，同比增加14.8亿斤，增长2.7%，连续4年稳定在500亿斤以上。

（二）畜牧业实现“十连稳”

2015年牧业年度，全区牲畜存栏达到1.36亿头（只），同比增加700万头（只），增长5.4%。主要畜产品产量保持稳定。2015年，肉类产量达到258万吨，同比增长2.3%；禽蛋产量54.6万吨，同比增长2.1%；牛奶产量700万吨，同比下降13%。

（三）产业化经营总体运行良好

全区销售收入500万元以上农畜产品加工企业实现销售收入4120亿元，同比增长9%；实现增加值1229亿元，同比增长9.1%；上缴税金109亿元，同比增长8.7%。农畜产品综合加工率达到57.6%，同比提高1个百分点。现有国家级农牧业产业化重点龙头企业38家、自治区级重点龙头企业556家、上市公司16家。全区近39万农牧民在产业化龙头企业中实现就业，有214万户农牧户进入产业化经营链条，农牧民人均从产业化经营中得到纯收入4390元，占农牧民人均可支配收入的44%。

（四）草原保护建设各项工作进展顺利

重点落实草原生态补助奖励政策，大力实施退牧还草工程、风沙源治理工程、高产优质苜蓿示范等项目工程，持续推行草畜平衡，认真开展禁牧、休牧、划区轮牧，加强基本草牧场保护，草原建设总规模连续6年保持在5000万亩以上，草原生态明显恢复，生产能力提高。2015年，全区草原植被盖度43.8%左右，与2014年基本持平，比2014年提高约0.2个百分点；全区天然草原牧草总产量7260万吨，比2010年提高2361万吨，增长32%；冷季总适宜载畜量7664万羊单位，比2010年

提高了23%。

（五）重大动物疫病防控和农畜产品质量安全继续保持较好水平

把农畜产品质量安全工作摆在保民生、保供给、保产业健康发展的突出位置，落实各级政府属地管理责任、监管部门监管责任和生产经营者主体责任，针对重点农时、重点地区、重点环节，组织开展督查调研、农资打假、专项整治等行动，严厉打击违法犯罪行为，坚决遏制突出问题的发生，农畜水产品总体合格率达到96%以上。不断强化集中免疫、疫情监测、检疫监管、境外动物疫情防堵等关键措施；突出抓好畜间布病防控，2015年畜间监测阳性率0.5%，同比下降20%；成功防堵了境外动物疫情的传入，活羊调运出证工作正常化，继续保持了口蹄疫等重大动物疫病零疫情，有力保障了畜牧业生产、畜产品消费和公共卫生三大安全。

二、运行的主要特点

（一）农牧业结构和发展方式不断优化，发展路径更加科学

农牧业综合生产能力的提升，为我区农牧业转方式调结构打好了基础、提供了空间。一是农牧并举的农牧业结构逐步形成。畜牧业快速增长，成为第一产业的主要增长点。全区畜牧业产值占第一产业比重达到43.4%，连续4年稳定在43%以上。二是区域布局更趋合理，实现了优种养多收获。初步形成了奶牛、肉牛、肉羊、绒山羊、禽类、优质专用玉米、优质马铃薯、高油大豆等特色优势农畜产品产业带，优势基地牛奶、牛肉、羊肉已经占到全区总产量的89%、72%和83%；玉米、小麦、大豆占到全区总产量的76%、79%和85%。三是发展方式逐步由单纯追求数量扩张向素质并重，更加注重质量、效益和生态环境并重转变。以畜禽养殖标准化示范创建为抓手，每年建设牧区家庭牧场和农区标准化规模养殖场各500个，发展规模化、标准化养殖，以此降低原始放养方式对生态的破坏，由向生态要效益转变为向科学化、规模化生产要效益。2015年末，全区肉羊年出栏100只以上规模养殖水平达到67.9%，同比提高6个百分点，比2010年提高27.5个百分点；奶牛存栏100头以上规模养殖水平达到80.5%，同比提高9个百分点，比2010年提高63个百分点。

（二）农牧业生产条件明显改善，可持续发展能力不断增强

一是基础设施建设力度不断加大。2012—2015年，累计建设高标准农田1875.88万亩，完成井灌区节水改造配套建设300多万亩，新发展农田有效灌溉面积400多万亩，农田灌溉水有效利用系数由45%提高到51.2%。借助国家畜禽标准化规模养殖场建设、畜禽健康养殖等项目资金，加强棚圈、贮草棚、防疫和粪污治理设施、人畜饮水井等农牧业配套机械设备的建设，畜牧业生产条件大为改善，抵御自然灾害能力显著增强。目前，牧区过冬畜每个羊单位暖棚面积达到1.1平方米，全区仔畜成活率达到98%以上。二是耕地质量建设得到加强。按照“一守两保三提”的建设思路，配合永久性农田划定工作，坚决守住我区耕地红线，确保不发生耕地“非农化”和功能区“非粮化”；大力推广测土配方施肥、秸秆还田、增施有机肥、盐碱地改造、水肥一体化等技术，提高耕地质量，提高资源利用率，提高土地产出率。项目区土壤贡献率由2010年的55%提高到2015年的60%。

（三）农牧业科技贡献率和普及率不断提高，支撑和推动作用更加突出

一是良种研发和应用率显著提高。围绕特色和主导农畜产品，选育、研发、推广了优质高产专用小麦新品种、“内字系列”玉米新品种、牛羊胚胎移植等一系列实用型技术，2015年，全区主要农作物良种覆盖率、家畜改良率分别达到95%、96.02%，比2010年分别提高5个和1.4个百分点；2015年全区农牧业科技贡献率达到51%以上，比2010年提高4个百分点左右。二是综合性技术推广应用成效显著。种植业上，实施了“粮油高产创建”工程，5年辐射带动全区粮油糖均衡增产累计达到118.5亿斤，总增产值92.5亿元。2015年，仅示范片就带动粮食增产14.04亿斤，油料642.3万斤，甜菜1.33亿斤。畜牧业上，实施了“双百千万”高产创建工程，根据“十二五”期间5年来连续生产性能跟踪测定，与“十一五”期末比较，苏尼特羊等地方品种育成羊活重提高2.6公斤，18月龄西门塔尔二代母牛活重增加20.5公斤，规模养殖场荷斯坦奶牛年平均单产提高862.6公斤。三是农牧业基层农技推广体系建设日趋完善。现有自治区、盟市、旗县、乡镇四级农技推广机构2142个，推广人员20.2万人，承担全区农牧业科技的推广和服务工作。开展了“万名科技人员下基层”活动，实施了新型职业农牧民培育工程，探索形成了农技推广责任人、科技特派员、“专家+技术指导员+科技示范户+辐射带动户”等切实有效的农技推广新模式、新机制，农牧业科技入户率、到位率、转化率不断提高。四是农牧业机械化水平明显提高。2015年，全区农牧业机械综合机械化水平达到81.4%，同比提高1.5个百分点；机耕、机播、机收面积分别达到9679.86万亩、10830.39万亩和7629.28万亩，同比分别增加2.7%、5.2%和13.3%。

（四）农牧业经营体制机制改革稳步推进，发展活力动力进一步增强

一是土地草牧场承包关系进一步稳定。截至目前，土地承包经营权确权登记颁证12个试点旗县已开展面积2366万亩，占需确权二调面积的91%；实测面积1846万亩，占71%；确认面积1244万亩，占48%；草原确权承包10个试点旗县工作接近尾声，准备验收。积极稳妥地推进土地草牧场规范流转，2015年底，全区家庭承包经营耕地流转面积达到3100万亩，占家庭承包经营耕地面积的31.4%，同比增长7.5%，比2010年增长162%，5年平均增速21.3%；草牧场流转面积7200万亩，同比增长2.8%。二是新型农牧业经营主体加快发展。2015年底，农牧业各类合作社将突破7万家，同比增长11%，比2010年增长534%，5年平均增速46.6%。各类家庭牧场已发展到3.5万个，2015年启动家庭农场认定工作，已认定7000个。三是农村牧区集体产权制度改革稳妥推进。扎实开展农村牧区集体“三资”清理登记工作，基本摸清了底数，形成了改革思路，起草了《积极推进农村牧区集体产权制度改革意见》。在阿荣旗等29个旗县开展国家农村集体产权制度改革试点。

三、存在的问题

（一）资源环境约束趋紧

我区干旱及半干旱地区面积约占全区总面积的3/5以上，耕地亩均水量不到全国亩均水量的1/4。有效灌溉面积只占耕地面积的41%，农牧业靠天吃饭的局面没有从根本得到解决。同时农牧业资源环境在一定程度上遭受着外源性污染和内源性污染的双重压力，一方面，工业和城市污染向农牧业农村牧区转移排放，农畜产品产地环境质量堪忧；另一方面，化肥、农药等农业投入品过量使用，畜禽粪便、农作物秸秆和农田残膜等农牧业废弃物不合理处置，导致农业面源污染日益严重，农牧业发展的环境承载能力已达到或接近上限。

（二）种养结构不够合理

玉米种植面积和产量分别占全区粮食总播面积的60%和80%，羊存栏占全区牲畜总头数的79%。“一粮独大”、“一畜独大”的单一种养结构，在当前玉米临时收储价格下降、羊肉行情持续低迷的背景下，带来的风险也越来越明显。

（三）生产规模化制约因素突出

小规模的农牧业生产经营方式同劳动生产率提高和农牧业现代化的矛盾将日益加剧。我区近80%的耕地和90%以上的草牧场仍由一家一户分散经营，这种生产模式吸收运用新技术、新农艺、新设备的能力差，不适应规模化、标准化、集约化、机械化生产的要求。农牧民专业合作社数量偏少，在全国排名仅12位，成员占家庭承包经营总户数不到20%。

（四）农牧业生产成本较高

农牧业生产成本在快速上升，特别是生产性的服务费用上涨对农牧业生产将带来新的挑战。近年来劳动力实际工资正逐年增长，农牧业生产的劳动力成本显著提高。生产成本的增加使得部分农畜产品国际国内价格倒挂，影响在国内外市场的比较优势和竞争力。

（五）农畜产品质量安全保障难度大

数质并重的思想还没有真正树立起来，属地管理责任没有很好落实，基础监管能力滞后，农畜产品生产、加工、流通、质量检验、标识管理等各个环节，尚未建立起一套严格完整的标准和市场准入监管体系，从田头到餐桌的可追溯制度才刚刚起步。农牧业执法和农畜产品质量安全监管检测人才缺乏，尚没有形成完整的监管模式和严格的农畜产品质量安全控制体系。

（六）养殖业面临冲击

随着我国贸易自由化程度不断提高，畜产品进口关税不断下调甚至降为零关税，我国畜产品价格受国际、国内两个市场影响越来越明显。目前我区牛奶、牛羊肉价格高出国际市场价格1倍多，受国际市场大量廉价畜产品进口影响，对养殖业冲击受冲击越来越大，今后以牛羊为主的我区畜牧业将面临巨大的挑战。

（七）农牧业劳动力结构性短缺

我区农村牧区劳动力转移人口达到259.3万人，而留在农村牧区从事劳动的主要以中老年和妇女为主，超过50%的劳动力是小学及以下文化程度，这种劳动力结构和受教育程度不适应农牧业现代化的要求。

（八）农牧业经营体制机制复杂性艰巨性不能低估

在农村牧区土地、草牧场制度方面，承包经营权确权登记工作和草原确权进展不一；在土地流转方面，一些地方存在土地流转不规范，片面追求土地流转规模和速度，强制下命令、定指标的问题；农村牧区社会保障机制不完善制约了土地流转。

四、2016年我区农牧业经济发展思路、目标及主要措施

（一）工作思路

深入贯彻党的十八届五中全会和自治区党委九届十四次全委会精神，认真落实中央和自治区关于“三农三牧”工作的重要部署，树立“创新、协调、绿色、开放、共享”的发展理念，以建设我国重要绿色农畜产品生产加工输出基地和建成我国北方重要生态安全屏障为目标，以全面深化农村牧区改革为动力，以“提质增效转方式、稳粮增收可持续”为工作主线，强化科技、装备支撑，坚持改革创新，推进绿色发展，努力实现农牧业增产、农牧民增收、草原增绿、农村牧区稳定，为“十三五”经济社会发展开好局、起好步提供有力支撑。

（二）工作目标

粮食产量稳定在550亿斤以上。

牲畜总头数稳定在1.3亿头只以上。

草原植被平均盖度达到44%左右。

确保不发生重大农畜产品质量安全事件，确保不发生区域性重大动物疫情。

（三）主要措施

1.毫不松懈地抓好粮食生产

一是稳定播种面积。争取农作物总播面积和粮食作物播种面积稳定在1亿亩和8000万亩以上，蔬菜种植面积保持在400万亩以上，力争设施蔬菜面积达到250万亩以上，打好“米袋子”、“菜篮子”稳产的基础。二是调整优化种植业结构。积极响应国家“粮改饲”号召，压缩高纬度、高海拔地区和严重干旱地区的籽粒玉米种植面积500万亩，用以种植粮饲兼用整株青贮玉米，整株青贮玉米种植面积达到1000万亩；落实国家和自治区马铃薯种薯补贴9000万公斤，引导马铃薯品种结构调整，加大对优质、专用、早熟品种的补贴力度，全区优质、专用、早熟品种种植比例提高5个百分点。三是提升耕地质量。绿色高产高效创建面积继续保持在1000万亩以上；继续实施国家东北黑土地保护、耕地保护与质量提升项目，重点在增施农家肥、秸秆还田、盐碱地改造以及控肥增效综合技术推广上下功夫。项目区畜禽粪便养分还田率达到50%，农作物秸秆养分直接还田率达到40%，土壤有机质含量提高0.3个百分点。继续大力开展病虫害统防统治和绿色防控，重点在控药减害上下功夫，化学农药用量增长率减少2个百分点。

2.着力提升畜牧业质量效益

一是强化种源建设。完成好60个左右以地方品种为主的种羊场建设任务。加强肉羊地方品种的选育提高和引进品种纯种繁育，抓好绒山羊“保种工程”，继续提高种羊供给能力；实施好补贴1.6万头国外优质肉牛种母牛进口任务。二是大力推进优势畜种规模养殖。完成好新建牧区家庭牧场和农区标准化规模养殖场各500个任务，加快推进奶牛、肉牛、肉羊规模养殖发展。同时利用好国家牛羊调出大县奖励、人工种草发展草食畜牧业、“粮改饲”试点等新增项目，优化种养结构，促进母畜扩群增量，夯实母畜繁育基础。三是进一步扩大草原品牌追溯耳标试点工作。继续扩大呼伦贝尔、锡林郭勒两大牧区肉羊电子耳标佩戴试点范围；鼓励其他牧区积极跟进，根据各自优势，确定开展追溯耳标试点牲畜品种，逐步实现天然放牧肉牛肉羊全部追溯管理。四是努力缓解畜产品“卖难”问题。密切关注牧区肉羊出栏期市场变化，及时发布预警信息，督促各地积极落实补贴政策，鼓励牧民早出栏、快出栏、多出栏；积极配合动物检疫部门做好检疫，畅通活羊外销渠道；协调乳品企业积极收购，做到合格牛奶不拒收、不限收、应收尽收；协调有关部门监督享受补贴的羊绒收储企业，真正做到以质论价、优质优价收购，发挥好自治区振兴绒山羊产业政策资金效应。

3.加强草原生态保护和建设

一是全面落实国家新一期草原补奖政策，在纳入补奖政策的10.2亿亩草原实施禁牧、草畜平衡制度。二是重点推进草牧业发展。在全区9个旗县开展草牧业试验试点，通过财政补贴、引导社会资本参与，逐步扶持打造一批效益好、技术精示范带动能力强的现代草业生产经营主体，形成各具特色的草牧业产业集群，打造现代化草木业发展的新格局。三是继续做好京津风沙源治理工程、退牧还草工程、高产优质苜蓿示范建设项目等重大生态建设工程，力争草原建设总规模达到4000万亩以上。四是进一步加大草原生态防治力度，防治草原鼠害面积2000万亩、虫害面积3000万亩，防止发生草原重大火灾；不断加强草原执法监督，征用使用草原审核审批程序更加规范。

4.扎实推进农牧业产业化经营

一是进一步完善利益联结机制。在细化利益联结机制工作方案的基础上，探索以立法的形式促进农企建立紧密型利益联结机制，尽快提高农牧民在生产经营中的地位，保障农畜产品顺价销售，提高农牧民收入，保护农牧民利益。二是启动农畜产品品牌建设工程。加强与工商局协商，出台品牌建设实施方案，明确建设重点、范围、条件、具体措施等，绘制好品牌建设蓝图，逐步建设更多知名品牌。三是继续抓好输出工程。办好第四届绿博会，完善北京、上海精品馆的宣传展示功能，选择1～2个相对成熟的一线城市新建精品馆。加强与沿海等城市对接与交流，利用地区产品季节性差异，大力开展错季销售。全方位、立体式加大电商销售平台建设，在引导企业发展网店、微店的同时，重点在提高冷链配送效率上下功夫，将我区知名度高的牛羊肉新鲜、快速、便捷地送到消费者手中。四是分层次梯次培育龙头企业。分国家、自治区、盟市三级层次，有规划、有重点、有侧重地加大培育力度，使项目扶持资金投入更加集中，起到“四两拨千斤”

的示范引领作用。加大产业集群培育力度，侧重发展肉羊、肉牛、羊绒、马铃薯等优势产业集群。

5.切实保障农畜产品质量安全

一是加强监管。坚持“产”出来和“管”出来相结合，积极开展质量安全旗县创建和“三品一标”认证工作，认真抓好农资打假和专项整治活动；要加大抽检频次和力度，加强对重点区域、重点领域、重点环节的专项治理，确保不出现大的问题。二是加强防疫。进一步细化目标任务，确保配套经费、工作措施、技术手段全面到位，全力完成自治区确定的年度防控目标；切实抓好强制免疫、监测流调和消毒灭源等措施落实，加强边境防控，强化疫情报告和预警预报以及应急管理；重点加强流通环节检疫监管工作，努力推动指定通道公路动物卫生监督检查站和病死畜禽无害化处理体系建设，确保不发生区域性重大动物疫情。三是完善畜禽屠宰监管体制。监督屠宰企业落实质量主体责任，建立健全各项肉食品质量内控制度；建立和启动全区畜禽屠宰企业质量监督管理信息系统，继续推进屠宰企业标准化建设和兼并重组，扎实开展全区畜禽屠宰质量安全专项整治工作。

6.强化农牧业科技支撑

一是加大科研创新和推广力度。围绕自治区农牧业七大主导产业，加强农科院所研发能力建设，重点在玉米、马铃薯、奶牛、肉羊、绒山羊等品种选育上取得新突破；在旱作农业、节水农业、农机与农艺融合、防灾减灾、清洁高效养殖等关键技术集成示范上取得新突破；在草原生态保护利用技术研发、绿色增产技术研发、农畜产品质量安全风险识别与控制技术应用、农业遥感监测与应用上取得新突破。构建多元化农技推广服务体系，深化公益性农技推广机构改革与建设。加快农牧业科技成果推广应用，加大成熟品种和技术、防灾减灾稳产增产重大技术推广力度。二是切实提高农牧业机械化水平。开展大宗农作物生产全程机械化技术集成、示范与推广，进一步扩大保护性耕作面积，继续狠抓玉米、马铃薯等主要作物机收作业。大力发展畜牧业机械化，尽快缩小畜牧业与种植业的水平差距。严格落实农机购置补贴政策，推动农牧业机械市场化和产业化发展。三是实施好新型职业农牧民培育工程。在加大农技推广示范县、农村牧区实用人才培养的基础上，大力实施新型职业农牧民培训工程、农技人员知识更新培训工程等农牧业人才培养工程，抓好20个新型职业农牧民培育工程示范县工作，争取全年培育新型职业农牧民1万人。四是建立健全科技服务体系。不断完善玉米、马铃薯、肉羊等七大产业科技服务体系建设，提高农牧业科技成果的转化率；继续开展“万名科技人员下基层”活动，为农牧民和新型经营主体提供科技指导和服务；深入推进落实“一个衔接、两个覆盖”要求，把基层农牧业技术推广机构人员工资和工作经费纳入财政预算，进一步理顺苏木乡镇农牧业公共服务机构管理体制；建立健全农牧业信息服务体系，提升“12316”、“三农”服务热线功能和承载力，把“12316”建成农牧民群众想用、能用、会用、好用的“三农三牧”信息服务平台。

7.稳步推进农牧业经营体制改革

一是全面推开土地确权登记颁证工作。农业部已将我区列为2016年农村土地承包经营权确权登记颁证整省推进试点地区，我区在12个试点经验基础上，重点在具备条件的地区以盟市或旗县为单位进行整盟市、整旗县推进。二是在完成10个草原确权承包试点工作的基础上，全区全面推开草原确权承包工作。三是推进产权制度改革，在国家文件下发后，再做相应部署。

供　　稿：邢　瑞　　内蒙古自治区农牧业厅办公室

责任编辑：刘小燕

内蒙古工业经济发展情况

2015年，面对经济下行压力持续加大的复杂严峻形势，自治区在工业方面密集出台了《进一步强化稳增长促改革调结构惠民生政策措施的意见》、《关于进一步扶持小型微型企业加快发展的八条措施》等8个稳增长调结构促改革政策，综合施策，使全区工业经济保持了稳中有进、稳中向优态势。

一、2015年总体情况

（一）工业平稳增长

2015年，全区工业经济运行总体稳定。全区规模以上工业增加值同比增长8.7%左右，高于全国2.5个百分点，与安徽、河南并列居全国第7位，高于全国及周边省区平均增速。

（二）工业后劲增强

预计全年完成500万元以上工业固定资产投资6400亿元，同比增长15%左右；亿元以上项目开复工1094个（其中今年新开工589个，续建项目505个），开复工率101.2%；储备工业项目1496个；77个国家给“路条”的重大项目已核准40个（其中，电力22个、化工2个）。

（三）发展质量提升

煤炭、电力、冶金、有色、化工等主要行业产能规模、装备水平、安全生产、能耗水平均处于全国领先水平，信息化应用率达90%以上。煤炭平均单矿规模188万吨，机械化率95%，煤矿百万吨死亡率0.0147（全国0.157人/百万吨）；电力装机1.04亿千瓦，30万千瓦以上机组占到全部火电装机的74.9%；铁合金产量550万吨，全国第一；电解铝产能390万吨；尿素产量600万吨，全国第4，全部为30万吨以上装置。

（四）结构优化升级

初级产品转化率、产业集中度提高，煤炭占比下降。电解铝、电石、甲醇、煤炭、农畜产品加工转化率分别达70%、60%、41%、30%、58%，分别比2010年提高27、25、36、5、5个百分点。煤炭占工业比重由最高时期的48%下降到23%。117个工业园区产值占工业总产值的65%以上。

（五）创新活力增强

新登记企业4.2万户，增长23%，全区各类市场主体达162万户；解决就业21万人，占全部新增就业的90%以上；中小工业企业增加值同比增长9.4%，高于全区平均水平0.8个百分点。完成技改投资1056亿元，增长49%。累计授予自治区级新型工业化产业示范基地17个，自治区级企业技术中心已达到132个。

（六）发展环境改善

全面推进工业领域简政放权，全区三级经信部门核准备案项目由2011年的1196项缩减为目前的314项，其中自治区本级由203项减少为16项。减轻企业各类负担190亿。建立了全区基于互联网的中小企业公共服务体系。

二、2015年主要工作

（一）综合施策稳定工业运行

一是抓电力综合扶持政策落实，稳定工业生产。电力多边交易、大用户直供、电价补贴、自备电厂、光伏、云计算等6项扶持政策作用明显。预计2015年全年电力综合扶持政策降低企业用电成本53亿元，光伏、云计算、蓝宝石等行业平均每度降8分（0.37元/度），降幅全国最大。蒙西完成电力多边交易电量560.6亿千瓦时，同比增长54.6%（降低用电企业成本17.3亿元左右）；蒙东完成直接交易电量83.9亿千瓦时，同比增长157.2%（降低企业用电成本10.6亿元）；享受自治区电价扶持政策企业565户，补贴电量630.2亿千瓦时（降低企业用电成本25亿元）。电力综合扶持政策增强了我区化工、冶金和有色等产品市场竞争力，1—10月，全区工业用电量增长5.1%（全国工业用电量-1.0%），继续保持高于全国和周边省份的运行态势。二是抓停产企业复产和新项目投产。年初对停产的726户企业进行全面排查调度，逐户分析原因，通过电价联动、降低自备电厂备用费、解决流动资金，完善安监、消防、环保设施等“一企一策”措施，全区已有372户企业复产；新竣工项目396个（其中新增电力装机1238万千瓦、原煤3700万吨、烯烃60万吨、尿素104万吨、乙二醇60万吨、甲醇40万吨、电解铝及铝后加工各50万吨、不锈钢100万吨、单晶硅2150吨），全部达产后预计新增产值1600亿元，2项合计新增用电负荷200万千瓦。三是抓促销减负工作，帮助企业走出困境。完善了鼓励就地采购政策，建立工业供需对接服务平台。钢材、有色、水泥、机电化工设备、专用车辆等产品就地销售率得到提高。执行并巩固涉企收费清单制度，取消或暂停17项行政事业性收费，免征或减半征收49项行政事业性收费。

（二）抓工业项目建设，增强发展后劲

按照自治区重点工作重点项目推进大会精神，强化重点项目推进，逐月盯办重大项目进度，加大调度督促力度。77个重大项目今年核准13个（其中特高压2条、电源点7个、火电2个、煤2个）。开展了定向招商、园区招商、网上招商，引进产业转移项目480个，引进区外资金6930亿元。

（三）坚持创新驱动，促进经济转型升级

一是抓传统产业新型化，新兴产业规模化。大力推进企业纵向重组，16户重组成功。构建起煤—电—有色金属、钢铁、化工、建材、光伏、农畜产品加工、装备制造等十大产业延伸链，铝后深加工形成10多个门类，电石、盐碱、氯碱、煤化工形成40多个系列产品，农畜产品加工通过延长产业链，品种达到1350个。多晶硅、蓝宝石、稀土、石墨等九大新兴产业增速加快、产业链延伸，装备制造、生物制药、光伏制造分别增长12%、38%、30%。二是抓技术改造，推动节能减排。积极开展工业强基专项行动、安全节能、清洁生产对标达标活动，加强节能环保技术改造、淘汰落后，推进创新体系建设，累计授予自治区级新型工业化产业示范基地17个，自治区级企业技术中心已达到132个，节能、清洁生产的共性关键技术推广应用水平明显提高。“十二五”期间，单位工业增加值能耗累计下降32%，工业节能对全区地区生产总值能耗下降贡献率达82%。

（四）抓中小微企业服务，助推大众创业万众创新

坚持放宽、搞活、服务，落实“扶持小型微型企业加快发展的八条措施”，完善中小微企业工作、政策、融资、服务“四大体系”。构建基于信息化的企业公共服务体系，建成并投运中小企业公共服务枢纽平台，实现了与12个盟市及2个计划单列市“窗口”服务平台、10个特色产业集群“窗口”平台的协同服务，已为20多万户中小微企业提供电商、众创、融资、人才等8项服务。全区“助保贷”融资服务扩大到51个旗县市区，银行授信65亿元。培育自治区级中小企业创业示范基地99个。

（五）抓“两化”深度融合，推进“互联网+”

出台了《关于加快推进“互联网+”工作的指导意见》。推动能源、冶金、化工、农畜产品加工重点行业信息化、智能化。启动了“内蒙古网络协同制造中心平台”项目。形成云计算数据中心60多万台服务器的承载能力，安装服务器20万台。自治区电子政务外网承载了中央80多个部委1200多项业务系统和自治区本级政府108个部门的400多个应用系统。信息消费增长10%左右。

三、存在的主要问题

（一）价格下降、竞争激烈，行业、企业分化明显

创新能力强、构建起产业链一体化的企业竞争优势明显，产品结构单一的传统行业增长减弱、效益下降，经营困难。新型产业增长较快但占比较低，动能转化青黄不接。1—10月份，企业亏损面为25.5%，企业利润（总额745.38亿元）下降23%，其中煤炭行业利润下降17.3%、冶金行业下降65.1%，煤炭、冶金行业一些大的企业出现欠息问题，银行坏账损失上升。

（二）大项目审批缓慢，企业投资信心和能力减弱

2013年以来，国家发改委给我区“路条”的77个工业大项目，其中37个已过一年多仍未核准。国际油价波动、能源需求减弱、节能减排强化对煤化工项目投资信心有所影响。前期项目、储备项目、拟开工项目减少，在建项目建设进度放缓。

（三）企业服务环境仍需改善

落实扶持企业政策、规范项目审批验收、提高服务效率仍需强化；推进项目进展，扩大招商引资力度仍需加强；推进园区健康发

展，破解中小企业融资难、融资贵，推动大众创业、万众创新等仍需探索创新。

四、2016年工作思路

2016年，化解产能过剩进入决战阶段，传统产业价格竞争更趋激烈，稳增长、转方式、调结构面临更加严峻的考验。要全面贯彻自治区党委、政府各项决策部署，坚持“五大发展理念”，以提质增效为中心，以全面创新为引领，优化发展环境，构建大众创业、万众创新新局面，着力培育新的增长点，形成区域竞争新优势，坚持稳运行、抓项目、调结构、促转型，推动工业和信息化持续健康发展。力争完成全区规模以上工业增加值同比增长8.5%左右；工业固定资产投资增长10%左右。

（一）开展降低实体企业成本行动，构筑产业竞争新优势

一是深化电力多边交易市场化改革，扩大直供电规模，进一步降低企业用电成本。要利用弃风60亿度、富余1000万装机的优势，蒙西电网加大竞价上网力度，全面推开包钢、希铝、中铝等重点大用户的直供电交易，大幅降低特色产业用电成本，新增用电价格要降到0.3元/度，蒙东网扩大直供电范围规模，全区保持全国同行业用电价格最低水平。二是落实国家降低实体企业要素成本各项政策，疏通金融资产向实体经济传导的途径。解决有效益的传统企业融资难问题，推动资产重组、“僵尸企业”退出，降低资金成本。全面执行涉企收费清单制度。继续实施“一企一策”、“一园一策”等行之有效举措，稳定存量产能，促进已竣工项目投产达效。三是创新供需对接，利用电力、化工、有色基地建设的市场优势，包钢、一机、二机、电建的制造建设能力，构建电力、化工、有色制造业联盟、建设联盟、招标中心，协同制造、抱团发展，引导原材料、装备制造转型升级、扩大市场、加工增值。

（二）狠抓大项目建设，创新招商模式，积极培育工业新增长点

一是强化自治区重点项目包联制、责任制、调度制，重点加快国家近两年批准我区但尚未核准的37个电力、化工项目核准进度，加快40个已核准的项目开工建设。争取新开复工亿元以上项目999个，新竣

工亿元以上项目385个。二是建立储备项目优选机制。分类分级管理，提高项目申报、银行对接、招商合作的成功率。三是着力招商、精准招商。瞄准产业转移、协同制造，利用园区、网络、电价招商，全区要拿出400亿度0.3元一度的电量，定向招商蓝宝石、多晶硅、云计算、有色、化工延伸、锂电池等高附加值产业，力争形成集聚效应和新的增长点。

（三）坚持创新绿色发展，推动工业转型升级

一是构建创新体系。利用我区稀土、石墨、化工、非金属材料优势，争取国家三基工程、国家创新中心的政策，构建国家级稀土、石墨、复合材料创新中心基地，依托北方稀土、沃特玛电池龙头企业构建创新联盟，争取在稀土、锂电池领域抢占制高点，形成千亿元大基地，同时努力打造先进装备制造、新材料、核电燃料、多晶硅、电子信息、生物制药、新型煤化工初级产品延伸、高技术服务业、节能环保等九大战略性新兴产业，优化创新制度、政策环境，组建战略性新兴产业基金100亿元，助推新型产业成长。二是推进重点行业整合重组。禁止新上单一煤矿项目，新上电力、化工项目要与既有未落实转化项目的煤矿重组，着力推动煤炭、电力、化工、冶金、建材纵向重组联合，构建煤—电—用产业链竞争新优势；从源头上化解煤炭产能过剩，供需就地平衡，走出简单挖煤卖煤困局。三是构建工业循环经济体系。加快传统产业绿色改造，构建矸石电厂、高岭土系列、陶瓷系列、粉煤灰系列、油气、盐碱、煤化工三大化工融合系列，努力使粉煤灰提取氧化铝做成大循环经济产业。提高我区高耗能行业使用风能、太阳能等清洁能源比例，大幅降低高耗能行业碳排放，创造高耗能行业低碳发展新模式。

（四）开展“双优”创建，助推大众创业、万众创新

遵循中小企业成长规律，开展优化政策环境、优化服务环境的“双优”建设。完善小微企业工作、政策、融资、公共服务“四大体系”。严格考评问责，切实把小微企业各项扶持政策落实到位，切实发挥公共服务体系作用，确保服务到位。引导小微企业集群化发展，加强小微企业园区创业基地配套，破解融资、销售、技术、人才等制约因素，靠良好软硬环境吸引鼓励小微企业批量出生、集群化发展。

（五）加快信息化建设，催生新业态、新模式

制定“互联网+”行动方案，加快“两化”融合、智慧城市、电子政务、电子商务、云计算、大数据、物联网顶层设计，加强信息基础设施建设，推动三网融合。整合各类政府信息化资源，用信息化带动工业化、城市化、农牧业现代化、居民生活现代化，实现智慧政府、产业、城市、社会。

（六）深化体制机制改革，增强发展动力

进一步深化商事制度改革，简化审批、清理中介，建立网上审批制度，提高审批效率；推行权力清单和责任清单，依法加强执行监督，确保公正、廉洁、高效执法，创造良好法治环境。保护市场主体创业热情。探索资源类项目开发权改革，统筹产业、民生、生态、市场，设置准入条件、竞争优选业主，发挥市场配置资源的决定作用。全面做好自治区工业和信息化“十三五”发展规划及各专项规划的实施工作。

供　　稿：张巨富　　内蒙古自治区经济和信息化委员会经济运行局
责任编辑：焦志强

内蒙古服务业发展情况

一、前三季度服务业运行的基本情况

2015年，全区各地深入贯彻落实“8337”发展思路和各项决策部署，主动适应经济发展新常态，把服务业作为稳增长、促改革、调结构、惠民生的着力点，全区服务业运行总体保持平稳，继续呈现稳中有进、稳中向好的发展态势。

“稳”主要表现在服务业总体保持平稳增长。一是服务业增加值保持平稳增长。前三季度，全区服务业完成增加值5029.7亿元，增长7.4%，高于上年同期0.8个百分点；占地区生产总值比重为41.6%，高于上年同期2.4个百分点。二是服务业对税收的贡献不断增长。前三季度，服务业实现税收773.3亿元，增长11.4%，高于上年同期11个百分点；对全部税收收入的贡献率为47.9%，高于上年同期1.5个百分点。其中，实现地税收入501.1亿元，增长17.3%，高于上年同期16个百分点；对全部地税收入的贡献率达到55.6%，高于上年同期3.5个百分点。三是服务业仍是吸纳就业的主力。前三季度，城镇单位服务业新增就业15.6万人，下降6%，同比回落15.2个百分点；对城镇单位新增就业的贡献率66.7%，回落0.9个百分点。

“进”主要表现在旅游和金融等新兴服务业继续快速发展，批发零售、住宿餐饮、房地产和批发零售等与民生相关的服务业稳步回升稳定发展；房地产业出现回暖。一是旅游业继续保持快速发展。前三季度，实现旅游业总收入1268亿元，增长23.1%，低于上年同期8.3个百分点。国内游客是拉动我区旅游业的主要力量。其中，接待国内旅游者5990万人次，增长12.2%，高于上年同期1.4个百分点，实现收入1231亿元人民币，增长24%，低于上年同期7.5个百分点；接待入境旅游者115.3万人次，下降2.2%，低于上年同期13.8个百分点，创汇6.1亿美元，增长1.7%，低于上年同期31.6个百分点。二是金融业实现较快发展。前三季度，全区金融业完成增加值590.8亿元，增长14.6%，高于上年同期6.9个百分点；金融机构人民币各项存款余额1.78万亿元，增长9.1%，各项贷款余额1.67万亿元，增长15.4%，分别比上年同期提高1.4和1.8个百分点；实现保费收入315亿元，增长27%，高于上年同期14.6个百分点，其中人身险收入194亿元，增长44%，高于上年同期23.6个百分点。三是批发零售和住宿餐饮和批发零售业稳定增长稳步回升。前三季度，全区批发零售业完成增加值1232.9亿元，增长6.8%，高于上年同期0.2个百分点；全区住宿餐饮业完成增加值402.4亿元，增长8%，高于上年同期1.8个百分点。四是房地产业出现回暖。前三季度，全区房地产业完成增加值336.7亿元，增长3.8%，高于上年同期7.6个百分点。其中，商品房销售面积增长3.4%，高于上年同期21.1个百分点；商品房销售额增长3.7%，高于上年同期18.7个百分点。

二、存在的问题及原因分析

在全区服务业发展趋势向好的同时，受经济下行影响，服务业投资、物流业和居民消费下降。一是服务业整体发展较慢。前三季度，全区服务业增加值低于全国平均水平1个百分点。服务业增加值占生产总值比重41.5%，低于全国平均水平9.9个百分点。二是服务业投资增速放缓。前三季度，全区服务业完成投资4900.9亿元，增长11.9%，低于上年同期3.7个百分点；占全社会全部投资的43.6%，高于上年1.1个百分点。三是物流业增速放缓。前三季度，全区交通运输、仓储和邮政业完成增加值863.1亿元，增长3.2%，低于上年同期3.1个百分点。营业性货物发送量15.5亿吨，增长2%，低于上年同期16.8个百分点。其中，公路货物发送量10.8亿吨，增长10.8%，低于上年同期20.9个百分点；铁路货物发送量4.7亿吨，下降13.7%，低于上年同期15.4个百分点。四是全社会消费品零售总额增速放缓。前三季度，全区社会消费品零售总额4311.3亿元，增长7.8%，低于上年同期2.8个百分点。

分析形成上述问题的主要原因：一是生产、消费下行造成服务业需求不足。前三季度，规模以上工业增加值增速同比回落1.2个百分点，造成生产性服务业需求下降，特别是原煤产量下降7.2%，导致铁路货运量下降13.7%。地区生产总值增速较上年同期回落0.2个百分点。

区内经济下行压力加大，居民收入增长较慢，居民消费意愿下降。社会消费品零售总额增速较上年同期回落2.8个百分点。另外，随着电子商务的快速发展，网络购物增多，不仅对我区实体店销售造成一定影响，还出现较大消费外留。二是服务业投入不足。前三季度，全区服务业投资增速低于上年同期3.7个百分点。从投资结构看，公路、铁路等交通基础设施，教育、卫生等社会事业，市政、行政等公共服务设施及房地产业投资占服务业总投资的82.6%，社会民间投资和新兴服务领域投资比重低，投入不足。三是政策环境不宽松。营业税改增值税尚未覆盖服务业全部领域，国家和自治区出台的政策措施没有完全落实到位，服务业税费负担重、融资难、融资成本高的问题仍然突出。前三季度，全区服务业万元增加值纳税1537.5元，高于工业290元。四是体制机制不活。服务领域垄断经营问题依然突出，市场化程度较低，民间资本进入难度较大。工业企业“大而全”、“小而全”现象仍普遍存在，研发、设计、采购、运销等服务功能不分离、不外包，政府购买第三方服务的种类少、比重低，制约了服务业的发展。五是工作力度有待进一步加强。各地区没有真正把服务业工作摆上重要议事日程，工作推动力度较小。服务业行业众多，管理职能分散，没有一个专门的综合协调管理机构，自治区虽成立了三产办，但没有专门的编制和人员，各项基础工作和综合协调工作不能完全到位。

三、下一阶段工作重点

进入三季度以来，国家和自治区一系列稳定经济增长、促进服务业发展的政策效应逐步显现，我区服务业发展出现向好势头，主要表现在：在存在以上困难和问题的同时，我区推动服务业发展仍具有许多有利因素，主要是，随着国家和自治区一系列稳定经济增长、促进服务业发展的政策效应逐步显现，我区服务业发展出现向好势头。一是服务业增加值增速提高。前三季度，服务业整体发展加快，增加值增速低于地区生产总值增速0.1个百分点，低于工业增加值增速0.5个百分点，较上半年提高了0.9个百分点；金融业和非营利性服务业保持增速较快增长，增速分别达到14.6%和9.8%。人民币各项存款余额和贷款余额分别比上年同期增长1.4和1.8个百分点，全区股票、债券等直接融资规模843亿元，增长80%。我区已经成为资金净流入地区。二是房地产出现回暖。前三季度，全区房地产业增加值增速高于上年同期7.6个百分点。其中，商品房销售面积增速高于上年同期21.1个百分点，商品房销售额增速高于上年同期18.7个百分点。因此，我们要坚定信心，进一步用足用好国家和自治区促进服务业发展的政策措施，继续深化体制机制改革，优化发展环境，努力推动服务业发展提速、比重提高、水平提升，重点做好以下工作。

四、四季度工作安排

（一）抓好重点项目建设，促进持续发展

把服务业重大项目带动战略放在突出位置，着眼于新领域、新业态、新模式，谋划一批起点高、规模大、对区域经济有战略意义的大项目，重点抓好商贸物流、金融科技、文化信息、家庭养老、文化体育、房地产、旅游等九大领域亿元以上具有先导性、前瞻性、战略性领域的项目建设，打造全区服务业发展新的增长极。建立服务业重大项目分级推进责任制，跟踪落实项目推进计划，及时协调解决项目建设中存在的问题。创新服务业投资模式。尽快启动运行服务业股权投资基金，发挥政府资金“四两拨千斤”的引导作用，吸引更多社会资金进入服务业投资领域，增加现代服务业产品有效供给，全面提高现代服务业发展水平。

（二）适应多样化消费需求，大力培育新兴服务业

新兴服务业具有高成长性、发展空间大的特点，高度关注服务业出现的新业态、新模式、新产业，把握服务业发展新趋势，适应服务业发展新常态，加快技术创新、业态创新、模式创新，形成服务业发展新优势。一是认真落实《自治区加快发展生产性服务业促进产业结构调整升级的实施意见》，围绕“五大基地”建设，大力发展研发设计、现代物流、信息技术、电子商务、售后服务、人力资源服务等生产性服务业，推动生产性服务业与制造业深度融合，促进制造业向价值链高端延伸。二是加快互联网和服务业融合，按照自治区政府与主要运营商“互联网+”战略合作框架协议，推动移动互联网、云计算、大数据等技术与政务、农牧业、能源、制造业、商贸、教科文卫、旅

游、金融等行业相融合，大力发展基于互联网的医疗、健康、养老、教育、旅游、社会保障等新兴服务业，鼓励金融机构利用互联网拓宽服务覆盖面，降低金融门槛，帮助中小微企业解决资金难题，实现普惠金融，为大众创业、万众创新培育经济新动力，使电子商务成为服务业增长的重要支柱。三是促进服务业重点产业发展。落实旅游产业发展规划和15个品牌旅游景区创建规划，尽快出台促进旅游业改革发展实施意见，研究制定推进旅游与相关产业融合发展的指导意见。加快落实自治区促进房地产市场平稳健康发展若干意见，促进住房消费。推进棚改货币化安置，加快盘活消化存量房。

（三）优化发展环境，激发发展活力

进一步加大财政、金融、土地、价格等方面政策支持力度，努力营造服务业发展良好环境。一是增加资金投入保障，创新投资方式，增加使用协同性，采取包括政府和社会资本合作、政府购买服务、投资基金在内的多种形式，吸引更多的社会资金发展服务业，形成全方位、多渠道、多层次的服务业发展投入保障机制。二是加大国家政策落实力度。全面落实国家扶持小微企业发展的税收、融资、财政等优惠政策，以及服务业用电、用气、用水、用热与工业同价政策，把国家在服务业用地、用水、用电等方面扶持政策，与完善体制机制结合起来，用足用好，降低企业经营成本，增加发展活力。三是进一步加大政策支持力度，尽快出台自治区服务业三年行动计划，明确今后三年工作任务、目标及配套政策措施，促进服务业加快发展。

（四）深化改革开放，增添发展动力

一是简政放权，提高行政效率。加快公布面向服务业的权力清单，增加服务透明度，主动接受社会监督。简化行政审批程序，压缩审批时限，全面推行并联审批制，实行工商登记“三证合一、一照一码”，简化服务企业注册登记。加强信用体系建设，提高行业和服务企业自律管理能力，建立法治、诚信、公平竞争的市场环境。加快电子政务建设，积极推行网上咨询和审批。二是加大政府向社会购买公共服务范围，引导工业企业分离和外包非核心业务，面向市场提供方式多样化专业化服务需求，培育新的市场主体，为服务业发展增添活力，促进服务业向专业化、社会化方向发展。放宽市场准入，除国家法律、法规有明确规定外，允许各类资本进入法律未禁入的服务业领域。三是创新服务业发展方式。继续抓好呼和浩特市国家服务业综合改革试点，启动深化自治区服务业改革创新试点，支持试点地区在简政放权、产业发展、政策支持、市场准入、项目管理模式等领域积极探索，创新体制机制，为加快全区服务业发展积累经验。四是扩大服务业开放领域。积极融入“一带一路”战略，加强与周边省区及俄罗斯、蒙古等国家在商贸、物流、旅游、文化、科技等领域的合作，主动承接服务外包和产业转移。加大招商引资力度，放宽境内外投资限制，引进国内外服务企业及企业总部、地区总部或其研发中心、销售中心、采购中心、结算中心等。鼓励服务企业“走出去”，在境外设立分支机构，拓展市场空间。

（五）完善统计制度，全面反映服务业发展情况

完善统计制度，对规模以上服务业重点企业全面统计，加大对中小微服务业企业的抽样调查比例，加快建立新兴服务业统计制度，全面反映新兴服务业发展情况。

供　　稿：内蒙古自治区发展和改革委员会产业协调处
责任编辑：高晓焘

内蒙古固定资产投资和项目建设情况

一、2015年固定资产投资及项目建设情况

2015年以来，面对严峻复杂的经济形势，全区上下认真贯彻落实党中央、国务院各项决策部署，制定实施《2015—2017年重大项目三级推进计划》，建立实行省级领导同志包联重大项目推进机制，全力抓好投资和重大项目建设工作，谋划实施了一大批工程项目，在强基础增后劲上迈出了重大步伐、打下了坚实基础，全区固定资产投资保持平稳增长态势。1—10月，全区500万元以上项目完成固定资产投资12704.8亿元，同比增长14.5%，比全国平均增速高4.3个百分点，预计全年固定资产投资增速达到14%以上。投资运行主要呈现以下几个特点：

（一）项目开工情况良好

1—10月，全区全部施工项目个数16354个，同比增长7.7%；在建的固定资产和房地产开发建设项目计划总投资34192.7亿元。其中，本年新开工项目12227个，同比增长2.17%，总投资9583.9亿元。

（二）第二产业投资支撑作用明显

1—10月，第一产业完成投资782.7亿元，占全部投资的6.2%，同比增长11.4%；第二产业完成投资6244.5亿元，占49.2%，增长15.9%，其中工业固定资产投资完成6087.2亿元，占全部投资的47.9%，同比增长15.3%；第三产业完成投资5677.5亿元，占44.6%，同比增长13.5%，其中房地产开发投资996.5亿元，下降19.7%，占第三产业投资的17.6%。

（三）资金来源基本满足需求

1—10月，全区固定资产投资项目到位资金12836亿元，同比增长7.1%。从来源渠道看，国家预算内资金657.9亿元，增长2.7%，占到位资金的5.1%；国内贷款1632.2亿元，增长14.7%，占12.7%；自筹资金

9701.7亿元，增长7.22%，占75.6%，仍是到位资金的主要来源；其他资金来源586亿元，增长4.47%，占4.6%。

（四）重大项目进展顺利

列入自治区2015年重大项目实施计划的626个项目对全区固定资产投资支撑作用明显。1—10月，626个重大项目开复工593个，开复工率达到95%，累计完成投资4434.3亿元，占年度计划的74.9%。其中，续建项目459个，复工450个，复工率98%，完成投资3202.3亿元；新开工项目167个，开工143个，开工率85.6%，完成投资1232亿元。

（五）房地产开发投资下行趋势明显

受房地产市场低迷影响，全区房地产开发投资持续下滑，对投资的支撑作用下降。1—10月，全区房地产开发投资996.5亿元，同比下降19.7%，占全部投资的7.8%，较全区平均增速低34.2个百分点。

二、2016年固定资产投资工作建议

2016年是全面建成小康社会决胜阶段的开局之年，经济格局面临重大调整，改革任务异常艰巨，全区固定资产投资工作发展的机遇与面临的挑战并存。投资稳定增长的有利因素主要有简政放权的改革红利持续释放，基础设施建设及服务业投资空间依然较大，专项建设基金的撬动作用更加凸显，重大工程建设继续推进，社会资本活力将进一步释放。投资形势面临的不利因素主要有市场力量难以支持短期内投资快速增长，水、土地、环保指标等要素瓶颈制约突出，产能过剩、地方债务风险、房地产等三大难题继续困扰投资前景，新开工项目支撑不足、建设资金不足的问题尚未从根本上得到解决。综合判断，预计2016年全区规模以上项目固定资产投资增长10%以上，固定资产投资达到1.5万亿元左右。明年全区固定资产投资和项目工作，应重点抓好以下几个方面。

（一）切实推进重点项目储备

紧紧围绕“五大基地”建设，在抓好农牧业、基础设施、民生和社会事业项目储备的同时，强化工业结构调整项目尤其是非能产业项目储备工作。一是要加快推进国家重点项目前期工作。对国家明确支持我区发展的铁路、新能源、外送电网、水利等重大建设项目，进一

步细化责任、落实任务，切实提高重点项目各项前期手续办理速度。二是推动《西部地区鼓励类产业目录》中的761项鼓励类产业特别是涉及我区的32项新增鼓励类产业快速发展，重点鼓励高加工度行业的投资快速增长，实现投资结构优化升级。积极引导产业升级、自主创新、城乡统筹、环境保护、改善民生等方面项目储备，推动节能环保、信息、生物、高端装备制造、新能源、新材料等战略性新兴产业项目储备。三是以“十一大工程包”（信息电网油气等网络、健康养老服务、生态环保、清洁能源、粮食水利、交通、油气和矿产资源保障、新兴产业、制造业核心竞争力、现代物流等战略性基础性领域）为抓手，储备一批国家项目核准快、政府资金投向大的项目，落实项目推进责任制，加强与国家有关部委的沟通汇报，充分发挥投资对改善民生、促进经济增长的关键作用。

（二）突出抓好新开工项目

着力抓好新开工项目，尤其是计划总投资1亿元以上的重点项目，明年力争新开工项目计划总投资规模达到1.4万亿元。

1.农业

围绕加强粮食生产能力建设，立足东部嫩江流域、西辽河流域和西部黄河流域两大粮食核心产区，继续组织实施百亿斤粮食增产工程，大规模推进农田水利建设。围绕加快建设现代畜牧业，实施百万奶牛、百万肉牛和千万肉羊“双百千万高产创建工程”，推进肉羊、生猪标准化规模化养殖。围绕深化种植业结构调整，结合“粮改饲”试点项目，继续发展青贮玉米种植，依托国家“振兴奶业苜蓿发展行动”和自治区高产优质苜蓿示范建设项目，推进新增优质高产苜蓿种植工程。争取全年完成投资550亿元。

2.水利

推进重大水利工程建设，加快尼尔基水利枢纽下游内蒙古灌区、绰勒下游内蒙古灌区项目建设，加快筹措项目建设资金，确保工程顺利实施。加快办理“引绰济辽”工程前期工作，争取国家尽快批复工程可研报告。加快推进中小河流和大江大河重要支流治理、病险水库除险加固、山洪灾害防治、重点蓄滞洪区建设，进一步提高防御洪涝旱灾的能力。推进农村牧区水利建设，加快大型灌区续建配套与节水改造工程、牧区节水灌溉工程等一批高效节水灌溉工程建设。争取全年完成投资230亿元。

3.工业

推进现代煤化工基地建设，加快伊泰120万吨煤制精细化学品、中天合创140万吨煤制烯烃等在建项目建设，推进中电投80万吨煤制烯烃等项目尽早核准建设。推进有色金属生产加工基地建设，加快一批铝后加工项目建设，争取年内新增铝后加工能力128万吨。力争全年完成投资7000亿元。

4.能源外送通道

加快建设电力外送通道，推进锡盟至山东、蒙西至天津、锡盟至江苏、蒙西至山东外送电通道建设，推动赤峰元宝山电厂改建工程、通辽扎鲁特至山东青州输电通道工程核准并开工建设。加快建设油气外输管道，配合中石化、中海油推进鄂尔多斯—安平—沧州输气管道和蒙西煤制气外输管道项目核准并开工建设，协助中石油推进陕京四线输气管道建设进度、推动中俄原油管道二线工程项目加快核准并开工建设。争取全年完成投资215亿元。

5.交通

公路建设计划全年完成投资850亿元，建设规模达到2万公里，加大高速公路网推进力度，加快二广高速联络线扎兰屯至阿荣旗段、京新高速临河—青山—白疙瘩（蒙甘界）段等8个项目建设进度，争取开工建设海拉尔至满洲里、苏尼特右旗至化德（蒙冀界）、经棚至承德等高速公路项目；加快国省干线路网项目建设，争取开工建设国道208线集宁区至察右前旗、国道111线甘河农场至大杨树等项目建设。铁路建设计划全年完成投资385亿元，争取全年铁路建设里程达到5384公里，继续全力推进呼张客专、呼准鄂、蒙西至华中铁路内蒙古段、通辽—京沈高铁新民北站铁路、赤峰至京沈高铁喀左站铁路等重点铁路项目的建设，争取开工建设白音华—赤峰—锦州复线、集通铁路扩能改造项目等6个重点项目。民航建设计划全年完成投资30亿元，新增满归、莫旗、阿鲁科尔沁旗、陈巴尔虎旗4个通用机场，力争民用机场总数达到28个。

6.社会事业

实施自治区义务教育薄弱学校改造工程。继续推进旗县级蒙医中医医院改造工程，加快内蒙古肿瘤医院、精神卫生中心等重点卫生项目建设进度。进一步完善基层文化服务设施，推进广播电视“户户通”、文化信息资源共享、乡镇综合文化站、“草原书屋”、农村电影放映等重大公共文化惠民工程建设，打造自治区特色文化创意产业园区。重点推进自治区品牌旅游创建三年行动计划、乡村旅游扶贫（富民）工程、生态旅游、红色旅游、“厕所革命”、旅游机场建设等重点工程。进一步完善国家北方足球训练基础设施。力争全年社会事业完成投资380亿元以上。

（三）继续加强投资项目管理工作

一是继续贯彻落实《关于改进规范投资项目核准行为加强协同监管的通知》、《精简审批事项规范中介服务实行企业投资项目网上并联核准制度工作方案的通知》、《关于创新投资管理方式建立协同监管机制的若干意见》、《关于一律不得将企业经营自主权事项作为企业投资项目核准前置条件的通知》等文件精神，将简政放权落到实处。二是进一步建设完善投资项目在线审批监管平台，按照国家“横向联通、纵向贯通”的要求，努力实现“一窗受理、并联办理，项一码、一表流转，限时办结、信息共享，依责监管、电子监察”，着力解决简政放权后部门放权不够协同、基层承接能力不足、监管机制不健全、监管手段不完善等突出问题，更好地巩固简政放权成果。三是依托“国家重大建设项目库”，继续做好重大项目三年滚动投资计划的编制和动态调整工作。四是针对基层行政人员履职水平尚待提升的问题，着力提升基层行政业务水平。

（四）积极筹措各类建设资金

继续多渠道筹集建设资金，积极协调银行增加我区金融贷款规模，引导和鼓励社会资本增加投资，扩大企业直接融资规模。一是加快推进政府和社会资本合作。在全区范围内推广政府和社会资本合作模式，加强自治区首批推出的鼓励社会资本投资的50个示范项目的跟踪服务，认真总结示范项目可复制的经验做法，在全区推广运用。二是继续做好专项建设基金项目的组织申报、跟踪落实等相关工作，加快专项建设基金的投放和支付进度。三是有区别地加以解决中小企业融资难的问题。对于落后、过剩、处于“两高一资”行业的生产能力要允许被淘汰，对于具有发展潜力和空间、符合产业政策、代表未来发展方向的中小企业要给予支持。建立小微企业贷款风险补偿基金，鼓励发展微型金融，逐步实现助农金融全覆盖。加快发展小额信贷，修订自治区小额贷款公司管理实施细则。规范民间融资交易，制定自治区民间融资管理暂行办法。四是加快培育和壮大本地金融机构，不断优化金融生态环境，推动银行业公平竞争和提高创新能力，支持地方经济发展。五是转变政府投资方式，继续壮大科技、养老服务等产业引导基金，加快设立旅游、物流等其他产业引导基金。

供　　稿：内蒙古自治区发展和改革委员会
责任编辑：梅　园

内蒙古财政运行情况

2015年是自治区财政发展中极为不平凡的一年。这一年，是全面深化改革的关键一年，财税体制改革任务空前艰巨繁重；这一年，是全面完成“十二五”规划的收官之年，财政发展史上重要的时间节点；这一年，也是全面推进依法治国的开局之年，新《预算法》的颁布，标志着依法行政依法理财进入新阶段。与此相对应的，是经济下行压力不断加大、财政收支矛盾日益尖锐的严峻复杂形势。全区各级财政部门以党的十八大和十八届三中、四中、五中全会精神为指导，全面落实自治区党委、政府的决策部署，攻坚克难，奋力开拓。

一、今年以来全区财政运行情况

1—11月，全区一般公共预算收入1709亿元，增长6.2%；全区一般公共预算支出3785.4亿元，增长21%。综合分析，预计全年全区财政收支均能完成预算目标。在全面完成收支目标的基础上，各方面工作都取得了新的成绩。

（一）全力支持稳增长、调结构

继续实行积极财政政策，着力扩大政府投资。重点加大对保障性安居工程、公路铁路建设和能源开发等领域投入力度。设立了铁路交通发展基金。积极争取中央地方政府债券额度1476.5亿元，其中新增债券336.5亿元，有效缓解了地方偿债压力，支持了重点项目建设。搭建财政、银行、企业合作平台，引导商业银行对有投资、有产值、有销售、有税收的重点企业发放贷款870多亿元，支持企业扩大生产。认真落实自治区扶持小微企业税费减免政策，对交通运输、邮电通信等行业实施“营改增”，开展煤炭、稀土、钨、钼资源税从价计征改革，多方面减轻企业负担。清理取消、整合规范行政事业性收费66项，及时向社会公布了自治区涉企行政事业性收费和政府性基金目录清单，全年预计减轻企业负担21亿元。认真落实传统产业新型化、新兴产业规模化、支柱产业多元化的要求，不断优化财政资金投入方向，促进传统产业转型升级。大力支持口岸基础设施建设，支持满洲里、二连浩特国家重点开发开放试验区建设，促进中俄蒙合作。落实自治区“互联网+”工业发展思路，大力支持云计算、大数据、物联网等发展，打造新的经济增长点。支持创新驱动发展，设立科技协同创新基金，加快提升自治区自主创新能力和产业竞争力。进一步夯实农牧业基础，1—11月全区农林水支出541.3亿元，重点支持了高标准农田建设、节水增粮行动等项目。

（二）认真落实惠民生的各项政策

坚持把改善农村牧区生产生活条件作为重点，促进城乡一体化发展。多方筹措资金300多亿元，全力支持农村牧区“十个全覆盖”工程，城乡基本公共服务差距进一步缩小。落实农作物良种补贴、农资综合补贴、农机具购置补贴、畜牧业良种补贴等各类惠农惠牧补贴政策，惠及全区663.2万农牧民。拨付草原生态保护补助奖励资金43亿元，落实草原补偿面积10.1亿亩，540万农牧民受益。继续落实低收入农牧户“暖心煤”、低保家庭大学生资助、城镇“零就业”家庭动态清零等项政策。推进实施扶贫攻坚工程，支持精准扶贫、金融扶贫和生态脆弱地区移民工程。进一步完善社会保障制度，提高城乡居民养老金财政补助水平，达到每月人均85元；提高城乡基本医疗保险财政补助水平，比上年年人均提高60元，达到380元。进一步提高企业退休人员养老金水平，月人均增加206元，达到2160元，惠及全区188万名企业离退休人员。大力支持就业创业，积极落实降低失业保险费率政策，将稳岗补贴扩展到所有符合条件的企业。1—11月，全区教育支出441亿元，同比增长15.8%，支持学前教育多元发展、义务教育均衡发展、高等教育内涵式发展，继续实行高中阶段教育和职业教育免费政策。进一步完善困难学生资助体系，不断扩大资助范围，促进教育公平。继续加大了文化投入，推动文化事业和产业发展。

（三）积极推动财税体制改革

印发了《关于深化预算管理制度改革的实施意见》，审核预算的重点由平衡状态、赤字规模向支出预算和政策拓展，在编制2016年预算过程中充分体现。初步建立由一般公共预算、政府性基金预算、国有资本经营预算、社会保险基金预算组成的政府预算体系。推动了政府预决算、部门预决算、财税政策和规章制度公开，除涉密信息外，自治区本级所有部门全部公开了部门预算和“三公”经费预算。建立跨年度预算平衡机制，从2015年起，自治区财政牵头编制自治区中期财政规划，各部门编制部门3年滚动财政规划。2016年起，各盟市财政部门正式编制当地中期财政规划。印发《内蒙古自治区人民政府关于改革和完善自治区对下转移支付制度的实施意见》，进一步提高一般性转移支付比例，整合、规范专项转移支付，建立基本公共服务支出保障机制。税制改革方面，大力清理税收优惠，认真落实国家交通运输业、邮电通信业“营改增”政策。积极研究资源税改革政策，推动地方税体系不断完善。开展了自治区以下政府间事权与支出责任调研，为建立事权与支出责任相适应的制度打下了基础。

（四）全面加强财政管理

一是加强地方政府性债务管理。自治区印发了《关于加强地方政府性债务管理的实施意见》，全面建立“依法举债、规范用债、纳入预算、控制风险、注重绩效”地方政府债务管理新机制。从2015年开始，自治区对各地区地方政府债务实行限额管理，实行风险预警制度，地方政府债务列入地方领导班子政绩考核范围，全面促进债务管理水平的提高。同时开展了存量债务置换工作，及时化解债务风险。二是改革财政支持经济发展的方式。对竞争性领域产业存在市场失灵的特定环节，研究由直接支持项目改为更多采取股权投资等市场化方式予以支持。整合各类竞争性领域专项资金，设立产业发展引导基金，引领撬动社会资金投入，发挥财政资金“四两拨千斤”作用，助力创业创新和产业升级。三是积极推进政府与社会资金合作模式，印发了《在公共服务领域推广政府和社会资本合作模式的实施意见》，明确项目推广领域、项目实施依据、项目推广方式、项目监管措施等制度规定。向社会公开推介项目40多个，涉及供水、污水处理、地下综合管廊建设、交通运输、水利、保障性安居工程、医疗、养老服务等多个公共服务领域。四是大力推广政府向社会力量购买服务。在7个盟市开展了试点，在居家养老、社区服务、污水处理、园林绿化养护、城市亮化、城市公交、航线开发、学校保安等十多个领域实施了项目。五是进一步加强对内部权力的制约。建立了财政资金支付动态监控系统，健全了内部控制机构，完善内部控制的制度和办法，努力推进依法行政依法理财。

二、2016年工作重点

即将到来的2016年是自治区实施“十三五”规划的开局之年，也是全面深化改革承前启后的关键一年。总的看，国内国际经济的不确定、不稳定因素对我区的影响可能进一步加大，自治区经济运行仍然面临不少困难和挑战。新一年的财政工作，必须紧紧围绕“创新、协调、绿色、开放、共享”的发展理念，为“十三五”开好局、起好步。

（一）支持创新发展

深入实施创新驱动发展战略，加快形成以创新为主要引领和支撑的经济体系和发展模式，促进经济增长由主要依靠物质资源消耗向主要依靠科技进步、劳动者素质提高、管理创新转变。加大对科技创新的投入力度，积极支持国家级和自治区级重点实验室建设，推动基础研究上水平。创新应用研究投入机制，确立企业投入主体地位，财政要更多地运用后补助、创业券等方式，引导和支持企业加大研发投入。积极推进科技成果转化，支持加快创业孵化体系建设，做大做强众创空间。建设创新型财政，增强体制机制活力。合理界定自治区以下各级政府事权和支出责任，按照事权与支出责任相匹配的原则，进一步完善自治区以下财政体制，加快完善县级基本财力保障机制，建立统一规范透明的财政转移支付制度。落实国家税制改革政策，逐步健全地方税体系。健全预算管理制度，完善政府预算体系。

（二）促进协调发展

适应经济发展新常态的要求，继续发挥好财政宏观调控职能，增加有效财政投入，着力补短板、强基础、调结构、增后劲，提高财政资金质量和效益。继续发挥政府投资的关键性作用，增加有效投资，加大对重点水利工程、电力油气等能源通道建设、铁路公路建设、棚户区改造、城镇基础设施等重点领域的投资力度，积极开展城市综合管廊和海绵城市建设，政府投资要做到利当前、惠长远。积极培育新的消费热点。全方位推进新能源汽车推广应用，大力发展养老家政健康消费，支持以市场化方式发展商业化、大众化的养老服务产业，推进文化、旅游、体育等产业发展。支持电子商务进农村牧区，努力扩大农村牧区消费需求。以信息化和工业化深度融合为主线，集中资金加快培育发展战略新兴产业，设立重点产业发展引导基金，发挥财政资金的杠杆作用，支持新兴产业和高技术产业早中期、初创期创新型企业发展。提高服务业发展质量和水平，促进服务业发展提速、比重提高、水平提升。大力支持中小微企业创业创新发展。实施鼓励金融机构支持中小微企业发展的激励机制，在自治区权限范围进一步降低小微企业税费负担。

（三）推动绿色发展

财政优先支持建立绿色发展模式，促进人与自然和谐共生。坚持保护优先、自然恢复为主，实施山水林田湖生态保护和修复工程。继续支持实施天然林保护、退耕还林、退牧还草、京津风沙源治理等重点工程，完善草原生态奖补机制。加强大气污染防治，鼓励重点行业脱硫、脱硝、除尘改造，支持加快淘汰钢铁、水泥等落后产能。大力发展循环经济，重点支持“煤电用”循环经济特色产业群，完善再生资源回收体系，强化资源集约节约利用。支持土壤污染防治，重点治理基本农田、蔬菜基地的土壤重金属污染、有机污染。健全生态保护投入机制。支持深化国有林区、林场及集体林权制度改革，健全矿产资源开发保护管理和生态修复机制，吸引社会资本投入生态环境保护。完善对重点生态功能区生态补偿机制，建立河流上下游、重要水源地、重要水生态修复治理区生态补偿机制。探索鼓励可再生能源消纳机制，推行节能量、碳排放权、水权、排污权交易制度。推动构建政府间生态转移支付制度。按照“谁受益、谁补偿”原则，推动建立科学、合理的地方政府间横向生态补偿制度，探索区域间经济合作的利益补偿机制，保障生态保护区合理的经济利益诉求。

（四）坚持开放发展

大力推动外向型经济发展。坚持互利共赢的开放战略和共商共建共享原则，推进同有关国家和地区务实合作。紧紧抓住国家实施“一带一路”和“中蒙俄经济走廊”建设的战略机遇，明确发展定位，大力开拓同蒙古、俄罗斯经贸往来合作。进一步加大口岸建设投入力度，实行政府引导、企业运作、财政适当补贴的口岸建设投入机制，按照“谁投资、谁经营、谁受益”的原则，鼓励国内外战略投资者和民间资本参与口岸建设。积极支持公路、铁路等基础设施互连互通。鼓励区内企业发挥优势开展境外投资和跨国经营。

（五）实现共享发展

坚持普惠性、保基本、均等化、可持续方向，从解决人民最关心、最直接、最现实的利益问题入手，提高公共服务共建能力和共享水平。大力支持教育事业发展。在支持各类教育发展的同时，加快发展现代职业教育体系，推进高等教育现代化。进一步健全资助政策体系，不断提高政策的有效性和精准度，动态调整奖助学金资助标准和覆盖面，促进教育机会公平。完善公共文化服务体系，继续支持公益性文化场馆免费开放，着力推进农村牧区文化建设，引导文化资源向城乡基层倾斜。建立公平和可持续的社会保障制度。坚持社会统筹和个人账户相结合的基本养老保险制度，整合城乡居民基本养老保险制度、基本医疗保险制度，完善社会保险关系转移接续政策，扩大参保缴费覆盖面。完善社会保障预算管理，建立健全社保基金预警制度和信息发布制度。深化医药卫生体制改革。逐步提高人均基本公共卫生服务经费标准，支持增加面向常住人口的服务项目。推进全民医保体系建设，逐步提高医疗保险待遇水平和保障范围。按照“精准扶贫”的要求，支持扶贫开发攻坚，充分发挥财政职能作用，多渠道筹集扶贫资金，构建政府、企业、社会各方面多元投入机制。建立健全扶贫贷款担保机制，改革财政投入方式，将财政资金转换为贫困人口的资本投入，实行资产收益扶贫。

供　　稿：内蒙古自治区财政厅
责任编辑：焦志强

内蒙古金融业运行情况

2015年，全区金融机构面对经济发展新常态，在自治区党委、政府的正确领导下，紧紧围绕全区稳增长、调结构、促改革、惠民生政策措施，加大资金投放，呈现出信贷投放较快增长，直接融资规模不断扩大，融资渠道多元化的趋势，有力地支持了自治区经济社会发展。预计2015年全年新增贷款1900亿元，直接融资1000亿元。

一、金融业运行平稳

（一）贷款保持较快增长

10月末，全区金融机构人民币各项贷款余额16617.95亿元，同比增长13.53%，比年初新增贷款1663.93亿元，同比多增60.48亿元；各项存款余额17687.82亿元，同比增长10.18%，比年初增加1251.55亿元，同比多增457.06亿元。存贷款加权增速为11.8%，余额存贷比达到93.95%，比全国高24.97个百分点。从信贷资金投放主体看，政策性银行信贷投放居首位，前10个月新增贷款681.62亿元，占全区贷款新增额40.96%，比去年同期提高24.03个百分点；地方法人金融机构居第二位，新增贷款455.36亿元，占全区贷款新增额27.37%，比去年同期下降11.13个百分点。国有商业银行居第3位，新增贷款300.05亿元，占全区贷款新增额18%，比去年同期下降11.07个百分点；股份制商业银行居第4位，新增贷款139.14亿元，占全区贷款新增额8.35%，比去年同期下降2.05个百分点。从贷款期限看，企业中长期贷款增加较快，余额达到7260亿元，比年初新增737.73亿元，同比多增83.81亿元；企业短期贷款余额4448.43亿元，比年初新增356.32亿元，同比少增43.47亿元。

（二）直接融资规模进一步扩大

截至10月末，直接融资908.05亿元，同比增长60%。其中，股票市场融资331.85亿元，债券市场融资576.2亿元。全区新增上市公司2家，其中恒泰证券10月15日在香港联交所挂牌上市，募集资金折合人民币12亿元，成为我区首家实现境外上市的金融机构。“新三板”挂牌企业新增11家，在审企业20家，72家企业与券商签定赴“新三板”挂牌辅导协议，完成股票发行2次，累计募集资金2368.8万元。在区域性股权市场方面，512家企业在内蒙古股权交易中心挂牌，中心累计为138家企业及农户实现融资48.8亿元，以股权、债权类直接融资23.4亿元，以撮合性服务融资25.4亿元。

（三）保险业服务能力提升

积极培育和引入新的保险市场主体，年内引进平安养老和中航安盟2家保险公司入驻我区。前10个月，全区保险业实现原保险保费收入342.11亿元，同比增长26.31%。其中，财产险公司原保险保费收入125.56亿元，同比增长6.4%；人身险公司原保险保费收入216.55亿元，同比增长41.68%。全区保险公司赔付支出90.07亿元，同比增长14.24%。充分发挥保险的保障功能和保险工具增信作用，自治区农业保险签单保费合计29.51亿元，居全国第2位，为303.11万户次农牧户提供了1942.25亿元风险保障。引进400多亿元险资入蒙，主要投向能源、公路等重点项目建设。

（四）地方金融机构在改革发展中不断壮大

地方法人银行业金融机构175家，其中城市商业银行4家、农村信用合作机构94家、村镇银行等新型农村金融机构69家、信托投资公司2家、金融资产管理公司1家、企业集团财务公司5家，初步形成了种类较为齐全、覆盖范围较广的地方金融服务体系。截至10月末，全区地方银行业金融机构总资产9827亿元，占全区银行业总资产的比重达到37.5%；存款余额5695亿元，占全区银行业的比重32.2%；贷款余额4153亿元，占全区银行业的比重25%。全区有小额贷款公司法人机构数543家，注册资本金375亿元，贷款余额347.9亿元，存量贷款户数3.1万户，累计发放各项贷款2029.3亿元，支持了约18.6万户小微企业、个体工商户和农牧民的融资需求。全区融资担保法人机构195家，注册资金总规模198.15亿元，累计为5万户中小企业融资担保1766亿元，在保责任余额319.91亿元。

二、金融业服务实体经济重点突出

（一）重点行业、重点项目融资规模不断扩大

前10个月，新增贷款前六位的行业是交通运输业、制造业、采矿业，公共管理、社会保障和社会组织，房地产业，水利、租赁和商务服务业。六大行业比年初新增贷款983.08亿元，同比多增161.68亿元，新增贷款占全部新增行业贷款的86.17%。其中，交通运输业贷款余额2628.66亿元，比年初增加551.99亿元；制造业贷款余额1741.89亿元，比年初增加117.62亿元；采矿业贷款余额1374.86亿元，比年初增加117.18亿元；公共管理、社会保障和社会组织贷款余额336.65亿元，比年初增加78.02亿元；房地产业贷款余额456.27亿元，比年初增加60.76亿元；租赁和商务服务业贷款余额383.11亿元，比年初增加57.51亿元。

（二）贷款投向地区结构不断优化

我区贷款总体呈现出东西部差距逐步缩小的趋势，其中西部盟市贷款增量较大，东部盟市贷款增速较快。前10个月，西部盟市贷款余额12675.11亿元，同比增长13.11%，低于全区贷款增速0.42个百分点；比年初新增1176.82亿元，占全区新增贷款的70%。其中，呼和浩特市贷款余额5938.8亿元，同比增长20.14%，比年初新增789.91亿元；包头市贷款余额2053.34亿元，同比增长11.21%，比年初新增215.32亿元；乌海市贷款余额590.72亿元，同比增长8.73%，比年初新增50.63亿元。东部盟市贷款余额3942.83亿元，同比增长15.07%，高于全区贷款增速1.54个百分点；比年初新增487.11亿元，占全区新增贷款的30%。其中，兴安盟贷款余额462.96亿元，同比增长31.76%，比年初增长103.71亿元；呼伦贝尔贷款余额886.45亿元，同比增长20.99%，比年初新增153.23亿元；通辽市贷款余额828.84亿元，同比增长13.68%，比年初增加92.97亿元。

（三）金融支持小微企业的能力不断提升

截至目前，两次“普降+定降”和一次定向降准共计释放我区181家金融机构和3家财务公司可用资金278.29亿元，有效降低了金融机构财务费用，增加了信贷资金周转量，提高了金融机构支持小微企业

的资金实力，有效地缓解了小微企业的融资难问题。10月末，小微企业贷款余额2807.18亿元，同比增长13.74%，高于全区贷款增速0.21个百分点，比年初新增232.82亿元。我区金融机构贷款加权平均利率6.78%，同比下降1.43个百分点。发放支农、支小再贷款余额145.45亿元，同比减少21.38亿元。办理再贴现30.64亿元，同比增加14.03亿元。整治银行业金融机构不合理收费问题，累计向企业退还财务顾问费、资金托管费、贷款承诺费等不合理收费1.5亿元，督促银行业金融机构取消、降低收费项目400多个，减轻企业费用近2.4亿元，降低了企业的融资成本，有效缓解了融资贵问题。截至10月末，金融机构通过内蒙古融资服务网为413家企业发放贷款212.5亿元。

（四）金融支持民生工作的力度不断增强

为进一步推进自治区农村牧区“十个全覆盖”工程建设，加大金融支持力度，自治区金融办联合相关部门制定了《金融支持农村牧区“十个全覆盖”工程建设的指导意见》。10月末，涉农贷款余额6320.65亿元，同比增长15.44%，高于全区贷款增速1.91个百分点，比年初新增733.06亿元，同比多增141.06亿元。10月末，保障性住房开发贷款余额625.78亿元，同比增长77%，高于全区贷款增速63.47个百分点，比年初新增204.47亿元。目前全区已累计发放“金融扶贫富民工程”贷款145亿元，满足了135户扶贫龙头企业和26.92万户次农牧民的融资需求。

二、存在的问题及下一步工作安排

金融运行中存在的主要问题：存贷款增速均低于全国平均水平；不良贷款继续增加，信贷风险防控化解任务艰巨；国有商业银行信贷投放需进一步加力，企业投资意愿有待进一步激活；直接融资占比有待提高，新型融资工具运用不足。

2016年，我们将全面贯彻党的十八大和十八届三中、四中、五中全会，自治区九届十四次全委会议精神，进一步深化金融体制改革，完善金融服务体系，充分发挥金融对经济结构调整和转型升级的支持作用，积极营造有利于调整经济结构、转变经济发展方式的良好金融服务环境，拓宽融资渠道、优化融资结构，切实防范化解金融风险，充分调动各类金融资源，全力推动我区经济社会持续健康发展。

供　　稿：内蒙古自治区金融工作办公室

责任编辑：高晓焘

内蒙古全面深化改革情况

2015年是全面深化改革的关键之年。一年来，自治区党委和全面深化改革领导小组认真贯彻落实中央各项改革决策部署，一手抓改革方案出台，一手抓改革举措落地，制定形成改革成果364条，开展改革试点122项，重要领域和关键环节改革实现突破，各领域改革协调推进，为经济社会发展注入了新动力，让各族群众拥有了更多获得感。

一、经济和生态文明体制改革方面

（一）坚持和完善基本经济制度

完善产权保护制度，对国土、住建、农牧业、林业等部门涉及不动产登记管理职责进行了整合，组建了不动产登记局。深化国资国企改革，组建了金融控股集团公司和水务投资公司，制定实施自治区直属国有企业负责人薪酬、经营业绩考核、履职待遇和业务支出等制度办法，健全了蒙能集团、能源建设集团法人治理结构，在盐业公司开展了干部人事、劳动用工和工资分配三项制度改革，研究解决了森工集团混岗知青工参加养老保险问题。支持小微企业和非公经济发展，制定实施中小企业发展考核办法，自治区和各盟市中小企业公共服务网络平台实现互联互通；设立了小微企业贷款风险奖补资金，开展中小企业"助保贷"融资服务，累计为502户中小企业发放贷款21亿元；落实扶持小微企业发展59条和发展非公经济70条政策，出台了进一步扶持小微企业加快发展8条措施，为小微企业减轻负担40亿元。

（二）加快完善现代市场体系

推动商事制度改革，1—10月，全区新登记市场主体28.29万户，同比增长27.03%，注册资本2748.19亿元，同比增长8.50%。推进"三证合一、一照一码"改革，企业全部注册时间由改革前的平均26天缩短至3天。深化价格改革，修订了自治区政府定价目录，取消政府定价项目83个，缩减幅度达到58.3%；实施了居民阶梯水价和阶梯气价，阶梯水价实行三级累进加价制度，阶梯气价实行超定额累进加价制度；调整了铁路货运价格，将地方铁路货运价格由政府定价调整为政府指导价，上浮不超过10%，下浮不限；开展了大豆目标价格试点工作，制定了大豆目标价格改革试点方案和实施细则。深化电力体制改革，启动实施蒙西电网输配电价改革试点，降低大工业电价26亿元；蒙西电网多边交易和蒙东电网大用户直供规模继续扩大，降低企业用电成本约17亿元。深化涉企收费制度改革，取消、暂停和免征各类涉企收费项目59项，为企业减负60多亿元。完善金融市场体系，多渠道推动股权融资，全区31家企业在上海股权托管交易中心挂牌融资、7家企业在“新三板”挂牌融资、340户企业在内蒙古股权交易中心挂牌；继续推进农村信用社股份制改造，全区93家农村信用社已有22家完成改制；自治区金融资产管理公司挂牌成立。深化科技体制改革，制定实施深化科技体制改革、加强科技项目和资金管理、重大科研基础设施和大型科研仪器向社会开放等一系列政策文件。

（三）加快转变政府职能

深化行政审批制度改革，进一步加大简政放权力度，公布了自治区、盟市、旗县三级权力清单，制定全国权力清单建设方面的第一部地方性法规——《行政权力监督管理办法》。加快投资审批制度改革，制定修订政府核准的投资项目管理办法、企业投资项目备案管理办法。深化投融资体制改革，大力推广政府与社会资本合作模式，成立政府和社会资本合作中心，首批向社会推出43个政府与社会资本项目，总投资731亿元。推进政府机构改革，自治区本级、盟市政府机构改革工作全面完成，自治区以下工商、质监行政管理体制调整工作顺利推进，全区事业单位分类工作基本完成。公务用车制度改革全面展开。深化财税体制改革，推进预算管理制度改革，实施中期财政规划管理，清理、整合、规范涉农专项转移支付项目资金32.7亿元；加强政府性债务管理，今年财政部核准我区发行债券1338亿元，截至目前已发行地方政府债券3批；扩大“营改增”试点范围，企业减税面超过95%；深化资源税费改革，减轻企业负担110多亿元。推进政府购买公共服务，政府购买服务的比例达到公共服务项目资金的30%。

（四）健全城乡发展一体化体制机制

构建新型农牧业经营体系，扶持农牧业产业化经营，全区1158家规模以上农牧业龙头企业与农牧民建立了利益联结机制，占全部规上龙头企业的81%。深化农村牧区综合改革，农村牧区土地承包经营权确权登记颁证试点工作基本完成，草原确权承包全面推开，全区宅基地使用权确权登记完成320万宗，集体建设用地使用权登记完成4万宗。推进新型城镇化进程，扎兰屯市被纳入国家新型城镇化改革试点，东河区和海勃湾区被纳入国家中小城市综合改革试点；启动了“多规合一”试点工作，确定准格尔旗、杭锦后旗、扎兰屯市为试点地区。

（五）构建开放型经济新体制

创新与俄、蒙合作机制，满洲里、二连浩特重点开发开放试验区建设加快推进，满洲里综合保税区已得到国务院正式批复，中蒙跨境经济合作区、边民互市贸易区等先导性工程进展顺利，《呼伦贝尔中俄蒙合作先导区建设规划》已获国家有关部委原则同意，编制完成了口岸基础设施建设规划（2015—2020年），区域通关一体化改革全面推开。构建全方位开放格局，制定出台自治区参与建设“丝绸之路经济带”实施方案，成功举办首届中蒙博览会，赤峰保税物流中心已实现封关运营，鄂尔多斯、乌兰察布内陆港建设取得实质性进展。

（六）加快生态文明制度建设

完善自然资源资产管理制度，基本完成呼伦贝尔市和赤峰市森林、草原、湿地资源资产实物量核算账户建立试点工作，在包头市、鄂尔多斯市开展编制矿产能源和土地资源实物量变动表试点，在每个盟市各选取一个旗县开展领导干部自然资源资产离任审计试点工作，呼伦贝尔市被确定为国家开展自然资源资产负债表编制试点和领导干部自然资源资产离任审计试点地区。建立国土空间开发保护制度，全面推进生态红线划定工作，在26个旗县市开展基本草原红线划定试点工作，完成了160处城镇、335处苏木乡镇集中式饮用水水源保护区的划定工作。深化国有林场林区改革，从4月份起全面停止森工集团木材商业性采伐。发展环保市场，推进水权、碳排放权、排污权交易试点，全面实行排污许可制度以及排污权有偿使用和交易制度，全区450家企业实行主要污染物排污权有偿使用，总成交金额1.2亿元。改革环境保护管理体制，与北京、天津、河北、山西、山东五省市建立了跨区域大气污染防治协作机制，编制完成了《乌海市及周边地区大气污染防治规划》，制定出台了重污染天气预警体系、建设项目主要污染物总量指标审核及管理、矿山地质环境治理等一系列制度办法。

二、民主法制领域改革方面

（一）加强和改进人大工作

成立自治区人大工作研究会，推动人大工作理论和实践创新。建立自治区人大常委会审议意见督促落实机制和人大代表重点办理建议工作制度。加强人大预算决算审查监督、国有资产监督职能，出台《审计查出问题向本级人大常委会报告整改情况工作制度》，建立预算审查前听取人大代表和社会各界建议机制，制定实施政府向本级人大报告国有资产管理情况制度。完善人大代表工作机制，制定“人大代表之家”建设的意见，推动自治区、盟市、旗县三级建立代表联络机构，建成“人大代表之家”2000多个，102个旗县（市区）均建立了代表联络机构。

（二）积极推进协商民主

出台贯彻落实中央关于加强社会主义协商民主建设意见的实施意见，建立健全通过界别联系委员的工作机制，修订自治区政协专门委员会通则。制定实施自治区政协年度协商计划，围绕深化中蒙务实合作、自治区“十三五”规划等9个协商议题开展了年度协商。

（三）深入推进法治建设

完善地方立法体制，制定实施设区的市制定地方性法规工作方案。健全地方立法工作机制，完善立法咨询顾问制度，建立基层立法联系点制度。制定关于规范人大代表监督司法案件的规定。扩大公民有序参与立法，健全完善立法机关与社会公众沟通机制。制定实施宪法宣誓制度办法。

（四）加强民族宗教工作

启动了兴安盟创建全国民族团结进步示范盟和东胜区城市民族工作进社区试点工作。依法管理宗教事务，把宗教工作列入盟市领导班子责任目标考核体系，宗教工作三级管理网络建设深入推进。

三、文化体制改革方面

（一）完善文化管理体制

深入推进文化事业单位人事、收入分配、社会保障、经费保障等制度改革。制定出台《内蒙古自治区新闻工作者职业资格制度》，规范新闻工作者从业行为。研究制定《关于加强内蒙古新型智库建设的实施意见》，统筹推进党政部门、社科院、党校行政学院、高校、科研院所和企业、社会智库协调发展。制定出台了《关于加强文明办网、文明上网工作的意见》，推动全区各类互联网站文明办网，教育引导广大网民文明上网。

（二）构建现代文化市场体系

推动广电网络、出版等直属国有文化企业集团深化内部改革工作，实现“去行政化”和事企分开。探索制作和播出分开，内蒙古广播电视台除新闻节目外，其他栏目约50%的节目实现了制播分离。成立新媒体集团公司，推动直属文化企业集团多元化发展。落实进一步支持文化产业发展若干政策意见，设立4亿元的自治区文化产业发展专项资金，支持了175个重点文化产业项目。

（三）构建现代公共文化服务体系

在内蒙古博物院、呼伦贝尔民族博物院等9家单位开展公共图书馆、博物馆、文化馆、科技馆等组建理事会工作，在法人治理结构方面取得了开拓性进展。制定了政府向社会力量购买公共文化服务的实施意见。实施《全民阅读中长期（2015—2025年）规划》，开展“书香内蒙古·亮丽风景线”草原阅读季系列活动。

（四）提高文化对外开放水平

制定实施加快发展对外文化贸易实施方案，鼓励和支持蒙古文图书、报纸、期刊、音像制品的境外出版发行，蒙古语广播电视电影服务的境外落地播出。

四、司法和社会体制改革方面

（一）深入推进司法体制改革

全面落实全国司法体制改革试点地区各项改革任务，围绕完善司法人员分类管理制度、健全司法人员职业保障制度、完善司法责任制和实行自治区以下法院检察院人财物统一管理四项重点改革内容，已在包头市、赤峰市启动试点工作。推行政府法律顾问制度，自治区、盟市、旗县三级政府普遍建立了法律顾问制度。广泛实行人民监督员制度，全面完成全区人民监督员选任工作，全区12个盟市共选出人民监督员458名，在全国率先实现人民监督员全覆盖。完善法律援助制度，法律援助便民窗口覆盖率达到100%，法律援助工作站覆盖率达到99.42%。加强律师队伍思想政治建设和行业管理，制定加强律师职业道德建设的意见和刑事诉讼中保障律师执业权利的意见。

（二）推进社会事业改革创新

深化教育领域综合改革，推进考试招生制度改革，促进基本公共教育服务均等化，加快现代职业教育体系建设，推进教育管办评分离，加快民族教育发展。健全促进就业创业体制机制，开展高校大学生万人创业行动，出台青年创业就业贷款管理办法；加强就业援助，对“零就业”家庭进行实名制登记；完善公共就业服务体系，开展农牧民工职业技能提升计划——“春潮行动”。完善工资收入分配制度，健全工资决定和正常增长机制，出台推进企业工资集体协商工作的意见，完善机关事业单位工资制度。健全社会保障制度，制定了完善城乡居民基本养老保险制度的意见，出台城乡养老保险制度衔接实施意见和经办规程，制定实施社会救助办法，全面推进“内蒙古12333”民生服务平台建设，12个盟市城镇居民大病保险实现全覆盖。深化医药卫生体制改革，全区80个旗县的165所旗县级公立医院全部推开公立医院综合改革；出台城市公立医院综合改革实施意见，全面推进管理体制、运行机制、服务价格调整等改革；深化基层医疗卫生机构综合改革，全区1613个政府办基层医疗卫生机构和1.16万个嘎查村卫生室全部配备基本药物，实行零差率销售；开展医保支付制度改革试点，制定了新型农村牧区合作医疗支付方式改革指导意见，24个试点旗县实施了按病种付费；完善蒙中医药事业发展机制，城镇医保和新农合报销政策向蒙医中医机构倾斜，蒙医中医机构就医的报销比例提高10%～20%。创新扶贫工作机制，三级党政机关和企事业单位结对帮扶2834个贫困嘎查村，投入各类扶贫资金210亿元，42万人实现稳定脱贫。推进足球改革与发展，出台推进足球运动与改革三年行动计划（2015—2017年），设立足球特色学校613所，确定2个全国青少年校园足球试点县区，开展校园足球“4+1”联赛、职工足球联赛、社区足球联赛等赛事活动。

（三）创新社会治理体制

深化公安改革，严格落实公安部16项便民利民措施。推进户籍制度改革，制定实施进一步推进户籍制度改革的实施意见，除呼和浩特市、包头市市区外，全面放开落户限制。加强社会组织管理，实行登记管理体制改革，出台了《社会组织直接登记办法（试行）》、《社会组织行为规范》和《社会组织活动管理办法》，直接登记社会组织620多个，占新注册登记的47%。改革行政复议体制，健全行政复议案件审理机制，制定了《行政复议案件办理程序规定》。深化行政执法体制改革，选择呼和浩特市、工商系统等6个重点地区和重点行业开展执法全过程记录试点。改革信访工作制度，建成了全区统一的网上信访信息综合平台，制定了《涉法信访依法终结工作实施规范》、《涉法涉诉信访工作办法》和《涉法涉诉信访事项问责办法》，健全了联合接访工作机制。健全公共安全体系，加强食品药品安全监管，健全了监管部门和公安机关联合执法机制，完善了食品药品安全社会共治机制和考核评价制度。深化安全生产管理体制改革，加大安全生产考核权重并实行“一票否决”。加强社会治安综合管理，推进网格化服务管理，健全基层综合服务管理平台，全区三级平台覆盖率达到89%，城乡社区网格化覆盖率达到84%。

五、党的建设制度改革方面

（一）构建落实从严治党责任“1+3”制度体系

从完善党内法规和制度规范入手，制定实施《深入贯彻落实习近平总书记从严治党八项要求的意见》1个总体制度规范和《深入开展五级示范抓引领、推进联系服务群众常态化工作的意见》、《建立健全“五个一”工作机制落实从严治党责任的意见》、《关于实行党委（党组）领导班子及领导干部落实从严治党责任考责问责的暂行规定》3个具体配套制度，形成落实从严治党责任的完整链条，有效解决了落实从严治党责任“抓什么”、“谁来抓”、“怎么抓”、“抓不好怎么办”的问题。

（二）推进干部人事制度改革

研究制定《自治区党委管理干部补充调整岗位动议暂行办法》、《党政领导干部选拔任用工作纪实办法（试行）》、《内蒙古自治区苏木乡镇、街道党政领导干部选拔任用工作暂行办法》、《关于加强旗县（市区）党政正职队伍建设的意见》，形成了从严规范干部选任的制度链条。从严监督管理干部，制定出台了《关于进一步从严规范干部管理工作的意见》、《关于加强巡视反馈选人用人问题交办整改工作暂行办法》、《关于加强经济责任审计整改情况交办工作暂行办法》等制度办法，深入开展了选人用人不正之风8个专项整治工作，并对2014年度“带病提拔”的党政领导干部选拔任用过程进行了集中倒查。

（三）推进党的基层组织建设制度改革

制定出台《关于打造“祖国北疆党建亮丽风景线”的指导意见》、《关于进一步加强和改进农村牧区基层党建工作的意见》、《关于加强和改进社会组织党的建设工作的指导意见》等制度文件，不断加快基层服务型党组织建设进程。启动实施“一村一名大学生计划”，制定出台《大学生村官管理办法》，从工作职责、任职待遇、日常管理、考核奖惩等方面对“大学生村官”进行严格要求和管理。

（四）建立健全改进作风长效机制

制定出台《领导干部违反作风建设有关规定实行责任追究的暂行办法》、《自治区本级党政机关对外公务活动礼品管理办法》、《自治区节庆活动管理办法》等多项党内法规和规范性文件，作风建设的制度笼子进一步扎密扎紧。

（五）改进“三位一体”考核评价体系

完善了绩效目标、党的建设和领导班子建设、党风廉政建设“三位一体”年度综合考核机制，紧紧围绕“四个全面”战略布局设置考核指标，充分发挥考核导向作用。

六、纪律检查体制改革方面

（一）深入落实党委和纪委党风廉政建设“两个责任”

将党风廉政建设考核权重由5%提高到20%，并实行“一票否决”。80个区直机关设立了机关纪委。

（二）推进派驻机构改革

设置单独派驻纪检组19个、归口派驻纪检组17个，监督覆盖84个自治区级党和国家机关派驻机构，在全国率先实现了对区直部门单位纪检派驻机构全覆盖。

（三）加强和改进巡视工作

制定了《自治区党委贯彻〈中国共产党巡视工作条例〉实施办法》及一批配套措施。开展了涉及全区82个地区单位的4轮巡视工作。

（四）加强纪检监察机关基层基础建设

全区所有苏木乡镇和街道办事处均成立了纪委或纪工委，共选派纪（工）委书记997名、专职纪检干部1407名，平均每个苏木乡镇2人以上，在全国率先实现了苏木乡镇、街道纪委书记全部单设。

供　　稿：内蒙古自治区党委全面深化改革领导小组办公室
责任编辑：梅　园

内蒙古对外开放情况

2015年，面对复杂严峻的国际国内经济形势，自治区围绕落实国家“一带一路”战略，积极构建开放型经济新体制，对外经贸交流合作进一步深化，为我国扩大沿边开放，促进边疆地区稳定繁荣做出了积极贡献。

一、主要指标运行情况

（一）对外贸易规模不断扩大

改革开放以来，内蒙古抢抓机遇，不断扩大对外开放。2014年，对外贸易进出口总额达到145.53亿美元，创历史新高，同比增长21.4%，高于全国进出口增幅17.9个百分点。其中，出口63.94亿美元，增长56.2%；进口81.59亿美元，增长3.3%。1980—2014年，对外贸易进出口额累计达1203.9亿美元，年均递增15.77%。2015年1—10月，进出口总额107.93亿美元。其中，出口48.84亿美元，同比增长5.1%；进口50.09亿美元，下降10.2%。特别是对俄罗斯和蒙古国贸易是内蒙古自治区的优势所在，蒙古国和俄罗斯分别为第一和第二大贸易伙伴。2015年1—10月，我区对俄罗斯贸易额21.54亿美元，其中出口4.7亿美元、进口16.88亿美元；对蒙古国贸易额27.94亿美元，其中出口6.61亿美元、进口21.33亿美元。对蒙古国贸易额占到中国对蒙古国贸易额的50%以上。经过多年的发展，目前内蒙古自治区的贸易伙伴和地区近170个，对外贸易市场向多元化发展，形成了全方位、多层次、宽领域的对外开放格局。

（二）双向投资不断发展

随着内蒙古自治区对外开放的不断扩大，外商直接投资和境外投资逐年发展。2005年，全区实际利用外资首次突破10亿美元，2007年突破20亿美元。到2014年末，实际利用外资39.77亿美元。2015年1—10月份，全区实际使用外资15.67亿美元，同比增长13.7%。预计全年实际利用外资40亿美元，与2014年基本持平。内蒙古自治区国际经济技术合作业务始于1988年，截至2014年末，累计核准备案设立境外投资企业339个，累计中方协议投资总额70.82亿美元，累计中方境外实际投资总额15.59亿美元。2015年1—10月，新备案境外投资企业（机构）89家，中方协议投资总额16.22亿美元，同比增长183.7%。预计全年中方协议投资额17亿美元，同比增长47.8%。

（三）口岸开放功能显著提升

内蒙古自治区目前有16个对外开放口岸，其中边境公路口岸11个、边境铁路口岸2个、国际航空口岸3个。与沿海港口对接实现“属地查验、直通放行”模式的陆港（无水港）有5个，已经形成铁路、公路、航空、陆港等多种通关模式并存的口岸开放格局，跨入全国多口岸省区的行列。在对外开放口岸中，对俄罗斯边境口岸4个，对蒙古国边境口岸9个，分别承担中俄陆路运输货物总量的65%和中蒙间货物运量的95%，其中满洲里和二连浩特分别是我国对俄罗斯和对蒙古国最大口岸。“十二五”期间，货运总量完成33986.6万吨，平均增速约为3.1%；客运总量完成2352.1万人次，平均增速约为1.4%。2015年1—10月，对俄罗斯口岸进出境货运量为2327.43万吨，进境货运量1029.32万吨，出境货运量为198.91万吨。预计全年口岸进出境货运量7200万吨，同比略有增长。

二、2015年重点工作开展情况

（一）促进外贸稳增长、调结构

落实国家、自治区促进外贸稳定增长政策措施，进一步优化我区对外贸易主体结构、市场结构、商品结构和贸易方式。结合我区外贸发展形势变化，建立了自治区外贸工作厅际联席会议机制，为我区对外贸易搭建平台，对抓好政策落实起到了良好的助推作用。牵头举办了全区外贸政策实务千人大培训，送政策下基层，进行现场业务指导，培训人数1520人。加强政策引导，发挥外贸资金的导向作用，支持企业优化出口商品结构，培育自主出口品牌和企业境外营销网络建设。支持、组织企业参加国内外展览会，拓展国外市场。对我区跨境电子商务发展现状开展调研，正在研究制定《内蒙古自治区跨境电子商务发展的实施意见》。支持机电产品、高新技术产品和地方自产产品出口，前10个月，机电产品出口8.72亿美元，同比增长22.7%；高新技术出口2.8亿美元，同比增长6.4%。举办全区对外文化贸易业务知识培训班，完善服务贸易数据统计制度，增加了服务贸易统计内容。前10个月，全区服务贸易进出口总额4.22亿美元，其中进口2.84亿美元，出口1.38亿美元。

（二）提升利用外资的质量和水平

通过有针对性的组织园区特别是国家级经济技术开发区参加“渝洽会”、“津洽会”等大型展会，为国家级经济技术开发区开展专业化招商活动学习和实践机会，促进国家级经济开发区率先转变投资促进方式。自治区政府设立了利用外商投资地区发展专项资金，目前奖励资金已经下发至盟市，较好地调动了盟市招商引资的积极性。引导盟市转变吸收外商投资工作方式。配合外商投资审批管理体制改革，积极研究、探索加强外商投资企业事中事后监管方式和手段。引导盟市商务主管部门转变管理服务方式，向注重事中事后监管转变。根据商务部统一安排，我区大力推广上海自贸区可复制经验，先后放开了外商投资营利性养老机构和外商投资房地产的限制，在服务业方面拓展利用外资领域，拓宽利用外资渠道。

（三）深入实施“走出去”战略

支持我区有条件的企业到国际市场上通过投资合作拓宽发展空间。重点加强与俄罗斯、蒙古国合作，推进我区与俄、蒙的合作机制，跟踪国家与俄、蒙在农畜产品进口监管准入协定和程序细化规定的进展，及时为相关企业提供信息咨询和协调服务。赴俄罗斯、蒙古国开展了贸易合作洽谈、产品展销、区域对接等一系列境外投资推介促进活动，取得了良好成效。争取国家级合作项目取得实质性突破，商务部已批复同意由我区承担实施“中俄森林资源合作利用第六期规划”。制定了《内蒙古自治区对外劳务合作经营资格管理办法》，年内将完成对盟市下放工作。启动对外劳务合作突发事件应急协调机制，妥善处理2起境外劳资纠纷。

（四）提升口岸发展水平

通盘考虑口岸规模、布局和辐射重点，最大限度地发挥口岸资源的作用，启动了“十三五”口岸发展规划编制工作，加快内蒙古电子口岸建设，已建成电子口岸门户网站和口岸公共信息平台。加大口岸基础设施建设投入，2015年第一批5亿元地方支付债券资金已下拨到有关口岸，用于急需建设的重点项目。加强区域通关协作，经满洲里口岸开通12条中俄欧集装箱班列，经二连浩特口岸开通3条中欧集装箱班列。积极开展对外联络和宣传工作，密切与蒙古国、俄联邦边境地区口岸管理部门的沟通协作，会同自治区外宣办联合制定下发了《全区口岸外宣阵地建设实施方案》，充分展现自治区口岸建设发展的成果和前景。

（五）大力推进向北开放

全面落实习近平总书记考察内蒙古重要讲话精神和自治区“8337”发展思路，自治区向北开放领导小组加强组织领导，不断创新同俄罗斯、蒙古国合作机制，在满洲里筹备并召开了满洲里综合保税区建设推进会，制定了满洲里综合保税区建设推进工作方案。积极开展中俄、中蒙自由贸易区规划及可行性研究工作。与蒙方就二连浩特—扎门乌德中蒙跨境经济合作区进行多次磋商，制定了《中蒙跨境经济合作区建设共同总体方案》，正在征求蒙古国意见。组织召开了二连浩特中蒙俄和海拉尔中俄蒙经贸洽谈会，自治区和有关盟市组织在俄、蒙主要城市举办了境外展洽活动以及人文交流活动，均取得积极成效，深化了与俄、蒙各领域的务实合作。在呼和浩特成功举办中蒙博览会，来自蒙古国、俄罗斯、韩国等12个国家和国内28个省区市，2000多家企业，8000多人组团参展，期间投资贸易洽谈共签署合作协议、意向合作协议等166项，投资额达到1400多亿元；会议论坛共签署合作协议或备忘录39份；展会现场交易额及意向协议达到6亿元。

（六）深化外经贸领域各项改革

根据年初自治区改革工作安排，研究制定了关于促进口岸经济发展的指导意见、发展空港经济的指导意见、自治区口岸基础设施建设规划（2015—2020年）、落实“三互”推进大通关建设改革的实施意见等，并以自治区政府名义下发执行。《内蒙古自治区参与“中蒙俄经济走廊”建设实施方案》已编制完成，近期将提交政府常务会议研究审议。《关于加快对外文化贸易发展的实施方案》按照文化体制改革领导小组及有关部门的意见做了反复修改，已报领导小组。加快海关特殊监管区域整合优化，推动赤峰保税物流园区封关运营，推进呼和浩特出口加工区整改工作，满洲里综合保税区获得国家批复。巴彦淖尔、乌海、阿拉善乌斯太陆港建设基本完成，年内可实现封关运营。鄂尔多斯、乌兰察布陆港建设取得实质性进展。在满洲里、二连浩特口岸“三个一”试运行的基础上，在二连浩特启动“三互”大通关建设改革试点。正式启动中蒙边境海关联合监管工作，实现了统一载货清单，下一步拟实施载货清单电子化传输，并向其他口岸推广。

三、存在的问题

（一）外贸形势依然严峻复杂

当前，全球经济增长对国际贸易的带动作用减弱，我国要素成本不断上升，传统产业竞争优势日益弱化。我区大部分出口企业属于中小微企业，外贸发展主体不强、结构不优的局面尚未得到改变，企业组织形式松散，在国际竞争中抵御风险的能力弱。全区近年来建设了一些外贸公共信息服务平台，但规模小，组织分散，运营状态不佳，亟待整合。由于缺乏规范行业的自律行为，难以形成统一的定价机制，对我区外贸产品档次提升，进一步促进外贸增长极为不利。

（二）与俄、蒙经贸合作的环境有待改善

与我区毗邻的蒙古国贸易环境差，整体上没有合同约束概念，随时有改动和变化，随意性大。俄罗斯铁路私有化改制造成运费上涨、限制外籍劳务影响境外木材采伐、原木出口配额限制等。从基础设施来看，我区只有2个铁路口岸，边境贸易基本靠边境陆路公路口岸实现，口岸联结内地市场的综合运输网络尚未形成，运输损耗大、成本高。俄、蒙口岸物流基础差、通关效率慢、物流环节多、各项收费高，直接推高了企业的经营成本。此外还有铁路车皮计划不足、边境贸易企业融资难、特殊商品资质管理受限等问题。

（三）政策措施落实力度有待于进一步提高

部分盟市商务部门调研，外贸企业反映退税时间仍然过长，企业从申报到退税没有明确时限。加工贸易发展滞后成为当前制约我区外贸发展的瓶颈。由于重视程度不够，我区缺乏规模较大的加工企业

及其配套企业，加工贸易出口总量小，加工贸易水平低。我区利用外资领域比较单一，新批外资企业虽多，但实际到位资金不足。“走出去”企业数量增加，但规模不大、质量一般。

四、下一步的工作思路

新常态下，对外开放面临新形势，当前和今后一个时期，内蒙古外经贸工作要以党的十八届五中全会和自治区党委九届十四次全委会议精神为指引，牢固树立“创新、协调、绿色、开放、共享”的发展理念，构建开放型经济新体制，着力抓好以下几个方面的工作。

（一）提高外经贸便利化水平

落实好国家和自治区支持外贸稳定增长的相关政策，发挥自治区外贸工作厅际联席机制作用，推动政策落实，提振企业信心，促进贸易便利化。抓住国家实施“一带一路”战略的重要契机，顺应沿线国家产业转型升级趋势，加快机电设备和装备制造产品出口。深耕传统贸易市场，鼓励支持企业开拓新兴市场，扩大自治区农畜产品和特色优势产品贸易。巩固传统竞争优势，依托自治区“五大基地”建设，加强产业发展对进出口的支撑，壮大对外贸易队伍，培育外贸新的增长点。大力推动新型贸易方式，支持企业通过跨境电子商务开展对外贸易。积极承接加工贸易转移，出台促进加工贸易承接和发展政策。加大我区服务贸易企业推介力度，促进服务贸易发展，推动对外文化贸易发展。发挥对外投资对进出口的带动效应。根据商务部的统一安排，放宽外资准入限制、降低准入门槛。加强对外资企业事中事后监管，进一步扩大服务业领域对外开放，提升我区利用外资规模和水平。

（二）大力发展口岸经济

进一步挖掘口岸资源，扩大与俄罗斯、蒙古、东亚和欧洲国家交流合作的重要平台，科学制定“十三五”口岸发展总体规划。进一步加大口岸基础设施建设投入，集中力量抓好重点口岸建设。用足用活国家、自治区、口岸转移支付等各类支持口岸基础设施建设资金。提升口岸通关信息化水平，提高通关效率，营造开放、便捷、安全、高效的通关环境。进一步加强与自治区各联检联运部门、与俄罗斯和蒙古国地方口岸管理部门的沟通和联系，提升口岸通关服务水平。进一步加强口岸区域合作，增强口岸辐射功能，重点是加强我区陆港与沿海港口的合作，加大陆海联运业务的对接力度，推进建立现代物流保税中心，围绕发展进出口加工业，统筹考虑基础设施、产业布局和功能配套，大力发展口岸经济。

（三）持续深入推进向北开放

突出我区在建设“丝绸之路经济带”战略中的重要地位，加快向北开放建设步伐，把“中蒙俄经济走廊”作为贯彻建设“丝绸之路经济带”的重要战略方向。抓住中俄、中蒙深化经贸合作的有利时机，积极开展对俄罗斯远东地区和蒙古国发展战略、投资环境、产业布局等方面的专项研究，探索承接产业转移，推动各类项目建设。落实国家和自治区领导访问俄罗斯、蒙古国成果，使创新同俄蒙合作机制有效运行。学习借鉴推广上海自贸区、中哈霍尔果斯国际边境合作中心和珠澳跨境工业区的先进经验，有序推进中蒙跨境经济合作区工作。学习云南、广西等地发展边境贸易的做法，研究制定可操作的途径推动对俄、蒙贸易多元化具体措施。

供　　稿：张振鹏　　内蒙古自治区商务厅办公室
责任编辑：吴伊娜

社会发展篇

内蒙古城乡居民收入情况

内蒙古在“稳增长、调结构、促改革、惠民生、防风险”的方针和中央各项宏观决策指引下，2015年，按照自治区“8337”发展思路，大力推进经济发展方式转变和经济结构调整，高度重视城乡居民生活和收入问题，特别是以“十个全覆盖”工程引领农村牧区发展变化，把保障和改善民生作为一切工作的出发点和落脚点，城乡居民收入继续保持较好增长态势。

一、内蒙古城乡居民收入情况

（一）城乡收入稳步增长

据国家统计局内蒙古调查总队抽样调查，2015年前三季度，内蒙古全体居民人均可支配收入达到16368元，位居全国第10位；同比增长8.6%，低于全国平均增速0.6个百分点，位居全国第25位。城镇常住居民人均可支配收入为23065元，位居全国第10位；同比增长8.1%，低于全国平均增速0.3个百分点，位居全国第24位。农村牧区常住居民人均可支配收入为7278元，位居全国第20位；同比增长8.8%，位居全国第

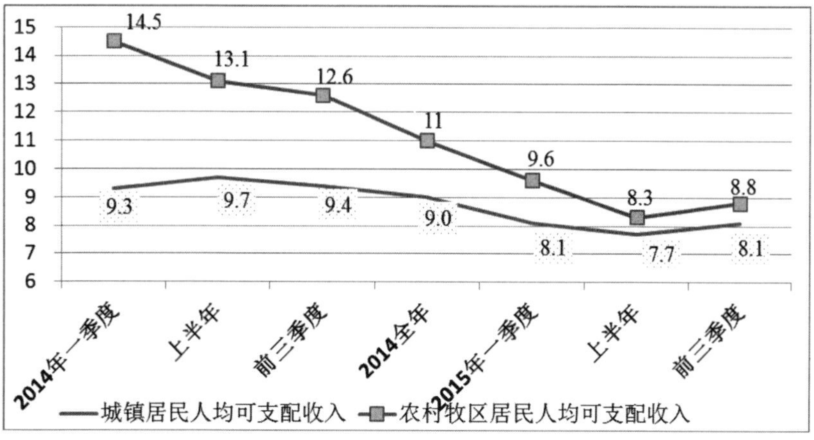

图1　全区城乡居民人均收入增长情况

26位。农村牧区居民增速快于城镇居民0.7个百分点。城乡居民收入差距进一步缩小，增长速度平稳步入新常态。（见图1）

（二）收入结构日趋合理

从城乡收入结构变化上看，内蒙古城乡居民收入结构日趋合理，形成了多种收入方式并存的多元化增长格局。虽然目前来看，城镇居民收入以工资收入为主、农牧民收入以经营净收入为主的收入格局没有发生根本性变化，但其所占比重正在逐步降低。从收入构成的增长趋势来看，在全区各项改革政策驱动下，非公经济、县域经济快速发展和各项民生投入增大，使城乡居民的转移净收入和经营净收入都保持了较快的增长速度。（见表1）

表1　2015年前三季度城乡居民收入构成情况

	城镇常住居民			农村牧区常住居民		
指标名称	2015年	2014年	增速（%）	2015年	2014年	增速（%）
可支配收入（元）	23065	21331	8.1	7278	6687	8.8
一、工资性收入	14301	13099	9.2	1941	1777	9.2
二、经营净收入	3615	3391	6.6	3579	3348	6.9
三、财产净收入	1383	1371	0.9	305	273	11.9
四、转移净收入	3766	3470	8.5	1452	1289	12.7

2015年前三季度城镇常住居民人均可支配收入中，工资性收入14301元，同比增长9.2%；经营净收入3615元，同比增长6.6%；财产净收入1383元，同比增长0.9%；转移净收入3766元，同比增长8.5%。4项收入占比分别为62%、15.7%、6%和16.3%。随着城镇居民收入的多元化，工资性收入增长仍较快，所占比重也略有提高，仍是城镇居民收入的主要来源；经营净收入、财产净收入增长偏低，所占比重较上年同期有所下降；转移净收入增长平稳，在居民可支配收入中的比重没有变化。由于2015年度全区各级政府逐步落实了行政机关、事业单位人员工资改革方案，工资水平特别是基层人员工资水平普遍有所上调，直接拉动了工资性收入的较好增长。各级政府继续加大转移支付

力度，各类社保覆盖面进一步扩大，城镇居民转移性收入保持稳定增长。

前三季度在农牧民人均可支配收入中，工资性收入1941元，同比增长9.2%；经营净收入3579元，同比增长6.9%；财产净收入305元，同比增长11.9%；转移净收入1452元，同比增长12.7%。4项收入所占比重分别达到26.7%、49.2%、4.2%和20%。可以看出，经营净收入是我区农牧民可支配收入的主要来源，约占一半；工资性收入次之，约占1/4，财产净收入比重相对较小。

二、城乡居民增收存在的问题

（一）经济下行压力大，收入增长速度受限

2015年前三季度，全区生产总值虽然整体保持增长趋势，但增幅减弱，低于上年同期增速0.2个百分点。全区500万元以上投资完成11246.04亿元，同比增长14.7%，低于上年同期增速0.9个百分点。规模以上工业增加值同比增长8.6%，低于上年同期增速1.2个百分点。全区整体经济增速放缓，财政收入增长后劲不足，对城乡居民各项收入持续增加必然形成较大影响。

内蒙古保持了多年的经济高速增长后，在今后一定时期内，将面临增长阶段性减速、传统能源市场缩窄、产能过剩等一系列已有因素对经济运行的冲击，经济下行压力仍较大。房地产、建筑、住餐等行业企业整体不景气，同时受到国际煤炭、钢铁等行业价格的影响，内蒙古采矿、制造、电力等优势产业行业发展情况也不容乐观，加之更为严格的环境保护法的实施，使企业成本上涨预期增强，部分企业效益大幅下滑，企业职工工资正常增长难以得到保证。

（二）城乡居民收入地区差距仍较大

按照全区城乡居民收入分盟市排序看，2015年前三季度，城镇常住居民人均可支配收入高于全区平均水平的只有呼和浩特市、包头市、鄂尔多斯市、乌海市和阿拉善盟等5个盟市，其他7个盟市均低于全区平均水平。城镇常住居民人均可支配收入最低的兴安盟比最高的包头市低11926元。

2015年前三季度，农村牧区常住居民人均可支配收入最高的阿拉

善盟为10918元，乌海市也超过了1万元，为10062元，呼和浩特市、包头市、鄂尔多斯市、巴彦淖尔市人均收入均在9000元以上，其他盟市人均收入尚未达到9000元。农牧民人均可支配收入最低的兴安盟与阿拉善盟相差5609元。（见表2、表3）

表2 2015年前三季度分盟市城镇居民人均可支配收入表

	总量（元）	增速（%）
全　　区	23065	8.1
呼和浩特市	28088	7.6
包 头 市	28864	7.5
呼伦贝尔市	20573	8.5
兴 安 盟	16938	8.9
通 辽 市	19158	8.7
赤 峰 市	19399	8.8
锡林郭勒盟	22650	8.6
乌兰察布市	18029	8.2
鄂尔多斯市	27424	7.4
巴彦淖尔市	18267	7.9
乌 海 市	25900	8.1
阿拉善盟	24196	8.0

表3 2015年前三季度分盟市农村牧区居民人均可支配收入表

	总量（元）	增速（%）
全　　区	7278	8.8
呼和浩特市	9209	8.4
包 头 市	9606	8.2
呼伦贝尔市	7758	8.8
兴 安 盟	5309	9.3
通 辽 市	7108	9.1
赤 峰 市	5974	9.4
锡林郭勒盟	8416	9.0
乌兰察布市	5549	8.6
鄂尔多斯市	9738	8.3
巴彦淖尔市	9018	8.9
乌 海 市	10062	8.0
阿拉善盟	10918	8.2

居民收入与经济增长之间存在长期稳定的正相关关系，经济发展是居民收入增长的基础。通过对各盟市人均地区生产总值及居民收入数据进行排序对比，可以看出内蒙古各地区间居民收入与经济发展呈现出显著的正相关。居民收入水平的高低取决于经济发展水平，而经济实力取决于三大产业的构成和效益。各地区产业结构之间的差异既反映了经济资源在各产业之间的不同配置结构，也是影响居民收入水平的主要因素。

三、农牧民收入增速放缓的原因分析

（一）外部环境影响

首先，全国、全区经济增速有所放缓，下行压力较大，是全区农牧民收入增长放缓的大环境影响因素。其次，从与内蒙古相邻的省区看，除西北三省区农牧民收入增长较快外，东北三省及华北两省农牧民收入增速均不及我区或与我区持平，且这五省增速排在全国各省区市最后5位（河北省与我区并列排在第26位，黑龙江省排第28位，山西省排第29位，吉林省排第30位，辽宁省排最后一位）。周边省区对我区的“负外溢效应”较明显。

（二）内部因素影响

首先，自然因素的影响。2015年以来，特别是夏秋两季全区粮食、牧草、牲畜生长的关键时期，全区普遍遭遇了较严重的干旱，造成了一定程度地损失。相较上年，全区牧草产量、肉类产量等均有不同程度地下降。其次，市场因素造成的影响。2015年市场上部分粮食、畜产品、肉类等价格的明显下滑也给全区农牧民增收造成了较大影响。数据显示，全区畜牧业产品价格大幅度下跌。其中，活羊、羊羔、活牛等价格分别下跌8.5%、10.3%和1.5%，绒毛皮等价格同样保持了大幅下跌态势。初步测算，前三季度农牧民在活羊出售上的收益下跌11.4%，活牛出售收益下跌6.5%。综合农牧业生产情况看，受畜牧业收益下跌影响，前三季度第一产业经营收入增长7.9%，增速较上年同期下滑5.7个百分点。第三，工资性收入增长不高。前三季度，虽然农牧民就业情况总体稳定，但与上年同期不同的是，受经济下行的影响，农牧民外出就业及务工收入较上年同期均呈下降趋势。

当然，2015年也有一些促进农牧民增收的利好要素，如各项惠农惠牧补贴到位率较好，“十个全覆盖”工程的直接或间接带动，土地、草牧场流转规模不断扩大等因素，但这些因素仍不能完全对冲不利因素的影响。因此，2015年全区农牧民收入较上年同期保持了增长，但增速有所放缓。

四、对策建议

（一）夯实农牧业基础地位，促进农牧民持续稳定增收

要继续夯实农牧业稳定发展的基础，稳住农村牧区持续向好的局势，稳定粮食和主要农畜产品产量，持续增加农牧民收入，进一步激发农牧业发展潜力和活力。首先，要抓紧出台我区大豆目标价格的补贴试点细则。2014年，我国正式取消棉花、大豆临时收储政策，启动了新疆棉花、东北和内蒙古大豆目标价格补贴试点。如今我区大豆等已取得了全面丰收，但由于我区补贴发放细则和具体实施办法还未出台，补贴的发放形式和发放时间等并未明确，导致农民在享受补贴方面无所适从，出现了大量大豆积压在农民手中无法流入市场的局面。其次，推动传统农牧业加速向现代农牧业转型。当前，新的运行模式正在加快脚步进入农牧业和农村牧区，为传统农牧业带来了全新的观念、模式和活力。因此，相关部门要顺势而为、因势利导，鼓励通过规模化、多样化、立体化的生产方式和经营模式来逐步降低农牧业经营的风险，来推动农牧业向集约型增长的现代方向转型。再次，要积极鼓励探索多种农牧业经营方式。如可以试点鼓励农牧民成立土地（草场）股份合作社，以土地（草场）经营权换取合作社的股权，培育、聘请新型农牧民职业经理人进行专业化经营，盈利后实施分红。创新各种贷款抵押形式，优化农牧业资源配置，把先进生产要素高效对接，实现共建共赢。

（二）以产业协调推进和实现提质增效为切入点，狠抓二产和三产融合发展

首先，狠抓第二产业持续发展和结构调整。当前，工业是全区经济发展的基石和支柱。工业发展的质量效益与速度结构也直接决定着整个自治区经济的质量效益和速度结构。今后，自治区应继续以产

业多元、产业升级、产业融合为抓手，用先进技术、创新力改造提升传统产业，延长产业链，大力培育新型产业和替代接续产业，尽快形成新的产业增长点。要引导鼓励企业在逆境中创新求变，实现“创新发展”。同时，不断培育和壮大建筑产业，建议将建筑业发展目标、发展举措等列入自治区“十三五”发展规划中。其次，要狠抓第三产业发展壮大和优化调整。第三产业作为现代经济的重要产业，在国民经济体系中扮演着重要角色，第一产业和第二产业的健康持续发展均离不开第三产业的支持。针对当前全区第三产业发展实际，建议相关部门在自治区“十三五”规划的指导下，要分别制定服务业中各产业、各行业的“十三五”发展规划，提出明确的发展目标、发展路径、发展举措等。此外，结合当前“互联网+”、云计算、大数据、物联网等现代信息技术，挖掘、培育新型的第三产业新领域。争取在“十三五”末使服务业占全区经济的比重达到45%以上。

（三）出台切实措施，帮扶一些行业，加快相关制度改革，着力提升重点行业从业人员收入水平

要积极采取措施帮扶一些行业应对低迷态势，应对“严冬”，促使这些行业加快创新步伐，尽快实现转型升级。如当前在全国市场都低迷的皮革行业，要引导我区皮草生产及销售行业在电子商务、设计、品牌文化、创新上找切入点和突破口进行升级。

要加快相关制度体制改革。创新、创业如今已是全区经济社会发展的重要动力源。面对创业的企业和创新的产品，相关部门也要加快节奏改革，出台一些保障、扶持创新创业的制度，不能让制度成为阻碍创新创业的“绊脚石”。如目前实施的一些招投标规定，对投标人业绩设置的规定就会把一些创新的产品挡在市场之外，使其无法打开市场等。

实施更加积极的就业政策，在企业规模上，着力发展中小企业；在产业结构上着力发展第三产业。继续保持内蒙古旅游业、批发零售业、交通运输业的良好发展态势，拉动经济持续增长，带动居民收入的增加。继续扶持非公经济、个体工商户等小微企业，在政策上予以鼓励和帮助，提高对就业的吸纳能力，继续减少个体经营在行政审批和市场准入上的限制，提升经营收入水平。着力发展县域经济，增强城镇对农牧区的带动和辐射力度，各地应依托当地的资源和发展特色，促成以城带乡、城乡统筹的发展局面，拓宽农牧民就业渠道和增收渠道。

（四）努力提高居民收入水平，使居民切实享受到全区改革发展的成果

要以落实“共享发展”理念为契机，使城乡居民收入持续稳定增加，使发展成果惠及更多群众。当前，要对重点人群采取一些倾斜性措施。一方面，要以新措施抓好扶贫脱贫工作。以“精准扶贫”思路为指导，对症下药，在土地要素、思想观念、措施保障上做文章、想办法，采取“一户一策”，努力帮助贫困户尽早脱贫、持续增收。另一方面，要高度关注养老业。要结合自治区养老事业实际，对“医养结合”新模式进行试点，鼓励在养老机构配备医疗功能，降低养老机构创办医疗卫生机构的审批门槛，要建立养老机构与二级、三级医院医联体的绿色通道，完善基本医疗的药品目录，将医疗和养老信息打通，来保障“医养结合”的有序运行。将我区一些具备条件的城市积极争取成为国家第二批“以房养老”试点城市。

（五）建立工资正常增长机制，加快社会保障体系建设

进一步完善城乡居民最低生活保障制度、最低工资制度、工资指导线制度、职工工资正常增长机制，为实现全区工资性收入均衡增长提供有效保障。规范和完善机关事业单位工资和津贴动态调整和合理增长机制。积极指导建立企业工资政策增长机制，增强对企业薪酬制度的引导性、激励性，保障职工工资与企业效益同步增长。加大对社会福利和社会保障的投入，积极增加就业机会，多渠道保障和改善低收入、贫困群体的收入水平，完善城乡社会保障体系，增加城乡居民转移性收入。完善社会保障体系，主要是加强失业保险制度、再就业培训制度、再就业服务体系建设。建立偏重弱势群体的社会保障制度。必须从社会保障、公共服务等总体水平及其合理结构入手，大力进行廉租房和经济适用房建设，加大公共医疗资源和教育资源的投入，降低民众生存成本。重点是把城市居民最低生活保障制度，以企业为主的失业、养老保险制度落到实处，并加大督促力度，进一步扩大各项社会保险的受众范围，保持居民参加社会保险的连续性。建立社会救助体系。要全面落实城镇困难居民医疗救助制度，建立特困群众住房救助制度，保障最底层人民群众的生活。

供　　稿：李　力　蔡雨成　　内蒙古自治区统计局

责任编辑：双　宝

内蒙古教育事业发展情况

2015年，全区教育系统全面贯彻党的十八大和十八届三中、四中、五中全会精神，落实教育部和自治区党委、政府决策部署，主动适应经济发展新常态，以办好人民满意的教育为宗旨，进一步深化教育领域综合改革，促进教育公平、优化教育结构，不断满足人民群众多样化、高质量的教育需求，扎实推进教育现代化进程，为自治区经济社会发展提供更加有力的人才保障和智力支持。

一、内蒙古教育事业基本情况

（一）全面推进各级各类教育科学发展，促进教育质量稳步提升

1.推进基本公共教育服务均等化

全面提高学前教育和特殊教育普及程度。2015年共下达学前教育资金17.58亿元，其中投入6.54亿元新建公办幼儿园102所，可容纳幼儿2.37万人；投入7.1亿元用于改善公办幼儿园办园条件；投入3.47亿元扶持民办幼儿园110所；投入4656万元用于幼儿资助。实施“自治区特殊教育三年提升计划（2014—2016）”，加快普及残疾儿童少年接受义务教育。2015年，全区有特殊教育学校44所，在校生6231人，比上年增加1903人，增长43.50%。

实施义务教育发展基本均衡旗县（市区）督导评估工作，有25个旗县通过国家评估认定。推动普通高中多样化特色化发展，召开全区普通高中多样化发展推进会，修订了《自治区示范性普通高中建设标准》和《自治区示范性普通高中评估审核办法》，继续推进扩大普通高中办学自主权改革试点。实施集中连片特困地区普通高中改造计划，2015年投入经费7600万元，改扩建校舍2100平方米，购置图书8.3万册、仪器设备47.2万台（套、件）。

加快推进教育信息化。目前有9个盟市、79个旗县建成教育城域网，85%的中小学接入互联网或教育城域网，61%的中小学建成校园

网；有95%以上的义务阶段学校可以接入国家基础教育资源网，62%以上中小学专任教师基本掌握常规课件制作方法，64%的中小学能利用信息技术和数字教育资源开展常态化教学；7.9万名教师、18.8万学生开通了网络学习空间。

2.坚持“优先重点”发展民族教育

完成民族教育立法调研工作，起草《自治区民族教育条例（草案）》，经自治区审议通过，现已列入自治区人大立法审议计划。推进国家“民族教育人才培养模式”改革试点，研究起草《关于进一步做好蒙古语授课大学生培养和就业创业工作的指导意见》。深入实施“民族教育发展水平提升工程”，制定了评估验收指标体系。加强双语教育，免费培训民族学校校长、教师4250多人次，完成了蒙古语授课中小学数、理、化等学科数字教学资源的研制开发工作；审查蒙古语授课中小学、幼儿园教材教辅、教学资源691种，审定和编译大中专蒙古文教材60种。启动2016年“少数民族高层次骨干人才计划”工作。

3.加快构建现代职业教育体系

积极探索建立职业教育“立交桥”，推进高职与本科衔接贯通。2015年新增4所高职院校试点举办本科教育，总数累计达到11所，招生计划由700名增加到1105名。继续实施中等职业教育基础能力和质量提升工程，2015年国家和自治区累计投入资金6.43亿元。深化校企合作，积极开展现代学徒制探索，在23所中等职业学校、3所高等职业学院开展职业教育现代学徒制试点，其中有3所院校被教育部批准为现代学徒制改革试点单位；积极推进集团化办学，目前全区已组建10个职业教育集团，参与企业和学校总数超过200家。加强“双师型”教师队伍建设，全年选派240名专业课教师参加了国家级培训，128名青年骨干教师到企业进行生产实践；与德国汉斯·赛德尔基金会合作，培训了196名专业课教师和20名校长，选送17名教师和管理人员赴德培训。

4.推进高等教育内涵式发展

加强高校重点学科和优势特色学科建设，年内投入645万元，重点支持高校26个优势特色学科建设。推进高等学校创新创业教育改革，研究起草《关于深化高等学校创新创业教育改革的实施方案》，组织开展了首届内蒙古“互联网+”大学生创新创业大赛；遴选和资助了200项研究生科研创新项目。积极推进研究生培养模式改革和研究生教育质量保障体系建设，在6所高校启动研究生培养模式改革试点，资助100项教学改革与实践研究项目，资助10个研究生联合培养基地。加快提升高校科技创新能力，依托高校优势重点学科，在草原畜牧业、矿产资源综合利用、蒙医药等领域培育组建了6个协同创新中心，并组织实施“高校创新平台培育项目”。继续实施高校青年科技英才支持计划，支持科技领军人才和骨干人才计划37项，投入经费436万元。

5.规范发展民办教育

制定《内蒙古自治区民办学校办学许可证使用及换发管理办法（试行）》、《普惠性民办幼儿园认定及管理办法（试行）》、《民办幼儿园设置标准（试行）》（修订）等规范性文件。规范民办学校财务管理，推进民办教育管理体制改革，并对全区民办非学历教育机构和冠以“内蒙古”字样的民办中等职业学校进行清理整顿、下达整改意见。

（二）全面深化教育领域综合改革，重点领域和关键环节取得阶段性成果

1.深化考试招生制度改革

按照教育部统一部署，研究制定《自治区考试招生制度改革实施方案》，并全面推进考试招生制度改革系列配套文件制定。规范高考加分，取消1项加分项目，降低5项加分分值。取消了“本科二批C”录取批次，淡化了院校在招生录取中被人为分出的三六九等的“院校层次”，促进不同特色和定位的高校公平竞争，好专业就可以争取到“好生源”，“倒逼”高校回归办学特色和实力的竞争。推进职业教育分类考试改革，高职院校通过非统一高考方式录取的学生比例达到34%。

2.推进实施乡村教师支持计划

组织实施了2015年“特岗教师计划”，为4个盟市的8个旗县（市区）农村牧区义务教育学校公开招聘教师400人。落实国家“集中连片特困地区乡村教师补助政策”，有2个盟市的8个旗县（市区）共229所学校列入补助范围，发放生活补助2465万元，受益教师9700多人。

组织实施2015年“中小学教师国家级培训计划”，重点向农村牧区倾斜，培训36个旗县（市区）中小学校校长、教师7.3万人，幼儿园教师1万人。举办了全区优秀乡村教师和优秀“特岗教师”颁奖大会，表彰优秀乡村教师100名，优秀“特岗教师”20名。2015年6月初国务院办公厅印发《乡村教师支持计划（2015—2020年）》后，自治区教育厅在深入调研、广泛征求意见基础上，起草了《乡村教师支持计划实施意见》。

3.推进教育管办评分离改革

制定出台《关于推进教育管办评分离的实施意见》，组织开展改革试点，乌兰察布市被教育部批准为管办评分离改革试点地区。按照自治区政府关于简政放权、放管结合、转变职能的统一部署，制定本级行政责任清单。推进教育督导评估体系建设，评估认定7个中小学责任督学挂牌督导创新县，对5个盟市8个旗县义务教育质量进行了抽样监测。研究起草《关于扩大和落实高校办学自主权、完善高校内部治理结构的实施意见》。

4.大力推进校园足球工作

在全区教育系统建立了校园足球组织领导和工作推进体系，制定出台了《内蒙古自治区校园足球三年推进计划（2015—2017年）》，教育部批准我区足球特色学校613所。加强校园足球训练培训基地建设，自治区投资2.5亿元在包头建成国家（北方）青少年足球夏令营活动基地；并与海南省合作，建立校园足球训练培训基地，基地采取市场化机制运营，从2015年起，每年11月至次年3月，自治区将组织足球特色学校足球队分期分批赴海南进行冬季训练工作及教学活动，每年培训4期，每期培训500人。深化校园足球交流合作，与上海市、福建省签订了《三省区校园足球联盟战略协议》，与德国足协初步达成了合作意向。

（三）全面推进教育惠民工程，着力改善民生，进一步促进教育公平

1.深入实施“十个全覆盖”农村牧区校舍建设及安全工程

坚持因地制宜、安全实用的原则，根据当地教育事业布局发展需要和农牧民需求，结合新农村牧区建设和嘎查村整体规划，制定了分年度、分盟市旗县项目学校实施方案。2014—2015年，全区累计项目学校（幼儿园）914所，开工面积80万平方米，竣工面积60万平方米，项目学校办学条件得到极大改善，显著扩大了学前教育资源，有力地促进了县域义务教育均衡发展，进一步缩小了城乡差距。

2.全面改善贫困地区义务教育薄弱学校基本办学条件

我区76个旗县（市区）纳入“全面改薄”实施范围，覆盖学校2084所。2015年，全区“全面改薄”总投入约为18.5亿元，其中中央专项资金6.9亿元，自治区资金1.6亿元，盟市、旗县资金1.72亿元。截至2015年9月底，全区累计投入资金30.52亿元，开工校舍面积80.55万平方米，竣工35.91万平方米；开工室外运动场地136.97万平方米，竣工68.36万平方米；完成生活设施设备、计算机、教学仪器设备及其他配套设备等采购资金2.46亿元。统筹推进实施初中校舍改造二期工程，2015年全区项目学校40所，总投入2亿元，批复建筑面积9.6万平方米。

3.逐步建立较为完善的学生资助政策体系

加大对双语授课学生和城乡低保家庭子女等群体的资助力度，通过实施差别化优惠政策为少数民族学生和家庭经济困难学生安心上学提供保障。在学前教育阶段，自治区通过“以奖代补”形式奖补地方，对家庭经济困难儿童、孤儿和残疾儿童、牧区双语授课儿童予以资助。义务教育阶段，继续全面实施免学杂费和书费政策，同时为所有小学一年级学生免费提供《新华字典》，为蒙古语授课学生免费提供《蒙古语词典》。对家庭经济困难寄宿生和所有双语授课寄宿生提供生活费补助，双语授课生标准高于其他学生，小学生每学年1350元、初中生1620元。高中教育阶段，对普通高中和中职学生实施免学费、书费政策；对双语授课寄宿生补助生活费，每生每年1890元；对中职寄宿生补助住宿费；对普通高中家庭经济困难学生、中职全日制一二年级农村牧区户籍学生和旗县镇非农牧户口的学生以及城市家庭经济困难学生实施国家助学金政策。继续实施城乡低保家庭子女升入普通高校新生入学资助政策，本科新生一次性资助4万元，高职高专类新生一次性资助3万元，2015年落实资金7.55亿元，惠及学生2.15万多名。同时，进一步完善高校学生助学贷款管理机制，在全区102个旗县区建立起学生资助管理中心，简化助学贷款程序，加强贷后管理，形成助学贷款良性循环。

4.进一步完善政策扶持体系，促进大学生就业创业

推行就业工作领导体制改革，深化“一把手”责任制，完善毕业生就业工作管理和运行机制，健全职能部门和院系目标责任，整合就业、教务、招生、学工、团委、宣传等部门力量，共同做好高校毕业生就业创业工作。进一步加强就业创业课程体系和师资队伍建设。全区各高校共举办创业培训188场，培训毕业生13579名；举办创业大赛46场；开展创业讲座和论坛共计137场，毕业生参与人数达41774人。坚持实施项目带动战略，引导毕业生面向基层就业和自主创业。2015年，我区实施的6项基层服务计划招募了19750名高校毕业生，其中“特岗教师”400名、“三支一扶”2500名、“社区民生工作志愿服务”5000名、“大学生村官”500名、“大学生志愿服务西部”350名、“人才储备”1.1万名。切实推进免费师范生到中小学任教工作。2015届免费师范生毕业总数为339人，已签约330人。继续加大就业帮扶力度，对家庭经济困难毕业生、残疾毕业生和就业确有困难的女大学生以及少数民族毕业生（重点是蒙古语授课毕业生），有针对性地开展“一对一”帮扶；进一步建立和完善院系间、跨学科、跨专业发展的协调机制，鼓励蒙古语授课大学生辅修宜于就业创业的第二学位、第二专业或汉语授课的应用类课程；对离校前尚未落实工作单位的毕业生进行集中培训，让他们了解离校后的求职渠道、服务系统和保障政策，并做好联系登记，随时为他们提供需求信息和就业指导。2015年，全区高校毕业生总数为109474人，截至9月，实现就业94667人，就业率为86.47%，同比增长0.54个百分点。

二、存在的困难和问题

（一）城乡教育在办学条件和质量上仍然差距明显

比较突出的是义务教育均衡发展。目前我区有27个旗县（区）通过国家验收，实现65%县域义务教育均衡，任务还十分艰巨。

（二）学前教育建设相对滞后

学前教育资源虽有较大扩充，学前毛入园率也有较大提高，但公办园相对偏少，民办园质量和条件有待进一步提高。

（三）职业教育战略地位有待进一步加强

教育结构不够合理，高中阶段职普比例偏低，高层次应用技能人才供应矛盾比较突出，职普沟通、向上流动的人才培养渠道还不够畅通，人才评价选拔方式比较单一，现代职业教育体系建设任务依然艰巨。

（四）教育投入不足

投入不足制约教育发展，义务教育公用经费标准相对较低，高等教育、高中阶段教育债务沉重，优质教育资源不足。

（五）师资队伍素质有待提高

师资队伍的能力素质有待增强，特别是经济欠发达和偏远农村牧区中小学师资队伍水平亟待提高。职业院校“双师型”教师数量不足，高校缺少高水平的学科带头人和优秀中青年教师，更缺乏学术领军人物和高水平科技创新团队。

（六）信息化建设相对滞后

边远农牧区的宽带通信线路基础条件较差，难以支撑庞大的教育信息化建设资金需求，信息技术与教育教学缺乏深度融合。

三、2016年教育工作重点

（一）推进基本公共教育服务均等化

加快义务教育学校标准化建设，指导各地科学规划学校建设，进一步优化义务教育资源配置。以国家“全面改薄”计划和自治区“十个全覆盖”工程为主要抓手，加快缩小城乡、区域、校际办学条件差距。指导2016年拟达标旗县区实现区域内义务教育学校办学条件、水平相对均衡，按规划进度接受自治区、国家评估验收。积极发展学前教育，完成学前教育二期三年行动计划目标任务，贯彻落实《3—6岁儿童学习与发展指南》，提高科学保教水平，加强自治区示范性幼儿园建设。指导普通高中多样化发展，组织实施县域普通高中多样化发展试点学校建设项目。推进“特殊教育提升计划（2014—2016）”，改善特殊教育学校办学条件，新建30所特殊教育资源教室，加强特殊教育改革试验区建设。

（二）优先重点发展民族教育

贯彻落实《国务院关于加快发展民族教育的决定》和第六次全国

民族教育工作会议精神，细化发展任务和工作措施。依法保障优先重点发展，加快推进自治区《民族教育条例》立法进程。继续推进“民族教育人才培养模式”改革试点。开展“民族教育发展水平提升工程”评估验收。

（三）加快构建现代职业教育体系

推进中高职协调发展，制定《“3+2”、“3+3”中高职一体化人才培养的意见》，引导本科高校转型发展，积极争取中职、本科高校“3+4”试点。加强中职招生工作，力争实现职普招生规模大体相当。深化产教融合、校企合作，鼓励支持集团化办学模式，推进校企联合招生、联合培养的现代学徒制试点，完善学生顶岗实习政策。深化职业教育教学改革，建立健全教学工作诊断和改进制度，在示范性高职院校开展学分制改革试点。完善以提高职业能力为导向的专业学位研究生培养模式。深化继续教育改革，推进终身教育体系建设。

（四）创新高等教育人才培养模式

推进高校分类管理，制定区内本科高校转型发展的实施意见，进一步优化高等教育结构。完善学生创新创业教育体系，动员全社会重视和支持大学生就业创业。深化学分制改革，完善学生自主选学模式。继续实施高等学校教学质量与改革工程。推进研究生培养模式改革，实施研究生教育创新计划，加强研究生教育质量保障体系建设。深化高校科技评价、项目经费管理、成果收益处置等各项改革，推进“创新能力提升计划”和“新型智库建设计划”。

（五）支持和规范民办教育发展

制定《进一步鼓励社会力量兴办教育的若干意见》，支持引导社会力量和民间资本提供多样化教育服务。加强和改进民办教育管理，引导民办学校规范办学、健康发展。健全分类管理基础上的差异化扶持政策，保障民办学校教师学生的合法权益。

（六）深化考试招生制度改革

扎实推进《国务院关于深化考试招生制度改革的实施意见》，逐步完善分类考试、综合评价、多元录取的考试招生模式。进一步落实义务教育免试就近入学、阳光招生、阳光分班等政策。健全保障农村牧区学生上重点高校的长效机制。进一步整合高考录取批次，完善职业教育分类考试。实施普通高中学业水平考试和综合素质评价制度。推进初中阶段学生考试招生制度改革，稳妥实施义务教育阶段综合素质评价。完善外来务工人员子女入学、考试等相关政策。

（七）推进教育信息化，扩大优质教育资源覆盖面

构建利用信息化手段扩大教育资源覆盖面的有效机制。推进实施《教育信息化三年行动计划》，加快“三通两平台”建设步伐，加快实现各级各类学校宽带网络全覆盖。加大优质数字教育资源开发力度，推进在线开放课程共享和中小学“同频互动课堂”建设，加强优质数字教育资源在农村牧区学校的推广应用。

（八）加强教师队伍建设

深入实施“乡村教师支持计划（2014—2020年）”，推进落实城乡统一的中小学教职工编制标准，提高农村牧区教师工作、生活待遇，完善农村牧区教师培养、培训、交流机制，建立乡村教师荣誉制度。推进义务教育教师队伍“县管校聘”管理改革，加强县域内义务教育教师的统筹管理，推进校长教师轮岗交流。深化中小学职称制度改革，加快落实高校职称评定自主权。创新教师教育培训管理，以“国培计划”为主要抓手，统筹实施好各级各类教师培训项目。

（九）完善教育经费投入保障机制

贯彻落实自治区政府《关于实行中期财政规划管理的实施意见》和《关于推进预算绩效管理工作的意见》，科学编制部门预算和专项资金三年滚动规划，进一步建立和完善绩效评价管理制度。统筹实施“全面改薄”等重大教育工程，推进落实各级专项资金，加强专项督查，推动项目顺利实施。建立各级各类学校生均教育经费标准和财政生均拨款标准，根据办学需要和经济发展水平，完善生均拨款标准动态调整机制，逐步提高保障水平。完善各类专项资金管理制度，加强审计监督，提高资金使用效益。加强学生资助体系建设，完善学前教育资助政策，加强助学资金使用管理，提高资助精准度。

供　　稿：张　磊　郝文婷　　内蒙古自治区教育厅
责任编辑：乌仁塔娜

内蒙古就业与社会保障事业发展情况

2015年，全区各级人社部门认真贯彻自治区党委政府决策部署，积极适应经济发展新常态，深化人社领域改革，围绕稳增长、调结构、惠民生的要求，扎实工作，锐意进取，各项工作顺利推进，除个别指标外，多数指标提前完成了全年目标任务。

一、就业与社会保障事业基本情况

（一）就业形势保持总体稳定

坚持把促进就业与创业摆在民生工作的首要位置，以实施创业就业工程为抓手，按照“六个结合”的工作思路，克服经济下行压力，保持了就业形势的总体稳定。截至10月底，城镇新增就业人数25.61万人，完成年度任务的102.4%；城镇登记失业率为3.6%，低于控制在4%以内的目标要求。预计到年底，城镇新增就业人数可达26万人。

1.统筹做好以高校毕业生为重点的各类群体就业工作

加大高校毕业生就业创业工作力度，启动了“基层就业万岗行动”、“高校毕业生万人创业行动”、“离校未就业高校毕业生就业计划”。截至2015年10月底，高校毕业生已实现就业或落实就业去向的11.26万人，完成年度计划的86.6%，预计到年底可达到13万人。实施农牧民工职业技能提升计划，积极引导农牧民就地就近转移就业。2015年1—10月，实现转移就业254.1万人，完成年度任务的104%。加大就业困难人员援助力度，失业人员再就业、就业困难人员就业分别实现5.73万人、6.06万人，分别完成年度任务的115%、101%。全面实行“零就业”家庭实名制动态管理，将就业援助周期由20个工作日缩短为10个工作日，截至2015年10月底，共帮助616户“零就业”家庭中623人实现就业，实现了动态为零的成绩。

2.发挥创业带动就业的作用

大力推进大众创业、万众创新，加大创业扶持力度，营造良好的创业氛围。截至2015年10月底，已发放创业担保贷款14.53亿元，全区完成创业培训4.68万人，培训后成功创业3.66万人，带动就业岗位12.63万个。

3.加强职业技能培训

结合产业布局，整合培训资源，累计投入资金1.06亿元，推进实训基地建设，基本实现了“一旗县一基地”的目标。坚持以就业为导向，提升劳动者技能素质，打造了“突泉焊工”等58个培训品牌。2015年10月底，全区城乡技能培训25.22万人，完成年度任务的97%。

4.积极落实援企稳岗政策

落实《关于失业保险支持企业稳定就业岗位有关问题的通知》，出台了援助困难企业稳定就业岗位的意见。截至10月底，全区共有353户企业、15.04万人享受援企稳岗政策补贴，共支出失业保险基金16997.76万元。

5.公共就业服务能力进一步提高

积极推进人才市场和劳动力市场整合，全区22个旗县已完成人力资源市场整合工作。全面实行城镇新增就业、登记失业人员、就业困难人员等9类人员的实名制动态管理。运用“云服务”和“微应用”的信息科技手段，积极开展“互联网+就业”服务，实现网络与现场、求职者与用人单位、服务状态与数据统计的联通与互动，努力为劳动者提供高效便捷的就业服务。2015年前三季度，全区各级人社部门共组织现场招聘会544场，提供就业岗位46.8万个，明确就业去向22.08万人次。

（二）社会保障体系进一步完善

1.不断扩大社会保险覆盖面

截至2015年10月底，全区参加城乡居民基本养老、城镇基本医疗、失业、工伤保险人数分别为729万人、1007.63万人、241.73万人、294.96万人，分别完成年度计划的104.1%、100.3%、102%、100.3%，均已提前完成年度任务。城镇职工基本养老、生育保险参保人数分别为539.12万人、299.68万人，分别完成年度计划的94.4%、99.9%，预计年底前可以完成任务。5项社会保险累计征缴442.4亿元，同比增长5%，完成年度征收计划的70%。深入实施以养老、医疗保险为重点的全民参保登记计划，联合卫计委、公安、财政、民政四部门印发了实施方案，今年将扩大到自治区50%左右的地区。

2.稳步提高社保待遇水平

从2015年1月1日起，再次调整企业退休人员基本养老金标准，月人均增加200元，增幅为10.2%。将全区城乡居民基础养老金标准提高至每人每月85元，城镇居民医疗保险财政补助标准提高到人均380元。2015年上半年，职工和居民医保政策内住院费用统筹基金支付比例分别达到83.92%和70.31%，位居全国前列，最高支付限额均达到当地职工平均工资和居民可支配收入的6倍，且均不低于6万元。

3.加强社会保险管理服务工作

积极推进基本医疗保险异地就医直接结算工作，全区统一的城镇基本医疗保险药品目录、诊疗项目和医疗服务设施信息标准库已对接完毕，出台了《内蒙古自治区异地就医经办管理暂行办法》，年底前基本实现统一结算。积极做好基本养老保险基金保值增值工作，同内蒙古银行、中国建设银行内蒙古分行等10家银行签订了基本养老保险基金保值增值的协议，利率在定期存款基准利率上上浮40%。按照目前定期存储75亿基金计算，预计可增加基金收入1亿元。加快社会保障卡发放和应用推广工作，截至9月底，全区已制发社会保障卡1601万张，完成年度任务的99.44%，已覆盖全区63.9%的人口。

二、改革措施和成效

（一）健全促进就业创业体制机制

主要出台了以下政策措施：一是出台了进一步做好新形势下就业创业工作的实施意见，从深入实施就业优先战略、积极推进创业带动就业、统筹做好高校毕业生等重点群体就业等方面，明确了做好新形势下就业创业工作的26项70条具体政策举措。二是印发了支持农民工等人员返乡创业的通知，明确了将返乡农牧民、大学生和退役士兵等人员纳入创业担保贷款扶持政策，纳入自治区创业园和创业孵化基地“以奖代补”项目扶持范围等。三是印发了进一步做好为农牧民工服务工作的实施意见，从稳定和扩大农牧民就业创业、维护农牧民工劳动保障权益等方面提出了明确要求。四是出台了进一步加强创业服务体系建设的意见，建立了政策扶持、创业培训、创业服务“三位一体”的工作机制。五是印发了以大学生为主体的青年创业就业贷款管理办法，从今年起，每年面向高校毕业生发放创业贷款20亿元。

（二）建立更加公平可持续的社会保障制度

主要出台了以下政策措施：一是推进机关事业单位养老保险制度改革，11月17日印发了实施办法，从养老保险基金筹集、养老金计发办法、基金管理和监督、养老保险转接续、政策衔接等方面对中央方案进行了细化和明确。此次改革涉及全区140万在职工作人员和离退休人员，对统筹推进城乡养老保障体系建设，促进机关事业单位深化改革，破除养老保险“双轨制”、“待遇差”以及全面体现工作人员的劳动贡献等方面具有重要意义。二是出台了《关于进一步完善城乡居民基本养老保险制度的意见》，增设了缴费档次，提高了缴费补贴标准，扩大了养老保险费代缴范围，在国家100～2000元12个档次基础上增加3000元档次；对选择500元及以上缴费档次的，最低补贴每人每年60元，每提高一档增加5元，最高补贴85元，并对低保户、重度残疾人、“五保”户等缴费困难群体代缴最低标准养老保险费。三是制定《企业职工基本养老保险自治区级统筹办法》，实现了全区企业职工缴费基数、缴费比例、个人账户、基本养老金计发办法等“六统一”。四是扎实推动降低失业、工伤、生育保险费率工作。失业保险费率下调1个百分点；生育保险基金累计结余超过9个月的统筹地区，将费率调整到用人单位工资总额的0.5%以内；工伤保险平均费率由1%降至0.75%。仅降低失业、生育保险费率两项，可减轻企业和职工负担7.4亿元。五是积极推进医保付费方式改革，6个盟市开展了总额控制上的按病种付费方式的地区，3个盟市开展了总额控制试点，5个盟市已出台总额控制方案。六是出台《内蒙古自治区建筑施工企业参加工伤保险实施办法》，启动了以建筑企业农民工参加工伤保险为重点的“同舟计划”。七是起草了《内蒙古自治区城镇基本医疗保险条例》。该条例经自治区十二届人大常委会第十九次会议表决通过，从2016年1月1日实施。从缴费比例、缴费年限和待遇水平等方面，在全区范围内从立法层面上进行了统一，如将职工医保缴费年限统一设定为25年，职工医保最低缴费比例为用人单位6%、个人2%，对规范城镇基本医疗保险关系，完善城镇基本医疗保险制度，维护参保人员合法权益，促进城镇基本医疗保险事业健康发展具有重要意义。

三、存在的主要问题

总体来看，2015年各项工作推进较为顺利，但是在经济新常态下，就业和社会保障面临的风险和挑战也不容忽视。

（一）制度建设有待加强

近年来，社会保障体系项目不断增加，覆盖面不断扩张，待遇标准不断提高，“安全网”的作用日益突出。与此同时，社会保障顶层设计不健全和地方公共财政负担过重的现象开始显现，使制度的可持续性难以保障。

（二）就业结构性矛盾突出

随着经济从高速增长转向中高速增长，经济增长与就业增长的关系将发生新的变化，就业的主要矛盾正向结构性矛盾为主转变。一方面，产业转型升级对提高劳动者素质提出了新要求，突出表现为招工难、技工短缺和高校毕业生供求不匹配等结构性问题；另一方面，化解产能过剩以及部分企业经营困难加重，可能带来企业裁员和结构性失业问题。

（三）扩大覆盖面和基金支付压力增加

在社会保障领域，一方面，社会保险扩面难度增加，目前未参保人员多数为收入较低、流动从业的缴费困难人群。个体工商户、灵活就业人员缴费费率高，导致中断缴费人员增加。另一方面，基金收支矛盾突出，经济增速放缓，基金征缴增幅减缓，随着人口老龄化加剧，享受待遇群体增加，导致基金支付压力增大。

（四）就业和社会保障公共服务体系不健全

就业和社会保障服务平台的人力、物力、财力与所承担的工作任务不相适应，主要表现：一是就业和社会保障公共服务基础设施薄弱，各级社保经办机构普遍存在基础差、面积小、功能少等问题，部分苏木乡镇（街道）和嘎查村（社区）没有经办服务场所。二是就业和社会保障信息化建设相对滞后。信息网络还没有完全覆盖到基层经办服务平台，特别是养老保险跨地区转移接续、医疗保险异地就医即时结算缺乏有力的信息支撑。

四、2016年工作打算和措施

（一）着力推动实现更高质量就业

推动经济发展与促进就业的良性互动，主动寻求新的就业增长点，努力促进经济发展新常态与扩大就业增长点的有效融合衔接，进一步扩大城镇就业规模。致力“双创”，启动“创业内蒙古（2016—2020）”，实施“创客逐梦”、“创业筑巢”、“创业领航”、“融资畅通”、“青年创业”、“返乡农牧民工创业”6项计划，进一步抓好创业带动就业。

深入实施“大学生创业引领计划”、“离校未就业高校毕业生就业促进计划”，组织实施“三支一扶”、“社区民生工作志愿服务”和中小企业“人才储备”等服务基层项目计划，鼓励和引导高校毕业生到基层就业。

多措并举推进农村牧区劳动力转移就业，重点支持农牧民工返乡创业和就近就地转移就业，深入实施农牧民工职业技能提升计划“春潮行动”。

协调财政调整培训补贴标准，完善就业技能实训基地创业扶持政策。扩大特色品牌培训规模，培育和打造一批自治区就业技能品牌培训、自治区级家庭服务业培训示范基地。

到2016年底，计划全区城镇新增就业25万人，城镇失业人员再就业5万人，就业困难人员就业5万人，城镇登记失业率控制在4.0%以内；农牧民转移就业245万人，其中转移6个月以上200万人；农牧民转移技能培训14万人；应往届高校毕业生实现就业或落实就业去向13万人。

（二）着力加强社会保障工作

完善社会保障制度，稳步提高社会保障水平，推进全民参保登记计划，稳步扩大各项社会保险覆盖范围。全面开展机关事业单位养老保险经办工作。推进法制医保建设，全面实施和不断规范全区城镇居民大病保险。进一步推进重特大疾病保障制度建设，全面实施总额控制下的按病种、按人头等多种付费方式改革。探索完善职工医保个人账户管理制度。推进区内异地就医直接结算工作，探索基本医疗保险制度城乡统筹。开展失业保险实名制参保工作，以就业服务实名制管理为切入点，做实失业保险实名制参保工作。到2016年底，全区参加城镇职工基本养老保险、城乡居民基本养老保险、城镇基本医疗保险、失业保险、工伤保险、生育保险参保人数分别达到620万人、680万人、1012万人、237万人、299万人、304万人。

供　　稿：高国青　　内蒙古自治区就业和社会保障厅
责任编辑：双　宝

内蒙古卫生与计生事业发展情况

2015年，自治区卫生和计划生育系统从利百姓、利事业、利长远着眼，深入推进医药卫生体制改革，推进人口和计划生育工作，推进卫生计生各项任务落实，推进蒙中医药特色优势发挥，卫生计生改革发展取得新成绩。

一、卫生计生改革发展情况

（一）坚持把深化医改作为重中之重全力推进

1.全面落实“两个全面推开、两个全面实施”

一是旗县级公立医院综合改革全面推开。在认真总结试点旗县经验的基础上，出台了《全面推开旗县级公立医院综合改革实施方案》及相关配套文件，在10月31日前，全区所有旗县165个公立医院综合改革全面推开，取消药品加成，调整医疗服务价格，明确补偿政策，各项改革任务稳步推进。二是国家级城市公立医院综合改革试点全面推开。呼和浩特市、鄂尔多斯市、乌海市被列入国家级试点城市，出台《城市公立医院综合改革试点实施意见》，截至12月1日，3个城市的41家公立医院全部取消药品加成，综合改革全面推开。三是城乡居民大病保险全面实施。自治区政府出台《全面实施城乡居民大病保险工作的实施意见》，大病保险已覆盖所有城乡居民基本医保参保人群，“新农合”参合农牧民大病保险实际报销比例提高了10～15个百分点，实际补偿比例达到60%以上。四是新一轮药品招标采购工作全面实施。出台《内蒙古自治区公立医院药品集中采购工作实施方案》及实施细则，完成医疗卫生机构药品采购计划和预算汇总工作，向社会发布了药品招标采购公告和采购目录，各项工作正在有序推进。

2.基本医疗保障能力不断提高

2015年，各盟市新农合人均筹资标准最低达到470元，其中财政补助标准提高到380元，自治区财政还对人口在6万人以下的20个牧业旗县人均补助增加20元，全区实际人均筹资额达到491元，各级财政人均补助达到400元。“新农合”参合人数达到1285万人，参合率达到98%。政策范围内住院费用报销比例达到75%以上，实际报销比例达到50%以上。对参加“新农合”的失独家庭、“五保”户、民政部门确定的优抚对象住院治疗起付线降低50%。疾病应急救助全面展开，应急救助对象得到及时救助。“新农合”诊疗项目和药品目录报销范围扩大，“新农合”支付方式改革全面启动，“‘新农合’智能审核系统”上线运行，呼和浩特市成为全国第一个实施“新农合”跨省就医即时结报的城市。

3.国家基本药物制度和基层运行新机制得到巩固和完善

全区所有政府办基层医疗卫生机构和一体化管理的嘎查村卫生室全部实施国家基本药物制度，药品配备使用进一步规范，统一在自治区药采平台集中采购，实行零差率销售。自治区人民政府印发《关于进一步推进基层医药卫生体制综合改革的实施意见》，坚持“保基本、强基层、建机制”原则，进一步明确了基层医药卫生体制综合改革的政策措施，着力解决基层医药卫生体制改革面临的新问题。

4.其他各项医改工作不断深化

基本公共卫生补助经费人均达到40元，农村牧区新增经费全部用于补助村医开展基本公共卫生服务，12类45项基本公共卫生服务项目全面落实，全区居民电子健康档案建档率达到83.42%，国家免疫规划疫苗预防接种率达到99.5%；全区政府办基层医疗卫生机构和一体化管理的嘎查村卫生室全部实施国家基本药物制度。全面推行乡村医疗卫生机构一体化管理，基层运行新机制得到巩固和完善；人口健康信息化建设取得积极成效，全区利用信息化实施远程医疗覆盖面不断扩大。

（二）全力推进医疗卫生重点工作落实

1.医疗卫生服务体系建设力度加大

作为内蒙古成立70年大庆重点民生工程的自治区本级8个重点卫生建设项目，5个项目主体工程封顶；自治区党委将标准化嘎查村卫生室建设列入“十个全覆盖”重大民生工程之一，投资4.7亿多元，对全区未达标的5894个嘎查村卫生室进行标准化建设。截至11月底，开工建设5490个，5253个已经竣工投入使用，开工率达到93%，开工项目完工率达到96%，2016年将实现全区嘎查村标准化卫生室全覆盖；在牧区实施家庭健康保障“小药箱”工程，不断完善“固定与流动相结合”的新型基层医疗服务体系。

2.医疗服务质量和水平显著提升

实施“草原英才”工程和住院医师规范化培训、农村订单定向免费医学生培养，不断加强学科带头人和骨干医师、适宜人才培养，促进了临床服务水平的提升；城乡医院对口支援、京蒙卫生对口支援与技术协作不断深化。开展改善医疗服务行动计划，加强医疗质量控制，实施临床路径和抗菌药物临床应用管理，推进优质护理服务，促进医疗服务质量的提高。

3.重大疾病得到有效防控

积极落实鼠疫、布病、艾滋病、结核病等重点传染病防控措施，继续保持了无人间鼠疫疫情、无脊髓灰质炎状态和艾滋病低发态势，从年初到现在无重大传染病疫情暴发流行。农村牧区布病和活动性肺结核病“三位一体”新型服务模式和“三方联动”的新型运行机制成效显著。虫病、地方病、慢性非传染性疾病防治及重性精神疾病管理治疗等各项工作任务得到较好落实。出台新时期爱国卫生工作实施意见和城乡环境卫生整洁行动实施方案，爱国卫生运动进一步强化。

4.卫生应急能力不断加强

重新修订《内蒙古自治区流感大流行应急预案》，出台《内蒙古自治区地震灾害卫生应急预案（试行）》，制定15类突发公共卫生事件和突发事件医疗卫生救援类相关预案的卫生应急响应流程图，卫生应急预案体系建设进一步完善。启动自治区卫生应急决策指挥系统，积极推进突发公共卫生事件监测预警、省级突发事件公共卫生风险评估工作，有序开展各类突发事件卫生应急工作，各类突发公共卫生事件得到及时有效处置。

5.妇幼健康服务工作持续推进

截至10月31日，全区12个盟市、80个旗县卫生计生行政机构改革已经完成，7个盟市级、30个旗县级妇幼保健计划生育服务机构完成整合工作。深入实施妇幼重大公共卫生服务项目。截至10月底，全区农村牧区孕产妇住院分娩累计补助69888人，占应补人数的60.6%；全区累计有109669名适龄妇女服用叶酸，占应服人数的95.1%；全区累计有249475名妇女免费进行宫颈癌检查，56026名妇女免费进行乳腺癌检查，分别占应检查人数的71.3%、147.4%。

6.卫生监督和食品安全风险监测工作得到强化

全区监督服务体系建设和食品安全体系建设不断推进，队伍建设进一步加强，公共场所、传染病防治、消毒产品和涉及饮用水安全产品、医疗血液、职业卫生、放射卫生综合监督工作得到全面落实，食品安全风险监测任务全面完成。《献血法》、《精神卫生法》、《护士条例》、《公共场所卫生管理条例》等法律法规执行情况监督检查工作全面落实。

（三）扎实推进计划生育基本国策的落实

1.推进“单独两孩”政策平稳实施

截至10月底，全区累计有11853对单独夫妇提出再生育申请，已审批11621对，“单独两孩”政策实施基本符合预期。符合政策生育率达到94.07%，比年初计划高7.07个百分点。启动了生育服务证制度改革，实行首接负责、提供代理服务、推行承诺制度、限时办结，精简和规范再生育办理程序等计划生育服务证制度改革，计划生育服务管理水平不断提高，“办证难”问题得到有效解决。

2.国家免费孕前优生健康检查项目顺利完成

截至10月底，全区共检查目标人群103571人，目标人群覆盖率为76.81%。全区所有旗县（市区）全面实施国家免费孕前优生健康检查项目，每年目标人群覆盖率均超额完成国家“目标人群覆盖率达到80%”的规定任务。

3.出生人口性别比综合治理工作成绩显著

集中开展整治“两非”专项行动，严厉打击防控采血鉴定胎儿性别行为。全区出生人口性别比由2010年的112.10降至2014年的107.84，降低4.26个比例点，比“十二五”规划控制目标109.58低1.74个比例点。

4.计划生育特殊家庭扶助力度加大

自治区卫生计生委、民政厅、财政厅、人力资源和社会保障厅、住房和城乡建设厅联合出台《关于进一步做好计划生育特殊家庭扶助关怀工作的实施意见》，在经济扶助、养老、医疗、住房等方面对做好计划生育特殊家庭扶助关怀工作作了具体规定。对49岁以上的失独家庭每人每月补助提高到545元，对49岁以上的伤残家庭每人每月补助提高到440月，实施兑现高于国家标准，且实现城乡统一。

5.家庭发展工作不断推进

医疗卫生与养老服务相结合列入重要工作日程，健康老龄化工作不断加强。组织实施了国家“新家庭计划”、“家庭科学育儿”、“青少年健康发展”和“计划生育家庭养老照护远程健康服务”试点工作。确定24个旗县为自治区的“新家庭计划”项目试点，12个旗县为自治区“养老照护和医养结合”试点，14个旗县为自治区“家庭科学育儿”和“青少年健康发展”试点，3个旗县为自治区“计划生育家庭养老照护远程健康服务”试点。

6.全面开展“北疆幸福家庭”创建活动

突出“文明、健康、优生、致富、奉献”主题，围绕“促进家庭文明，守护家庭健康，帮扶家庭致富，引领家庭奉献”等任务，组织开展全国创建“幸福家庭示范市”申报活动，包头市被国家卫生计生委命名为首批“幸福家庭示范市”。

7.流动人口计划生育服务管理水平不断提高

2014年，全区流动人口总数378万人，其中跨省流入人口93万人、流出人口285万人。全区流入已婚育龄妇女建档率99.8%，流动人口免费技术服务率为91%。

（四）加快蒙中医药事业改革发展步伐

1.蒙中医药事业改革发展政策措施不断健全完善

出台《关于在卫生计生工作中加快蒙中医药事业发展的意见》，扶持蒙中医药发展的政策措施更加健全和完善。在推进公立医院综合改革政策制定中，充分保护与发挥蒙医中医特色与优势，明确公立医院使用蒙药执行国家中药饮片相关政策，蒙中医服务住院起付线降低20～50%，报销比例提高15～20%。

2.蒙中医药服务体系建设不断加强

自治区本级蒙中医医疗机构建设加快推进。在建的19个旗县蒙医中医医院有4个已投入使用，9个已完成主体工程。为37所贫困旗县蒙医中医医院配备了基本诊疗设备和急诊急救设备。投入1050万元重点培育和建设21个蒙医中医特色优势重点专科。投入2258万元加强12个旗县蒙医中医医院、76个苏木乡镇卫生院和社区卫生服务中心、1380个嘎查村卫生室和社区卫生服务站适宜技术推广能力建设。

3.蒙中医药服务能力持续提升

启动改善医疗服务行动计划，在6所旗县蒙医中医医院开展综合服务能力提升工作试点。70%以上的蒙医中医医院完成医院等级评审，19个旗县区通过全国基层蒙中医药工作先进单位评审，2个盟市申报全国蒙中医药工作先进地市，促进了蒙中医医疗机构内涵建设。蒙医药标准化项目建设和承担的中医临床诊疗指南编写工作加快推进，《蒙医护理常规技术操作规程》等十多个蒙医药标准化子项目进展顺利，国家蒙中药材资源普查工作取得阶段性成果。

（五）医疗卫生投入、资源总量和服务需求供给持续增加

1.卫生资源总量持续增加

截至2014年底，全区医疗卫生机构达到2.34万个，其中医院639个、公共卫生机构660个、苏木乡镇卫生院1332所、城市社区卫生服务机构1180个、嘎查村卫生室13835个、个体诊所等其他医疗卫生机构5754个。2014年，全区医疗卫生机构床位12.9万张，比2010年增长29.63%，年均增长5.93个百分点；每千人口医疗卫生机构床位数5.15张，比2010年增长30.05%。全区卫生计生人员总数达到20.3万人，其中执业(助理)医师62182人、注册护士56723人。2014年，每千人口执业(助理)医师、每千人口注册护士分别为2.48人和2.26人，比2010年增长11.21%和44.87%，年均增长2.24个百分点和8.97个百分点。

2.医疗卫生服务需求供给能力不断提高

2014年，全区医疗机构（不包括诊所、医务室和村卫生室）总诊疗人次数为6736.16万，比2010年增长9.58%；入院人数为300.4万，比2010年增长40.6%；全区二级以上综合医院平均住院日为9.5天，较2010年缩短1.2天，降低了11.21%；入出院诊断符合率保持在95%以上。“十二五”以来，随着经济社会的发展，随着医疗保障水平的不断提高，群众健康意识不断增强，“小病拖、大病扛”无钱看病的时代已经成为过去，医疗卫生服务需求大幅增加，供给能力也得到较好保障。同时，“十二五”期间，我区有15个专科获得国家临床重点专科项目支持，补助资金7100万元。自治区投入资金4138万元加强了领先重点学科实验室建设，投入560万元资助科研课题立项733项，202项卫生科研成果获得自治区各类科技奖项，面向基层医疗卫生机构推广适宜技术和应用86项。

三、困难和问题

（一）公立医院改革财政投入压力较大，补偿机制仍需进一步完善

在推进公立医院改革中，增加公立医院的投入压力很大。经济发展能力不足的盟市和旗县，难以对公立医院实施综合改革给予有效补偿，影响公立医院改革的整体进程。特别是呼和浩特市作为首府城市，公立医院办医主体多元，而且数量多、体量大，补助资金缺口也较大，国家补助的2000万元资金不能有效支持改革的顺利进行，需要对全区公立医院综合改革加大支持力度。

（二）“小药箱进牧户工程”和“固定与流动相结合”牧区医疗服务体系建设资金缺乏

针对自治区地广人稀、服务半径大，卫生院及卫生室服务覆盖范围有限，边境和牧区群众享受基本医疗和公共卫生服务可及性差的实际，我区实施了“小药箱进牧户工程”，建立了“固定与流动相结合”的牧区服务体系。这种模式不仅适合牧区，对于农区或者半农半牧区也比较实用。但从我区流动卫生服务站配备上看，仅覆盖了四分之一的卫生院，还有很大缺口。

（三）重大疾病防控压力较大，仍然需要加大投入

我区结核病、布病一直是影响基层群众健康的主要传染病，呈现从牧区向农区和城市蔓延的趋势。特别是布病患者多为青壮年，治疗不及时则转为慢病，基本丧失劳动能力。目前，各鼠疫疫源地的实验室检验能力、疫情应急能力、生物安全条件都需要进一步加强。

（四）计划生育独生子女伤残、死亡家庭养老问题日益突出

当前，计划生育独生子女伤残、死亡家庭特别扶助政策比较单一，虽然我区从2014年起提高了扶助标准，但整体保障水平不是很

高，因保障水平不高而导致的各类矛盾日渐突出。

（五）高层次人才及适宜人才缺乏

我区医疗卫生人才主要面临着“两缺、两低、两难”的现状。“两缺”是高层次人才缺、基层适用人才缺；“两低”是现有人才学历层次低、专业水平低；“两难”就是基层招人难、医学生下基层难。

（六）蒙医药事业需要国家给予支持

蒙医药事业的发展虽然取得长足发展，但是在基础设施建设、设备配置、人才培养、蒙医药文化保护继承发展等各方面，还需要持续加大投入。同时，需要将更多的蒙药列入国家基本药物目录，更多符合条件的蒙药和蒙医特色诊疗技术项目纳入国家和自治区医保目录，扶持蒙医药高端人才培养。

三、2016年卫生计生重点工作安排

（一）全力推进深化医药卫生体制改革

按照“整体推进、多点突破、不断总结、稳妥推开”的原则，坚持抓好重点、主攻难点、突出特点、推进试点，进一步巩固旗县级公立医院综合改革成果，进一步加强城市公立医院试点工作；进一步完善基本药物制度和基层药物新机制；进一步提高基本医疗保障和公共卫生服务水平；进一步推进人口健康信息化建设；进一步推进分级诊疗试点、医师多点执业、促进社会办医加快发展工作。

（二）进一步做好计划生育工作

坚持和完善目标管理责任制。全面实施一对夫妇可生育两个孩子政策。推进计划生育服务管理改革。加大出生缺陷综合防治力度。加强出生人口性别综合治理。推进流动人口卫生计生基本公共服务均等化。全面推进“北疆幸福家庭”创建活动，以“新家庭计划——家庭发展能力建设”为突破口，打造家庭发展品牌。积极开展应对人口老龄化行动，推进医疗卫生与养老服务相结合。完善计划生育家庭奖励扶助关怀发展政策。

（三）不断提高防病治病的能力和水平

加快自治区本级重点卫生项目建设，加大盟市、旗县和苏木乡镇

医疗卫生服务体系建设，全面完成“十个全覆盖”标准化卫生室建设任务；加大医疗服务行为和质量安全监管力度，加快医疗卫生人才培养，加强临床学科专科建设，不断提高医疗服务质量和水平；强化重大疾病防控，提高卫生应急能力，推进妇幼保健工作，提升卫生计生综合监督水平。

（四）大力推进蒙中医药事业发展

进一步完善蒙中医药事业发展的政策机制，加强蒙中医医疗服务体系建设；强化蒙中医医疗机构内涵建设，加强人才培养和队伍建设，发挥蒙中医药特色与优势，提升蒙中医药服务能力和水平；推动公立蒙中医医院实施综合改革，推进全区蒙中医药县乡村一体化管理试点工作；加强蒙医药科研创新，加快蒙医药标准化进程，推进蒙中医药对外交流与合作。

（五）全面落实健康扶贫工程

建立健全贫困人口医疗保险医疗救助脱贫政策体系，对贫困人口参加“新农合”和大病保险实行政策倾斜，加大帮扶力度，加强农村牧区贫困残疾人康复服务和医疗救助帮扶工作；加强贫困地区县、乡、村三级医疗卫生服务网络标准化建设，全面推进贫困地区、贫困人群公共卫生服务和传染病、地方病、慢性病防治工作，切实解决因病致贫、因病返贫问题。

供　　稿：杨若锋　　内蒙古自治区卫生和计划生育委员会
责任编辑：双　宝

内蒙古扶贫开发工作情况

自治区党委和政府认真贯彻落实党中央、国务院扶贫开发重大决策部署，特别是习近平总书记系列重要讲话和考察内蒙古重要讲话精神，坚持把扶贫开发作为头号民生工程来抓，实施了“三到村三到户”精准扶贫工程、“十个全覆盖”工程、“金融扶贫富民工程”，扶贫开发取得了阶段性成果。

一、内蒙古扶贫开发总体情况

全区现有贫困旗县57个，其中国家扶贫开发工作重点县31个、自治区扶贫开发重点县26个。兴安盟和乌兰察布市的8个国家重点旗县分别列入大兴安岭南麓和燕山—太行山集中连片国定片区。自治区自行确定了7个集中连片特困片区，覆盖52个贫困旗县。2014年末，内蒙古国家标准以下贫困人口由2011年的258万人减少到98万人，减贫160万人，2015年预计减贫18万人。贫困人口人均纯收入由2024元增加到2780元，贫困人口人均纯收入增幅高于全区农牧民人均收入平均增幅。

二、重点工作进展情况

（一）实行省级领导干部联系贫困旗县制度

2013年，自治区开始实行38个省级领导干部“一对一”联系38个贫困旗县工作制度。两年多来，省级领导到联系点调研指导200多次，围绕基础设施、公共服务、特色产业、村容村貌、生态环境、基层组织建设等6项任务，对接各类项目9200多个，完成投资1300多亿元，协调解决了一大批制约贫困旗县长远发展的重大问题，在推进扶贫开发的同时，促进了县域整体发展。到目前，省级领导赴贫困旗县调研80次，对接项目593个，开工304个。

（二）开展“三到村三到户”精准扶贫工作

2014年起，在覆盖全区77%贫困人口的2834个贫困嘎查村实施规划、项目、干部到村到户工作。自治区已连续两年为每个村投入不少于90万元财政扶贫引导资金，支持因地制宜发展肉羊、肉牛、马铃薯等特色产业。累计投入专项资金25.5亿元，项目覆盖53.4万户180.6万人，其中贫困户30.4万户88.8万人，分别占56.9%和49.2%。各地在项目建设实践中，探索总结出杠杆式、自建直补式、先建后补式、互助资金管理式等多种到村到户模式，实现了项目确定民主化、模式多样化、实施群众化、监督公开化、扶贫精准化。统筹自治区、盟市、旗县党政机关和企事业单位为每个嘎查村安排1个帮扶单位，选派一支驻村工作队，每个贫困户确定1名帮扶责任人。

（三）实施“金融扶贫富民工程”

目前，我区已构建形成以支持带动县域经济和产业发展的“金融扶贫富民工程”为龙头，以支持贫困户免担保、免抵押信用贷款及小微企业贷款的“央贷扶”工程和以支持贫困嘎查村危房改造、基础设施建设和公益事业建设的“农发贷”工程为两翼，以中和农信小额信贷和互助资金为补充的多元化、全方位、立体式大金融扶贫格局。2015年累计调动金融扶贫资金预计超过150亿元。

具体金融扶贫民生工作主要以下几个方面：一是2013—2017年，自治区每年拿出4.75亿元财政扶贫资金作为风险补偿金，按1∶10的比例撬动金融资金投放扶贫贷款。截至2015年10月底，与农行合作已累计发放金融扶贫贷款137.67亿元，其中到户贷款119.96亿元，占87.1%；支持了26.1万户贫困地区农牧民，贫困户占贷款农牧户的比例达到41.1%。同时支持了141家扶贫龙头企业和农牧民专业合作组织发展特色产业。各地大胆创新，创造出大户带小户、能人带穷人、五户联保、三户联保、政府担保帮扶、干部担保等联保互助、联带发展多种互联互通模式。2015年，又推出了动物资产抵押、保险公司履约保险、土地草场经营权抵押等多种担保模式，金融扶贫覆盖面进一步扩大。二是311个“三到”重点村参照“金融扶贫富民工程”模式，自主选择金融机构合作，部分盟市、旗县利用自有资金实施“金融扶贫富民工程”。三是43个旗县实施中和农信小额信贷项目，发放贷款10.9

亿元。四是在14个贫困旗县启动金融扶贫“央贷扶”工程，利用人民银行支农支小再贷款15.35亿元，重点支持建档立卡的贫困户和涉农涉牧小微企业及各类新型农牧业经营组织。五是启动金融扶贫“农发贷”工程，自治区扶贫办与中国农业发展银行内蒙古分行就金融扶贫政策性贷款工程签署战略合作协议。从2016年开始，在全区57个扶贫开发重点旗县逐步启动“农发贷”工程，4年内农发行将向贷款对象提供总额不低于300亿元的意向性信用额度。“农发贷”工程主要以贫困嘎查村、建档立卡贫困户为主要工作对象，重点支持基础设施建设、公共服务项目、移民搬迁、危房改造、产业发展等各类扶贫开发项目及大宗农产品贸易。六是在83个农牧业旗县1130个嘎查村继续实施互助资金项目，资金总规模累计2.5亿元，有10万农牧户加入了互助组织，其中贫困户6.4万户，占64%。

（四）推进农村牧区“十个全覆盖”工程

内蒙古把“十个全覆盖”作为最大的扶贫工程来抓，将精准扶贫和整体发展结合起来，既注重发展增收产业，又提升贫困嘎查村基础设施和公共服务水平，统筹规划，同步建设，整体推进。2014年实际完成3588个嘎查村，完成投资273.93亿元，其中贫困嘎查村1414个。2015年开工建设5800个嘎查村，实际完成投资287.11亿元（计划完成366.13亿元），其中实际完成贫困嘎查村1007个。重点贫困嘎查村实现水、电、路、危房改造、文化、卫生等“十个全覆盖”。2016年，剩余的1420个贫困嘎查村将全部完成，贫困嘎查村面貌将得到根本改变。

（五）实施易地扶贫搬迁工程

以2013年开始，投入23.2亿元，将居住在生态脆弱区的4.15万户14.84万人搬迁到城镇、现代农业示范园和工业、物流园区，改善生产生活条件，提供就业实现增收。2015年安排了移民专项资金9.3亿元，计划搬迁移民2.17万户7.33万人。

（六）深入开展教育扶贫

为每个低保家庭大学生每年资助1万元，并一次性补贴到位，2014年资助1.86万人。通过“雨露计划”资助贫困家庭子女就读中高等职业院校，2013—2015年累计资助4.9万人，每人补助1500元，其中2015

年资助贫困学生7460名。同时，大力开展农牧民致富带头人、农牧民实用技术培训工作。

（七）积极推动国家扶贫重点工程

一是光伏扶贫。协调国家能源局和国务院扶贫办将我区列为新增光伏扶贫试点地区。编制全区《光伏扶贫试点实施方案》，启动察右中旗等11个扶贫开发工作重点旗县试点，建设5300户户用模式光伏电站、7600亩光伏农牧业电站、15个小型地面电站，光伏电站建设总规模达到61万千瓦。二是电商扶贫。出台《内蒙古自治区人民政府关于进一步加快推进“互联网+”工作的指导意见》，制定内蒙古自治区电商扶贫实施方案。57个贫困旗县中30个已有电子商务业态，扎兰屯市、五原县、科右中旗等电商扶贫工作发展较快。三是旅游扶贫。广泛征集旅游扶贫典型案例，协调联系相关部门在27个国家扶贫开发重点旗县和革命老区旗县积极开展乡村旅游扶贫和红色旅游扶贫。

（八）扎实推进社会扶贫工作

一是27个中央、国家机关单位定点扶贫31个贫困旗县，选派挂职干部18名，3年来投入帮扶资金9000多万元。二是京蒙扶贫协作向贫困面最大的赤峰市和乌兰察布市集中，直接投入帮扶资金3亿元，4年开展合作项目1585个，项目资金5423.46亿元。三是组织自治区106个厅局、企事业单位定点帮扶兴安盟106个贫困村，近3年投入4.6亿元。自治区66个直属厅局、企事业单位定点帮扶乌兰察布市的66个嘎查村，累计投入3150万元。四是鄂尔多斯市对口支援兴安盟，累计投入政府援建资金9.4亿元，企业援建资金近10亿元。五是2014年起，连续组织开展全国“扶贫日”活动，2年募集社会资金超过1亿元。

三、采取的主要措施

（一）加强领导，落实扶贫责任

自治区把扶贫开发作为头号民生工程，成立了由王君书记任组长、巴特尔主席任第一副组长的扶贫开发工作领导小组，多次召开党委常委会、政府常务会专题研究扶贫工作。连续3年将扶贫攻坚工程列入全区重点工作推进内容，进行安排部署。充分发挥省级领导干部联系贫困旗县示范带动作用，建立各级领导包联贫困苏木乡镇、贫困嘎查村和贫困户工作机制。目前，由38位省级领导干部“一对一”联系38个贫困旗县，465名盟市级领导、2308名旗县级领导分别联系贫困苏木乡镇、贫困嘎查村，8万多名党员干部包扶贫困户，建立起了上下联动、层层联系的工作责任制。结合实施“三到村三到户”项目，选派驻村工作队3400多个，驻村干部1.3万名开展驻村帮扶工作，2015年又选派8192名第一书记，组织万名干部督导“十个全覆盖”等重点工作。

（二）完善政策，细化推进措施

围绕习近平总书记关于扶贫开发的战略思想和中央对扶贫开发工作的决策部署，陆续出台《关于创新扶贫工作机制深入推进扶贫攻坚工程的意见》、《深入推进扶贫攻坚工程“三到村三到户”工作方案》、《内蒙古自治区金融扶贫富民工程实施方案》等多个政策性文件，并于2013年颁布实施《内蒙古自治区扶贫开发条例》。从2013年起，对农村牧区低收入家庭实行1吨取暖煤补助政策。

（三）多元筹资，加大扶贫开发投入

一是财政专项扶贫资金逐年增加。2014年，中央投入我区财政扶贫专项资金14.89亿元，比上年增加7.9%。2015年投入15.15亿元。自治区本级财政扶贫资金由2011年的1.93亿元一次性增加到了2012年的10亿元，增加了4倍多。2013年，全区各级财政扶贫专项投入43亿元，2014年达到50亿元。2015年，自治区本级安排财政扶贫资金18.7亿元，位居全国前列、西部省区之首。二是积极整合行业部门资金集中投向重点贫困地区，2014年整合的各行业部门资金超过100亿元。三是以财政扶贫资金作为风险补偿金，杠杆式撬动金融机构放大贷款用于扶贫开发。到2015年8月底，已发放金融扶贫贷款超过124亿元，相当于过去6年国家和自治区投入财政扶贫资金的总和。

（四）简政放权，创新扶贫工作机制

2014年，自治区把原有13类扶贫项目精简整合为“三到村三到户”、金融扶贫、移民扶贫和“雨露计划”4项。把项目审批权全部下放到旗县，把项目的决定权、资金使用权交给了群众和市场。建立了责任、权力、资金、任务“四到旗县”制度。改革扶贫资金管理机制，采用因素法将扶贫资金切块下达到盟市、旗县，具体项目由基层和群众自定。实行资金项目公告公示制和村级义务监督员制度。与财政、审计等部门联合加大专项督查力度，确保扶贫资金真正用到贫困户身上，取得实效。

（五）精准识别，实施分类扶持措施

2014年，为58万贫困户157万贫困人口建立了动态管理档案，2015年3月完成了2015年扶贫对象建档立卡数据采集和更新工作。针对识别出的具体人口，量身定制帮扶规划，全面落实精准化、个性化帮扶措施，“扶、转、救、保”四措并举，对2015年确定的41.98万减贫人口进行精准分类扶持。其中，对适宜在当地发展的12.7万户35.18万贫困人口通过大力扶持发展特色增收产业；对“一方水土养不了一方人”的5445户1.61万贫困人口实施转移搬迁工程；对因灾、因病、因学致贫的1.28万户3.33万贫困人口落实好相关政策补贴和社会救助帮扶；对丧失劳动能力的7225户1.86万贫困人口落实好保障兜底政策。

四、存在的主要问题

（一）少数民族贫困问题突出

全区现有的98万贫困人口中，有少数民族贫困人口25.4万人，约占26%，比全区少数民族人占全区总人口的比例（23.2%）约高3个百分点。其中少数民族人口最集中的兴安盟、通辽市，不仅是贫困人口最集中地区（占全区贫困人口的30%），也是少数民族贫困人口比例最高的地区，这2个盟市少数民族贫困人口占当地贫困人口比例都超过50%，占全区少数民族贫困人口比例高达62%。

（二）贫困人口主要居住在自然条件恶劣地区

57个贫困旗县中，有52个旗县处于国家和自治区限制开发区域（国家重点旗县30个，贫困人口占全区贫困人口66.9%；自治区重点旗县22个，贫困人口占16.2%），这些地区的贫困人口占全区贫困人口的83.1%（81.44万人）。

（三）贫困人口居住分散，战线长，改善生产生活条件难度大

全区98万贫困人口中，有32.19万人居住在边境旗市和牧业旗，占全区贫困人口的32.86%。这部分人大多居住偏远、分散，而且有相当一部分贫困人口居住在边境地区，承担着守边职责，只能采取就地扶持措施，脱贫成本高、难度大。

（四）贫困人口自我发展能力不足

现有的98万贫困人口中，部分或完全丧失劳动能力的贫困人口有17.2万人，占17.6%；16岁以下、60岁以上的贫困人口有24万人，占24.8%，这两部分人口大约占到贫困人口的1/3以上。时间紧迫，任务艰巨。贫困人口生产资金短缺、疾病、子女上学、自然灾害等致贫返贫因素多。

（五）精准扶贫工作上仍有差距

有的贫困户还没有落实帮扶责任人，有的项目和资金落实不到位，特别是在产业发展上不能完全尊重群众意愿等。另外，扶贫机构和队伍还需加强。我区57个扶贫开发工作重点旗县中，只有21个扶贫工作重点旗县有单设的扶贫机构，其他全部挂靠在政府办、农牧局等。

五、2016年工作重点

深入贯彻落实党的十八大和十八届三中、四中、五中全会，中央扶贫开发工作会议精神，坚持精准扶贫、精准脱贫方略，以省级领导干部联系贫困旗县工作为龙头，改革扶贫体制机制，创新扶贫方式，确保到2020年，我区现行标准下农村牧区贫困人口实现脱贫，贫困旗县（57个）全部“摘帽”，解决区域性整体贫困问题。

（一）扎实推进现有政策的落实

我区正在开展的省级领导干部联系贫困旗县工作、“三到村三到户”、“十个全覆盖”工程、金融扶贫、移民扶贫、教育扶贫等重点工作，扶贫效果明显，受到贫困地区干部群众的广泛认可，明年要按照既定规划，逐项分解任务、落实责任、深入推进。

（二）做好“十三五”规划

根据习近平总书记在贵州召开的部分省区市扶贫攻坚与“十三五”时期经济社会发展座谈会上的重要讲话和中央“十三五”时期经济社会发展规划建议精神，启动编制“十三五”扶贫开发规划和连片特困地区规划。下一步将对规划做进一步修订完善，并做好与相关行业部门规划的衔接，年底前形成正式规划。

（三）在精准扶贫上下功夫

目前我区采取的“扶、转、救、保”的分类扶持措施和正在推进的扶贫专项工作，符合总书记精准扶贫的战略思想和要求，要久久为功、持之以恒地抓下去。要按照总书记“六个精准”的要求，逐项对照检查。在全区范围内开展一次扶贫对象识别、扶持措施落实大排查，特别是要把功夫放在落实好扶持措施上，要保证贫困户都有卡、有帮扶项目和资金，有扶持措施、有帮扶责任人。预计到2015年年底，我区国家现行标准下有贫困人口80万人（“十三五”我区统一执行国家扶贫标准）。按照“五个一批”措施逐户分类精准扶持。对有劳动能力的45.8万人，通过扶持产业脱贫35.6万人，转移就业脱贫10.2万人；对居住在生态环境恶劣地区、“一方水土养不了一方人”的20.2万人，实施易地扶贫搬迁；对完全和部分丧失劳动能力的14万人，全部纳入低保覆盖范围，实现政策兜底脱贫。

（四）实施分类扶持“五项工程”

第一，实施好“三到村三到户”工程。把规划、项目、干部到村到户工作抓实，重点扶持贫困村贫困户发展特色产业，做到“一村一策、一户一法”。第二，实施好“金融扶贫富民工程”。加大与各类金融机构、保险机构合作力度，发挥好政策性金融和商业性金融互补作用，让有发展意愿和劳动能力的建档立卡贫困户，每户都能得到3万~5万元小额扶贫贷款。第三，实施好移民搬迁工程。做好专项规划，抓好项目落实。第四，实施好教育扶贫工程。重点对不在低保范围内的贫困户子女接受中高等职业教育给予资助。第五，实施好医疗扶贫工程。研究制定解决因病致贫的特殊政策措施。

（五）加大少数民族贫困人口扶持力度

针对我区少数民族贫困人口比例偏高，大多生活在边境地区、牧区的实际，采取差别化政策，加大对少数民族聚居区、边境地区、牧业旗、民族乡的扶持力度，大力推进兴边富民行动，大力扶持发展特色产业，加快推进民族地区重大基础设施建设项目和民生工程建设，下大力气解决少数民族贫困人口脱贫攻坚问题，确保不让一个民族、一个困难群众掉队。

（六）加大扶贫投入

主要是用好财政扶贫资金，提高资金使用效果。下一步主要是督促贫困旗县管好用好国家和自治区下达的财政专项扶贫资金，保证及时足额到位，杜绝滞留、挪用问题，同时督促旗县将财政专项扶贫资金列入预算，逐步加大投入。在调动金融扶贫资金上下功夫，扩大“金融扶贫富民工程”实施范围，逐步增加有偿扶贫资金比例，增强自我发展能力。调动行业部门资金向贫困嘎查村贫困户倾斜。要切实抓好社会扶贫工作，动员全社会力量参与扶贫攻坚。

（七）切实落实领导责任

抓紧出台《内蒙古自治区贫困旗县党政领导班子和领导干部经济社会发展考核办法》，落实贫困旗县主体责任。进一步完善自治区负总责、盟市推进、旗县抓落实的工作机制，继续加大省级领导干部联系贫困旗县工作力度，以上率下，层层包联，不脱贫不脱钩。加大对贫困旗县党政领导班子和领导干部经济社会发展考核，用好“指挥棒”，落实主体责任；明确行业部门扶贫任务，落实扶贫责任；加强驻村干部、第一书记和帮扶责任人管理考核，切实发挥好他们在理思路、扶产业、带队伍等方面的作用。

供　　稿：张　国　　内蒙古自治区扶贫办

责任编辑：双　宝

内蒙古文化事业与文化产业发展情况

2015年，内蒙古文化工作紧紧围绕贯彻落实党的十八大和十八届三中、四中、五中全会精神，以习近平总书记系列重要讲话精神为指导，以建设民族文化强区为目标，以实施“九个一批”工程为统领，深入开展草原文化研究，积极传承弘扬民族文化，加强优秀文艺作品创作生产，扎实推进公共文化服务体系建设，深化文化体制机制改革和文化产业发展，不断提升文化的影响力和软实力，着力打造文化繁荣风景线，有力地推动了自治区文化的大发展、大繁荣。

一、内蒙古文化发展基本情况

（一）加强文艺作品创作生产

全面贯彻习近平总书记在文艺工作座谈会上的讲话和中共中央《关于繁荣发展社会主义文艺的意见》精神，从民族地区的实际出发，多角度、深层次地弘扬草原文化核心理念，塑造具有草原文化风格、草原文化特色、草原文化气派的文学艺术整体形象。一是打造文学艺术精品。坚持以人民为中心的创作导向，按照“规划一批、扶持一批、推出一批”的机制，精心组织核心价值观、中国梦、自治区成立70周年三大主题文艺创作。深入实施草原文学重点作品创作扶持工程、优秀蒙古文文学作品翻译出版工程，提升草原文学影响力，制定出台了《全区舞台艺术2015—2017年创作规划》，成功举办第十二届中国·内蒙古草原文化节。涌现出《尹湛纳希》、《我的贝勒格人生》、《北梁人家》等优秀新剧目，最新创排的《草原上的乌兰牧骑》在京汇报演出获得圆满成功。二是持续开展“放歌草原·书写百姓”活动。制定和完善作家、艺术家深入生活、蹲点联系的制度，深入推进“深入生活、扎根人民”主题实践活动和“放歌草原·书写百姓”主题实践活动。充分发挥各类文艺协会作用，引导广大文艺工作者深入实际、深入生活，设立艺术创作采风基地，开展“结对子、种文化”等活动。全区乌兰牧骑深入基层，提炼艺术创作，组织开展优秀剧目基层巡演活动，掀起演出、宣传、辅导、服务热潮和以人民为中心的创作高潮。三是培育优秀文艺品牌。着力扶持具有民族特色、地方特点的优秀文艺作品创作，打造一批具有浓郁草原文化风格和地方文化特色的优秀文艺品牌。深入挖掘各民族、各地方优秀文化艺术资源，实施美术创作、音乐传承、舞蹈传承、曲艺传承、艺术创新等系列工程，开展积极健康的文艺评论，促进内蒙古文艺事业繁荣发展。举办了全区蒙古语和汉语小戏小品比赛。宁城乌兰牧骑评剧《烽火宁城》和包头市漫瀚艺术剧院漫瀚剧《凤祥楼》参加了全国纪念中国人民抗日战争暨世界反法西斯战争胜利70周年优秀剧目巡演活动。开展全区第六次乌兰牧骑评估工作。《我的贝勒格人生》等15个项目入选国家艺术基金资助项目，获得资助总额2215万元。四是大力开展文化惠民演出。坚持把社会效益放在首位，全区三级文艺院团深入基层演出7000余场。内蒙古民族艺术剧院启动2015“春节演出季”活动，推出22场惠民演出。

（二）大力推进公共文化服务标准化、均等化建设

制定《内蒙古自治区关于推进公共文化标准化、均等化，加快构建现代公共文化服务体系的实施意见》和指导标准，围绕公共文化服务标准化、均等化目标，深入实施“八大文化惠民工程”。一是扎实推进基础设施和“十个全覆盖”工程。坚持统筹城乡、面向基层，进一步加强公共文化基础设施建设，实现盟市有“三馆”（图书馆、群艺馆、博物馆）、旗县有“两馆”（图书馆、文化馆）、苏木乡有“一站”（文化站）、嘎查村有“一室”（文化室），形成自治区、盟市、旗县、苏木乡镇、嘎查村五级公共文化设施网。加强城镇街道社区文化设施建设，推进社区文化室建设。把农村牧区公共文化设施建设作为重点，推进文化活动广场或演艺小舞台建设。2015年重点实施文化基础设施续建项目20个，现累计完成投资6.48亿元，完成“十个全覆盖”工程4688个嘎查村文化室设备的配发任务，完成率达97.7%。中宣部、文化部、广电总局在通辽市召开了公共文化服务体系现场经验交流会。二是推进重点文化惠民工程。大力推进重点公共文化惠民工程，保障人民群众看电视、听广播、读书看报、进行公共鉴赏、参与公共文化活动等基本文化权益。广播电视“村村通”、“户户通”工程，全面实现20户以下已通电自然村村村通广播电视，基本实现户户通。加快对现有无线台站设备的更新改造，满足广大农牧民听广播、看电视的基本需求。文化信息资源共享工程，以数字资源建设为核心，以基层服务网点建设为重点，加强基层网点建设。深入实施民族电影电视译制工程，增加少数民族语言电影电视译制数量，让少数民族群众能看到更多更好的电影电视节目。农村牧区电影放映工程，按照“企业经营、市场运作、政府购买、农牧民受惠”的原则，加大放映场次和补贴力度。少数民族新闻出版“东风工程”，以巩固内蒙古八千里边防文化安全为目标，整合、优化配置现有出版资源，实施好出版物免费赠送、蒙古文字出版翻译和出版资助、蒙古文数字出版建设、蒙古文报刊建设等项目，提高新闻出版公共服务能力。实施少数民族历史文化经典出版工程，解决蒙古文出版物品种数量较少的问题。“草原（农家）书屋”建设工程，按照政府资助建设、鼓励社会捐助、农牧民自我管理的要求，实现草原（农家）每个嘎查村的全覆盖。三是公共数字文化工程惠民取得新进展。“数字文化走进蒙古包”工程投入3500万元，建设219个一级数字加油站、700个移动数字加油站，受益人群达200多万人。“彩云服务”成为一项重大创新项目，得到了中央政治局委员、中宣部部长刘奇葆，文化部部长雒树刚等领导的重要批示，并进行推广。四是增强公共文化产品服务供给能力。推进公共文化馆、博物馆、图书馆、美术馆、纪念馆等免费开放，推动科技馆、青少年宫等免费开放，建立健全公共文化服务公示制度。开展公益文化活动，继续推动文化科技卫生“三下乡”、科教文体法律卫生“四进社区”、“百团千场下基层”等面向基层的文化活动。举办群众文化活动，引导和培育文化大院、文化户、“独贵龙”等各种形式的自办文化，广泛开展广场文化、社区文化、村镇文化、公园文化、企业文化和节庆文化，打造一批有重要影响力的群众文化品牌。五是抓好文化市场执法工作。推进“文化市场北疆稳定工程”，共派出11个检查组，对10个盟市的文化市场经营秩序、安全生产工作进行督察，注重由“重事后处罚”向“重事前预防”转移，由“重管理”向“重服务”转移，鼓励各地利用视频技术进行实时监管。全面应用全国文化市场技术监管与服务平台，规范行政审批，做好下放衔接工作，营造健康发展环境，指导盟市做好下放的8项审批项目的衔接，落实网吧管理的新政策、新要求，做好转型升级工作。加强文化市场执法和法制宣传。组织开展“12318”普法宣传活动。

（三）大力传承和弘扬优秀民族文化

深入挖掘历史文化、民族民间文化、原生态文化等资源，保护好、传承好、发展好各民族共有的精神家园。一是加强草原文化研究。推进草原文化研究二、三期工程，在一些重要领域推出一批有深度、有影响的文化研究成果。利用“中国文化遗产日”、“草原文化遗产保护日”，广泛开展优秀民族文化普及教育活动，开展民族民间文化节庆活动，丰富传统民族民间节日文化内涵。二是加大文化遗存保护力度。认真贯彻落实习近平总书记、李克强总理和刘延东副总理关于长城保护工作的重要批示和讲话精神。自治区召开全区长城保护工作会议，签订“长城保护责任状”，制定《内蒙古自治区关于加强长城保护工作的实施意见》，列支1000万元作为2105年长城保护专项经费，设立自治区长城保护管理机构和长城保护基金。做好全区可移动文物普查工作、重点文物保护项目申报、立法执法、安全保卫和宣传培训等工作；开展《元上都遗址保护管理条例》的立法调研，制定颁发《关于全区传统村落建筑评审管理办法》；组织开展《血沃草原——纪念中国人民抗日战争胜利70周年大型文物展览》、“文化遗产日”、《博物馆条例》等宣传活动，启动全区“智慧博物馆”建设。结合国家“一带一路”战略，开展万里茶道内蒙古段申遗工作，举办万里茶道内蒙古段申遗文物展览，把万里茶道文物保护列入文物工作重点，确定我区申遗的节点城市。推进中蒙联合考古工作，发布联合考古10年取得的重要成果。“蒙古族源工程”考古研究取得重要成果，陈巴尔虎旗岗噶墓地被列为我国重要的六大考古新成果，正镶白旗伊和淖尔鲜卑墓群荣获“2014年度全国十大考古新发现”。三是加强非物质文化遗产保护。继续实施“双百工程”和内蒙古文化艺术长廊建设计划，已经完成31个项目的采录工作；开展第五批自治区级非物质文化遗产名录项目的推荐申报工作，组织申报乌兰察布市隆盛庄为第二批中国传统村落保护利用项目；启动非物质文化遗产蒙汉文手机平台的开发工作，出版《内蒙古蒙古族长调风格区及其典型曲目》的编撰工作，完成《内蒙古非物质文化遗产普查手册》与《普查试点集》的蒙古文翻译及审稿等工作；举办全区非物质文化遗产展，开展全区“中国文化遗产日”系列宣传活动。

（四）扎实推进文化改革与文化产业发展

继续推进文化体制改革，深入开展“十三五”文化改革发展规划调研编制工作，按照“抓大扶小”的工作思路，推动文化产业做大做强。一是不断深化文化改革发展。33项改革任务稳步有序推进，先后召开5次改革工作调度会和座谈会，在媒体融合发展、标准化建设、“双效统一”等重点改革上取得新进展。二是推动文化产业快速发展。召开全区文化产业形势分析会，实施重点文化产业项目带动战略，落实转制文化企业税收优惠政策，发挥好文化产业发展专项资金的引领作用，促进文化产业快速发展，评审第一批自治区级文化产业园区和第四批自治区级文化产业示范基地。举办第二届内蒙古自治区工艺美术创新作品大赛。以市场为载体，积极培育新动力，发挥政银合作平台作用，有25家文化企业获得银行贷款26.7亿元；组织20家企业参加深圳文博会，成功签约119项，合作金额2.45亿元，取得了良好的经济效益和社会效益。三是促进文化产业融合发展。把草原文化融入、贯穿旅游业发展的各领域、各环节，开发文化旅游商品，延伸旅游产业链条，跟进旅游的文化服务，提升旅游的文化品位，创建一批主题鲜明、各具特色、相互贯连的旅游黄金线路网、精品文化旅游景区。制定《进一步促进文化与旅游融合发展的指导意见》。举办第二届文化与旅游融合发展系列主题活动，15个项目成功签约，项目总投资232亿元。

（五）深入开展对外文化交流工作

着力讲好中国和中国内蒙古故事，开展“国家形象我塑造”主题实践活动，弘扬中国精神，展示内蒙古文化魅力，有力提升了自治区对外影响力。一是加强国际传播能力建设。巩固外宣阵地，积极推进口岸外宣“五个一”建设，建立境外落地媒体资源共享机制和内容阅评机制；依托承办中蒙博览会，精心组织了中蒙歌会、国际蒙古族服装设计等6项文化活动；成功举办第六届中蒙新闻论坛。推进与俄罗斯、蒙古国的文化交流工作。制定《进一步加强与俄罗斯和蒙古国进行文化交流的意见》，建立我区与俄、蒙文化交流长效机制，打造中、俄、蒙文化交流品牌，深入开展各领域合作。二是做好对外文化交流工作。举办“蒙古国·中国内蒙古系列文化活动”、“内蒙古·蒙古国文化周”、“巴黎·中国内蒙古文化周”，深入开展“感知中国·相聚内蒙古”、“中蒙友谊林”等外宣活动。派团赴泰国参加2015“欢乐春节”活动，赴非洲进行访问演出活动。全年共派出30个团组239人次，赴17个国家和地区开展文化交流活动，来我区的有十余个国家和地区329名文化艺术工作者。三是高质量完成承办的任务。圆满接待第三届驻华外交官“文化中国行·内蒙古文化之旅”活动，20余名驻中国大使及参赞来访，进一步提升了草原文化的知名度和美誉度。选派21人赴英国参加文化产业创意设计培训班学习，举办全区对外交流工作骨干培训班。

二、不足和改进的方向

（一）民族文化传承保护力度还需进一步加大

博大精深、特色鲜明的内蒙古民族文化，代表着全区各民族的精神标识，是团结和凝聚全区各族人民的精神纽带，必须进一步加大挖掘、传承、保护和弘扬的力度，用优秀的民族文化涵养社会主义核心价值观，促进优秀民族文化的创造性转化，为守好各民族美好精神家园筑牢文化根基。

（二）公共文化服务标准化、均等化建设还需进一步推进

加快实施好文化惠民工程，发挥好现有文化设施的作用，提高公共文化设施的利用率，提供更多适应人民群众需要的公共文化服务，关注和丰富农村牧区、偏远山区、进城务工人员的文化生活，让老百姓享受到更多的文化权益。

（三）文艺精品创作还需进一步加强

以“五个一工程”为龙头，进一步强化精品意识，集中力量抓好文化精品的创作生产，打造一批体现民族特色、地方特色和文化实力，符合时代要求的文化精品。

（四）文化体制机制改革还需进一步深化

文化产业结构不合理，总量规模偏小，区域发展不平衡，文化消费能力不足，需要进一步加快建立面向市场的体制机制，把发展文化产业作为转方式、调结构的重要内容，重塑合格文化市场主体，发挥文化产业优结构、扩消费、增就业的独特优势，为推动结构战略性调整开辟新路径、拓展新空间。

三、2016年工作要点

2016年是“十三五”开局之年，全区文化工作要认真贯彻落实党的十八届三中、四中、五中全会精神和自治区党委、政府的重大决策部署，以“十三五”规划编制和迎接自治区70周年大庆为契机，坚持创新、协调、绿色、开放、共享的发展理念，着力推进社会主义核心价值观建设，着力深入推进文化体制改革，着力加快构建现代公共文化服务体系、文化产业体系和现代文化市场体系，着力繁荣民族艺术，着力传承和弘扬优秀传统文化，进一步提升我区文化软实力，为打造文化繁荣亮丽风景线作出新的贡献。

在文艺创作方面，认真贯彻落实中共中央《关于繁荣发展社会主义文艺的意见》，建立“深入生活、扎根人民”的长效机制。围绕第十三届草原文化节和迎接自治区成立70周年等国家和自治区重大演出任务，抓好精品舞台剧（节目）创作。继续实施“百团千场”文化惠民活动，开展“文化进万家”惠民演出活动，抓好文化惠民及各类演出；精心筹备中蒙俄旅游博览会活动，组织开展好对外文化交流演出和活动。

在公共文化服务体系建设方面，要以贯彻落实中央构建现代公共文化服务体系的意见、国务院推进基层综合性文化服务中心建设的指导意见和自治区“十个全覆盖”工程为主线，逐步实现公共文化服务体系标准化建设、均等化发展目标。继续做好“十个全覆盖”建设任务，逐步推进文化室功能整合和设施建设；继续推进公共文化示范区创建工作；继续做好数字文化惠民工作。推进文化共享工程、公共电子阅览室、数字图书馆建设，加大数字资源建设力度，逐步整合全区文化系统的相关资源。继续实施“数字文化走进蒙古包”工程和“彩云服务”项目，增加受益人群；继续组织“春雨工程”文化志愿者边疆行活动，扩大我区与内地文化交流；继续开展示范性、导向性社会文化活动。

在民族文化遗产保护和传承方面，进一步修订并提交《非物质文化遗产条例（草案）》，推进世界文化遗产保护和申报工作。加强元上都遗址保护、展示、考古工作。推进赤峰市辽上京与辽陵申报世界文化遗产（预备名单）工作，使之逐步达到申报世界文化遗产的标准；紧密围绕国家“一带一路”战略，进一步做好万里茶道内蒙古段申遗工作。加强项目保护和传承人管理，对自治区级非物质文化遗产名录项目保护单位进行梳理、规范和重新认定，实行退出机制。继续做好大遗址保护，开展全区智慧博物馆体系建设工程。认真贯彻《长城保护条例》，落实《内蒙古自治区关于加强长城保护工作的实施意见》，启动编制《内蒙古自治区长城保护总体规划》。

推动文化产业发展方面，按照“抓大扶小”思路，抓好重点项目和园区建设，进一步促进文化与旅游融合发展，做好第三届内蒙古自治区文化与旅游融合发展系列主题活动。搭建平台，组织参加2016年深圳文化产业博览会、中国西部十二省市区文化产业博览会，推进文化创意工作。对外文化交流方面，深入开展与俄罗斯、蒙古国的文化交流合作，举办“内蒙古文化周”活动，互派人员开展演出、展览、讲座、培训等活动。选派团组赴波兰和匈牙利参加“欢乐春节”活动。开展与斯里兰卡中国文化中心的交流合作，继续承办驻华外交官“文化中国行·内蒙古文化之旅”活动。“十三五”文化规划编制方面，按照中央和自治区“十三五”规划精神，科学客观地谋划好未来5年的文化发展。积极协调，及早准备，充分做好迎接自治区70周年各项工作。推动文化创新，以网络化和数据化为载体，研究实施“互联网+文化”行动，促进公共文化服务信息均等化。

供　　稿：高文鸿　　内蒙古自治区党委宣传部
责任编辑：张　敏

内蒙古科技事业发展情况

2015年，全区科技工作围绕自治区“8337”发展思路进行重点部署和全面推进，以深化科技体制改革为动力，以科研项目为抓手，全力实施实用高新技术成果转化、重点领域关键技术攻关、科技创新平台载体建设三大工程，着力建立能够适应自治区经济社会发展需求的科技管理机制，努力为自治区经济社会发展结构调整增加创新驱动要素，取得了较为明显的进步。

一、深化科技体制改革

（一）制定深化体制机制改革实施方案

为贯彻中共中央、国务院《关于深化体制机制改革、加快实施创新驱动发展战略的若干意见》和中共中央办公厅、国务院办公厅印发的《深化科技体制改革实施方案》文件精神，制定《内蒙古自治区深化体制机制改革实施方案》。该方案通过自治区党委全面深化改革领导小组第9次会议审议，由自治区党委、政府面向社会发布，成为我区今后一段时期内深化科技体制改革的纲领性文件。

（二）深化科技计划项目和资金管理改革

一是制定《内蒙古自治区人民政府关于深化科技计划管理改革加强科技项目和资金管理的意见》。二是出台《内蒙古自治区科技储备项目管理暂行办法》，基本建成自治区科技项目储备库，处于试运行阶段，征集储备项目1500多项。对征集项目进行实用性和先进性两轮分析，审查筛选入库800多项。

（三）推进大型科研仪器及科研基础设施开放共享

为贯彻国务院出台的《关于国家重大科研基础设施和大型科研仪器向社会开放的意见》精神，自治区科技厅起草了《内蒙古自治区政府关于推进大型科研仪器及科研基础设施开放共享工作的若干措施》，通过自治区政府第28次主席办公会审议，由自治区政府印发。

（四）创新科技投入方式

一是设立协同创新基金。为充分发挥财政资金的引导作用，支持科技型中小企业的发展，自治区政府设立内蒙古协同创新股权投资基金。目前基金总规模已达4.8亿元，带动8家新型科技研发机构投入8000万元。招聘并选定专业化基金管理公司进行委托管理，目前正在征集和建立项目储备库，已通过基金投资的第一个项目——投资2300万元入股内蒙古赛科星繁育生物技术（集团）股份有限公司。二是起草《内蒙古自治区科技项目资金后补助管理办法》，拟征求意见后与自治区财政厅联合印发。

（五）推动众创环境建设

一是为贯彻落实国务院办公厅《关于发展众创空间、推进大众创新创业的指导意见》精神，结合自治区发展实际，自治区科技厅起草了《关于加快发展众创空间的实施意见》，于2015年9月通过自治区推进职能转变协调小组第二次全体会议审议，以自治区人民政府办公厅名义印发。二是在研究起草实施意见的同时，自治区科技厅启动自治区众创空间试点认定工作。认定自治区第一批众创空间试点31家、众创空间试点（培育）10家，认定包头稀土高新技术产业开发区为自治区首家发展众创空间、推进大众创新创业示范区。

二、组织实施科技计划

（一）组织科技重大专项

2015年，自治区科技重大专项共计安排资金5亿元。其中，自治区协同创新基金2.5亿元，科技重大专项资金2.5亿元。支持科技重大专项项目的2.5亿元共安排项目35项，其中用于支持新型科研开发机构的项目13个，安排资金1.36亿元，涉及畜牧业、有色金属、稀土、煤化工、新材料、资源综合利用等自治区重点领域。自2012年自治区科技重大专项开展以来，累计安排经费16.5亿元，组织实施科研项目147项。

（二）落实应用技术研究开发项目

2015年，应用技术研究开发资金2.7亿元，共安排项目441项。其中，重点项目20项，安排资金3405万元，重点支持玉米小麦新品种的研发、农业节水技术集成、肉牛肉羊养殖核心技术集成示范、稀土合金材料制备、废水治理技术、资源综合利用等技术的攻关和集成示范。其中，农牧业领域支持8项，安排资金1230万元；高新技术领域6项，安排资金1130万元；社会发展领域6项，安排资金1045万元。

三、加强创新平台载体建设

（一）争取国家重点实验室建设实现重大突破

2015年新增2家国家级企业重点实验室，实现了自治区拥有国家级重点实验室零的突破。锡林浩特市农业园区新晋升为国家级农业园区，使全区国家级农业科技园区增加到4个。

（二）做好自治区创新平台载体的布局

目前，自治区重点实验室和自治区工程技术研究中心总数分别达85家、105家。2015年新建14家自治区新型研发机构，总数达到38家，覆盖全区12个盟市，攻关方向涉及现代煤化工、清洁能源、有色金属生产加工、绿色农畜产品生产加工、生态综合治理、稀土、蒙医药等领域。“内蒙古科技创新综合信息服务平台”取得积极进展，搭建完成包括1个总平台、20个子系统、5大信息化应用系统和8类基础信息资源库的科技创新综合信息平台，已经面向部分创新载体和企业开展信息服务。

（三）以科技展会的形式推进技术交易

贯彻落实国家“一路一带”发展战略，组织开展两个农牧业科技展会。2015年赤峰·中国北方农业科技成果博览会暨全国农高会新丝绸之路创新品牌展示交易会现场交易农业新技术、新成果4815项，交易总额达到2.8亿元，意向成交额达6.5亿元。2015年中国新丝绸之路·锡林郭勒草原畜牧业创新品牌展示交易会现场签约十余项农牧业科技合作项目，签约金额2.6亿元；现场完成交易额3290万元，达成意向成交额1.51亿元。

四、存在的主要问题

据国家科技统计监测，2014年，内蒙古综合科技进步水平居全国第20位，较“十一五”时期上升1位。但在国家科技统计监测的33项指标中，我区排名在20位之后的指标有15项，其中6项指标排在第29～31

位，区域创新能力与发达省市相比存在明显差距，与全区经济发展水平不相适应。亟待解决的有以下几个方面的问题。

（一）科技与经济结合不够紧密的问题

创新和产业链对接不到位，鼓励创新的激励和约束机制不合理，科技评价体系不科学，科技资源分散，共享程度低，科技活动的市场导向机制尚未形成。

（二）科技成果转化应用不力的问题

科技服务体系建设滞后，鼓励转化的激励机制不完善，开放合作程度不够，吸引外部科技资源的政策环境不健全，科技成果管理制度与科技成果转化需求不适应，新修订的《促进科技成果转化法》还需加大宣传和落实。

（三）科技创新能力有待提高的问题

高层次研发平台匮乏，全区仅拥有国家级高新区2个、国家级工程技术研究中心2家，2个国家级企业重点实验室也是今年刚刚获批。高水平科研团队和领军人才短缺，专业技术人员结构不合理，尽管近年来通过建立院士专家工作站，柔性引进院士85名，但还远远不能满足产业发展需求。企业创新主体地位不突出，多数企业缺乏创新的动力与能力。我区规模以上工业企业中，有研究和试验发展活动的企业仅占6.1%。

（四）科技投入仍然偏低的问题

我区全社会研发投入与先进省市相比仍有较大差距。2014年，全区研究和试验发展投入占地区生产总值比重为0.69%，全国平均水平为2.04%；自治区财政科技支出占财政年度支出的比例约为0.85%，全国平均为2.24%，在全国居于第28位。一些盟市财政科技经费难以保障，大部分旗县财政未设科技专项经费。全社会对科技创新工作、科研规律的认识和理解还需进一步提高。基层科技工作困难较多，目前独立设置科技局的旗县（区、县级市）仅为41个，在县域经济发展中的创新支撑作用偏弱。

五、2016年工作重点

（一）目标设定

中共十八届五中全会在已经确立的全面建成小康社会目标要求

的基础上，又确定了一些新的目标，提出要迈进创新型国家的行列。按照创新型国家的主要特征，国家“十三五”科技创新发展规划在“十二五”规划的基础上进行了较大调整，确定了12项具体指标和目标值。在此基础上，结合《内蒙古全面建成小康社会统计监测报告（2014）》和自治区创新发展实际，自治区将重点关注以下4项指标，即科技进步贡献率、研发经费占地区生产总值的比例、每万人发明专利拥有量、规模以上工业企业研发投入占主营业务收入比例。目标值分别建议为科技进步贡献率为55%，研发经费占地区生产总值的比例为2.2%，每万人发明专利拥有量为3.0件，规模以上工业企业研发投入占主营业务收入比例为1.0%。

（二）任务部署

1.关于创新能力提升

在提升自主创新能力方面，要发挥科技创新在全面创新中的引领作用，加强基础研究，强化原始创新、集成创新和引进消化吸收再创新。在提升产业技术水平方面，要坚持需求导向，围绕自治区“五大基地”建设、传统产业转型升级、战略性新兴产业发展中对科技创新的需求，加大对基础性、公益性、战略性、前沿性和共性关键技术研究的部署，组织实施重点领域关键技术攻关、实用高新技术成果转化和创新平台载体建设等三大工程，以科技创新为核心，带动产品创新、管理创新和商业模式创新，全面增强对自治区经济社会发展的支撑、引领作用。在重大核心技术攻关方面，开展需求调研和产业技术创新预测研究，瞄准瓶颈制约问题，服务指导产业发展方向，制订系统性技术解决方案，深入实施科技重大专项，在煤炭高效清洁利用、稀土功能材料、光伏、高端装备制造、生物、现代蒙医药、高铝粉煤灰综合利用、生态修复治理等领域突破和掌握一批关键核心技术，增强原始创新和共性技术研发能力。

2.关于创新体系建设

一是要扩大高校和科研院所自主权，赋予创新领军人才更大的人财物支配权、技术路线决策权。二是要围绕特色优势产业领域，积极构建若干以企业为主导、产学研合作的产业技术创新战略联盟。三是要加强创新平台建设，优化产业领域和学科布局，按照功能定位推进重点实验室、工程实验室、工程（技术）研究中心、企业技术中心等各类创新平台分类整合，构建开放、共享、互动的创新平台。四是要加强高新技术产业开发区、农业科技园区、可持续发展实验区等创新载体建设，促进创新资源和产业集聚，形成协同发展优势。五是要强化企业创新主体地位和主导作用，加快建设企业为主体、市场为导向、产学研紧密结合的技术创新体系，发挥市场在创新资源配置中的决定性作用。引导和鼓励企业加大科技投入，建立各类科技创新平台，发挥企业和企业家在自治区创新决策中的重要作用，完善中小企业创新服务体系，加大对科技型中小企业的扶持力度，促进企业真正成为技术创新决策、研发投入、科研组织和成果转化的主体，促进科技与经济的结合。

3.关于科技体制改革

在科技项目管理方面，改革科技项目形成机制，对现有科技计划（专项、基金等）进行优化整合，衔接基础研究、应用开发、成果转化、产业发展等各个创新环节。建立科技项目储备库，解决科技项目实用性和先进性问题。改革科技项目管理办法，建立公开、公正、透明的项目管理流程，逐步建立专业机构管理项目机制。建立与国家对接的科技管理平台，统筹各类科技资源。在知识产权战略方面，加强知识产权综合行政执法，打击知识产权侵权、假冒等违法行为，完善知识产权审判工作机制。完善知识产权信息公共服务体系，促进专利信息利用与资源共享。在科技创新投入方面，完善科技创新资金投入机制，更多运用财政补助、间接投入、创新券等方式，引导和鼓励企业加大科技研发投入。发挥金融创新对技术创新的助推作用，大力培育发展创业投资，扩大科技协同创新基金规模，建立和完善创业投资引导机制，形成各类金融工具协同支持创新发展的良好局面。在促进科技成果转化方面，加快落实国家新修订的《促进科技成果转化法》，下放科技成果使用、处置和收益权，提高科研人员成果转化收益比例，完善科研人员考评体系，调动科研单位和人员积极性，打通科技成果向现实生产力转化的通道。加强和优化科技成果管理，建立自治区科技报告制度。加强技术转移能力和支撑网络建设，推动高等院校、科研院所联合企业、投资公司、金融机构、中介组织共同组建技术转移机构。

4.关于创新创业环境营造

一是顺应大众创业、万众创新形势，构建普惠性创新政策支持体系，提升现有高新区、留学生创业园、科技企业孵化器等创业园区的孵化能力，大力培育众创空间、创业咖啡、创业工场等创业创新公共平台，积极探索众创、众包、众扶、众筹等新模式，建设开放融合、良性互动的创新生态。二是切实落实财政支持和税收优惠政策，完善高新技术企业认定管理、创投企业抵扣政策等措施，按照财政部、国家税务总局和科技部联合发布的《关于完善研究开发费用税前加计扣除政策的通知》要求，做好自治区政策落实。三是改进创新型人才培养模式，建立以能力和贡献为导向的科技人才评价机制，健全有利于优秀人才脱颖而出、充分展示才能的选人用人机制；合理配置科技人才资源，引导科技人才资源的合理流动。四是完善与发达省市和周边地区的区域协同创新合作机制，推进跨区域产学研用合作；以“一带一路”建设为引领，强化与俄罗斯、蒙古等周边国家的交流，推进科技创新开放合作。

5.为“十三五”科技创新发展开好头

要按照“十三五”科技创新发展规划，组织实施实用高新技术成果转化、重点领域关键技术攻关、创新平台载体建设等三大工程，做好清洁能源、煤化工、装备制造、现代农牧业、有色金属、新材料、生物医药等重点领域科技攻关方向的布局，为“十三五”规划的组织和开展开好头。

供　　稿：姜宝林　　内蒙古自治区科学技术厅
责任编辑：双　宝

内蒙古法制建设情况

2015年，我区在全面贯彻落实改革、积极推进依法行政方面取得了可喜的成绩，各项工作稳步推进，全面完成了全年的各项任务，依法行政深入人心，法制工作的重要性和作用进一步凸显，水平进一步提高。

一、2015年法制建设情况

（一）地方立法工作

1.以立法引领改革，推动经济社会可持续发展

按照自治区五年立法规划和年度立法计划的规定，结合全面深化改革的要求，地方立法重在规范自治区经济社会发展的突出问题、事关全局的重大问题和人民群众关心的热点、难点问题。2015年，审查、修改地方性法规审议项目8项，其中《内蒙古自治区水土保持条例》、《内蒙古自治区食品生产加工小作坊和食品摊贩管理条例》、《内蒙古自治区全民健身条例》已经正式颁布施行；《内蒙古自治区饮用水水源保护条例》、《内蒙古自治区呼伦湖国家级自然保护区条例》已经自治区人大常委会进行了初审；《内蒙古自治区基本医疗保险条例（草案）》、《内蒙古自治区元上都遗址保护条例》、《内蒙古自治区民族教育条例》已完成审查、修改工作，报自治区人民政府。审查、修改11项政府规章，其中《内蒙古自治区重大行政决策程序规定》、《内蒙古自治区军人抚恤优待办法》、《内蒙古自治区城镇绿化管理办法》、《内蒙古自治区工业节能监察办法》、《内蒙古自治区矿山地质环境治理办法》、《内蒙古自治区电梯安全管理办法》、《内蒙古自治区气候资源开发利用和保护办法》等7项已经以自治区人民政府令形式颁布施行，《内蒙古自治区阿拉善盟沙漠地质公园保护与管理办法（草案）》、《内蒙古牛羊屠宰管理办法（草案）》、《内蒙古自治区重大活动档案管理办法（草案）》、《内蒙

古自治区劳动人事争议调解仲裁办法（草案）》等4项已经基本完成审查、修改工作，在年底之前报自治区人民政府常务会议讨论。

2.坚持科学立法、民主立法，增强立法的开放度和透明度

2015年，进一步增强政府立法的开放度和透明度，广泛听取社会各界的意见和建议，切实维护广大人民群众的合法权益，使法规、规章更具有科学性、有效性和针对性。一是切实保障人大代表议案、政协委员和公众的立法动议权。通过新闻媒体向社会征集政府规章立法项目，向全区1000多名自治区人大代表和政协委员发放征集立法项目建议函，并将意见采纳情况进行反馈。二是继续推广立法协商工作。今年的立法协商项目是关乎民生和生态环境的《内蒙古自治区饮用水水源保护条例》，有关政协委员全程参与立法。三是探索新的立法形式。2015年，《内蒙古自治区电信设施建设和保护条例（草案）》委托第三方起草，拓宽了法规起草途径，突破了以往由立法机关和政府机关起草法规的既定模式，有利于促进公民的有序参与。

3.继续开展立法后评估工作

2015年列入立法后评估项目的是《内蒙古自治区基本草原保护条例》和《内蒙古自治区森林草原防火条例》。自治区法制办会同林业厅和农牧业厅制定立法后评估工作方案，成立立法后评估领导小组，并针对不同主体分别设计了4份调查问卷。目前该项工作处于稳步推进中，正在形成立法后评估报告。

（二）权力清单公布工作

1.建立自治区的权力清单制度

在2014年年底之前，自治区完成了本级权力清单梳理任务，确认了自治区本级全部行政权力总计十大类4274项，涉及自治区本级36个部门和单位，并于2015年3月份在自治区人民政府门户网站上向全社会公布。为了进一步扩大改革成果，截至今年7月中旬，全区12个盟市、102个旗县全部完成并公布了政府权力清单。我区成为全国第6个公布省、市、县三级权力清单的省区。

2.《内蒙古自治区行政权力监督管理办法》颁布实施

为了实现对权力监管的制度化、法制化，自治区法制办代自治区人民政府起草《内蒙古自治区行政权力监督管理办法》。该《办法》

于2015年2月27日经自治区人民政府第41次常务会议讨论通过，以自治区人民政府第208号令予以发布，于5月1日起开始实施。这是我区贯彻党的十八大和十八届三中、四中全会精神，以法治手段健全政府权力运行机制的重大举措。

3.责任清单工作逐步展开

2015年3月自治区人民政府本级行政权力清单公布后，自治区人民政府法制办立即着手开始建立责任清单。责任清单的建立分为3个步骤：一是做好责任清单的顶层设计工作；二是建立自治区人民政府责任清单；三是建立盟市、旗县政府责任清单。目前正在进行第一步工作。经过调研和研讨，确定了责任清单的范围并拟定了初步样表，并选取4个部门作为试点编制责任清单的模板。2015年8月，自治区人民政府印发《内蒙古自治区人民政府办公厅关于开展责任清单编制工作的通知》。目前，自治区绝大多数委、办、厅、局已经陆续开始公示审核通过后的责任清单，并于12月提交自治区人民政府常务会议审议。

（三）加强规范性文件制定和备案监督，提高规范性文件质量

1.加强规范性文件前置合法性审查和备案监督工作

按照党的十八届四中全会关于加强规范性文件合法性审查的要求，进一步明确合法性审查范围，改进合法性审查方式，提高合法性审查质量。截至2015年11月初，前置合法性审查自治区人民政府拟制发的规范性文件共128件次。合法性审查以书面审查为主，遇到重大疑难或者关系老百姓切身利益的重要规范性文件，采取召集相关部门参加的征求意见座谈会、协调会，保证规范性文件合法、科学、有效。自治区人民政府非常重视合法性审查意见，所提意见均被采纳。2015年，共审查各盟行政公署、市人民政府及自治区各部门、各单位报送备案的规范性文件224件。按照“有备必审，有错必纠”的备案监督要求，发现内容违法的规范性文件共计7件，自治区法制办正在按照监督程序督促有关部门限期自行纠正违法文件，从源头上遏制行政机关的抽象行政行为违法的现象，保障了行政管理相对人的权利，提高行政机关的公信力。

2.规范性文件清理工作开展情况

自2013年全区首次开展大规模规范性文件清理工作之后，2015年是全区第二次全面规范性文件清理年。全区各级政府和部门的规范性文件都纳入此次清理范围中。自治区人民政府已经完成清理工作，并经自治区人民政府常务会议讨论通过，将于近期公布清理结果。此次对自治区人民政府及政府办公厅2014年底以前发布的现行有效的635件规范性文件进行了全面清理，其中继续有效453件、废止或者失效130件、拟修订52件。截至12月初，大部分盟市和自治区各委、办、厅、局的清理工作已经如期完成，预计于年底前全部完成清理任务。定期清理工作的开展，及时废止那些与法律、法规和自治区实际不符的规范性文件，保障政府规范性文件的合法性、科学性和可操作性，使全区的规范性文件步入规范化、制度化轨道。

（四）全面加强行政复议，化解社会矛盾

1.行政复议、应诉案件办理情况

截至2015年11月初，共办理行政复议案件135件，其中已审结80件、正在审理45件。在已经审结的80件中，维持25件，责令履行职责3件，确认违法2件，驳回8件，不予受理36件，终止审理5件。共办理行政应诉案件17件，代自治区人民政府开庭应诉7次。在法院已经审结的9件行政应诉案件中，行政复议决定均得到了法院的支持，还有8件正在审理中。2015年的行政复议案件主要呈现以下几个特点：一是数量多。复议案件不断呈上升趋势。二是标的大。如一起土地类案件涉案标的46万亩，还有一起案件涉及金额达到7.6亿元。此类案件具有明显的区域性和复杂性，且极易引发连锁反应，审理难度较大。三是土地类案件占绝大多数。今年上半年涉及土地征收、房屋拆迁、权属纠纷案件共60件，占案件总数的60.39%。四是争议发生地相对集中。复议申请争议发生地主要集中在赤峰市、鄂尔多斯市、通辽市、呼伦贝尔市、乌兰察布市、巴彦淖尔市，其中来自赤峰市的案件占案件总数的28%。

2.加强行政复议案件办理程序制度建设，提高复议案件办理质量

为了更好地加强行政复议制度建设，完善行政复议案件办理机制，在总结多年复议工作经验的基础上，从2014年开始起草的《内蒙古自治区行政复议案件办理程序规定》已经由自治区人民政府正式发布实施。《程序规定》的实施，为全区的行政复议案件办理提供了程

序标准和要求，统一了全区行政复议程序，强化了行政复议办案规范化，为提高办案质量提供了程序制度保障。

3.贯彻落实行政复议改革工作

自治区人民政府2014年12月14日印发了《内蒙古自治区行政复议人员资格管理办法》，全区正式实行行政复议人员资格管理制度。据统计，目前全区行政复议人员共计1464人，符合复议人员资格考试条件的有1211人。自治区人民政府法制办制定复议人员资格考试大纲，建立复议人员资格考试试题库，并设计复议人员资格证书式样，组织开发行政复议人员资格管理系统。该软件开发运行后，可以为复议人员信息化管理提供网络平台，有效实现全区行政复议人员资格考试全部网上运行，进一步提高人力资源的决策水平和配置效率。

（五）贯彻落实行政执法体制改革，加强行政执法监督

1.建立重大行政处罚备案制度

为了加强对重大行政处罚的监督，自治区人民政府办公厅出台《自治区重大行政处罚备案监督办法》，对于重大行政处罚的种类、备案的要求、审查的方式及审查结果的处理等做出详细规定，正式将各级政府部门的重大行政处罚行为列入政府层级监督的范畴，加强了层级监督的力度，促进行政执法规范化、合法化。

2.创建行政执法全过程记录制度

为了更好地适应自治区实际，为全面实行执法过程全记录制度奠定坚实的基础，2015年年初，初步实行试点制度，自治区下发《关于建立全区行政执法全过程记录制度试点单位的通知》和《实施方案》，确定建立执法全过程记录制度试点“5+1”模式，即自治区工商局、交通厅、公安厅，呼和浩特市政府，包头市政府5个试点单位和呼和浩特海关1个联系单位。试点先行，以点带面，逐步推开。

3.清理确认行政执法主体

行政执法主体清晰而明确是规范行政执法行为的首要条件。按照改革的要求，目前全区各盟市、旗县按照自治区人民政府办公厅《关于开展行政执法主体资格清理和确认工作通知》的要求，基本完成了清理和确认工作。截至10月15日，自治区本级和盟市政府共清理确认法定行政机关523个，法律、法规、规章授权组织330个，委托执法机构333个。为确保执法主体依法行使职权，自治区正在制定《内蒙古自治区行政执法主体资格合法性审核确认规定（试行）》，建立完善的行政执法主体资格审核确认程序。

4.加强指导协调，规范综合执法试点工作

按照党的十八届四中全会关于减少执法队伍和层次、下移执法重心的精神要求，2015年在自治区范围内增加了阿尔山市城市管理综合执法、乌兰察布市四子王旗城市管理综合执法、兴安盟科右前旗城市管理综合执法单位。根据党的十八届四中全会关于加强食品药品安全、工商质检、农林水利、文化旅游等重点领域综合执法的精神，自治区人民政府批复乌兰察布市察右中旗开展文化旅游综合执法试点工作，首次实现跨部门综合执法改革。

（六）普遍建立法律顾问制度

2015年5月4日，自治区人民政府办公厅下发《内蒙古自治区普遍建立政府法律顾问制度实施方案》，明确“以政府法制机构为依托，建立自治区、盟市、旗县三级政府法律顾问制度”，要求全区旗县级以上人民政府在6月底前普遍建立并实施法律顾问制度。2015年9月20日，内蒙古自治区人民政府办公厅发布《关于印发自治区人民政府法律顾问工作规定的通知》，对政府法律顾问的工作范围、工作程序、服务方式、权利和义务等进行明确和规范，并于2015年11月1日起开始实施。自治区正在着手建立政府法律顾问专家库，预计12月底前完成该工作。“普遍建立政府法律顾问制度”作为一项考核目标，已纳入《依法行政考核评分标准》。

二、存在的主要问题

（一）行政审批制度改革不够彻底

行政审批制度改革不到位。在精简的大部分审批事项中，真正和老百姓直接密切相关的审批项目少，给老百姓减轻负担的审批事项更少；审批事项精简落实不到位的情况也普遍存在，权力部门不愿意放弃自己的权力，名义上精简，但实际上审批仍然存在。大量下放的审批事项因为基层缺乏承接的能力，导致审批更加混乱的现象也时有发生。行政审批制度的改革还需要继续深化。

（二）重大行政决策制度建设亟须加强

一是现行重大行政决策制度可操作性不强。自治区的重大行政决策制度体系已经基本形成，但是其内容多为原则性规定，可操作性不强。更有许多重大行政决策制度设计时就是为了应付检查，其意义也只存在于纸面上，因此，重大决策制度设立的科学性和可操作性需要进一步加强。重大行政决策范围界定不清晰。二是重大行政决策程序存在缺陷，如公众参与制度还不完备、公众代表产生机制不明确、公众参与方式单一、公众参与的意见得不到反馈等。三是重大行政决策监督和问责不力。

（三）行政执法体制改革不够深入

执法机构庞杂、职权不清、职权交叉的现状仍未得到根本改善，行政执法主体不合法和执法主体混乱的情况还不同程度的存在。行政执法改革亟待推进。综合执法机构职权不明，缺少法律、法规依据。各地综合行政执法各自为政，范围不统一、不科学，执法任务不清晰，执法效率和效果大打折扣。行政执法责任制尚未完全落实。行政执法主体行政执法评议考核机制不健全，行政执法评议考核标准不科学，无法保证执法评议结果的客观公正。

（四）行政执法水平不高

一是行政程序制度建设不健全。行政执法方式单一、不科学，仍多采用简单执法方式，且以单方强制性执法方式为主；选择性执法、运动式执法等非常态化执法方式大量存在。二是行政执法保障不到位。基层行政执法保障欠缺，存在罚没收入和执法人员工作挂钩的情况，而大量编外执法人员的普遍存在更助长了这种现象。三是行政执法人员素质堪忧。

（五）法制机构的作用发挥不到位

从机构设置情况看，“倒三角”的工作体制影响了基层依法行政工作的开展，法制机构的参谋、助手和监督职能发挥不到位。政府法制机构内部人员结构不尽合理。从个人状况看，一些长期从事政府法制工作的人员得不到提拔重用，不利于调动工作人员的积极性和主动性。

三、内蒙古法治政府建设的对策和建议

（一）提高法治思维的意识和依法行政的能力

行政机关工作人员特别是领导干部要带头学法、遵法、守法、用法，牢固树立依法治国、执法为民的社会主义法治理念。把能不能遵守法律、依法办事作为考察干部重要内容，优先提拔使用法治素质好、依法办事能力强的干部。强化行政首长作为推进依法行政第一责任人的责任，把依法行政成效纳入政绩考核指标体系。

（二）继续深化行政审批制度改革

根据党的十八届三中、四中全会的要求，继续深化行政审批制度改革，进一步简政放权，最大限度减少政府对微观事务的管理。市场机制能有效调节的经济活动，一律取消审批，对保留的行政审批事项要规范管理、提高效率；直接面向基层量大面广、由地方管理更方便、有效的经济社会事项，一律下放地方和基层管理，加强基层行政审批能力建设，做好承接工作。国务院明令取消下放的审批事项，自治区任何部门和地区都不得以任何方式变相保留或截留。

（三）推动落实全区普遍建立政府法律顾问制度

要进一步完善法律顾问工作的运行机制，要明确法律顾问选择条件、法律职责任务、服务程序、服务标准等具体工作要求，规范政府购买律师服务制度。要探索完善法律顾问权利制度，明确法律顾问参与政府事务的范围和权利，推动法律顾问制度在政府的拓展。完善法律顾问职业保障制度，给予法律顾问应有的社会地位，建立合理的薪酬模式，激发法律顾问参与政府决策的积极性。同时也要加强监管工作，司法行政机关、律师协会要加大对法律服务质量的指导和监督，推动法律顾问依法、规范、诚信执业。

（四）完善规范性文件制定程序，提高规范性文件质量

进一步完善规范性文件制定程序，提高规范性文件合法性审查质量，积极推行合法性审查中的专家协助审查方式。完善规范性文件公开征求意见制度，要将征求意见座谈会、论证会和听证会制度化，建立征求意见反馈机制，鼓励行政管理相对人提出意见和建议，并保障其权益。严格执行规范性文件有效期制度，规范性文件中必须标明有

效期，有效期届满的将不再作为行政管理的依据。建立规范性文件查询数据库，保障行政管理相对人的知情权。严格执行规范性文件备案审查和清理，坚决纠正违法规范性文件。

（五）完善重大行政决策制度

要建立完善、科学、民主的决策机制，把公众参与、专家论证、风险评估、合法性审查和集体讨论决定作为重大决策的必经程序。完善行政决策风险评估和跟踪反馈机制。建立重大决策终身责任追究制度及责任倒查机制，要按照谁决策、谁负责的原则严格追究责任。

（六）改革行政执法体制机制

科学划分执法权限、合理配置执法力量，减少行政执法层级，推进执法重心向盟市、旗县政府下移。着力提高基层执法能力，特别是要加强食品药品安全、安全生产、环境保护、劳动保障等重点领域基层执法力量。深入推进综合执法改革，积极探索推行跨地区、跨部门综合执法，整合执法主体，继续推进相对集中行政执法权和综合执法工作。适时推行部门内部综合执法，同时在重点领域开展跨地区、跨部门综合执法试点。

（七）严格规范行政执法行为

创新执法方式，积极应用行政指导、行政协议实施管理，扩大行政补偿和行政奖励适用范围。改运动式治理为常态化治理。全面推行执法过程全程记录制度。改变单一、强制、粗暴的执法方式，全面推行全程说理性执法、行政监管劝勉等柔性执法方式。

供　　稿：戴　燕　　内蒙古自治区人民政府法制办
责任编辑：常文清

地区发展篇

呼和浩特市经济社会发展情况

2015年，呼和浩特市深入贯彻习近平总书记系列重要讲话和考察内蒙古重要讲话精神，全面落实自治区党委各项决策部署，协调推进“四个全面”战略布局，主动适应经济发展新常态，坚持稳中求进，狠抓转型发展，着力稳住增长、稳住经济运行，在调整经济结构、推进转型升级上求进，推动全市经济总体保持稳中有进、稳中提质的发展态势，全市改革开放和现代化建设取得新成绩。

一、2015年的主要工作

（一）主要经济社会发展指标完成情况

1.首府经济持续健康发展

2015年，呼和浩特市加强和改进党对经济工作的领导，先后召开全委会、重点工作重点项目现场观摩检查会、经济形势分析会，及时研究制定稳增长、调结构政策举措，推动经济实现持续健康平稳发展，地区综合实力显著提升。地区生产总值完成3050亿元，同比增长8%；公共财政预算收入完成236.9亿元，增长12%；固定资产投资完成1580亿元，增长13%；规模以上工业增加值增长10%；社会消费品零售总额完成1360亿元，增长8%；城镇居民人均可支配收入完成37327元，增长7.5%；农民人均纯收入完成13604元，增长8.5%；全市人均地区生产总值达1.6万美元。在获得“国家电子商务示范城市”、“国家一级物流园区布局城市”等荣誉基础上，今年又成功入选“宽带中国”示范城市，创建国家园林城市通过专家组验收，全面建成小康社会实现程度达到93%。经济发展的质量和效益进一步提高。全市公共财政预算收入增速预计高于自治区增速4.1个百分点，非税收入比重下降到24%。全市规模以上工业企业实现税金130亿元，增长28%，总量在全区列第二位。全市国家级高新技术企业新增22家，总数达到88家，占自治区总数近1/3，有4家企业在创业板成功上市。伊利、永业农丰获得自治区主席质量奖，伊利、蒙草抗旱获得国家质量奖提名。居民消费价格同比上涨1.8%。城镇新增就业4.1万人，登记失业率控制在3.6%。单位地区生产总值能耗等节能减排指标超额完成自治区下达任务。衡量经济运行的重要参数实现较快增长。前三季度，除全社会用电量下降2.8%外，公路货运量、货运周转量分别增长9.8%和10.6%，金融机构存贷款余额分别增长13%和15%，全市市场主体总量和注册资本（金）分别同比增长29%和22%，新增市场主体4万户，同比增长61%。

2.产业转型升级迈出新步伐

2015年，呼和浩特市坚持以提高经济发展质量和效益为中心，大力推进转型发展和产业升级，传统产业新型化、新兴产业规模化、支柱产业多元化步伐进一步加快，三次产业比例演进为3：28：69，形成以服务业为主导的产业结构。实施了云计算、电子商务、现代物流等12个专项规划，新型服务业态蓬勃发展。中国联通、中国移动、中国电信三大云计算项目部分已投入运营，运行服务器已达66万台，入驻的国内外知名数据应用企业达14家，成为全国最大的大数据基地；培育打造了金海、金川、鸿盛、玉泉电子商务园区，各类电商企业达到1600多家；沙良铁路公路物流园区、白塔恼包综合物流园区、上海绿地沙尔营物流园等一批大型物流项目加快推进；老牛湾国家地质公园、敕勒川文化旅游区等重点景区打造取得积极进展，全市旅游接待人数和旅游收入同比增长20%和25%。工业主导产业进一步发展壮大。全年实施亿元以上工业重点项目63项，大唐托电五期、北方联合电力和林电厂等在建项目加快推进。中环光伏三期、晶环蓝宝石二期、华夏聚光一期、瑞环太阳能反射镜等一批在我市转型发展中起引领示范作用的项目具备投产条件，庆华煤基清洁能源项目取得国家发改委“大路条”，金宇保灵生物药品产业园等项目开工建设。京能盛乐热电、呼和浩特抽水蓄能电站、桃李食品、蒙联化工、三主粮燕麦、坤瑞玻璃等项目实现投产。全年新增规模以上工业企业达20户。现代农业稳步发展。全市建成并运营的规模化养殖牧场达到302个，奶牛规模化水平达到95%。着力解决蔬菜空棚问题，建成的15785栋温室大棚总投产率达90%。苜蓿草种植面积达到32万亩。休闲观光农业加快发展，具有一定接待能力的休闲农业经营者和农家乐达109家。全市拥有各类农业产业化龙头企业310家，获得中国驰名商标企业8家13个商标，农业产业化水平进一步提高。

3.一批重大基础设施工程取得突破性进展

首府城市建设史上单体投资最大的二环快速路全线通车。地铁一、二号线获得国务院批复，试验段管线迁改和交通导改工程全面完成。机场迁建工程取得有效进展，“引黄入呼”二期建成投入使用。大青山前坡生态综合治理取得重大进展，新赛马场等一些重要节点工程全面推进。呼张高铁、呼准鄂城际铁路征拆任务完成90%，出城口改造、城市地下管网改造等工程取得明显成效，城市主次干道、各类桥梁、地下通道工程改造建设取得新成果。城市管理日趋科学，数字城市、智慧城市建设取得有效进展，现代化区域中心城市建设步伐进一步加快。

（二）全面推进各领域深化改革情况

2015年，首府始终坚持市场导向、问题导向和民生导向，以深化经济体制改革为重点，加快推动各领域全面深化改革迈出新步伐，为经济社会发展不断注入新动力，让老百姓拥有更多获得感。

1.统筹谋划

市委多次召开专题常委会议、改革领导小组会议，研究部署重点改革工作，讨论审议重大改革方案，编制《全面深化改革重要举措实施规划（2014—2020年）》，建立改革总台账、任务书和责任制，确定三大类六方面135项改革任务清单，明确了责任单位、完成时限和工作要求。编制《2015年度任务台账》和《2015年度改革试点台账》，确定了88项改革任务和48项试点任务，做到有步骤、有重点地推进改革。对难度较大的改革任务进行集中攻坚，对关系重大的改革方案进行综合评估，对已经实施的改革举措进行跟踪问效，对推进不力的改革事项进行督办整改，保证了各项改革改有所进、改有所成。今年以来，共形成改革成果210多条，到年底可完成改革五年规划任务的50%以上。

2.承接落实

2015年，呼和浩特积极承接国家和自治区试点，突出抓好首府先行先试的三项改革，探索可持续的生态保护制度取得新突破，自然资源资产负债表编制和离任审计工作全面展开，印发《全市编制自然资源资产负债表工作方案》，完成了部分实物量表的填报审核上报工作，制定了《全市领导干部自然资源资产责任审计方案》。创新与俄、蒙合作机制取得新进展，增加了呼市到乌兰巴托航班，开通了到俄罗斯伊尔库茨克航线，成功举办了中蒙博览会，跨境电子商务加快推进，大通关改革试点任务基本完成。完善龙头企业与农牧民利益联结机制取得新成效，建立联结机制的规模以上龙头企业比重和农牧民产业化经营收入比重进一步提高。抓好中央和自治区改革试点，城市公立医院综合改革、全国农村土地征收改革、服务业综合改革、新农合跨省就医结报、创新型城市改革等7项国家级试点改革扎实推进，农村土地承包经营权确权登记颁证、“扩权强县”、足球改革等25项自治区级改革试点稳步推进。

3.自行试点

围绕稳增长、调结构、惠民生、防风险，自行确定13项改革试点任务，有效发挥了试点示范引领作用。全面完成行政权力梳理公布工作，行政权力事项由原来的9547项减到5429项。加快并联审批、流程再造和网上审批力度，行政审批制度改革提速增效。商事制度改革实现“一照一码”，我市被国家工商总局确定为自治区唯一的企业简易注销登记改革试点。环境污染第三方治理成效明显。积极探索政府与社会资本合作模式，地铁、公租房建设列入财政部第二批政府与社会资本合作示范项目，扩大了有效投资。在自治区率先成立公共资源交易中心，进一步规范了市场交易秩序。教育综合改革、基层医疗卫生机构综合改革、公共文化服务标准化均等化、政府购买公共服务等各领域改革工作统筹推进并取得阶段性成果。

（三）全面加强社会主义民主法治建设情况

2015年，首府坚持党的领导、人民当家做主、依法治国的有机统一，充分发挥党委总揽全局、协调各方的领导核心作用，高度重视民主和法治领域工作，全面推进“法治呼和浩特”建设进程，推动社会主义民主法治扎实发展。

1.人大及其常委会依法履行职责情况

市人大紧紧围绕市委中心工作，加强立法统筹和重点领域立法，制定和修改了《呼和浩特市城市供水用水条例》、《呼和浩特市爱国卫生工作条例》等7部法规。加强对“一府两院”工作的监督，听取审议工作报告18项，开展执法检查、执法调研和执法监督5项，开展专题询问、工作评议、集体视察20次。深化和拓展代表工作，完善议案建议办理督办机制，加强代表履职平台建设，为发挥代表的作用提供了有效保障。加强人大常委会自身建设，提高了常委会履职能力。

2.政协在协商民主中发挥作用情况

制定实施加强人民政协协商民主建设的意见，完善协商民主制度和工作机制，研究制定年度协商计划，努力推进协商民主广泛、多层、制度化发展。市政协围绕团结和民主两大主题，就加快发展中小微企业、扶持发展民办养老机构、以品牌创建推动旅游业发展等议题开展了专题协商。紧扣改革发展建言献策，就快速路建设、“引黄入呼”二期工程及饮水安全监管、创建全国卫生城市、光伏产业发展等重点工程重点项目开展了一系列视察调研和界别活动。加强委员参政议政能力建设，进一步提升了政协协商议政的实效。

3.深入推进“法治呼和浩特”建设情况

2015年，呼和浩特扎实做好全面依法治市开局之年的各项工作，确定了185项重要法治建设举措。全面推进依法行政，制定出台《呼和浩特市行政权力清单监督管理办法》、《呼和浩特市开展责任清单编制工作实施方案》等制度文件，努力形成边界清晰、权责明确、依法保障的政府权力运行体系和监督制约机制。制定出台《关于落实领导干部干预司法活动、插手具体案件处理的记录、通报和责任追究规定的实施办法》等制度文件，规范司法行为取得明显成效。

（四）全面推进民生保障和社会治理创新情况

2015年，首府深入贯彻中央“坚守底线、突出重点、完善制度、引导预期”的思路和要求，进一步加大民生领域投入力度，认真解决群众切身利益问题，城乡居民收入稳定增长，基本公共服务水平稳步提高，社会和谐稳定大局不断巩固发展。

1.全力实施“十个全覆盖”工程情况

2015年，呼和浩特进一步加强组织领导、宣传引导，加大政策支持和资金投入力度，强化了领导联系、部门帮扶、干部包扶三项制度，特别是全市所有副厅级以上领导和旗县区“一把手”联系“包扶村”，靠前指挥，直接上手，率先垂范，有力地推动了各项任务的落实。工程实施以来，共投入98亿元完成789个村全覆盖任务，市财政又投入500万元推动建立农村环境卫生管理长效机制，在自治区巡回观摩检查中得到了自治区党委、政府的充分肯定。“十个全覆盖”工程的实施，不仅补齐了农村基础设施和基本公共服务短板、缩小了城乡差距、改变了农村落后面貌，而且拉动了经济增长、促进了农民增收、密切了党群干群关系。

2.进一步提升社会保障水平情况

大力推进创业就业，实现失业人员和就业困难人员再就业14316人，实现高校毕业生就业1.6万人，农村劳动力转移就业22.3万人。大力推进扶贫开发，因地制宜、因村制宜、因户施策，分类实施精准扶贫，今年可实现1.4万人精准脱贫。大力推进百姓安居工程，完成各类保障性安居工程2.9万套，改造老旧小区300个。下大气力解决回迁房安置遗留问题，推进1.35万户群众回迁房安置工作。为全市17.34万名企业退休人员调整了养老金，将城镇居民医保财政补贴标准提高到380元，把1912名失地农民纳入城镇职工养老保险范畴。全面落实自治区为每个低收入农户每年发放1吨取暖煤、为每个低保家庭大学生每年发放1万元就学补助、为每个“零就业”家庭至少解决1人就业的三件民生实事，使改革发展成果更多更好地惠及各族群众。

3.统筹发展各项社会事业情况

2015年，首府新建改扩建中小学、幼儿园14所，对全市小学、初中、高中招生制度进行全面改革，公开招聘630名教师充实师资队伍，促进了各级各类教育均衡发展。制定出台《关于加快文化产业发展的若干政策意见》，市财政每年拿出3000万元奖励扶持资金。大盛魁文化产业园建成开园并获得了文化部命名的“国家级文化产业示范基地”荣誉称号。引进了华强、北大青鸟、天创、西部控股、海润在线等一批大型文化产业项目，总投资达120亿元，文化产业呈现良好发展势头。公共文化服务体系进一步完善，积极申报创建国家公共文化服务体系示范区。健全城乡医疗卫生服务体系，在全国率先开展跨省就医异地结算工作，新农合医疗保障水平进一步增强，基层卫生服务综合改革深入推进，“名医工作室”、乡村医生巡诊、乡村医生免费培养等工作取得良好成效，全市人均基本公共卫生服务经费标准提高到40元。开工建设了呼和浩特儿童探索博物院等一批重大民生类工程。全民健身中心综合体育馆、青城公园体育馆等一批综合性体育健身场馆建成使用，足球改革发展工作取得重要进展，体育产业健康快速发展。

4.积极创新社会治理情况

全市287个社区和旗县重点集镇网格化管理服务水平进一步提升。改革和创新信访工作体制机制，着力解决群众反映强烈的信访突出问题，全市受理群众来信来访批次和人次分别下降10.8%和11.7%。全面加强社会治安综合治理，严厉打击“两抢一盗”等多发性犯罪，全市刑事案件发案同比下降11.5%。按照有关网络信息管理办法法规对网上煽动炒作、串联的涉法人员进行严厉查处，动态化、立体化社会治安防控体系进一步完善。深入推进“平安呼和浩特”建设，扎实做好食品药品安全、交通安全、消防安全、生态安全等工作，全年未发生重大安全稳定事件，始终保持了经济发展、民族团结、社会和谐稳定的大好局面。

二、2016年的工作重点

2016年是全面实施“十三五”规划的开局之年，我市将认真贯彻落实党的十八大和十八届三中、四中、五中全会精神，按照自治区党委和市委的决策部署，牢固树立并切实贯彻创新、协调、绿色、开放、共享的发展理念，准确把握发展的新趋势，主动适应经济新常态，切实提高发展质量和效益，努力实现“十三五”良好开局。2016年突出抓好以下几个方面的工作。

（一）全力抓好农村两项重点工程

一是抓好“十个全覆盖”工程。明年是“十个全覆盖”工程实施的最后一年，时间紧，任务重。涉及“十个全覆盖”工程的村的数量是1368个，加上1170个移民搬迁村，总数超过2500个，总投资额超过150亿。

二是抓好扶贫攻坚工程。要完成“两个脱贫”任务，2016年是关键。到2015年底，按照国家现行贫困标准，我市还有2.5万贫困人口。对这2.5万贫困人口，我们要做深入的调查统计，每一户、每一个人都要立卡建档，弄清贫困原因，搞清贫困结构，有针对性地采取措施，实施精准扶贫。对“一方水土养不起一方人”的，实施移民搬迁；对立地条件好的，结合“十个全覆盖”工程，改善居住环境，实施产业扶贫；对年老体弱、丧失劳动能力的，实施兜底性保障扶贫；对因病致贫的，提供临时救助保障。

（二）全力抓好重点项目、重点工程建设

一是抓好产业重点项目。全力推进庆华煤基清洁能源多联产、北方联合电力和林电厂、托电五期等一批重大工业项目，加快实施华强方特、北大青鸟、内蒙古国际文化产业新城等一批文化创意项目，同时瞄准云计算、电子商务等新型产业发展，再引入一批新型产业项目，在稳增长的同时提升产业发展层次，推动产业迈向中高端。

二是抓好重点“迎庆”项目。围绕“迎庆”加快推进“三大中心、四大场馆、三个公园”十大建筑建设。同时抓好昭君博物院、将军衙署等景区提升工程。

三是抓好重大基础设施建设项目。主要包括地铁一、二号线，新机场建设、城市综合管廊、海绵城市等项目。地铁一、二号线明年全线开工，同时启动三、四、五号线申报工作。加快完善城市快速路亮化、美化等附属工程，完成快速公交系统建设。

（三）全面推进提升城市功能行动计划

一是全面推进城区拆改建三年行动计划。明年计划完成78条断头路拆迁，改造老旧小区287个，建设一批绿地和小广场，城市面貌实现新的提升。

二是全面推进城市管理、水务、交通综合整治三年行动计划。进一步加强对城市道路的清扫保洁。继续开展对路边乱停车、违法营运三轮车以及各类不遵守交通秩序行为的专项整治行动，巩固当前良好的管理成果。加快实施污水处理厂提标改造工程，力争明年6月底前完成全部工程，污水处理水平提升到一级A以上。抓紧推进中水回用管网和污水收集管网建设，优化用水布局，初步实现分质分类供水。

三是全面推进产业升级三年行动计划。做大做优第三产业及新型服务业，推动新兴产业、新兴业态、新商业模式加快发展，云计算应用、现代物流、电子商务、养老服务业等新型服务业要有新突破。做强做高第二产业，推动产业发展更多依靠科技创新驱动，重点发展光伏、现代化工、绿色食品加工、装备制造等产业，进一步壮大实体经济。做特做精第一产业，将首府农业建成高效特色农业、精品农业、集约化规模化经营农业，打造集生态绿色、旅游观光、休闲采摘为一体的生态观光农业。

（四）抓好民生改善

实现更加充分、更高质量的就业。让中、小、微企业就业容量进一步扩大，职业培训和就业创业服务进一步加强，使高校毕业生、城镇就业困难人员、“零就业”家庭就业工作得到统筹解决。加大力度解决回迁安置和房屋产权证办理遗留问题。继续推进学校、幼儿园建设。尽快完成市级医疗机构建设。结合“十个全覆盖”工程，加快向农村延伸公共服务，提升社会保障水平。

（五）抓好生态建设

推进城区无煤化工程，加强环境监测，严格环境执法检查。围绕建设、巩固、提升国家森林城市，加快实施一批重大生态建设工程，包括44公里环城水系生态综合治理工程、65公里二环快速路高水平绿化工程、101公里绕城高速宽林带绿化工程、主城区南部大黑河18公里生态水系综合整治工程以及小黑河玉泉段和乌素图治理工程，努力使首府的天更蓝、水更清，市民有更多好去处。

供　　稿：阿拉腾　　呼和浩特日报社
　　　　　王　杰
　　　　　李　斌　　呼和浩特市经济社会发展研究中心
　　　　　乔庆智　　内蒙古社科院呼和浩特市社科分院
责任编辑：张志华

包头市经济社会发展情况

2015年以来，面对严峻复杂的经济形势和艰巨繁重的改革发展任务，全市上下主动适应经济发展新常态，积极应对各种风险挑战，着力破解改革难题，推动经济社会实现平稳、健康发展。

前三季度，全市生产总值实现2607.6亿元，增长7.9%，高于自治区0.4个百分点；全市公共财政预算收入213.6亿元，同比增长15.8%；全市规模以上工业企业实现工业增加值875.0亿元，同比增长9.7%；全市固定资产投资2216.8亿元，同比增长15.5%；全市社会消费品零售总额907.6亿元，同比增长7.6%；城镇常住居民人均可支配收入28864元，增长7.5%；农村牧区常住居民人均可支配收入9606元，增长8.2%。预计全年，全市地区生产总值达到3700亿元左右，增长7.5%左右；固定资产投资达到2570亿元左右，同比增长15%左右；社会消费品零售总额达到1280亿元左右，同比增长8%左右；城乡常住居民人均可支配收入分别达到38340元和13860左右，分别增长9%和10%左右。

一、2015年的主要工作

（一）坚持科学施策、精准发力，促进经济持续健康发展

1.全力保运行、稳增长

制定出台电力扶持、取消收费等组合式政策，推动经济持续稳定增长。着力抓好重大项目建设，全市共实施投资亿元以上重大项目733个，完成投资2064亿元，增长43.6%。持续扩大消费需求，落实鼓励消费的财税信贷政策，全力推进大众创业、万众创新，积极发展互联网经济、健康养老等新兴业态，推动消费需求稳步增长。着力稳定企业生产经营，累计减免企业税费7.2亿元，帮助62户停产半停产企业恢复了生产。

2.加快转方式、调结构

以五大产业基地建设为重点，制定和完善政策，投资30亿元实施

22个改造升级项目，资源综合利用率和精深加工度不断提高；装备制造、高技术、清洁能源、新型煤化工等战略性新兴产业对工业增长贡献率达到15.9%。服务业发展态势良好，铁路货运中心、传化物流港等36个重点项目加快建设，电子商务蓬勃发展，五当召、美岱召等旅游景区提档升级，金融贷款增速高于存款增速1.8个百分点。现代农牧业稳步发展，新增农田节水灌溉面积15万亩，规模以上农牧业龙头企业发展到149家，农畜产品加工转化率达到55%以上；成功举办第二届国际牛羊肉产业大会暨绿色农畜产品博览会，签约金额超过150亿元。

3.着力抓城乡、促统筹

积极稳妥地推进城镇化，有序引导农牧民转移人口市民化。推进新都市区建设，城市道路、综合管廊等基础设施建设全面铺开，奥林匹克公园、包九中分校、新都市区幼儿园等一批公共服务设施相继建成。加快老城区改造步伐，新打通城区断头路40条，建成百里绿道、百里公交专线，改造供水、供热、供气管网155公里。加快新农村新牧区建设，以“十个全覆盖”、扶贫开发等工程为载体，集中改善公共服务条件。大力扶持外五旗县区发展，加快土右旗中等城市建设，实施公路、输变电、管道引水等一批基础设施工程。

4.坚持强科技、促创新

加强产学研合作，北大科技园产业化、浙江大学包头工业技术研究院等项目加快推进，中科院稀土研发中心、上海交大包头材料研究院挂牌成立。大力推动产业技术创新，围绕稀土新材料等领域实施一批重大科技项目。推进企业技术中心、重点实验室建设，白云鄂博稀土资源研究与综合利用等两个实验室晋升为国家重点实验室，实现了自治区零的突破。开展产业共性关键技术攻关，70%以上合作项目形成具有自主知识产权的新技术、新工艺、新产品，北方股份330吨电动轮矿用车等产品进军国际市场。

（二）坚持深化改革、扩大开放，不断增强发展动力活力

1.全面深化各项改革

积极谋划部署重点改革工作，全年共出台重要改革文件12个，改革成果135条，一些重要改革事项走在全区全国前列。突出抓好习近平总书记嘱托内蒙古先行先试的三项改革，着力完善落实排污总量前置审批和污染物排放许可证管理、能源消耗强度和总量“双控”等生态保护制度，在自治区率先开展节能和碳排放权交易试点工作，成功入选国家第三批节能减排综合示范城市；着力创新同俄、蒙合作机制，满都拉口岸正在实施大通关改革，加快推进综合保税区、跨境经济合作区建设；着力完善龙头企业与农牧民利益联结机制，推动形成了一批具有包头特色的典型模式，全市农牧民产业化经营参与率达65%以上，人均增收4000余元。牢牢抓住经济体制改革“牛鼻子”，推动一机、北重等国有企业加快与民营企业合作，发展混合所有制经济；组建住建集团、正信集团，加大融资力度。深化行政审批制度改革，继续精简事项，公布权责清单、收费清单、负面清单，推行“三证合一、一照一码”，新增市场主体2.7万户，增长23.3%，国务院审改办推广了我市的经验，中编办在我市召开了现场座谈会。深化社会体制改革，推行“划片招生”、“电脑派位”等方式，解决学生择校择班难题；组建由保险公司参加的医疗纠纷第三方人民调解委员会，有效化解医患矛盾。

2.不断扩大对外开放

抓住国家实施“一带一路”战略、自治区打造“中蒙俄经济走廊”等机遇，推进向北、向西开放，积极参加首届中俄蒙博览会，同俄、蒙两国达成一批合作意向；满都拉口岸实现常年通关，具备年过货500万吨的能力。成功举办第十一届中俄蒙工商论坛暨第二届国际装备制造业博览会，承办第三届中德城镇化研讨会，签约大批项目，提升了包头的知名度和影响力。积极承接国际产业转移，推进中欧装备制造园区建设，智能管道等一批项目已经开工。主动融入环渤海经济圈，积极对接京津冀协同发展，大力推动呼包鄂一体化。

（三）坚持团结民主、依法治市，加强社会主义民主法治建设

1.充分发挥市人大、政协职能作用

发挥人大在立法中的主导作用，修改和废止地方性法规6件，听取审议专项工作报告8次，开展执法检查、监督调研17次，询问、评议、视察12次；加强计划、预算和审议工作的监督，推行全口径预决算审查监督模式；不断加强人大自身建设，提高代表和常委会履职能力；不断完善议案建议办理督办机制，办理代表建议211件。制定实施加强人民政协协商民主建设的意见，完善协商民主制度和工作机制，加强视察调研与协商议政相衔接；发挥职能作用，制订并实施年度协商工作计划，围绕加快产业升级、推进法治建设、编制“十三五”规划等重点工作，组织2次常委会议专题协商、2次主席会议重点协商、6次对口协商和界别协商活动；围绕重点工程、重点项目建设等积极开展视察调研、建言献策和界别活动。

2.着力做好统战、民族宗教和群团工作

召开统战工作会议，深入贯彻中央、自治区党委的决策部署；建立健全民主党派向市委提建议“直通车”和党员领导干部、政府部门对口联系制度，完善“党委出题、党派调研、政府采纳、部门落实”的调研机制；深入推进非公有制经济人士教育，做好党外干部队伍建设和党外知识分子工作。召开全市民族宗教工作会议，制定出台加强和改进新形势下民族工作的实施意见，深入开展民族团结进步宣传教育，大力推进兴边富民工程，做好城市民族工作；通过建立宗教工作“三级网络”和“两级责任制”，依法加强对宗教事务管理。出台加强和改进党的群团工作的实施意见，坚持服务大局、服务群众的生命线，切实解决“机关化、行政化、贵族化、娱乐化”等突出问题，组织动员广大人民群众在改革发展稳定第一线建功立业。

3.深入推进法治包头建设

实施21项重要法治建设举措，形成制度性成果13项。推进检察人员分类管理改革试点，制定《建立领导干部干预司法活动记录的实施计划》等3项制度文件。加强法治政府建设，建立行政机关内部重大决策合法性审查机制、行政决策风险评估、公众参与和重大决策终身责任追究制度。打造农牧区一小时、城镇半小时法律援助服务圈，健全“五位一体”普法工作体系。

（四）坚持思想引领、文化支撑，加强精神文明建设

1.深化理想信念宣传教育

统筹抓好理论学习中心组、学习型党组织和基层大讲堂建设，举办市委中心组集体学习会、专题研讨会和观摩学习17次，理论宣讲120余场。建立“包头微学习”党员干部理论学习微信平台，发挥媒体舆论的积极引导作用。

2.培育践行社会主义核心价值观

建立工作联席会议制度，实施年度行动方案，广泛开展“中国梦·尽责圆梦”、“德润鹿城·文明包头”主题实践活动，中宣部和自治区党委宣传部先后在我市召开“我们的价值观·我们的中国梦”主题实践活动经验交流会。召开全市精神文明建设表彰暨深化全国文明城市创建工作推进会，实施文明城市创建“三年行动计划”、文明村镇创建“五年规划”，实现全国文明城市四连冠，土右旗获得全国文明城市（区）提名。

3.推动文化繁荣发展

推出了话剧《北梁人家》、漫瀚剧《风祥楼》等一大批优秀作品，电视连续剧《安居》进入后期制作，微电影《爸爸妈妈的橡树》、《爱加1度》在中国国际微电影盛典中荣获两项大奖。与中国美协合作举办第三届“吉祥草原·丹青鹿城”中国画展。在全市建立100个文艺志愿服务基地，被中国文联授予全国文艺志愿服务示范市。加快推进公共文化服务示范区创建，新改扩建文化场馆156个，公共文化基础设施覆盖率达到86%。加大对重点文化产业项目、文化企业的扶持力度，全市从事文化产业活动的单位达1.2万家。加强市属主流媒体建设，推进传统媒体和新兴媒体融合发展，建成六大新媒体发布平台，微信公众号位居全国地市级新闻网影响力排行榜第一名。

（五）坚持保护生态、治理环境，建设美丽包头

1.加大生态保护建设力度

全面实施京津风沙源治理、大青山绿化、六大区域绿化等重点生态工程，完成造林面积54.5万亩，森林覆盖率提高到16.9%。投资200多亿元实施城区增绿工程，建成区绿化覆盖率达到44%。推进昆河、二道沙河等综合治理，城市水生态环境体系初步形成。加大白云鄂博铁矿废弃采坑恢复治理力度，建设47万平方米矿山公园。以优异成绩通过国家生态文明先行示范区评审。

2.强化环境综合整治

推进大气污染防治工程，投资78亿元的169个综合治理项目完成157个，取缔燃煤锅炉595台，电力企业煤场实现全部封闭，淘汰“黄标车”和老旧车辆1.7万辆，推进清洁能源公交车和出租车发展，建成覆盖全市的大气监控预警系统。1—11月，空气良好以上天数243天，同比增加58天。继续推进沿路沿线、六大出入口环境治理。加强污水收集和中水回用管网建设，城镇生活污水处理率超过90%，水功能区和排污口监测实现全覆盖。

3.推动资源能源节约利用

大力发展循环经济，推动东河铝业园区国家城市矿产示范基地和白云矿区矿产资源综合利用示范基地建设。加快节能降耗技术装备升级换代，加强工业、交通、建筑等重点领域节能，推行能耗强制达标生产，实施节能产品惠民工程。严控高耗能、高排放行业发展，组织实施国家节能减排财政政策综合示范城市项目。前三季度，全市工业单位增加值能耗下降6%，单位地区生产总值能耗下降4.3%，超额完成自治区下达的任务，被评为国家循环经济示范市。

（六）坚持改善民生、促进和谐，努力使人民群众有更多获得感和安全感

1.大力改善农村牧区基本公共服务条件

全面实施农村牧区“十个全覆盖”工程，加强组织发动，加大政策支持和资金投入，采取巡回检查指导、抓好典型示范、严格考核奖惩、选派干部下村等措施，目前完成投资53.5亿元，覆盖592个嘎查村，受益人口41.5万，占全市农牧民总数的83%。

2.深入实施重点民生工程

继续办好“三个一”民生实事，筹资6000多万元，为10万户低收入农牧民发放1吨“暖心煤”，为385名低保家庭大学生发放就学补助，保持“零就业”家庭动态清零。认真做好高校毕业生、城镇就业困难人员、退役军人就业和农牧民转移就业工作，引导和扶持大众创业、万众创新，提前完成城镇新增就业4.1万人的目标，城镇登记失业率控制在3.88%的较低水平。全面开展精准扶贫工作，投入扶贫资金7.6亿元，实施扶贫项目320个，年内可解决3.5万人稳定脱贫问题。加快推进百姓安居工程，开工建设各类保障性住房3.21万套，建成1.84万套，完成100万平方米旧小区综合改造。全面完成北梁棚改任务，北梁居民全部得到妥善安置。

3.全面推进社会事业发展

新建改建幼儿园37所，投资1600多万元实施薄弱学校改造工程，启动实施职教园区二期工程建设。全面推进素质教育，统筹促进义务教育、职业教育、民办教育、高等教育均衡发展。推进旗县医院标准化建设、医师多点执业、分级诊疗等工作，健康教育、预防接种等11类基本公共卫生服务免费提供。成功举办亚洲中学生足球锦标赛、足协杯等赛事，国家（北方）青少年足球夏令营活动基地一期工程建成投用，我市被列为自治区足球改革试点城市。继续加强社会保障体系建设，主要社会保障标准均达到或超过全区平均水平。

4.全力维护社会和谐稳定

不断创新社会治理方式，青山区获得中国社区治理十大创新成果提名奖，昆区被评为全国社区治理与服务创新实验区，我市被公安部确定为“大情报”建设城市。深入排查化解社会矛盾，自治区交办的118件信访事项全部化解。不断完善社会治安防控体系，严厉打击各类违法犯罪活动，刑事案件立案数和治安案件受理数分别下降14.2%和2.7%。加大隐患排查和专项治理力度，安全生产事故起数和死亡人数分别下降38.6%和12.5%。重视抓好食品药品安全监管，切实维护群众“舌尖上的安全”。深化军民融合发展，有力维护社会安定和边疆安宁。

（七）坚持党要管党、从严治党，全面落实好党建各项任务

1.扎实开展“三严三实”专题教育

扎扎实实开展“三严三实”专题教育，认真抓好集中学习、讲党课、专题研讨、查摆整改等环节，坚持边查边改、立行立改，确保专题教育实效。目前，全市专题教育中查摆出的1.2万个问题已整改80%以上。

2.着力加强干部人才队伍建设

改进完善干部选拔任用机制，选拔使用了一批忠诚、干净、有担当的领导干部。举办各类培训班514期，培训干部7万余人次，选派102名县科级干部参加挂职学习。从严监督管理干部，加大对为官不为、为官乱为和超职数配备干部、档案造假、“吃空饷”的治理力度。大力实施“鹿城英才”工程，统筹抓好各类人才队伍建设，评选创新创业团队46个、创新创业基地12个、优秀人才300名。

3.积极创新基层党建工作

召开全市农村牧区基层党建工作会议，对农村牧区基层党建工作做出全面部署。认真抓好嘎查村“两委”换届工作，持续整顿软弱、涣散的基层党组织，全市一、二类基层党组织比例超过90%。推广“456”工作法、“532”工作法、牧区“4个一”工作法，基层服务型党组织建设进一步加强。推进基层组织活动场所标准化建设，社区党组织活动场所全部达标，嘎查村达标率超过70%。加大非公有制经济组织、社会组织党建工作力度，进一步扩大党组织和党的工作覆盖面。

4.深入推进党风廉政建设和反腐败斗争

全面落实“两个责任”，加强党员干部纪律教育，加强对权力运行的监督和制约。深化纪检体制改革，全面提升纪检监察机关执纪问责能力和案件查办水平，市直部门、各旗县设置派驻纪检组108个，82个乡镇苏木和街道办事处配备了专职纪检干部，实现了全覆盖。

二、2016年的工作重点

包头市经济社会发展还面临诸多困难和挑战，包括经济下行压力仍然较大，产业转型升级任务繁重，改革攻坚越来越触及深层次体制矛盾和利益调整，生态环境保护、节能减排压力较大，统筹城乡区域协调发展任务艰巨等。下一步，将按照自治区党委九届十四次和市委十一届八次全委会的战略部署，从以下几方面推动经济社会发展。

（一）推动率先发展，壮大综合经济实力

扩大有效需求，推动投资、消费、出口协同拉动，促进经济稳定增长。强化基础建设，加快形成现代基础设施网络，支撑和引领经济社会快速发展。壮大市场主体，强化市场导向，凝聚形成发展的强大合力。加强调控治理，加强发展战略、规划、政策、标准等的制定和实施。

（二）加快创新发展，提高发展质量效益

加快科技创新，形成具有包头特点和优势的科技创新驱动体系。加快产业创新，推进传统产业新型化、新兴产业规模化、支柱产业多元化。加快金融创新，全面提升金融对实体经济的支撑能力。加快信息化创新，促进互联网和经济社会融合发展。加快体制机制创新，深

化各类改革，增强创新发展动力活力。

（三）推进协调发展，构筑平衡发展格局

促进城乡协调发展，逐步实现城乡公共服务均等化、城乡要素配置合理化、城乡产业发展融合化。促进区域协调发展，从更高层次、更广空间促进资源优化配置。促进物质文明和精神文明协调发展，为推进包头各项事业发展凝聚正能量。促进军民融合发展，加快形成全要素、多领域、高效益的军民深度融合格局。

（四）坚持绿色发展，建设生态文明包头

推进主体功能区建设，推动各地区依据主体功能定位发展。加强生态保护修复，筑牢我国北方重要的生态安全屏障。推动低碳循环发展，提高全社会资源利用率。节约、高效地利用资源，推动资源利用方式的根本转变。强化环境综合整治，建设国家环保模范城市。

（五）深化开放发展，拓展合作发展空间

深度参与“丝绸之路经济带”建设，提升对外开放合作水平。深化区域合作，全方位融入国家区域发展大局。高水平承接产业转移，培育产业发展新优势。

（六）突出共享发展，不断增进人民福祉

坚持普惠性、保基本、均等化、可持续方向，增加公共服务供给。加大脱贫攻坚力度，实现精准扶贫、精准脱贫。坚持教育优先发展战略，努力办好人民满意的教育。实施更加积极的政策，促进就业、创业。多措并举，增加城乡居民收入。实施全民参保计划，健全社会保障体系。深化卫生体制改革，推进“健康包头”建设。提高生殖健康、妇幼保健、托幼等公共服务水平，促进人口均衡发展。

（七）促进和谐发展，维护社会安全稳定

贯彻落实党的民族宗教政策，全面做好民族宗教工作。深入认识法治对促进经济社会发展的强有力的保障作用，全面建设“法治包头”。全面推进社会治理创新，构建全民共建共享的社会治理格局。

供　　稿：吕先荣　　包头市委政研室
责任编辑：多志勇

呼伦贝尔市经济社会发展情况

2015年，在自治区党委、政府的坚强领导下，全市各地深入学习贯彻党的十八大和十八届三中、四中、五中全会精神，认真贯彻习近平总书记系列重要讲话和考察内蒙古重要讲话精神，协调推进“四个全面”战略布局，全面落实自治区党委九届十一次、十二次、十三次、十四次全委会议精神和“8337”发展思路，强力抓经济、稳增长、调结构，全力推改革、保生态、惠民生，保持了经济社会平稳、健康发展，加快了美丽发展、科学崛起、共享繁荣的进程。

前三季度，全市地区生产总值完成1010.5亿元，增长7.9%；增速比上半年加快0.2个百分点，分别高于全国、全区1.0和0.4个百分点，居全区第3位。城乡居民收入分别完成20573元和7758元，增长8.5%和8.8%。前11个月，公共财政预算收入完成89.5亿元，增长2%；限额以上固定资产投资完成923.9亿元，增长15.4%；规模以上工业增加值增长8.3%；社会消费品零售总额完成442亿元，增长8.5%。预计全年，全市地区生产总值增长8%，达到1610亿元；公共财政预算收入增长6.5%，达到102.3亿元；限额以上固定资产投资增长15.5%，达到930亿元；规模以上工业增加值增长8.8%；社会消费品零售总额增长8.3%，达到546亿元；城乡居民收入分别增长10%和11%，达到27266元和11934元。

一、2015年的主要工作

（一）着力推动经济持续健康发展

始终把发展紧紧抓在手上，牢牢掌握经济工作的主动权，围绕“五大基地”建设，稳增长、调结构、促转型、强基础，保持了经济稳中有进、稳中向好的良好势头。

1.全力稳增长

制定促进稳增长的一系列针对性强的政策，出台确保工业经济稳增长、扶持小微企业加快发展的措施。通过优化发展环境、加大电力扶持、降低企业成本、提高融资能力等举措，抓运行、解难题，帮助82户停产半停产企业恢复生产。

2.加快调结构

大力优化农牧业结构，玉米种植面积突破1100万亩，粮食产量预计达到173.8亿斤；继续扩大农区养殖规模，全市牧业年度牲畜存栏2136.7万头只。全力加快农牧业产业化，支持农垦集团等龙头企业发展精深加工。着力调整优化工业结构，加快发展有色金属采选冶炼、玉米生物科技、云计算、现代装备制造、新型建材等产业，非资源型产业比重不断提高。加快提升旅游业整体水平，全市旅游产业持续火热，累计接待国内外旅游者1356万人次，旅游收入407亿元。大力发展商贸物流业，实施重点项目31个，完成投资26亿元；成功举办第十二届中国(满洲里)北方国际科技博览会、第十一届海拉尔中俄蒙国际展洽会。

3.积极促转型

制定实施《工业和信息化产业转型升级实施方案》，全力推进煤炭、电力、煤化工、农畜产品加工等产业提档升级。大力发展生物制药等成长性产业和新兴产业。加快发展现代服务业，金融服务发展能力显著增强，全市社会融资总规模达到1453.8亿元，增长19.8%。物联网等产业快速发展，跨境电子商务产业园入驻电商企业39家。

4.着力强基础

实施交通、电网、水利等基础设施重点项目40个，完成投资114.2亿元。新林北至扎兰屯高速公路、那吉屯至尼尔基、哈达图至海拉尔、海拉尔至伊敏一级公路等11个项目进展顺利。滨洲铁路电气化改造项目加快推进，阿荣旗至莫力达瓦旗、满洲里至西乌胡里图铁路项目前期工作取得积极进展。海拉尔机场扩建、扎兰屯支线机场和新右旗等5个通用机场加快建设，成立内蒙古通用航空股份有限公司。扬旗山水利枢纽主体工程全面完成，尼尔基水利枢纽下游内蒙古灌区、伊敏河河道整治等工程加快建设。

（二）全力打好“十个全覆盖”工程攻坚战

把“十个全覆盖”工程作为全市各项工作的重中之重，开展了百日攻坚行动，尤其是自治区巡回观摩检查之后，及时启动了以严的要求、实的作风，大干苦干60天攻坚战，全市“十个全覆盖”工程取得丰硕的成果。截至目前，全市1207个行政嘎查村中的1026个已实现全覆盖，占任务总量的85%以上。在完成251个自然村屯全覆盖的基础上，新开工的1000个自然村屯已完成工程量的50%以上。

1.调整充实领导机构，加大组织推动力度

由市委书记任组长、市长任指挥长，成立专项指挥部，四大班子齐上阵，迅速组建起强有力的领导和推进体系。从全市和周边省区紧急调集4974个施工队，共6.7万名施工人员，在广大群众的积极参与下，抢抓有限时间，掀起了热火朝天的大会战。9月12日以来，投入资金39.9亿元，累计改造危房47967户，硬化街巷1737公里，修建院墙395.2万延长米，铺建甬道67.9万延长米，工程量都是前9个月的1～2倍。

2.全面组织干部，深入发动群众

结合自治区党委“万名干部下基层”活动，组织23437名干部驻村入户，做到村村有机关、户户有干部。切实压实责任，强化干部追责问责，各级干部带着责任和感情切实推动“十个全覆盖”工程。采取印发明白卡、联系卡等方式，点对点、面对面地开展群众工作，使广大老百姓由过去的“要我干”转变为“我要干”，真正成为工程建设的主力军。

3.坚持因地制宜，进行分类指导

在农区，以整村推进、分类打造为基本方式，推进绿化、亮化、净化、美化“四化同步”，形成路、院、房、广场、边沟配套完整的建设模式。在牧区，针对地广人稀的特点，依据文化、卫生、超市功能性服务半径，采取多个嘎查联合建设形式，实现资源共建共享；推广牲畜集中规模化养殖，生产区、生活区分开等模式，实现人畜分离。在林区，统筹推进棚户区改造、撤并小林场和深山远山居民搬迁工作，对沿线破旧房屋宜拆则拆、宜修则修，推进环境综合整治，加快实现林区面貌的根本性改变。在垦区，发挥大兵团作战优势，建设规模化养殖场，实施人畜分离、环境整治，推进连队撤并、破旧房屋拆除，打造沿线沿路特色小村镇。在民族聚居区，突显民族文化、民族风俗、民族符号，保持体现民族特征的建筑风格，注重与民族产业发展相结合，打造一批特色鲜明的民族村屯。

4.现场巡回观摩，部署今冬明年工作

组织巡回互检观摩活动，通过现场点评、座谈交流、随机抽查等方式，进行阶段性评比，形成比、学、赶、超的氛围。全面启动冬季攻坚战，变“冬闲”为“冬忙”，认真做好筹措资金、发动群众、工程招投标、备工备料等各项前期准备工作，确保明年一开春就能一鼓作气全面完成“十个全覆盖”各项工作任务。

（三）持续深化各领域改革

以深化经济体制改革为重点，加快推进各领域改革，形成上下联动、主动作为、狠抓落实的良好局面，各项改革任务扎实推进，取得显著成效，为全市经济社会发展注入强大动力。制定《市委2015年全面深化改革工作要点》，确定266项具体改革任务。召开旗市区和市直相关部门改革推进会，建立改革情况月报制度和重要改革事项报备制度，实施改革任务清单和台账办结制度，加强督查督办力度，逐项验收成果、对账销号，加快各项改革举措的落地。截至目前，共启动改革任务248项，形成改革成果155项。

制定《国有林场改革实施方案》，待自治区批复后抓紧组织实施；市直属林业六局剥离医疗、广电社会职能工作年内全面完成。制定《呼伦贝尔农垦集团深化改革纲要》，大力推进垦区集团化、农场企业化改革。进一步规范土地草牧场流转机制，流转耕地1000万亩、草牧场1200万亩。在全区率先实行“三证合一”登记制度，新增市场主体8872个。市公共资源交易中心全面运行，全市工程、土地和矿产资源交易项目全部集中办理。主体功能区、自然资源资产离任审计、新型城镇化改革、电力直接交易、足球改革发展等25项国家、自治区试点全面展开。绿色农畜产品质量可追溯机制、社会治安综合治理、苏木乡镇街道纪检监察组织建设、派驻纪检机构管理等22项地方试点扎实推进。

（四）不断加快向北开放步伐

认真贯彻王君书记率团出访俄、蒙两国取得的重大成果和作出的重要指示，研究制定《呼伦贝尔市融入“一带一路”加快向北开放的意见》和《全市“十三五”期间向北开放工作实施方案》，先后46次组团出访俄、蒙毗邻地区。《呼伦贝尔中俄蒙合作先导区建设规划》获得国家八部委联合批准，满洲里国家重点开发开放试验区建设稳步推进，综合保税区获得国务院正式批复，中蒙跨境经济合作区建设项目可研报告编制完成，蒙方哈拉哈河自贸区法案也已通过。蒙古国驻满洲里领事馆正式开展业务。室韦至拉布大林一级公路、海拉尔至黑山头铁路等互联互通项目加快推进，中欧班列实现常态化运行。前三季度，全市外贸进出口总额22亿美元，增长14.4%，总额居全区首位，占全区的22.4%。

（五）切实加强生态保护和治理

高度重视生态文明建设，把加强生态环保作为压倒一切的首要任务强力推进，坚定不移地走好美丽发展之路。在美丽中求发展，在发展中促美丽，努力构筑我国北方重要的生态安全屏障。《呼伦湖自然保护区管理条例》立法工作进展顺利，编制完成《呼伦湖生态保护与治理总体规划》，大力打击私捕滥捞行为，全面排查整治沿湖周边环境，极大地改善了呼伦湖水域生态环境，水位累计上涨3.18米，恢复到2002年的最好水平。全面停止商业性采伐，大力实施天然林保护、“三北”防护林等工程，广泛开展植树造林活动，造林绿化120万亩，重点区域绿化8.6万亩。大力推行退牧还草、生态补奖等措施，压缩牧区牲畜头数，禁牧2850万亩，草畜平衡7508万亩，草原得到有效恢复。新完成沙区治理100万亩，7年来累计治理沙地752万亩。认真贯彻落实新《环境保护法》，集中开展大气污染防治、矿区环境综合整治等环保专项行动，自治区及市本级92项减排任务全面完成。启动国家主体功能区试点实施方案，加强自然资源资产管理。

（六）加大保障和改善民生力度

牢固树立民生优先的工作导向，带着责任和感情为群众办实事、解难事、做好事。坚持公共财政向民生领域倾斜，1—10月，民生支出184.4亿元，占公共财政预算支出的63%。大力推进创业就业，制定促进创业创新的实施意见，成立呼伦贝尔市科技创业服务中心，建成创业园、孵化基地84家。1—10月，新增城镇就业2.7万人，安置就业困难人员8945人，农村牧区劳动力转移就业7.6万人，落实高校毕业生就业7988人，城镇登记失业率控制在3.7%以内。全面落实“三到村三到户”精准扶贫、金融扶贫、“金种子”扶贫等举措，3.5万贫困人口实现稳定脱贫，贫困人口人均纯收入增长15%以上。大力实施棚户区改造，开工建设30906套，基本建成30115套；城市棚户区改造开工建设23546户，基本建成7268户，全面完成自治区下达的开工和建成任务。加大对困难群众的帮扶力度，继续办好“三件民生实事”：为每个低收入农牧户发放1吨暖心煤，惠及23万户农牧民；为每个低保家庭大学生每年发放1万元就学补助，解除了2938名大学生的后顾之忧；实现108户“零就业”家庭至少一人就业。深入实施“平安呼伦贝尔”创建工程，积极开展领导干部下访接访行动，深入化解社会矛盾纠纷，群众来信来访人次下降8.6%，进京非访得到有效遏制。健全安全生产责任制，加强安全执法检查和重点整治，各类安全事故起数下降12%，人民群众的安全感和满意度进一步提升。

当前全市经济运行中仍然存在一些困难和问题。一方面，经济总量小、发展不足、市场需求不旺、产能过剩仍是我们发展面临的主要问题，我市稳增长、调结构、扩总量、增后劲的任务异常艰巨；一些深层次的改革需要强力攻坚，通过改革释放出经济发展的动力和活力；生态环境依然脆弱，节能减排约束加剧，自然资源资产管理亟待加强；县域经济发展不平衡，非公经济活力不足；基础设施滞后，产业支撑能力薄弱，经济发展自主增长机制尚未形成，发展受限因素越来越多；基本公共服务不均衡，“十个全覆盖”、扶贫攻坚、民生保障任务依然繁重。另一方面，经济下行压力仍然很大，集中表现在工业上：工业产品市场需求不旺，大宗工业产品产量、价格双下降，稳定经济增长的任务依然艰巨，调整经济结构的任务更加紧迫。

二、2016年的工作重点

2016年，要全面贯彻党的十八大和十八届三中、四中、五中全会精神，深入贯彻习近平总书记系列重要讲话和考察内蒙古重要讲话精神，全面落实自治区党委九届十四次全委会议精神，坚持全面建成小康社会、全面深化改革、全面依法治国、全面从严治党的战略布局，坚持创新、协调、绿色、开放、共享发展理念，坚持发展第一要务，坚持稳中求进工作总基调，以提高经济发展质量和效益为中心，主动适应经济发展新常态，更加注重投资和项目拉动，更加注重调结构、转方式，更加注重改革创新，更加注重协调发展，更加注重对内对外开放，更加注重建设生态文明，更加注重改善民生，统筹推进经济建设、政治建设、文化建设、社会建设、生态文明建设和党的建设，全面开创呼伦贝尔美丽发展、科学崛起、共享繁荣的新局面，全力打造祖国北疆亮丽风景线。

（一）千方百计稳增长保投资

针对经济下行、东北市场疲软、大宗产品量价齐跌的不利形势，我们将出台和落实针对性更强的政策措施，对经济进行密集调度，积极跑市场，切实稳定企业生产经营，保证存量经济稳定运行，使经济不至于大起大落。继续保持适当的投资强度和狠抓项目建设的势头，做大增量经济。2016年计划安排固定资产投资1002亿元，增长10%。重点推动当年投资10亿元的云计算项目、投资10亿元的大杨树2×200兆瓦热电联产项目、投资20亿元的玉米转化项目、投资30亿元的生物制药项目、投资50亿元的铅锌采选冶炼系列项目；大力推进总投资56亿元的海满高速公路项目、总投资84亿元的滨洲铁路电气化工程。大力发展金融、商贸物流、电商、健康养老等产业，促进消费结构升级。

（二）下大力气调结构转方式

以“五大基地”建设为方向，推动传统产业新型化，延长产业链条，推动上下游重组，扶持企业技术改造，推动产业上规模、上层次；发挥绿色、天然、有机优势，调整种养结构，扶持农垦、雀巢、蒙草等龙头企业，做强乳肉粮草产业，进一步提高绿色农畜产品高端化、稀缺化、品牌化的比重；实施煤电联营、煤化联营、电力直供、自备电厂等模式，破解发电成本低、用电成本高的瓶颈，提高资源转化的附加值，力争直供和自备电力规模超过200万千瓦。推动新兴产业规模化，着力提高玉米生物制药产业精细产品比重，打造阜丰、同联等超百亿企业，玉米深加工达到300万吨；着力打造有色金属采选冶加产业集群，力争达到10万吨日采选、30万吨年冶炼规模；推动牧业机械制造业向数字化、自动化、智能化发展，培育国家级牧业机械制造基地；推动云计算大数据产业向百万台规模发展。推动支柱产业多元化，大力提高服务业在地区生产总值中的比重；突出抓好旅游和文化产业的融合发展，实现旅游从粗放型向品质型转变、从观光型向度假休闲型转变，游客人数要达到1600万人次，总收入500亿元。

（三）全力以赴抓好“十个全覆盖”工程

利用冬季有限时间，坚决打好“十个全覆盖”冬季攻坚战，变“冬闲”为“冬忙”，抓紧做好拆危房、立栅栏、做规划、招投标、备工备料、入户宣传等工作。明年要在5月底前完成1207个行政嘎查村，年底前完成1251个自然村建设任务，并组织“回头看”，确保达到高标准。剩余的977个自然村屯，通过撤并一批、建设一批，按照自治区要求完成主要任务。预计投资106亿元，目前市本级已协调银行贷款及基金76亿元。计划实施危房改造46277户、街巷硬化3676公里、修砌院墙1023万延长米、修建甬道310万延长米，建设卫生室208个、文化活动室205个、连锁超市268个。

（四）着力全面深化改革

不折不扣地完成中央、自治区下达的各项改革任务，把好改革方案质量，搞好改革试点工作，狠抓改革举措落地。大力推进重点改革，上半年完成剥离地方林业“三供一业”等社会职能工作；加快推进农垦改革，努力建设现代化大基地、大企业、大产业；扶持做大城投、水务、旅游等现有九大市场主体；加大土地草牧场流转，密切企业和农牧民的利益联结机制；全力推进自然资源资产离任审计试点，编制好自然资产负债表，切实履行好管理保护责任；继续推进简政放权、商事制度、权力清单制度等项改革。

（五）积极推进向北开放

抓住国家“一带一路”、“中蒙俄经济走廊”、自治区“一堡一带”建设机遇，全面搞活沿边经济，努力实现外贸进出口总额增长8%、口岸货运量增长5%。编制中俄蒙合作先导区实施方案，加快落实国家给予支持的重大事项。大力推进满洲里重点开发开放试验区建设，发挥综合保税区的优惠政策，吸引更多企业入驻。启动中蒙跨境经济合作区基础设施和招商前期工作。大力推动海拉黑普跨境铁路等3条铁路、2条公路、2座大桥项目。推动与俄蒙在矿产开发、森林采伐、跨境旅游等方面的经贸合作。积极开展政府间互访，促进与俄蒙在文化教育等领域的交流合作。

（六）切实改善发展条件

认真落实主体功能区政策，严守生态红线。加强生态系统保护和建设，努力从根本上解决呼伦湖的生态问题，落实好生态补奖等政策，实施好天然林停伐、“三北”防护林等工程，重点区域绿化植树1000万株。加大环保力度，建立最严格的生态责任追究制度。大力推进13个重点公路项目，实施4个铁路项目，通航机场达到10个，加快扎罗木得等9个重大水利枢纽、灌区建设。

（七）不断强化民生保障

按照中央和自治区党委扶贫开发工作会议的要求，坚持精准扶贫、精准脱贫，实施“五个一批”工程，建立强有力的工作推进体系，明年减贫2.8万人，确保6.27万贫困人口、6个贫困县全部如期脱贫“摘帽”。扶持做大100家创业园，城镇新增就业2.8万人。加快保障性住房建设，城市棚户区改造25488套，安居工程投入100亿元。大力扶持人口较少民族发展，落实好国家兴边富民工程等扶持政策。不断提高林区职工群众收入，办好“三件民生实事”。扎实做好依法治市工作，统筹推进社会事业，确保社会安定和谐。

供　　稿：郭　平　　呼伦贝尔市委副秘书长
责任编辑：天　莹

兴安盟经济社会发展情况

2015年，全盟上下认真贯彻自治区党委、政府和盟委的各项决策部署，坚持三次产业协调发展，狠抓重点项目建设和经济运行调度，全盟经济保持稳中较快增长态势。

1—10月，全盟地区生产总值实现279.98亿元，同比增长8.1%；500万元以上固定资产投资完成346.3亿元，同比增长18.1%；公共财政预算收入完成21亿元，同比增长17.3%；公共财政预算支出完成154.9亿元，同比增长22.8%；社会消费品零售总额完成146.2亿元；城镇居民人均可支配收入达到16938元，同比增长8.9%；农村牧区人均可支配收入达到5309元，同比增长9.3%。预计全年，全盟地区生产总值完成504.9亿元，固定资产投资完成425亿元；公共财政预算收入完成26.6亿元，公共财政预算支出完成235.6亿元；社会消费品零售总额完成210.1亿元；城镇居民人均可支配收入达到22562元，同比增长14.4%；农村牧区人均可支配收入达到8002元，同比增长16.6%。

一、2015年的主要工作

（一）重大项目重点工程取得新进展

全年计划实施亿元以上重大项目147个，总投资2668亿元，当年计划完成投资307亿元。截至10月末复开工108项，复开工率91%，完成投资167亿元，完成年度投资计划的54%，其中总投资246.5亿元的6个自治区级重点项目已全部复工。铁路方面，总投资700亿元的6条铁路加快推进，锡乌铁路全线贯通并实现货物运输；白阿铁路扩能改造葛根庙至乌兰浩特段开工建设，芒罕屯至伊尔施段纳入自治区2015年铁路重点建设计划，正在争取列入国家“十三五”铁路建设规划；乌兰浩特至通辽高速客运通道项目已纳入自治区铁路建设中长期发展规划，正在积极争取纳入国家“十三五”铁路建设规划；长春至突泉至西巴彦花铁路项目正在进行公司重组；乌兰浩特至扎赉特旗地方铁路获得自治区发改委核准。公路方面，总投资179亿元的8条干线公路进展顺利，乌兰浩特至新林北高速、霍林郭勒至阿力得尔一级公路全线路面铺筑已完成，预计年内交工；乌兰浩特至阿尔山一级公路增幅项目、哈根庙至白音胡硕一级路增幅项目、国道334线代钦塔拉至哈日诺尔等公路项目开工建设；省道205线音德尔至青龙山段二级公路项目正在加快开展前期工作。水利方面，总投资110亿元的4个水利项目取得突破性进展，绰勒水库下游灌区项目已开工建设；文得根水库项目可研报告已编制，年内完成国家发改委批复；乌布林水库项目可研报告已通过水利厅审查并报自治区发改委核准，耿家屯水库已完成项目可研编制。机场方面，总投资6.5亿元的乌兰浩特机场改扩建项目全面竣工并投入运营；总投资近2亿元的五岔沟通用机场项目正在编制建设规划。电网方面，总投资23.3亿元的伊敏至科尔沁500千伏输变电项目进展顺利。产业方面，蒙能2×34万千瓦热电联产项目1号机组投产运行；博源集团“3052”化肥项目年内完成电厂和供用工程建设，明年4月试车；乌兰集团大化肥项目年内完成土建和部分设备安装；内蒙古矿业40亿立方米煤制气项目正在有序推进核准前各项前期工作；科右中旗2×66万千瓦火电项目获得自治区发改委核准；京能热电厂第二台1×33万千瓦机组项目完成风机安装，计划11月初并网发电。

（二）农牧业生产再上新水平

粮食作物播种面积达到1547.22万亩，同比增加12.54万亩。粮食产量预计达到136亿斤，同比增加14亿斤。2015年牧业年度牲畜存栏达到1343万头只，同比增加142万头只。绿色农业种植面积达到45.7万亩，同比增加3.7万亩；有机农业种植面积20.8万亩，同比增加17.5万亩；特色农业种植面积114.35万亩，同比增加24.31万亩。新增畜禽标准化养殖小区100个，畜牧业牲畜规模化养殖总量达到600万头只以上，规模化养殖比重达50%以上。

（三）工业经济迈上新台阶

截至10月份，全盟规模以上工业企业新增18户，总数达到197户；累计实现产值333亿元，实现增加值123.5亿元，同比增长9.7%；预计上缴税金20亿元，实现利润20.5亿元。积极落实自治区大用户直供电政策。工业企业用电量10.5亿千瓦时，同比增长6%，占全社会用电量的51%。主要工业产品产量实现快速增长，白酒产量达到4752万升，同比增长8.1%；钢材产量53.3万吨，同比增长5.7%；饲料产量72.1万吨，同比增长25.7%；精制食用植物油产量11万吨，同比增长38.7%。乌兰浩特烟厂二期技改全面完成，细支烟等新产品市场份额逐步扩大。敬业集团乌钢节能改造项目有序推进，预计年内完成投资10亿元。奥特奇2000吨中蒙药技改、释佳矿业5000吨铅锌矿技改等项目进展顺利。

（四）旅游业发展实现新跨越

预计全年接待国内旅游者515.57万人次，同比增长15%；旅游业总收入预计达到50.93亿元，同比增长11%。推动品牌景区创建工作。阿尔山国际养生度假旅游区入选国家旅游局优选项目，授信资金达到27.9亿元。阿尔山围绕品牌景区创建，打造城市全域化景区建设，累计投入资金14.5亿元用于旅游基础设施和相关服务设施建设。大力推进中蒙跨境旅游合作区建设，《中蒙阿尔山—松贝尔跨境旅游合作区专项规划》等待蒙方专家评审；阿尔山口岸至哈拉哈高勒县86公里旅游沙石路竣工通车，可以满足过境游通行需要；完成蒙古国塞胡伦山景区和贝尔湖景区建设。进一步加强对外营销，成功举办中国蒙古族服装服饰艺术节、杜鹃节等品牌节庆活动，实现以节促旅、以节造势、以节聚客；加大在央视等媒体品牌营销，塑造了“巍巍大兴安、梦幻阿尔山”旅游品牌。

（五）现代服务业发展有了新突破

金融运行形势总体平稳。盟内金融机构各项存款余额424.4亿元，同比增加44.1亿元，增长11.6%；盟内外金融机构各项贷款余额573.3亿元，同比增加131.9亿元，增长29.7%。累计投放贷款206.8亿元，同比增加12.9亿元，增长6.6%。同时，发行二期城投债券13亿元，正待国家发改委批复；引进平安保险基金5亿元，正在积极推进。商贸物流业运行良好。全年投入物流园区建设资金4.65亿元，乌兰浩特、突泉、扎赉特旗、科右中旗和科右前旗4个物流园区稳步推进。乌兰浩特欧亚综合体投入运营。全盟外贸进出口企业达到183家，预计年末可完成进出口总额1.3亿元。

（六）重点民生工程呈现新亮点

全力推进“十个全覆盖”工程。加快推进50个示范村和300个达标村建设进度。截至目前，全盟已投入资金55亿元，饮水安全、街巷硬化、标准化卫生室、村村通电、村村通广播电视、文化室设备配备、便民连锁超市等工程已全部完成年度建设任务。危房改造、幼儿园（学校）改造工程已全部开工，年底前全部竣工。养老保险、高龄津贴资金发放已全部到位。到年底，全盟75%的嘎查村将实现“十个全覆盖”。扎实推进扶贫开发工程。认真落实总书记“四个切实”、“六个精准”、“四个一批”的扶贫工作总要求，以培育主导产业、促进贫困人口增收、增强自我发展能力为首要任务，全面落实精准扶贫举措，扎实推进扶贫攻坚工程。今年累计投入金融扶贫贷款21.2亿元，为384个重点贫困村发放“三到村三到户”扶贫引导资金1.78亿元，建设养殖和种植示范区100个，打造扶贫主导产业示范村和贫困地区公共服务示范村50个。到年底，全盟实现稳定脱贫7万人，超出上级下达任务1.5万人。稳步实施棚户区改造工程。全年投入棚改资金100亿元，实施各类棚户区改造42453户，基本建成任务10650套。争取开行授信贷款4批次，共53.7亿元；签订贷款协议31.9亿元；争取配套基础设施建设项目中央预算内投资4.99亿元，占自治区总额度的16.6%，较上年同期增加4.5亿元；争取国家和自治区各类补助资金8.13亿元，较上年同期增加6亿元。

（七）社会事业发展迈出新步伐

着力提高社会保障标准，按照12%增幅提高各类救助对象保障标准，城乡低保标准分别提高49元/月和324元/年，分别达到457元/月和3022元/年。全年预计新增城镇就业1.5万人，实现高校毕业生就业6000人以上，实行援助“零就业”家庭政策叠加，确保动态为零，城镇登记失业率控制在4%以内。落实贫困户大学生资助政策，为全盟1647名贫困家庭大学生发放资助金5799万元。采购校车175辆，开通线路206条，全盟23个乡镇10749名中小学生从中受益。深入开展“全国民族团结示范盟”创建活动，承办东北三省与内蒙古“三省一区民族团结进步‘互观交流’”活动，加快民族地区经济社会发展，争取少数民族发展资金3841万元。积极开展民族团结进步“七进”活动，着力推动全民创建，为全面做好示范盟创建验收工作打下坚实基础。

取得成绩的同时，也要清醒地认识到欠发达的基本盟情没有根本改变，未来发展还面临许多挑战和困难，全面建成小康社会任务较重。主要表现在经济总量小，结构不合理，农牧业基础薄弱，工业发展水平比较低，服务业发展不足；经济增长对投资的依赖性较强，特色产业、中小企业发展滞后，产业结构还处于初级水平，产业竞争力较弱；城镇化水平较低，区域性中心城市带动力不强，县域经济较弱，产业园区发育不足，城乡发展不平衡；贫困面依然较大，城乡居民收入水平相对较低，科技人才缺乏，创业就业动力不足；资源优势不充分，环境约束增强，生态保护任务依然较重，基础设施瓶颈制约尤其是通道不畅问题突出；全面深化改革任重道远，对外开放的力度需要进一步加大。

二、2016年的工作重点

2016年是实施“十三五”规划的开局之年，也是向自治区成立70周年献礼的关键一年。全盟主要做好以下工作。

（一）坚定不移地抓好产业培育和重点项目建设

加快项目投资进度。以项目为抓手，保证投资稳定增长，2016年计划实施盟级亿元以上重大项目109项，总投资1172亿元，计划当年完成投资334.7亿元。加快项目前期进度，集中力量推进能源、交通、水利重点项目前期工作，争取早日开工建设。提前谋划一批带动能力强的大项目、好项目，形成重大项目“谋划一批、推进一批、实施一批、建成一批”的滚动发展、梯次接续格局。继续抓好经济运行。加强对经济形势的跟踪研判，强化产业运行调度，2016年预计工业增加值同比增长10%，工业固定资产投资同比增长16%。切实抓好技术改造项目竣工投产，重点推进乌钢等技改项目，年内预计新增工业增加值7亿元。抓好新建项目竣工投产，重点实施盟能2×34万千瓦热电联产等项目，年内预计新增工业增加值7.15亿元。鼓励支持在建和新启动项目联合重组、技术改造，增强企业发展实力。提高农牧业生产能力。继续实施高标准农田建设项目，大力实施百万亩水稻，加快实施中低产田改造和节水增粮行动，确保农作物播种面积稳定在1500万亩左右，其中粮食作物1200万亩左右。大力实施百万头肉牛、千万只肉羊工程项目，稳定牧区牲畜头数，逐步增加农区牲畜存栏数量，确保牧业年度牲畜存栏达到1200万头只以上。着力提升旅游发展水平。重点规划、建设一批品牌旅游景区，集中打造阿尔山国际养生休闲度假区品牌集群。抓好乌兰浩特市、阿尔山市旅游集散中心建设；以游客中心为着力点，带动旅游公共服务体系的完善；规划建设全盟自驾车营地体系。继续加强与蒙古国的旅游交往合作，全力推进中—俄—蒙跨境旅游协作区建设，加强蒙方旅游基础建设及旅游线路产品开发。依托各旗县市的旅游和农牧业优势资源，发展休闲度假型乡村旅游。

（二）锲而不舍地抓好各项民生工程建设

加快推进“十个全覆盖”工程。计划投资50亿元，完成剩余208个行政村、1000个较大自然屯的覆盖任务，改造危房6700户，地面数字电视覆盖2套，新建幼儿园（学校）47所，完成150个文化室设备配备，为15.56万人发放养老保险，为9822人发放高龄津贴，确保到2016年底农村牧区所有行政村和具备条件的自然屯“十个全覆盖”工程建设任务基本完成。全力抓好扶贫攻坚工程。继续推进精准扶贫，完善建档立卡，整合各类扶贫资金20亿元，扶持贫困户重点发展肉羊、肉牛、肉鸡、水稻、林果等富民产业。深入实施“金融扶贫富民工程”，完成5.5亿元扶贫贷款发放。全年实现稳定脱贫5.5万人以上。全力推进棚户区改造工程，制定落实规划及相关实施方案，抓紧完善项目贷款前期工作，提早谋划，完善组织调配和工作机制，确保全年实施棚户区改造2.5万户，基本建成1.5万户。

（三）毫不动摇地抓好各项改革工作

稳步推进财税体制改革，继续扩大“营改增”试点运行范围，规范政府举债行为，改进预算管理制度，定期公开盟旗两级财政年度预决算和“三公”经费预决算。加快推进农村信用社股份制改革，支持条件成熟的农村信用社转制为农村商业银行。继续深化电价改革，完成以旗县为单位的其他类别用电城乡同价的测算、上报工作，促进蒙东地区同网同价和扩大大用户直供范围。认真抓好土地和草原确权登记颁证工作，探索有效的办法和途径，为下步全面推开奠定基础。抓紧推动公立医院试点改革，加快推进蒙中医药服务县乡村一体化管理和医疗联合体试点工作。扎实推进国有林区（林场）改革，加快重点区域绿化进度，认真实施好“三北”防护林、退耕还林、造林补贴试点等重点项目，全年完成营造林任务70万亩，其中重点区域绿化25万亩。

（四）坚持不懈地抓好对内对外开放工作

继续加强与蒙古国的交往合作。加快推进“两山”铁路、公路前期工作。开工建设阿尔山机场国际航站楼，在保持阿尔山至乌兰巴托航线开通的基础上，推动阿尔山至韩国首尔、日本东京等国家及港澳台地区航线的开通，努力争取航空口岸实现全年开放。完善口岸现场和非现场设施，延长通关时间，促进通关便利化，加快推进跨境经济技术合作区建设。加强与蒙古国在农牧业、矿产资源开发等方面的合作，推动蒙羊、蒙草等重点企业在阿尔山口岸落地。继续扩大人文交流，定期选派蒙汉双语人才赴蒙古国政府及企业界学习交流，鼓励兴安盟人民医院定期选派优秀医疗技术人员开展医术交流活动，支持兴安职业技术学院与蒙方互派教师、留学生。继续深化区域合作。坚持“走出去、走上去”，开展定点招商、产业招商、以商引商，主动融入东北振兴，承接京津冀、长三角、珠三角等发达地区产业转移。

（五）持之以恒地抓好社会事业建设

扎实推进创业就业“五项计划”，全年新增就业1.6万人，城镇登记失业率控制在4%以下。加强基础教育，发展学前教育，巩固提高义务教育，优先重点发展民族教育，大力发展职业教育，提高普通高中教学水平。加强民族历史文化遗产保护和开发，积极发展“红色兴安”文化和蒙元文化。巩固完善基本药物制度和基层医疗卫生机构运行新机制，推进旗县级公立医院改革试点，加快健全完善全民医保体系建设。切实抓好信访和社会稳定工作。认真落实信访工作责任制，严格执行领导包案和领导接访制度，完善重大疑难信访案件联席调处机制，妥善解决群众合理诉求，全力维护社会和谐稳定。继续保持对违法犯罪的高压严打态势，构筑好具有兴安盟特色的治安防控体系。全力抓好安全生产工作。时刻紧绷安全生产这根弦，切实加强重点领域安全隐患排查整治，确保不发生重特大安全生产事故。

（六）以抓铁有痕的决心推动政府自身建设

面对全面建成小康社会、全面深化改革、全面推进依法治盟的新形势、新任务，始终坚持“为民务实清廉”总要求，不断提高政府法治化工作水平，不断提高行政效能和公信力。依法行政，建设民主法治政府。坚持依法治盟、依法行政共同推进。建立健全公众参与、专家论证、风险评估、合法审查、集体研究决定的决策机制。自觉接受人大依法监督和政协民主监督，认真办理人大代表建议和政协委员提案。建立自然资源资产负债表、自然资源资产离任审计、环境损害终身责任追究三项制度。便民为民，建设高效服务政府。将群众满意作为评判政府工作的最高标准，认真落实首问负责制、限时办结制、政务公开制和服务承诺制等制度，扎实推进行政审批制度改革，优化审批流程，简化审批程序，全面提高政府工作执行效能。勤政廉政，建设廉洁诚信政府。严格执行中央“八项规定”、自治区28项配套规定和党风政风建设要求。以“三严三实”的总要求，深入推进反腐倡廉建设；严格落实“三重一大”制度，认真履行“一岗双责”；进一步加强审计监察，强化对重点领域、关键部位、重要环节的监督制约，规范完善行政行为，不断提高政府公信力。

供　　稿：王文玺　　兴安盟住房和城乡规划建设局局长
责任编辑：马永真

通辽市经济社会发展情况

2015年，通辽市委、市政府认真贯彻落实习近平总书记系列重要讲话和考察内蒙古重要讲话精神，紧紧围绕协调推进“四个全面”战略布局，全面贯彻落实自治区党委“8337”发展思路和重大工作部署，主动适应经济发展新常态，积极应对经济下行压力，实现新常态下新作为、新发展。

经济总量实现新突破。1—9月，全市地区生产总值完成1176.36亿元，同比增长7.7%；公共财政预算收入完成91.68亿元，同比增长6.1%；规模以上工业增加值增长8.9%；社会消费品零售总额完成320.92亿元，同比增长7.4%；城乡常住居民人均可支配收入分别达到19158元和7108元，分别增长8.7%和9.1%。预计全年，全市地区生产总值增长8%，公共财政预算收入增长6%，规模以上工业增加值增长10%，社会消费品零售总额增长7.8%，城乡居民收入分别增长9%和10%。

结构调整实现新突破。加快建设北部铝新材料和现代煤化工产业集群，中部自主创新中高端产业集群、南部融入东北一体化和绿色产业集群，推动全市产业结构调整。截止到9月末，煤电铝及铝深加工已形成5125万吨煤、562万千瓦火电装机、170万吨电解铝、160万吨铝深加工的能力；玉米生物产业年综合转化玉米能力达到500万，形成40万吨味精、20万吨氨基酸、10万吨葡萄糖酸钠等玉米生物产品的生产能力；绿色农畜产品加工产业形成55万头肉牛、400万只肉羊、150万口生猪、30万吨红干椒等农畜产品的加工生产能力；高技术煤化工形成20万吨乙二醇、10万吨草酸、1200万吨褐煤提质的能力。

固定资产投资实现新突破。启动实施了一批基础设施建设、资源加工转化、产业延伸、改善民生和生态建设等重大工程项目，大大改善和提升了全市经济社会保障水平。截止到9月末，列入《东北振兴若干意见》的8个重点项目有4个项目开复工，列入自治区31个重大项目和45个市级重大项目的项目全部开工，全市固定资产投资完成1055.7亿元，同比增长15.8%，预计全年增长15%。

农牧业发展实现新突破。建成节水高产高效粮食功能区852万亩，粮食生产再获丰收，粮食总产量达到138亿斤；牲畜年度存栏2112万头只口，肉牛主导产业加快发展，存栏达到302万头，农畜产品综合加工转化率达到68%，科尔沁绿色优质安全食品品牌知名度和竞争力显著提升。

一、2015年的主要工作

（一）全力稳定经济增长

面对经济下行压力，有效落实中央、自治区稳增长各项政策措施，及时出台关于稳定工业经济增长、稳定房地产市场和支持服务业发展等配套举措。加强经济运行分析调度和督查落实，提振市场信心，促进了企稳回升。新增规模以上工业企业48户。为通顺铝业、锦联铝材等8户重点企业争取大用户交易电量73亿度，占全区交易总量的83%，为企业节省成本7亿元以上，有力保障了重点企业用电需求。加大金融扶持力度，为165家企业发放贷款10亿元。贯彻落实国家秋粮收购政策，出台指导意见，确保敞开收购。在一系列政策“组合拳”作用下，全市经济呈现出良好发展态势。

（二）加快工业转型升级

加快传统产业新型化，鼓励煤企、电企和铝精深加工企业开展纵向合作，推广高载能产业低碳循环发展模式，形成产业链成本竞争优势；加快玉米生物科技、绿色农畜产品等传统产业延长产业链条，提高产品附加值。预计到2015年底，铝新材料产品总数将达到300个，原铝转化率93.9%以上；玉米生物形成15大类123个产品，玉米淀粉转化率达到70%。推进新兴产业规模化，伯恩露笑蓝宝石、福耀汽车玻璃、欣意稀土高铁铝合金电缆等新材料产业技术不断创新，市场占有率不断提高。预计伯恩露笑蓝宝石晶体全年产量可达186吨，欣意稀土高铁铝合金电缆获国内80多项专利，进入国网订单名录。推动支柱产业多元化，加快推进煤电铝及铝新材料、玉米生物科技、农畜产品加工等支柱产业发展，加大扶持现代蒙药、现代煤化工、新能源等产业发展，打造新的支柱产业。

（三）大力发展现代农牧业

转变农牧业生产方式，新建节水高产高效粮食功能区201万亩，玉米机收面积突破1000万亩，机收率达66%，创历史最高。建设存栏超千头的科尔沁肉牛核心育种场，全市牛存栏总量突破300万头，实现5万头育肥牛的质量安全可追溯。创新农牧业经营方式，引导农村牧区土地经营权规范有序流转，提高农牧民组织化程度，培育壮大龙头企业和合作经济组织，建立完善与农牧民利益联结机制，建立起股份合作型、订单合同型等5种联结形式，涌现出“产业联盟”模式、邦杰“6合1”模式等一批典型。

（四）加快培育新的消费增长点

结合建设智慧城市，着力在物流、电子商务、文化旅游、政、有机食品、养老等消费热点培育上做文章。围绕创建科尔沁文化旅游名城，打造科尔沁500公里文化旅游风景大道，建设了6个自驾车营地和孝庄园等高Λ级文化旅游景区，被评为“中国自驾游试点城市”。预计到年底，全市接待国内外旅游者750万人次，实现旅游综合收入170亿元。重点推进“一港、四园、四中心”建设，加快通辽国际邮快件监管中心、通辽航空口岸、通辽保税物流中心、企业保税仓库等物流平台建设步伐，达成开通通辽至中欧国际货运班列的合作意向。结合农村牧区电子商务工程，逐步建成农村牧区现代物流体系，全市电子商务企业数量达到320家，电子商务交易额达到26亿元，通辽市电子商务产业园被商务部确认为“第二批国家电子商务示范基地”，全市行政嘎查村电商服务站建设覆盖率达到70%。

（四）积极稳妥推进城乡一体化

围绕打造区域中心城市，在主城区启动全国文明城市和国家卫生城市创建工作，实施了“两环、两桥、四街路、六出口”城市基础设施建设工程和“十大公建”项目，配套实施了一批园林绿化、污水处理、排水排污、集中供热、环卫等建设项目，现已完成投资27.3亿元。重点建设实力县城，大力推进“产城融合”，深化户籍制度改革，放宽农牧民进城落户条件，加快人口、产业等要素集聚，提升县域经济整体实力，实施县城提升扩容工程，同步推进新区建设和老城改造。着力建设特色小镇，重点推进舍伯吐镇城乡一体化发展试点。大力推进“美丽乡村”建设，深入实施农村牧区“十个全覆盖”工程，统筹规划协调、多措整合资金、广泛发动群众，完成了944个行政村、115个自然村、32个国有农牧林场的“十个全覆盖”工程，156万农牧民受益，基本公共服务进一步向基层延伸，农村牧区基础设施条件持续改善，农牧民生产生活条件得到极大提升。同时，对已经完成的“十个全覆盖”工程嘎查村开展“回头看”，查缺补漏，强化后续服务和管理。立足长远，深入研究工程设施的长期管护，逐步明晰产权，实行物业化、社会化管理，形成工程管护长效机制。

（五）扎实推进全面深化改革各项工作

围绕中央、自治区党委改革部署，重点推进186项318条具体改革事项、30项重点改革事项和31项改革试点，取得明显成效。进一步简政放权，市本级行政审批事项由193项精简为61项，开展“三集中、三到位”试点，全面压缩清理行政处罚事项，通过取消、下放和冻结的方式一次性压减720项。加快建设北部区域微型电网，推进800千伏特高压直流电源外送起点建设项目。推动霍煤集团完善现代企业制度，霍煤集团与内蒙古矿业集团合作重组进入实质性操作阶段。完善非公经济阳光服务中心功能，开设71个办公窗口，提供各项服务6万余次。深化商事制度改革，推行企业注册登记联合审批及电子化“三证合一”，全市登记注册市场主体达到17.91万户，同比增长30%。深化投融资体制改革，向社会公布了通辽市政府与社会资本合作推介项目159个，总投资近700亿元。推进农村牧区金融改革试点，探索“四权”抵押贷款新模式，贷款余额3亿元。完成奈曼旗土地承包经营权确权登记颁证、扎鲁特旗草牧场确权登记试点。积极融入“一带一路”发展战略，扩大对俄、蒙开放，主动承接沿海发达地区、东北经济区产业转移，努力建设草原丝绸之路节点城市。

（六）全面加强生态文明建设

大力实施科尔沁沙地“双千万亩”治理工程和生物多样性示范工程，完成科尔沁沙地治理403万亩，建设4个生物多样性示范区，建成科尔沁生态科技示范园，最大限度增加生态资产。加快创建国家森林城市步伐，抓好退耕还林还草、生态脆弱区移民搬迁、矿山地质环境治理等重点生态工程建设。强化大气、水、土壤和重金属污染综合防治，开展环境隐患和重大问题排查整治，紧盯项目整改，挂牌督办突出环境问题。

（七）切实保障和改善民生

整合各类资金31亿元，实施“三到村三到户”精准扶贫和“金融扶贫富民工程”，7.5万贫困人口实现稳定脱贫。实施大众创业、万众创新，城镇新增就业1.73万人，农民工转移就业48.4万人。推进保障性安居工程，建成公共租赁住房1698套，开工建设城市棚户区改造安置住房1.7万套，改造完成农村牧区危房4.03万户。医疗保险实现市级统筹，城乡居民大病保险制度全面建立，在全区率先实现旗县公立医院药品零差率销售。城乡医疗救助“一站式”即时结算实现旗县市区全覆盖，自治区级临时救助试点扩大到4个旗县区，救助资金封顶线达到2万元，实现应助尽助。发放高龄津贴4671.84万元，惠及37758名老年人。城市低保保障标准和补助水平分别达到540元和430元，农村牧区低保保障标准和补助水平分别达到3900元和2520元。“五保”对象集中供养和分散供养标准分别达到每人每年7000元和4000元。实现通辽主城区65岁以上老人免费乘坐公交车。

在经济发展新常态下，我们必须清醒地认识到，我市经济社会发展还存在不少问题和困难。一是产业层次不高，结构不合理，战略性新兴产业、现代服务业发展不足，适应市场、有较强竞争力的现代产业体系尚未形成；二是重大项目投资增速放缓，截止到9月末，全市列入自治区和市级的重大项目不同程度存在资金短缺问题。三是农牧业发展和农牧民增收面临一些不利因素，尤其是为缓解粮食结构性过剩问题，国家今年对玉米临时收储政策进行了调整，我市作为玉米作物主产区，受到了一定影响。四是科技创新能力不强，体制机制不够完善，要素市场不够充分，市场主体活力不足。

二、2016年的工作重点

2016年是“十三五”开局之年，是全面落实党的十八大提出的战略目标，全面建成小康社会的关键之年。我们将认真贯彻落实党的十八大和十八届三中、四中、五中全会精神，按照自治区党委和市委的决策部署，坚持发展是第一要务，以提高发展质量和效益为中心，牢固树立并切实贯彻创新、协调、绿色、开发、共享的发展理念，准确把握发展的新形势，主动适应新常态，调整发展思路，实现经济社会发展新跨越。

（一）努力扩大投资规模，推动经济持续健康发展

深入贯彻落实自治区重大项目三年实施计划，抓好投资和重点项目建设。围绕产业迈向中高端，开工建设投资500万元以上工业项目200个，完成工业固定资产投资630亿元以上。重点推进奇瑞集团汽车用铝新材料等项目落地开工。继续抓好内蒙古忠大铝业铝产品深加工、金煤化工扩能技改、蒙东能源循环经济示范等续建项目。围绕基础设施配套，加快建设扎鲁特旗至山东青州±800千伏特高压直流输电、通辽至京沈客专连接线、京通线和通让线铁路电气化改造等项目。围绕公共服务供给，加快推进全民健身中心、通辽蒙医中心医院建设，规划建设通辽主城区公用停车场等项目。围绕水利基础设施建设，重点抓好“引绰济辽”工程、辽西北供水通辽支线、“引嫩济霍”工程、嘎海山水库等重大项目。围绕重大民生工程，抓好以“十个全覆盖”工程和创建全国文明城市、国家卫生城市为主导的城乡道路交通等重点项目。多渠道筹措项目建设资金，力争争取上两级资金20亿元左右；拓宽融资渠道，加大城投企业债券的支持力度，扩大政府与社会资本合作项目合作领域，支持社会事业新兴产业加快投资发展。

（二）持续推进工业转型升级，构建产业新体系

改造和提升传统优势产业。高端铝新材料方面，推动铝产品向航天航空用铝材、轨道交通车体用铝材、超大规模铝合金宽厚板和集装箱用型材等高端产品迈进，年内新增铝新材料产业产品总数达到100个。玉米生物科技产业方面，大力发展变性淀粉、淀粉糖等产品，开发食品级和医药级氨基酸及其衍生物、高附加值酶制剂、有机酸，发展小氨基酸产品，力争年内玉米生物产业新增产品50个。绿色食品加工方面，向绿色安全、高附加值和品牌化发展，提高培育千亿级农畜产品生产加工输出基地，提高科尔沁绿色有机食品的市场占有率。加快发展战略性新兴产业。充分把握国家产业政策，积极对接国家产业投资引导基金，培育一批战略性新兴产业。推进现代装备制造业发展，贯彻落实《中国制造二〇二五》，围绕东北三省大型装备制造业集团，主动搞配套，引进农牧业机械、汽车零部件配套、新能源汽车组装等项目。加快新材料产业发展，实施优质浮法特种玻璃、蓝宝石深加工、仁创砂产业园等项目。支持节能环保、信息技术、云计算等产业发展。加快推进蒙药股份公司上市步伐。

（三）加快转变农牧业发展方式，提高农牧业现代化水平

构建现代化农牧业产业体系，以粮草兼顾、农牧结合、循环发展为导向，调整优化种养结构。在稳定粮食综合生产能力的基础上，大力发展以荞麦、红干椒、中药材、杂粮杂豆等为主的特色种植业。发展以肉牛为重点的现代化养殖业，推进“粮改饲”。坚持为养而种、种养结合，实施引草入田，发展生态草业，建设饲草料基地550万亩。推进肉牛规模化、标准化、专业化养殖，2016牧业年度肉牛存栏新增17.6万头。构建现代化农牧业经营体系。完善龙头企业与农牧民利益联结机制，推广蒙草抗旱产业联盟等利益联结模式，培育新型职业农牧民。继续推进全市土地承包经营权确权登记颁证工作，在科尔沁区开展土地承包经营权确权登记颁证试点，全面完成全市草原确权承包及基本草原划定工作。推进农牧业标准化、信息化。加强农畜产品质量安全管理，扩大可追溯肉牛产品的生产规模，完成“科尔沁牛”农产品地理标志认证，新建5个市级标准化示范基地。

（四）全力推进现代服务业发展，打造发展新动力

加快发展现代商贸物流业，打造开发区综合物流园区、科尔沁综合物流园区、空港物流园区、木里图生产性物流园区、内蒙古东部煤炭交易中心五大物流平台，大力培育粮食物流、冷链物流、煤炭物流、建材物流等大宗特色物流。调整优化主城区商业布局，加快推进万达广场、五洲城、万力城等重点城市商贸设施建设步伐。着力推动文化旅游业，加快建设科尔沁500公里文化旅游风景大道自驾游服务系统，重点推进银沙湾、孝庄园、可汗山等文化旅游重点项目，推动文化与旅游产业深度融合。催生培育新的消费热点，重点推进以电子商务为代表“互联网＋”产业发展，培育有机食品、民族用品、物流等新服务业态和新消费产品。

（五）落实创新驱动战略，增强科技贡献率

实施平台载体建设工程，申报、新建内蒙古通辽国家农业科技园区、国家智慧城市试点、开发区高新技术产业园区、自治区级肉牛工程技术研究院、自治区级众创空间、铝及新材料领域院士专家工作站等六大平台，年内争取通辽科技大市场网络平台正式投入运营服务。推进通辽生物高科技创新园建设，推动霍林郭勒市申报国家可持续发展试验区、科左中旗申报自治区级可持续发展试验区。围绕玉米生物、蒙医药、“十个全覆盖”工程等重点产业和项目开展7项产业技术攻关及软科学研究。进一步加强与区内外高校和科研院所的合作，落实通辽科技大市场、生物高科技创新园、蒙医药工程研究院、内蒙古蒙东铝及新材料工程技术研究院、通辽市蒙草沙地治理与林草农牧业发展研究院有限公司、重点实验室建设，加强优势特色产业领域的成果转化与生产需求对接。

（六）加快城乡一体化进程，推进城乡协调发展

以“双城同创”为引领，以民生城建为突破口，抓好城市基础设施和公共服务设施建设，优化城市功能，提升城市品位。继续完善“两环、两桥、四街路、六出口”工程，推动主城区“五工、四区、一水”改造工程。积极争取智慧城市建设列入国家试点。继续抓好旗县市区“一街、一路、一镇、一社区”改造工程。旗县城关镇、建制镇组织实施一批基础设施完善、公共服务提升、民生改善等项目，优化服务承载功能，提升辐射带动能力。以“十个全覆盖”工程为抓手，继续推动“美丽乡村”建设，进一步提高工程建设标准，增加服务供给，强化后续服务和管理实行物业化、社会化管理，形成工程管护长效机制，推动城镇公共服务向农村延伸，促动200万农村牧区人口就地城镇化。大力发展县域经济。提高旗县市区工业园区承载能力，抓好开鲁县、霍林郭勒市“扩权强县”自治区改革试点，推进舍伯吐镇“扩权强镇”试点。

（七）全面深化改革，进一步释放改革红利

持续推进简政放权、放管结合、优化服务，对市本级保留的行政审批事项进行流程再造，推行并联审批、网上审批，压缩审批时间，提高审批效率。加快电力体制改革，推进北部区域微型电网试点，扩大大用户直供电政策范围，争取交易电量突破100亿千瓦时。深化国有企业改革，加快霍煤集团所属企业混合所有制改造，完善国有资产管理体制，以管理资本为主加强国有资产监管。实行市场准入负面清单制度，启动并公布责任清单和涉企收费项目清单。推进土地、草牧场确权登记颁证，完成供销合作社改革，深化农村集体产权制度改革，每个旗县确定1个城乡发展一体化试点，引导社会资本参与农村牧区基础设施建设。深化商事制度改革，推动大众创业、万众创新，鼓励发展众创、众包、众扶、众筹空间。

（八）加强生态文明建设，打造绿色生产生活环境

突出抓好重大生态工程建设，年内完成科尔沁沙地“双千万亩”综合治理工程346万亩，抓好罕山、大青沟、乌斯吐、老哈河南岸沙带4个生物多样性示范区的完善续建工程，启动科左后旗乌旦塔拉生物多样性示范区建设。完成交通干线、工业园区、城镇村屯等重点区域绿化15万亩，创建国家森林城市。加快巩固退耕还林成果项目收尾工作，最大限度地增加生态资产。实施最严格的环境保护制度，深入实施大气、水、土壤污染防治计划，推进多污染物综合防治和环境治理。全面落实主体功能区规划。严格落实领导干部自然资源资产离任审计制度，制定生态环境损害责任追究制度，探索制定生态文明建设目标评价考核办法，把资源消耗、环境损害、生态效益纳入经济社会发展评价体系。

（九）实施更加积极的开放战略，打造内陆沿边开放新高地

主动融入东北经济区。瞄准东北市场对绿色农畜产品、天蓝水绿旅游风光的消费需求，扩大“科尔沁”绿色农畜产品在东北市场的份额，携手共建大东北无障碍旅游区，推进“通四铁”次区域合作，推动省域边界地区组团发展。拓展对俄、蒙合作。建设草原丝绸之路重要节点城市。加快与俄罗斯基础设施的互通互联，深度开发与蒙古国的投资和经贸合作。打造霍乌哈“金三角”。加快建立水煤互补、跨网电量交易等区域经济合作新模式，提高区域整体竞争力。积极承接发达地区产业转移，实施精准招商，引进资本、科技、人才等要素。

（十）全力推进民生改善，提高群众幸福指数

做好扶贫开发工作，继续实施“三到村三到户”精准扶贫，深入推进产业扶贫，年内整合投入各类资金35亿元，扶持1.06万户、4万人稳定脱贫。推动创业就业，健全完善经济发展与促进就业联动机制，实现城镇新增就业1.73万人，城镇登记失业率控制在3.9%以内，开展就业技能培训1万人、农牧民劳动力转移就业45万人。加大城乡低保提标提补，城市低保保障标准月提高50元，农村牧区低保保障标准年提高500元，“五保”集中供养、分散供养标准年分别提高1000元和500元。全面发展社会各项事业，推动教育、文化、体育、卫生等各项事业蓬勃发展。

供　　稿：高志峰　　通辽市委副秘书长、政研室主任
责任编辑：崔树华

赤峰市经济社会发展情况

2015年，赤峰市认真贯彻落实党的十八大和十八届三中、四中、五中全会精神，深入学习贯彻习近平总书记系列重要讲话精神，全面落实自治区党委工作部署，牢牢把握发展第一要务，主动适应经济发展新常态，着力推动“发展转方式、政府转职能、干部转作风”，经济社会发展取得了新成绩。

截至9月末，地区生产总值完成1162.2亿元，增长8%；城镇常住居民人均可支配收入19399元，农村牧区常住居民人均可支配收入5974元，分别增长8.8%和9.4%。截至10月末，500万元以上固定资产投资完成1153亿元，增长15.7%；社会消费品零售总额完成511.8亿元，增长8.3%；公共财政预算收入完成84亿元，增长6.1%。预计到年末，地区生产总值完成1860亿元，增长8%；规模以上固定资产投资完成1272亿元，增长15.5%；规模以上工业增加值增长9%；社会消费品零售总额637亿元，增长8.3%；公共财政预算收入104亿元，增长6%；城镇常住居民人均可支配收入25241元，农村牧区常住居民人均可支配收入8877元，分别增长8.8%和9.4%。

一、2015年的主要工作

（一）努力增投资、上项目，推动三次产业协调发展

围绕自治区“五大基地”建设，持续加大项目建设力度。动开工投资5000万元以上项目627项，完成投资808亿元。其中列入自治区调度的重大项目58项，动开工57项，完成投资241亿元。大唐40万千瓦风电、中电投2×30万千瓦热电联产、中金岭南30万吨铅锌多金属冶炼、伊品生物10万吨苏氨酸和10万吨合成氨、大地云天化120万吨缓控释肥、瑞阳化工整体搬迁、中新12万锭纺纱等重大项目加快实施，重点项目投资对固定资产投资的支撑度达到62%。

着力促进产业结构调整和转型升级。预计到年末，三次产业比

重为15.5：47.2：37.3。继续加快具有地区特色的有色冶金、清洁能源、新型化工、绿色农畜产品加工四大基地建设，集中打造面向首都经济圈和环渤海经济圈的清洁能源输出基地，积极推动工业集约、集聚、集群发展。全市12家工业园区销售收入占规模以上工业企业销售收入的比重达到86%。有色金属冶炼和深加工能力分别达到79万吨和22万吨；电力并网装机810万千瓦，其中风电装机385万千瓦，占总发电量的比重达到25%；大唐克什克腾煤制天然气公司已经具备年产27亿立方米天然气的生产能力，向北京输送天然气8.3亿立方米。1—10月，规模以上工业企业主营业务收入同比增长5%，亏损企业同比减亏10.2%。

加快转变农牧业发展方式，大力发展现代农牧业。高效节水种植面积达到960万亩，粮食产量稳定在100亿斤以上，牧业年度牲畜存栏2285万头只，连续10年居自治区首位。以阿鲁科尔沁旗百万亩现代草业基地、翁牛特旗中粮集团150万口现代化生猪养殖加工基地、澳亚8万头奶牛、恒都10万头肉牛等为代表的现代农牧业项目加快建设。农牧业专业合作社发展到1.4万家，农牧业种养大户达到10.4万户。市级以上产业化龙头企业264家，农畜产品加工转化率达到65%。无公害、绿色、有机和地理标志农产品341个，赤峰成为中国（国际）牛羊肉产业大会永久举办地。

传统服务业加快提档升级，物流、旅游、金融等现代服务业快速发展。草原文化旅游目的地和区域性商贸物流中心建设取得新进展。全市物流园区销售收入达到445亿元，同比增长24%，赤峰保税物流中心1月份封关运营以来办理进出口业务货值1600余万元；接待游客1211万人次，实现旅游收入187亿元，分别增长12.8%和14.8%。实现了银行业金融机构乡镇全覆盖和助农金融服务网点村级全覆盖。1—10月，市内银行业存款余额1452亿元、贷款余额1160亿元，同比分别增长7.7%和11.1%；存贷比79.7%，比年初提高3.2个百分点。出台支持房地产企业减少库存、购房契税减半征收、提高住房公积金贷款额度等系列优惠政策，促进房地产业稳定发展。全市新开工商品房面积240万平方米；商品房销售面积507万平方米，增长19%；二手房交易面积184万平方米，增长22.1%。

（二）全面深化改革、扩大开放，不断增强经济社会发展的动力和活力

细化分解2014—2020年改革任务346项858条，2015年实施改革举措281项，取得改革成果146项。积极推动行政审批制度改革，市、县两级权力清单全面公开，权力清单流程优化再造工作开始启动，审批环节精简17%，审批时限压缩59%；全区首张“三证合一、一照一码”营业执照在赤峰颁发，新增各类市场主体4.3万个，增长25.5%。加快投融资体制改革，确定政府与社会资本合作融资项目96个，总投资511亿元，海贝尔游乐园升级改造等3个项目完成采购程序，三座店水利枢纽中心城区引供水工程等12个项目签订合作协议。不断深化社会领域改革，旗县区公立医院改革和分级诊疗工作开始实施；设立2000万元文化产业扶持资金，实行县域内义务教育学校校长、教师交流轮岗制度。民主法制、纪律检查、党的建设制度等领域改革取得积极进展。积极开展改革试点工作。中央、自治区及赤峰市本级确定的55项改革试点年内完成23项，土地、草牧场承包经营权确权登记试点任务基本完成，农村牧区土地草牧场流转规模突破900万亩，集体土地发证率超过80%；喀喇沁旗进入自治区第二批“扩权强县”试点；敖汉旗森林资源资产责任审计试点任务完成；主要污染物排污权有偿使用和交易、自然资源资产负债表编制、可持续发展实验区等试点工作有序推进。

主动对接“一带一路”经济带，赤峰市与黑山尼克希奇市缔结为友好城市。积极融入京津冀一体化发展，赤峰被正式纳入《京津冀协同发展规划纲要》，并被定位为保障京津冀地区的清洁能源输出基地，京津冀地区成为赤峰招商引资的重点。继续加强与东北老工业基地、环渤海经济圈的合作，区域间经济互补优势进一步显现。赤峰市向北开放重点项目储备库建立。全年引进国内区外资金560亿元，增长14.5%。

（三）加强城乡基础设施建设，经济社会发展条件进一步改善

紧紧抓住李克强总理2014年考察赤峰的重要机遇，主动加强与国家部委和自治区有关部门的沟通对接，以突破交通运输、能源外送、水资源、生态环境瓶颈制约为重点，促成了一批重大基础设施建设工程。交通通道建设方面，正线全长157.4公里、估算总投资170亿元的赤峰至京沈客专连接线项目开工；丹锡高速经棚至锡林浩特段加快建设，经棚至承德高速列入交通运输部第一批政府与社会资本合作先行试点项目，大板至经棚高速获得国家批复并开展可研；二级以上公路在建里程347公里；铁路在建里程829公里，巴新铁路大板至新邱段建成通车；玉龙机场通航城市达到13个，年旅客吞吐量达到百万人次，阿旗通用机场获得批复。能源通道建设方面，赤峰至承德500千伏电力改接输电通道列入国家重大基础设施工程包，赤峰至华北或华东特高压电力外送通道前期工作取得积极进展，白音诺尔220千伏输变电等一批输变电工程投入运行。水利工程建设方面，三座店水利枢纽工程竣工验收，东台子水库、琥珀沟水库分别获国家和自治区发改委批复，三座店水利枢纽向赤峰中心城区供水工程列入财政部政府与社会资本合作示范项目。生态建设方面，京津风沙源治理、退耕还林、退化林分改造等工程进展顺利，新增营造林面积116万亩、重点区域造林绿化20万亩、节水经济林20万亩。环境保护方面，扎实推进重金属、水和大气污染治理，主要污染物削减比例完成自治区下达任务。

积极推进城乡统筹协调发展。百万人口区域性中心城市建设得到巩固和加强，中心城区实施市政公用基础设施建设项目69个，完成投资26亿元，中环路西环、西大桥、新华大桥和西站大桥建成通车，西站大街、松一街、英金路等一批道路工程基本完工，城市功能进一步完善，承载能力进一步提高。中心城区建成区面积达到105平方公里，人口达到101万。加快推进县城和重点小城镇建设，20个小城镇列入国家级重点小城镇建设范围，初步形成梯次分明、布局合理的城镇格局。积极推进户籍制度改革，有序引导农牧业转移人口市民化，常住人口城镇化率达到47.3%，较上年提高1.2个百分点。加快推进新农村新牧区建设，大幅度增加投入，集中改善公共服务条件，农村牧区面貌发生了深刻变化。

（四）扎实做好保障和改善民生工作，促进城乡居民共享改革发展成果

认真落实自治区党委工作部署，不断深化对实施农村牧区“十个全覆盖”工程的认识，切实把实施“十个全覆盖”作为民生工程、民心工程和发展工程来抓，持续加大组织领导、宣传发动、资金投入和专项推进力度，“十个全覆盖”工程取得了丰硕成果。2014—2015年，累计完成投资164亿元，1735个行政村实现全覆盖，占行政村的81.4%，1623个自然村开工建设，占自然村的20%，124万人受益。共实施农村牧区危房改造7.4万户，街巷硬化8443公里，电网改造升级2478公里，解决饮水安全66.4万人，改造校舍310所，建成标准化卫生室1251个、文化活动室1925个、商品配送中心2个、便民连锁超市1357个、助农金融服务网点2246个，美化院墙102万延长米、屋顶23.4万平方米，立面装饰64万平方米，栽植绿化苗木176万株，安装路灯10711盏，放置垃圾桶1.6万个，累计为45.7万人发放基础养老金5.35亿元，为50287人发放高龄津贴8982万元。农村牧区面貌发生了翻天覆地的变化，基础设施、生产生活条件得到极大改善，自我发展能力明显增强，社会事业得到充分发展，公共服务能力显著提升，文明程度显著提高，乡村环境焕然一新，党群干群关系进一步密切。干部群众对实施“十个全覆盖”工程交口称赞。

深入实施创业就业、棚户区改造、扶贫攻坚等重点民生工程。新增城镇就业3.16万人，城镇登记失业率控制在4%以内；完成农牧民转移就业70万人。新建创业就业孵化基地4处，总数达到21个，蒙东云计算中心列入全国创业孵化示范基地和国家级科技企业孵化器。全面开展精准扶贫、金融扶贫，统筹推进专项扶贫、产业扶贫和社会扶贫，投入扶贫资金30亿元，14万贫困人口实现稳定脱贫。大力加强保障性住房建设，投资20.6亿元，新开工各类保障性住房14540套；实施老旧小区改造110万平方米，危房改造3.7万户，年底全部竣工。李克强总理和自治区党委、政府关心关注的铁南棚户区改造项目进展顺利，累计完成投资17亿元，一期10万平方米1140套回迁房基本建成，全部工程将在2016年底竣工。继续加强社会保障体系建设，城镇低保标准由每月442元提高到457元，农村牧区低保标准由每年2861元提高到3007元，保障人数达到38.5万人，基本实现应保尽保。城镇职工住院报销封顶线提到35万元。认真落实自治区“三件民生实事”，惠及75.3万农牧户、4280名大学新生和138户“零就业”家庭。

深入实施创新驱动战略，统筹推进各项社会事业发展。新增国家级高新技术企业2家，成立有色金属、谷子、制糖3家产业技术创新战略联盟，总数达到10家，占全区的50%。赤峰·中国北方农业科技成果博览会影响力进一步扩大，2015年有8个国家1258家企业参展，现场交易额2.8亿元。义务教育均衡发展取得初步成效，林西县通过国家验收。全市学前三年毛入学率达到87.5%，高考本科上线率53.59%。县级公立医院改革步伐加快，改扩建基层卫生院20所，新建嘎查村卫生室188个，城乡一体、分级诊疗的现代卫生服务体系进一步完善。大力发展文化事业和文化产业，第十届红山文化节隆重举行，2014—2015年度中国国际微电影颁奖活动成功举办，赤峰成为中国国际微电影颁奖盛典永久举办地。加大文化遗址保护力度，启动红山文化遗址周边环境整治工作，推进辽上京考古公园建设，加强赤峰境内长城保护。抓好足球改革试点工作，新建足球场地6处，开展各类足球比赛1643场次。

（五）深入推进“法治赤峰”和精神文明建设，社会大局和谐稳定

全面推进依法治市，确定并实施了7大类185项依法治市举措。市人大及其常委会为立法工作作了充分准备。开展了完善司法责任制、完善司法人员分类管理制度、健全法官检察官人民警察职业保障制度、省以下地方法院检察院人财物统一管理等4项司法体制改革试点，落实检察官员额制度，进一步规范了司法行为。完成“六五”普法任务，全社会法治意识进一步增强。

深入开展全国文明城市创建活动，持续开展环境卫生、交通秩序、市场秩序、公共场所秩序、窗口单位服务专项整治行动和文明餐桌、文明引导、文明旅游、文明上网行动，全社会文明程度进一步提高。深化群众性精神文明创建活动，8个村镇和单位获得全国文明城镇和单位称号，6人荣登“中国好人榜”获得“中国好人”称号，6人入选中央文明办“好人365”年度封面人物。加强和改进宣传思想工作，深入开展社会主义核心价值观、中国梦宣传教育“六进”活动和“打造亮丽风景线”、“十个全覆盖”、“讲述精彩赤峰故事”等主题宣传活动，宣传工作的深度和广度进一步增强。

积极创新社会治理。完善多元化矛盾纠纷化解机制，推行“阳光信访”工作模式，着力解决群众反映强烈的信访突出问题，群众来访批次和人次分别下降14.5%和47.2%。推进立体化社会治安防控体系建设，治安案件下降15.2%，刑事立案下降4%。高度重视安全生产和食品药品安全监管工作，加大隐患排查治理和专项整治力度，安全生产形势稳定。

2015年，赤峰经济社会发展存在的主要问题，一是经济总量小、人均水平低、财政收支矛盾突出的状况未得到根本改变，经济总量居全区中游，人均指标普遍靠后；二是受宏观经济下行影响，投资增速放缓，对地区经济具有支撑力的大项目开工少，发展后劲不足；三是生态环境脆弱，可持续发展压力加大；四是城镇化水平低，城镇化率低于全国全区平均水平，城乡二元结构仍然突出；五是贫困面大，贫困人口多，年底仍有贫困人口24.3万人，约占全区的1/3，脱贫攻坚任务繁重。

二、2016年的工作重点

2016年，赤峰市将认真贯彻落实党的十八届五中全会和自治区党委九届十四次全委会议精神，积极践行创新、协调、绿色、开放、共享“五大发展理念”，紧紧围绕做大经济总量和提高经济发展质量双重任务，加快转变经济发展方式，加快新型工业化、信息化、城镇化和农牧业现代化进程，加快开放合作和区域经济一体化发展步伐，着力保障和改善民生，全力维护社会稳定，努力实现“十三五”良好开局。初步确定，地区生产总值增长7.5%左右，力争达到8%；规模以上固定资产投资增长13%以上；社会消费品零售总额增长10%左右；公共财政预算收入增长6%以上；城乡常住居民人均可支配收入分别增长9%左右和10%左右。

（一）积极应对经济下行局面

在扩大企业融资、推动发电和用电企业对接、对困难企业减免缓税费、推动停产半停产企业恢复生产等方面，进一步采取针对性强的措施，保障企业运行。营造宽松环境，鼓励大众创业、万众创新，支持小微企业发展，进一步壮大市场主体规模。继续激活房地产市场，稳定房地产税收和就业，有效发挥房地产业在稳定经济增长中的积极作用。加强财税工作，启动一批优质财源建设项目，降低非税收入比重，提高财政收入质量。

（二）继续推进一批重点项目

围绕京津冀清洁能源输出基地和赤峰东部162平方公里工业走廊建设，加快225万千瓦风电、中电投2×30万千瓦热电联产、大唐煤制气三期、赤峰云铜和金剑铜业搬迁扩建、奇瑞电动客车、赤峰工业园区自备电厂等一批项目建设，推进克旗芝瑞120万千瓦抽水蓄能电站、大唐克旗2×66万千瓦火电、庆华煤基清洁能源等项目前期工作。加快赤峰至京沈客专快速铁路、经棚至锡林浩特高速、大板至经棚高速建设速度，争取开工建设经棚至承德高速、锦白铁路扩能改造、克旗通用机场；力争东台子水库、琥珀沟水库开工建设。

（三）以新的理念推动产业发展

围绕推动工业集群、集聚、集约发展，重点打造赤峰东部工业走廊，2016年完成总体规划，打通红山、元宝山两个园区连接地带，启动一批重点项目，加快向国家级工业园区迈进；在每个旗县规划建设一个百亿元园区；有色金属产业销售收入力争达到1200亿元；推动机械制造、新能源汽车、电子信息等产业加快发展。新增设施农业10万亩，节水紫花苜蓿和节水经济林各20万亩；推动“果树上山、粮食下坡、牲畜入棚”和“牧繁农育、企繁户养”，粮食种植面积调减200万亩左右，加大种子工程实施力度，建设一批标准化养殖厂；土地和草牧场流转规模突破1000万亩。启动国家级示范物流园区建设，建设联想增益冷链物流基地、空港物流园区和医药物流园区，物流业交易额突破500亿元；发展“全域全季”旅游，推进克什克腾品牌景区建设，争取美林谷滑雪场成为冬奥会培训基地，接待游客突破1400万人次；启动智慧城市、云计算公共平台和电子商务产业园区建设。

（四）加快城乡一体化进程

按照把赤峰打造成京津冀城市群、辽沈城市群之间次中心城市的定位，全面启动中心城区和喀喇沁旗同城化建设，编制整体规划，在喀喇沁旗和松山区西部建设生态旅游区和水源涵养区，在红山区、元宝山区和松山区东部建设工业集中区。加强县城建设，提高产业和人口承载能力。深入实施农村牧区“十个全覆盖”工程，年内覆盖80%

的农村牧区人口，并将苏木乡镇所在地纳入建设范围，加快新农村新牧区建设步伐。

（五）全面深化改革、扩大开放

启动6大领域101项改革，重点推动政府职能转变、投融资、教育、就业、医疗、社会治理、创业就业、土地流转等方面改革。争取在融入京津冀协同发展、建设国家级产业合作与转型升级示范区方面取得明显进展；与锡盟、通辽研究锡赤通经济带支撑项目，争取在共建产业园区方面取得突破；推动赤峰保税物流中心向综合性保税园区发展，与自治区北部口岸和辽宁相关港口开展实质性合作。

（六）进一步提高民生保障水平

打响打胜脱贫攻坚战，实现7.5万人稳定脱贫。加快保障性安居工程建设，确保完成铁南棚户区改造任务，如期实现李克强总理提出的“让铁南棚户区居民3年搬入新居”的目标。推进就业创业工程，年内新增城镇就业3万人。加强教育、卫生、文化、社会保障、环境保护等公共服务能力建设，建设赤峰教育园区、阳光集团医养结合健康养老园区。

供　　稿：曲国光　　赤峰市委副秘书长、政研室主任
责任编辑：张　敏

锡林郭勒盟经济社会发展情况

2015年，面对经济下行压力，我盟全力贯彻落实“四个全面”战略布局和自治区“8337”发展思路，主动适应经济发展新常态，牢牢把握稳中求进工作总基调，按照“十个更好、六个跟进”目标要求，努力推动经济社会实现持续健康发展。

前三季度，全盟地区生产总值完成633.84亿元，增长7.6%，其中工业增加值367.61亿元，增长8.3%；公共财政预算收入68.01亿元，增长8.7%；公共财政预算支出150.6亿元，增长12.5%；全社会固定资产投资完成411.78亿元，增长15.8%；社会消费品零售总额完成154.04亿元，增长7.1%；城乡常住居民人均可支配收入分别完成22650元和8410元，同比分别增长8.6%和9%。预计全年，地区生产总值增长9%，全社会固定资产投资增长15%，公共财政预算收入增长12.7%，城乡常住居民人均可支配收入分别增长10%和12%。

经济运行质量有了新提高。工业经济稳中有进，全盟381户规模以上工业企业实现增加值321亿元，增长9.1%，增速高于全区平均水平0.5个百分点，其中装备制造、冶金、农畜产品加工、建材等产业增加值分别增长29.9%、16%、15.8%和5.2%。农牧业生产进展顺利，全盟牧业年度存栏牲畜1548.6万头只，其中大畜存栏162.1万头，比上年增加13.9万头；截至9月底，全盟出栏牲畜602.8万头只，打储草24.5亿公斤，预计年内出栏牲畜900万头只，打储草25.3亿公斤；全盟播种农作物380万亩，预计粮食总产量48.68万吨，较上年增加12.38万吨。服务业发展态势较好，全盟接待游客1274.5万人次，实现旅游总收入233.3亿元，分别增长7.1%和15.9%；金融机构存贷款余额分别达到593.9亿元和910.7亿元，同比分别增长12.2%和6.2%。

重点项目推进有了新成果。安排亿元以上盟级重点项目200个，年内计划投资820亿元，拉动全社会投资完成966亿元。前三季度开复工195个，开复工率97.5%，完成投资622亿元。额吉淖尔盐场盐硝联产、西苏京能赛罕光伏发电等24个项目建成，预计年内还将建成投产投运项目62个。事关长远发展的锡盟至山东济南特高压电力外送通道7个配套电源点项目全面开工建设。39个自治区级重大项目开复工38项，前三季度完成投资242亿元，未开工的锡盟至江苏泰州特高压直流输变电工程项目已获国家能源局核准，年内开工建设。

转变发展方式有了新突破。按照传统产业新型化、新兴产业规模化、支柱产业多元化的总体要求，大力推进“五大基地”建设，着力调结构、转方式，初步形成了以煤电为基础、多元发展、多极支撑的产业体系。2015年，预计全盟煤炭产量达到9000万吨，电力总装机达到929万千瓦，化工产品中聚丙烯产量达到13万吨、碱产品达到38万吨，金属冶炼中生产锌锭12万吨、锗锭10吨、黄金4吨，农畜产品行业中加工牲畜800万羊单位、无毛绒7000吨、乳制品8万吨，建材行业中生产水泥600万吨、石材4000万平方米。

一、2015年的主要工作

（一）高度重视并切实抓好草原生态环境保护

严格实施主体功能区规划，落实红线管控制度，制定生态红线划定和保护方案，划入红线面积占到盟域面积的85%以上。积极推进生态文明制度建设试点，完成东乌旗、苏尼特左旗和正蓝旗生态环境资源普查，探索实行生态环境“负面清单”制度。创新生态管理保护体制机制，在全区率先成立盟、旗两级生态保护机构，通过政府购买服务聘用大学生生态管护员1000名，形成盟、旗县市（区）、苏木乡镇、嘎查村四级管护网络。精心实施重点生态工程，年内完成生态治理面积93.1万亩。扎实推进和谐矿区建设，年内对634个在期采矿权的3800公顷矿区、“两线三区”1384公顷废弃居民点和工矿废弃地进行生态治理。同时，始终高度重视节能减排工作，预计单位地区生产总值能源消耗、工业增加值用水量和主要污染物排放等指标顺利实现自治区“十二五”规划目标。

（二）加快发展现代农牧业

实施家畜品种优化工程，打造国家级肉牛肉羊优良种畜繁育示范基地，推动畜牧业由数量扩张型向质量效益型转变，全盟已建成自治区级肉羊良种场11个、西门塔尔牛核心群190个。积极培育龙头企业，大庄园、华润农畜产品加工、红井源油脂技改搬迁等9个农牧业产业化重大项目加快推进，全盟农牧业产业化龙头企业发展到104家。在锡林浩特、苏尼特左旗等旗市集中打造5个农畜产品加工园区，推动加工企业向园区集中，促进畜产品加工产业提档升级。加快羊肉全产业链追溯体系建设，年内完成80万只肉羊可追溯档案建设，推动优质畜产品进入高端市场。制定《家庭牧场建设标准》、《关于加快发展农牧民专业合作社的意见》，年内集中扶持建设高标准家庭牧场100户，规范壮大合作社100家。

（三）全力推进新型工业化

围绕转方式、调结构加快推进新型工业化，全力推动煤炭、电力、金属冶炼等资源型产业优化升级，大唐多伦煤化工稳定生产，西乌昊融镍冶炼、兴安铜锌冶炼扩建等项目进展顺利，锡林郭勒电源基地配套煤电项目全部采取主辅机空冷技术，有效促进了煤炭、有色金属资源转化。创新资源配置方式，制定《煤电基地特高压外送通道送出风光电资源配置暂行办法》等政策措施，通过资源换项目，上海电气、明阳电气、新疆特变电工等项目先后落地。印发《循环经济发展工作方案》、《重点行业清洁生产推行方案》，设立粉煤灰产业研发和综合利用发展基金，做好共伴生矿产、尾矿、粉煤灰等工业固体废物有效利用，促进资源循环利用和清洁生产。

（四）大力发展草原文化旅游产业

将文化旅游产业作为支柱产业、动力产业、富民产业，研究出台《关于加快文化旅游产业发展的意见》，安排5000万元产业发展专项资金抓好重点项目和精品线路建设，打造《千古马颂》等精品剧目，利用好《狼图腾》宣传效应，着力提升草原文化旅游业知名度和影响力。全盟A级景区达到23家，乡村旅游接待户增至452家，中国马都核心区、元上都民族文化特色产业园、忽必烈影视基地、洪格尔旅游区等一批重点旅游项目相继建成，草原自驾游驿站、元上都遗址保护展示二期、乌拉盖湖旅游综合开发、野生动物观光园等项目正在加快建设。

（五）全面深化改革开放

围绕中央、自治区党委改革部署，重点推进275项改革任务和56

项改革试点，取得明显成效。优先推进有利于稳增长的改革事项，将推进简政放权作为增强经济内生动力重要举措，盟本级再次取消下放行政审批项目29项，取消企业投资项目核准前置条件18项。认真落实扶持企业政策，截至9月底，免征小微企业、个体工商户增值税、营业税、所得税达亿元。通过降低市场准入门槛、完善财政金融扶持政策等措施，促进中小企业加快发展，全盟市场主体发展到8.9万户，增长13.7%。出台《涉企收费专项清理规范工作实施方案》，通过取消部分收费和基金、减征失业保险费为企业减负千万元。制定《关于支持冶金、电石产业转型升级差别化电价政策实施方案》，安排1000万元资金用于差别化电价补贴，9户企业纳入自治区多边交易范围。推动资本市场融资，银泰资源上市公司实现属地注册、宏源农牧业科技公司在全国中小企业股份转让系统正式挂牌，实现国内上市公司和企业“新三板”挂牌零的突破。加快推广政府与社会资本合作模式，公布鼓励社会资本投资示范项目46个，总投资83.2亿元，多伦县市政道路建设等政府与社会资本合作项目已启动实施。稳步推进财税体制改革，在盟本级全面实施零基预算和综合预算，完成了政府性存量债务核查。积极扩大对外开放，启动编制“十三五”向北开放规划及口岸建设发展专项规划，二连浩特—扎门乌德中蒙跨境合作区部分前导性工程开工建设，二连浩特边民互市贸易区一期工程投运。

（六）切实保障和改善民生

前三季度，全盟各级财政用于民生方面支出122.1亿元，增长15.1%，占到公共财政预算支出的81.1%。其中，教育、农林水事务、住房保障等支出分别增长15.2%、45.9%和46.4%。扎实开展扶贫攻坚工作，落实各类扶贫资金11.38亿元，预计年内扶持2.4万人稳定脱贫。启动实施基础教育质量提升三年行动计划和医疗卫生服务质量提升三年行动计划，盟级财政分别安排资金1亿元和5000万元推动教育和医疗质量提升，2015年高考本科一批上线率较去年提高4.8个百分点。不断提高社会保障水平，将城乡低保标准提高15%，把高龄津贴享受范围扩大到78～80周岁老人，将45～55周岁男性和40～50周岁女性纳入农牧民免费体验范围，并成为全区首个开通“新农合”跨省直报的地市。

按照“农村不漏一个自然村、牧区不漏一个散居点（蒙古包）”

目标，发动干部群众全力推进“十个全覆盖”工程。截至9月底，累计完成投资30.23亿元，预计年内完成投资36亿元以上，开工改造危房15956户，解决3.35万农牧民饮水安全问题，硬化街巷1355公里，开工建设通网电工程1730户，新建改造校舍22处，同时投资11.8亿元改善农村牧区人居环境。出台《关于进一步推进就业创业工作的实施意见》，探索实施“创业孵化基地（创业园）+创业培训+创业担保贷款+电子商务+税费减免+跟踪服务”等“九位一体”工作模式。前三季度全盟发放小额担保贷款1亿元，培训城乡各类人员2.1万人，新增城镇就业1.4万人，农牧民转移就业9.3万人，预计年内新续建创业园（孵化基地）24处，拉动就业6000多人，全盟城镇登记失业率控制在3.18%，低于调控指标0.42个百分点。高度重视人才工作，设立人才开发专项资金3000万元，被确定为全区首个聘任制公务员试点地区。启动足球改革三年行动计划，从2015年开始，盟、旗两级每年投入足球改革发展资金不少于3000万元，创建盟级以上足球特色学校80所。积极探索多元养老模式，重点探索“集中居住、养老育幼、政府扶持、多元运营”的牧区特色养老服务模式，全盟累计投入各类资金3.5亿元，建成并投入使用牧区养老机构9处、床位2852张，入住牧区老年人2700多人。

2015年，我盟经济运行虽然实现稳中有进，但受宏观经济形势影响还存在一些困难和问题。一是发展起步晚、发展不足、发展不充分，欠发达地区基本盟情和整体比较落后的发展状况还没有从根本上改变。二是产业层次不高，产业集中度不够，三次产业特别是工业经济总体上还处于产业链的中低端。三是草原生态依然脆弱，整体上我盟生态系统依然呈现脆弱性和不稳定性，草原退化沙化趋势在一定区域内仍未根本扭转。

二、2016年的工作重点

2016年作为“十三五”开局之年，我盟将深入贯彻党的十八届五中全会和自治区党委九届十四次全委会议精神，全面落实“四个全面”战略布局和自治区“8337”发展思路，牢固树立创新、协调、绿色、开放、共享发展理念，努力推动经济社会持续健康发展。重点抓好以下几项工作。

（一）坚持“发展首先考虑保护生态环境，在保护中发展、在发展中保护”的绿色发展理念，筑牢祖国北疆绿色生态安全屏障

严格落实草畜平衡制度和生态补奖政策，推进实施生态环境“负面清单”制度，推动草畜平衡与草原补奖机制相挂钩。科学发展草产业，制定《关于规范天然草牧场打储草的实施意见》及配套政策，合理利用和保护好天然草牧场。严格落实生态红线保护制度，对水土资源、环境容量超载区域实行限制性措施。严格环保准入门槛，把环境保护作为项目引进和资源开发前提，最大程度降低对环境影响。

（二）坚持以建设国家重点绿色农畜产品生产加工输出基地为目标，加快转变农牧业发展方式

建设国家级肉牛肉羊优良畜种繁育示范基地，建立优良畜种繁育、推广和防疫体系，提高养殖效益。加大对龙头企业的引进、培育和扶持力度，围绕骨血脏器、油脂、皮毛等副产品，开展精深加工和健康产品研发，提升畜产品附加值。注重农畜产品品牌培育保护，推进锡林郭勒羊地理标志认证和锡林郭勒羊肉驰名商标认定工作，制定地理标志品牌使用管理办法。畅通农畜产品现代流通和销售渠道，建设冷链物流体系和电子商务平台，健全农牧民与龙头企业和市场的利益连接和有效对接机制，畅通销售渠道，实现优质优价。

（三）坚持以特高压电力外送通道和配套电源点建设为重点，加快建设国家重点清洁能源输出基地，构建多元支撑产业体系

全面加快锡盟至山东交流特高压输电通道及配套7个电源点和锡盟至江苏直流特高压输电通道及配套电源点建设步伐，谋划锡盟—张北—赣州等新的特高压电力外送通道。依托有色金属矿产资源，推进煤电冶加一体化发展，建设全区重要的有色金属生产加工基地。大力发展循环经济，做好粉煤灰、石膏、冶金废渣等工业固体废物的综合利用。审慎发展煤化工等化工产业，扶持现有项目稳产达效，原则上不再新建煤化工等高耗水项目。推进非资源型产业和战略性新兴产业发展，积极引进和承接新能源上下游产业和装备制造业。统筹整合园区，坚持错位发展，完善服务功能，提升园区产业承载力。

（四）坚持把草原文化旅游业作为支柱产业、动力产业、富民产业，做大做实服务业

编制全盟旅游产业发展规划，推动文化旅游产业市场化运作，做好《锡林郭勒马颂》等文化旅游产品市场营销和品牌打造。规范、有序发展家庭旅游业，制定市场准入、规范建设、服务质量标准，加强对“牧人之家”、“农家乐”等的指导、监管和服务。推进具有草原特色和民族特色的健康养老、体育健身、医疗保健等新型服务业发展，打造面向京津冀市场的健康休闲养老产业基地。

（五）坚持打基础、利长远，大力改善水、电、路等基础设施条件，提升发展支撑和保障能力

铁路方面，推进锡张客专、锡包快线、集二铁路扩能等铁路项目建设，早日贯通高效便捷的进京到呼快速客运通道、横贯东西的区际通道、通疆达海的大能力煤运通道、连接俄蒙的重点口岸通道、深入矿区园区的支专线铁路，形成“四横、六纵、六支线”的铁路网布局。公路方面，继续抓好锡丹高速锡林浩特至经棚段等5条等级公路建设，争取年内二广高速连接线苏尼特右旗至化德段等11条等级公路开工建设，以“八横、七纵、六出口、一环线”公路网规划为基础，加快建设面向华北和东北地区的高速公路通道，构建锡林浩特到各旗县市（区）一级以上公路网。航空方面，实施锡林浩特机场、二连浩特机场改扩建工程，推进上都、东乌支线机场前期工作，构建多层级航空运输网络。电网方面，加快打通面向华北、华中和华东地区的清洁能源外送通道，优化盟内电网主网架结构，加快电网向边远牧区延伸。水利方面，科学论证支撑锡盟经济社会发展的跨流域和区域调水工程，解决水资源短缺瓶颈问题。

（六）坚持创新驱动引领，加快大数据平台建设，着力提升经济社会信息化发展水平

推进大数据统筹共享和平台建设，实现政府信息系统和公共数据互联共享，推动大数据与互联网、物联网、云计算深度融合发展。积极推动锡盟新丝绸电子商务产业园发展，培育众创空间试点基地和培育基地。加强与软通动力信息技术公司等企业的有效对接，搭建创新创业专业化服务平台。推动智慧城市建设，加快信息技术在经济社会发展各个领域的推广应用。加快信息通信基础网络建设，开展“宽带锡盟”建设工程，推动广播电视、宽带网络等向农村牧区延伸。

（七）坚持主动融入“一带一路”和扩大向北开放战略，加快发展开放型经济，培育经济转型发展新引擎

推进二连浩特、珠恩嘎达布其跨境经济合作区和边境互市贸易区建设，建设锡林浩特和珠恩嘎达布其口岸综合保税区。推动二连浩特至乌兰巴托公路升级改造、珠恩嘎达布其至西乌日特跨境公路建设；推动二连浩特至乌兰巴托铁路升级改造建设和珠恩嘎达布其至乔巴山铁路等跨境铁路建设。申报开通阿旗那仁宝力格边民通道。加强人文交往，办好“二洽会”、“国际那达慕”等各类展会活动。加强对内开放和区域合作，融入京津冀一体化、环渤海地区发展，深化京锡区域合作。

（八）坚持深化改革和依法治盟有机结合，使改革在法治轨道上进行，用法治手段巩固改革成果

深入推进行政审批制度改革，继续取消和下放一批审批事项，积极争取自治区项目投资“先建后验”试点，加快推进工商注册便利化，做到“减量、提质、增效”。深化金融改革，整合盟级金融担保资金，鼓励发展普惠金融。推广公共基础设施政府与社会资本合作融资模式，撬动社会资本参与公共服务领域建设；参股出资内蒙古金融资产管理公司工作，组建盟农牧业担保公司。深化农村牧区改革，建立健全龙头企业与农牧民利益联结机制，做好农村牧区土地承包经营权确权登记颁证工作。推进民生和社会事业改革，建立社会保障待遇动态调整机制，逐步提高保障标准和统筹层次，促进城乡基本公共服务均等化。同时，全面抓好依法治盟工作，加快法治政府建设，编制好权力清单和责任清单，推动政府事权规范化。

（九）坚持城乡协调发展，着力保障和改善民生，夯实和谐稳定基础

继续扎实推进“十个全覆盖”工程，确保2016年基本完成建设任务。进一步抓好就业创业工作，年内新增城镇就业1.4万人，农村牧区劳动力转移就业2万人，城镇登记失业率控制在3.6%以内。大力实施精准脱贫，到2016年底基本消除绝对贫困现象。全面落实教育和医疗质量提升三年行动计划，强化管理团队和专业人才队伍建设，深化与京津冀和区内先进盟市合作帮扶，年内新建幼儿园10所、新增标准化学校10所，积极推动盟医院创建“三甲”医院，提升教育医疗服务质量。提升城市规划建设和管理水平，进一步提高中心城市的辐射带动力和宜居宜业宜游水平，完善其他旗县（区）城市功能，改善城镇人居环境，年内争取控制性详细规划覆盖率中心城市达到100%、其他城镇达到70%以上，完成城市棚户区改造1.4万户。狠抓安全生产、信访维稳、社会治安综合治理等工作，维护社会和谐稳定。

供　　稿：锡林郭勒盟行署办公厅

责任编辑：多志勇

乌兰察布市经济社会发展情况

2015年，乌兰察布市认真贯彻落实中央、自治区的各项决策布署，坚持以“四个全面”为指引，紧紧抓住国家实施“一带一路”、京津冀协同发展战略机遇，立足“围绕首都、依托首都、保障首都、服务首都、得益于首都”这一发展新定位，举全力做好做活“三篇文章”，全面推进“五城联创”，着力做大做强“六个基地”，突出发展“五个支柱产业”，培育“四个新兴产业”，科学把握、积极作为，努力实现新常态下科学发展新跨越。

前三季度，地区生产总值完成595.4亿元，同比增长7.7%；城乡居民收入分别达到18029元和5549元，同比增长8.2%和8.6%。1—10月，500万元以上固定资产投资完成618.9亿元，同比增长15.5%；社会消费品零售总额完成232.7亿元，同比增长8%；公共财政预算收入完成46.7亿元，同比增长7.9%。预计全年，地区生产总值完成921亿元，固定资产投资完成644亿元，公共财政预算收入完成55.1亿元，社会消费品零售总额完成290亿元，城乡居民收入分别达到24848元和8580元。

一、2015年的主要工作

（一）资产规模不断扩大

2015年，全市计划实施323个亿元以上项目（其中10亿元以上项目53个），总投资2678.2亿元，当年计划完成投资538亿元。截至10月底，亿元以上项目开复工292个，开复工率90.4%，完成投资424.6亿元；10亿元以上项目开复工48项，开复工率90.6%，完成投资134.8亿元。列入自治区2015—2017年三级推进重大项目44个，总投资893亿元，年内计划完成投资151.6亿元，现已全部开复工，截至10月底，累计完成投资153.6亿元。

（二）现代农牧业加快发展

围绕乳、肉、薯、菜等主导产业，加快建设面向首都市场的绿色农畜产品供应基地。全市农作物播种面积保持在1000万亩以上，新增种薯基地和马铃薯优质专用品种播种面积20.5万亩和40.2万亩，分别达到120.5万亩和90.2万亩，冷凉蔬菜面积77.3万亩。粮食产量预计达到20亿斤，鲜薯产量70亿斤，蔬菜产量45亿斤。规模化养殖水平不断提高，新建和改扩建“百千万”规模养殖场107家，达到813家。家畜存栏890.7万头只，肉类总产量13.4万吨，奶产量40.8万吨。全市146家500万元以上农畜产品加工龙头企业实现销售收入1280.5亿元，同比增长5%，年内综合加工转化率达到52%以上。“三品一标”产品累计达到231个，认定面积445万亩，地理标志农畜产品5个。新型农牧业生产经营主体加快发展，农牧民合作社发展到7573家，带动约30万农牧户增加收入。

（三）工业经济实现转型升级

1—10月，完成工业固定资产投资273亿元，规模以上工业增加值增长9.4%。一是优先发展清洁能源。坚持火电先行，以火电引领风电和光电协同发展。截至9月底，新增电力装机规模24.5万千瓦，累计并网电力装机规模1161.3万千瓦，发电量329亿千瓦时，风电、太阳能等清洁能源装机容量同比增长近40%。重点推动集宁京宁、兴和宏大两个热电联产项目投产；卓资、兴和、后旗等火电项目，三峡等风电项目和后旗、丰镇等光电项目开工建设。依托“陕京四线”国家重点建设工程，实施卓资、兴和6个天然气项目，预计到年底形成天然气日处理加工能力260万立方米。二是推进化工产业延伸升级。今年共实施22个化工产业链项目，当年完成投资62.7亿元，重点在高性能氟橡胶、石墨纸、糊状树脂、特种纤维等高端系列产品开发上取得了新突破。现已形成30万吨氟化工、30万吨石墨化工、450万吨电石化工的综合生产能力。三是大力发展战略性新兴产业。新材料、电子信息等产业迅速成长，瑞盛新能源公司被认定为自治区级天然石墨工程研究中心，正在与清华大学合作实施石墨烯等重大科研项目。规划建设了云计算产业园，并与华为公司携手打造乌兰察布市华为云计算中心，作为华为云服务的三个全国一级节点之一。

（四）商贸物流业和旅游业发展势头强劲

煤炭、马铃薯、皮件3个交易中心实现扩规提质，西北煤炭电子交易平台年内全面上线，国家级煤炭质检中心建成运行，京津地区农产品销地集配中心建成投运。1—9月，三个交易中心营业收入达到28.8亿元。借助蒙晋冀长城“金三角”合作机制，加快“一心两翼三大境区”建设，推动旅游景区升级改造，打响“中国草原避暑之都”品牌。今年，实施重点旅游项目20个，完成投资14.6亿元。1—10月，共接待游客1010万人次，实现旅游收入90.1亿元，分别增长21%和13%。

（五）新型服务业加快推进

养老产业方面，建成互助幸福院43046户，解决8万多名老年人养老问题，被评为全国社会福利十大创新政策之一。建成公办养老机构11家、民办养老机构7家，每千名老人拥有床位21张。规划占地3.7万亩的兴和银河湾度假养生养老中心和凉城温泉小镇等项目正在顺利推进。医疗保健产业方面，重点引进一批医药、医疗保健器材和消耗品生产项目。目前，天津医科大学眼科医院、北京仁济中医院等京津医疗机构在我市开设分院，与北京多家三甲医院开展远程会诊合作，福瑞医养一体化、察右前旗五洲助康综合医院、商都医疗器械产业园等项目陆续落地实施。体育产业方面，以承办全区“十四运”为契机，大力推进基础设施建设，新开工建设体育馆、网球馆、游泳馆等大型场馆。成功承办国际马拉松赛、亚洲女子拳击锦标赛等一批大型体育赛事。文化产业方面，重点开发一批具有地域特色的文化产业和演出基地，集宁路文化产业园、察哈尔文化创意产业园等18个文化产业园区和项目进展顺利，《忠勇察哈尔》、《长调》等一批经典剧目走向演艺市场，“民族风”正在成为乌兰察布的文化名片。

（六）城市面貌大为改观

围绕“一市两区三组团”城市发展构架，以开展“五城联创”为契机，大力推进城市化建设，全年实施城建项目526个，累计完成投资93.2亿元。中心城区规划面积扩展到350平方公里，建成区扩大到69平方公里，全市城镇化率提高到46%。城市公用绿地面积、人均道路面积、集中供热普及率等跨入自治区前列。顺利通过“国家园林城市”实地验收，被誉为“建在玄武岩上的美丽园林城市”。道路交通等基础设施建设取得重大突破，集宁高铁车站正在建设中，呼张客专建设顺利推进，集大城际快铁开展前期工作，“金三角”高铁环线逐步形成。乌兰察布集宁机场年内试通航，立体化交通体系更加完善。电网、水利、信息等基础设施保障能力明显增强。生态建设水平逐年提高，森林覆盖率达到22.9%。

（七）民生得到持续改善

一是大力实施“十个全覆盖”工程。近两年共实施1028个行政村的“十个全覆盖”工程，占行政村总数的78%，覆盖3120个自然村。今年计划投资34.5亿元，完成668个嘎查村的“十个全覆盖”任务。截至9月底，累计完成投资28.3亿元，完成总工程量的90%以上。11月底前全部完工。二是扎实推进扶贫攻坚工程。大力推进“三三制”扶贫战略，年内实现10万人稳定脱贫。对生产条件好的地区，启动实施561个贫困嘎查村的“三到村三到户”精准扶贫工程，投入资金30多亿元，扶持12.8万贫困人口通过发展优势产业实现稳定脱贫；对丧失生存条件的生态脆弱区，投资4.54亿元，完成3434户10900人的移民搬迁；对60岁以上未享受低保和60岁以下丧失劳动能人口的现金直补由2014年的1500元提高到2000元。大力实施金融扶贫工程，1—9月，累计发放金融贷款20.4亿元，共扶持3.3万户农牧户、23家扶贫龙头企业和专业合作组织。三是加快实施百姓安居工程。全年计划投资62.6亿元，开工建设保障性住房26427套，基本建成27992套。截至9月底，共开工各类保障性住房24799套，开工率93.8%；基本建成21031套，基本建成率75.1%。四是深入实施创业就业工程。大力推进就业“六项计划”。截至9月底，全市新增城镇就业1.5万人，城镇失业人员再就业4146人，城镇登记失业率为3.7%。在呼市、包头设立外出务工人员服务中心，打通服务群众“最后一公里”。成立农民工创业培训指导中心，建立120多个覆盖城乡的劳务组织，全市劳务输出70多万人。各类家庭服务企业快速发展，达到2039家，“乌兰美”被评为自治区级劳务品牌。五是健全完善社会保障体系。出台全民养老保险制度，提高养老保险标准，实现“五险合一”征收。完善城乡医疗保险制度，城镇职工和居民住院实际报销比例分别达到77%和67%。“新农合”参合农牧民实现了常住人口全覆盖，市、县、乡三级住院实际报销比例分别达到63%、73%、91%，报销比例在保持封顶线25万元的前提下，将苏木乡镇卫生院报销比例由95%提高到100%。实行大病医疗二次报销，将所有恶性肿瘤全部纳入重大疾病补偿范围，提高了大病患者的医疗费用报销比例和医疗救助水平，惠及城乡居民近40万人次。将城镇职工和居民门诊慢性病报销病种增加到30种，参合农牧民门诊慢性病报销病种增加到35种，慢性病和特种病门诊报销封顶线由1万元提高到1.2万元。

（八）社会事业全面发展

教育“三项改革”成效显著，跻身全国十大课改区域样板示范区。新建、改建农村牧区中小学19所，建成标准幼儿园8所。开工建设334所标准化农村卫生室、10个社区卫生服务中心，实施562个嘎查村卫生室的设备配套建设，集中力量打造了15家京蒙合作社区卫生服务示范中心，基层医疗卫生条件大为改观。建立乡村医生每年轮训一次的培训制度、三年一聘的聘用制度、村卫生室经费不少于3万元的投入保障制度和基本药物配备制度，乡村卫生室医疗服务能力全面提升。

（九）改革开放取得新成效

以经济体制改革为重点，全面推进深化改革工作，一些重点领域和关键环节改革取得突破。简政放权方面，市级行政审批事项由2012年4月份的205项减少至38项，总减幅达81.5%，全市非行政许可事项全面取消，市、县两级权力清单全部公布。市政务服务大厅启用，31个单位与政务服务大厅窗口联网，实现网上审批，审批时限平均缩短13个工作日。商事制度改革方面，启动工商注册登记“三证合一”工作，制定《“一照一号”试点实施方案》，全面推行“同城异地办照”，实现“三证合一、一照一码”登记。财税体制改革方面，政府和部门预算、“三公”经费预决算全部向社会公开，完成了税收优惠政策清理规范工作，“营改增”试点范围进一步扩大。在市、县两级分别选择不少于5项专项资金开展绩效管理试点工作。开展了财政投资评审工作，1—9月，全市财政投资项目评审审减率达到18%。投融资体制改革方面，推广政府与社会资本合作模式，与北京万邦达公司签订了总额56亿元的政府与社会资本合作框架协议，并签署了5个具体合作协议，协议金额40亿元，9月底到位资金8.25亿元。农村牧区综合改革方面，四子王旗草牧场确权登记颁证试点工作和察右中旗、察右后旗草原确权及基本草原划定工作基本完成，在察右中旗开展土地确权登记试点工作的基础上向全市全面推开。建立了市、县、乡三级流转服务机构和信息平台，共流转土地363万亩，占家庭承包耕地面积1065万亩的34.1%，居自治区前列。

紧紧抓住国家实施“一带一路”、京津冀协同发展等重大战略机遇，深化区域合作交流，提出打造蒙晋冀（乌大张）长城“金三角”、融入京津冀、对接俄蒙欧“三篇文章”，长城“金三角”合作区纳入《京津冀协同发展规划纲要》，正式上升为国家发展战略。同时，扩大了向北开放，集宁海关报关业务顺利推进，全市新增对外贸易进出口备案企业30家。

在取得成绩的同时，乌兰察布市发展中还存在一些困难和问题，包括经济下行压力仍然较大，宏观经济环境趋紧，投资稳定增长难度加大，部分企业生产经营比较困难；产业发展不充分，产业链条短、结构单一，产品初级化、低端化特征明显，调结构、促转型的任务十分繁重；经济发展与资源环境的矛盾亟待解决，发展不平衡、不协调等问题依然存在，等等。

二、2016年的工作重点

2016年是全面实施“十三五”规划的开局之年，围绕创新、协调、绿色、开放、共享发展理念，突出抓好以下几个方面工作。

（一）以经济体制改革为重点，全面深化改革开放

围绕基本经济制度、建立现代市场体系、转变政府职能、财税体制和社会事业领域等方面内容，进一步完善改革举措，加快推进各项改革任务的全面落实。做好做活“三篇文章”，加强与大同、张家口的对接，力争在基础设施、产业发展、公共服务、生态环境、联防共建等方面取得实质性进展。同时，抓住北京非首都功能向外疏解的有利机遇，主动承接京津地区产业转移，大力发展“飞地经济”，建成京津产业转移的示范区、产业升级的助力区、产业发展的拓展区。

（二）以项目建设为抓手，进一步做大做强经济总量

突出抓好项目建设，进一步做大做强经济总量。借助国家加大对中西部和少数民族地区扶持力度的利好机遇，积极争取重点产业、基础设施、社会民生等领域的项目投资，确保上级投资额高于全区平均

水平。依托现有产业基础，加快储备一批发展前景好、符合我市实际和国家重点扶持的大项目、好项目。创新招商引资方式，推动以商招商、定向招商，形成政府投资、社会投资、招商引资的聚合效应。

（三）以结构调整为主线，加快转变发展方式

大力发展现代农牧业，推进科学化、规模化、集约化经营。稳步扩大马铃薯和蔬菜种植面积，加快建设标准化示范基地和规模化养殖场，大力培育和扶持一批农畜产品生产加工企业。推行标准化生产，加快建设农畜产品质量安全检验监测全覆盖体系和可追溯体系，认证一批名优品牌和地理标志证明商标。优先发展能源产业，抓好已开工项目的投产运营，把电力打造成我市最重要的支柱产业。加快淘汰一批落后产能，促使企业技改扩能。继续改造提升传统产业，进一步延伸氟化工、电石化工和冶金化工产业链，不断提升产业发展水平和行业整体竞争力，促进工业经济转型升级。加快云计算产业园建设，建成华为云计算中心并将其打造成华北地区重要的大数据中心，把信息产业培育成全市的支柱产业之一。积极培育养老、医疗保健、文化、体育四大新兴产业，全面提高第三产业发展质量和水平。大力实施“四港一体”战略，发展物流配送、公铁航联运、第三方和第四方物流，加快保税仓库、保税物流园建设，构建辐射周边、大进大出的物流产业格局。切实加强旅游基础设施和景区建设，打造一批旅游品牌和自驾游精品线路，重点把凉城旅游打造成向自治区成立70周年献礼工程。

（四）以重点工程实施为契机，统筹推进城乡发展

围绕城镇规划和主体功能定位，打造“一核、两轴、多节点”的城镇发展格局，形成以中心城区为核心、以重点镇和特色镇为支撑的新型城镇体系。重点推进“五城联创”行动，加强市政基础设施和公共服务配套建设，实施城市精细化管理，建设功能齐全、设施完善、宜居宜业、环境优美的现代化城市。大力实施“十个全覆盖”工程，全面完成三年规划任务。

（五）以保障和改善民生为出发点和落脚点，加快发展社会事业

重点实施好扶贫开发、就业创业、百姓安居等民生工程。健全完善各类社会保障体系，大力实施全民参保登记和扩面提标工作，让发展成果更多地惠及全市人民。加强教育基础设施建设，全面改善学校、幼儿园办学(园)条件。深化中小学和幼儿教育“三项改革”，全面提升办学质量和水平。完善县、乡、村卫生服务网络体系，深化县级公立医院综合改革，推进各级医疗机构内涵建设。深入实施创新驱动战略，加快科技平台载体建设，全面提高科技成果转化应用水平。大力弘扬地区传统文化，培育具有民族和地区特色的文化产业，打造以草原文化为内涵的特色文化，促进文化旅游深度融合。

（六）以生态建设为核心，切实增强可持续发展能力

继续实施好国家重点生态建设工程，切实加强生态建设与保护工作。严格落实环保约束性规定，大力发展生态经济和绿色循环经济，全面提高可持续发展能力。以全面深化改革为契机，把我市建设成自治区面向祖国北疆重要的生态安全屏障。

供　　稿：白　颢　　乌兰察布市政府秘书长

责任编辑：多志勇

鄂尔多斯市经济社会发展情况

2015年，面对严峻复杂的经济形势和艰巨繁重的改革发展稳定任务，鄂尔多斯市认真贯彻落实中央和自治区党委各项决策部署，协调推进“四个全面”战略布局，牢牢把握稳中求进工作总基调，主动适应经济发展新常态，着力稳增长、促转型、攻改革、防风险、惠民生，攻坚克难、砥砺前行，经济社会各项事业取得新发展。

前三季度，全市地区生产总值增长7.6%，固定资产投资增长14.7%，规模以上工业增加值增长9.4%，公共财政预算收入增长3.1%，社会消费品零售总额增长8.1%，城乡居民人均可支配收入分别增长7.4%和8.3%。2015年，预计地区生产总值增长8%左右，固定资产投资增长13%以上，规模以上工业增加值增长11%左右，公共财政预算收入增长3%，社会消费品零售总额增长11%左右，城乡居民人均可支配收入分别增长9%和10%以上。

一、2015年的主要工作

（一）全力应对经济下行压力，推动经济持续健康发展

全力推动经济稳定增长。着力保销量，加强与周边重点用煤企业和煤炭消费地区协调对接，强化与五大国有电力公司用煤衔接；与神华集团组建运销公司，打通另一条“鄂尔多斯煤”东出通道。预计全年销售煤炭5.3亿吨。着力保价格，减免清理各种涉煤收费，与51户市内企业和9户市外企业签订联合保价协议。着力保质量，积极推进煤炭分级、分质利用，大力推进“鄂尔多斯煤”品牌建设。首次在鄂尔多斯成功举办全国煤炭交易会，签订煤炭购销协议2.82亿吨。“一企一策”，扶持企业正常生产。积极扶持经济效益好的企业稳产，保障大型骨干企业正常生产经营，鼓励市场前景好、用工好的中小企业发展壮大，帮助停产半停产企业恢复生产。今年以来，全市91户企业累计享受电价补贴5.4亿元；电力多边交易企业达到35户，节约成本3.3亿

元。为重点企业融资689.1亿元，转贷、续贷、展期523.9亿元。稳步推进“助保贷”、“委贷”融资服务，引导旗区建立“助保贷”风险补偿金，入池企业449家。与此同时，综合施策，全市消化房地产存量267.9万平方米。

着力调整产业结构。围绕自治区“五大基地”建设，出台促进服务业发展、鼓励创新创业等一系列政策措施，设立30亿元转型发展基金。加强工业转型重大项目建设。2015年，开复工亿元以上重点项目174项，计划建成的30个重点工业项目已有22个竣工投产；新增电力装机198万千瓦，新增煤化工产能70万吨；获得国家和自治区批复项目17项，总投资782.4亿元；蒙西至天津南电力通道开工建设，上海庙至山东电力通道已核准；建立完善转型发展项目库，筛选收录1000万元以上项目1155项，总投资2.29万亿元。加快发展现代服务业。金融、物流、文化、旅游等现代服务业配套发展、融合发展，制定实施一系列扶持现代物流、电子商务发展的政策措施，作为自治区唯一备选城市申报国家第一批现代物流创新发展城市试点。出台《关于进一步加快文化旅游产业发展的意见》和7项具体政策。全年接待游客879.3万人次，实现旅游收入244.9亿元，同比增长22.1%和29.5%。大力发展现代农牧业。围绕现代农牧业特色种养、精深加工、规模发展、品牌增收，大力推进面向全国的绿色农畜产品生产加工输出基地建设。完成瓜果蔬菜种植30万亩，新建现代农牧业节水基地20万亩，引进和培育农牧业龙头企业46家。

进一步加强基础设施和生态文明建设。以文明城市、文明县城创建为载体，进一步完善提升了城市和城镇功能。成功入选2015年度“宽带中国”示范城市。公路、铁路在建里程分别达到1303公里和1020公里。以农村牧区“十个全覆盖”工程为载体，建设完成918公里通村公路、10.7万人安全饮水工程、2037公里街巷硬化工程、5846公里村村通电及农网改造工程，农村牧区广播电视、卫生、文化等设施进一步完善。市域二期水权转换工程、乌审召工业园区供水等重点水利工程有序推进。深入推进重点生态工程建设，完成林业生态建设面积152万亩，义务植树12万亩，全市植被覆盖度达到70%，森林覆盖率达到26.3%。成功创建国家森林城市。加大节能减排和环境综合整治力度，预计全年空气优良率达85%左右。加强生态文明制度建设，启动集体林权制度改革，推进碳排放权交易试点工作，全市新上火电项目较原标准减少一半以上排放量。

（二）大力推进改革开放和创新创业，市场活力和内生动力不断增强

着力强化工作落实。实行每半月一调度、每月一督查、每季一分析、半年一总结、一年一述职“五个一”工作制度，建立改革总台账、年度改革台账、改革试点台账、自选改革台账、改革效果评价台账“五本台账”，保障各领域、各层级改革有力、有序推进。截至目前，年初计划的313项改革任务基本完成，制定出台方案251个。着力抓好试点改革。全力推动习近平总书记考察内蒙古时提出的三项先行先试改革任务在鄂尔多斯落到实处。全市共组建农牧民专业合作组织2390家，加入合作社农牧民5万户，联结比例达到30%；确定鄂前旗为全市生态文明制度建设试点旗，推行实施领导干部自然资源资产离任审计和生态坏境损害责任终身追究制；国家资源型经济创新发展综合改革、全国生态文明先行示范区等44个国家和自治区改革试点有序推进，全市确定的34个旗区自选改革试点全面展开。着力推进重点领域改革。编制完成市、旗区、苏木乡镇三级权力清单，成为自治区首个公布三级行政权力清单的盟市。率先启动“三证合一、一证一照”登记制度改革，有序推进资源资本化、系统性防范风险等重点改革。着力增强创新创业活力。全面开启第三次创业新征程，今年以来新增各类市场主体3.4万户，增长37.3%。扶持各类企业创新发展，全市非公有制工业企业实现增加值占规模以上工业企业的70%以上。着力深化开放合作。加强与京津冀、珠三角、长三角等地区经贸合作，与银川市、石嘴山市、吴忠市签署区域发展合作协议，推动鄂尔多斯深度融入全国发展大局。今年以来，实施招商引资项目80项，引进国内区外资金540亿元。

（三）着力保障和改善民生，努力让发展成果更多更好地惠及全市人民

集中抓好农村牧区“十个全覆盖”工程。出台全市“十个全覆盖”工程相关配套政策，市委常委包联旗区，市、旗区领导分别包联嘎查村，市、旗区两级部门结对包扶嘎查村，市、旗、乡三级4508名干部下乡驻村推进“四个全面”，加强重点工作落实，市、旗区两级组成工作推进组一线蹲点督导，形成了强大合力。截至目前，共完成投资78亿元，完成300个行政嘎查村建设任务，2901个自然村全面开工，其中已经完工和接近完工的有2349个。扎实抓好重点民生工程建设。大力推进创业就业工程，建成大学生创业园和创业孵化基地26家，全市新增城镇就业3万人，城镇登记失业率控制在3.2%以内。全力推进扶贫开发，年内实现2.4万人稳定脱贫。深入推进百姓安居工程，自治区下达的2.25万套保障性住房和棚户区改造任务全部开工，开工率及完工率处在自治区前列。统筹推进各项社会事业发展。深化职业教育改革，组建成立鄂尔多斯应用技术学院和卫生职业教育集团。围绕足球改革，确定124所足球特色学校和13所足球特色幼儿园。有序推进公立医院改革，在全区率先实现跨省市医保实时结算。扎实推进全国公共文化服务标准化试点和文化与科技融合示范基地建设，大力开展文化惠民工程建设。成功承办第十届全国少数民族传统体育运动会。8月9—17日，第十届全国少数民族传统体育运动会在鄂尔多斯市顺利举办，完成了坚决“不出事”的安保工作任务，切实保障了赛事活动严密有序进行，实现了“安全、团结、节俭、热烈”的办会目标。

（四）深入落实全面从严治党要求，不断提高党的建设科学化水平，细化落实全面从严治党责任

认真落实自治区党委全面从严治党“1+3”制度体系要求，深入开展五级示范抓引领联系服务群众工作。加强工作调度督查，实行“五个一”工作制度，建立健全落实全面从严治党要求的常态化长效化机制。扎实开展“三严三实”专题教育。认真履行抓好“三严三实”专题教育的主体责任，全市各级领导班子奋发有为、真抓实干精神和干劲进一步增强。切实加强宣传思想工作。统筹抓好中心组学习、学习型党组织和基层大讲堂建设，举办各级各类培训班76期，培训党员干部3万多人次。着力加强干部人才队伍建设。出台《关于加强执行力推动抓落实的规定》，树立重实绩、重公论的用人导向。深入实施“人才鄂尔多斯”战略，打造“草原硅谷”示范区，承办第三届内蒙古

“草原英才”高层次人才合作交流会，全市共有5个基地、8个团队、14名人才获评自治区级基地、团队和“草原英才”称号。积极创新基层党组织建设。深入实施联系服务群众“三到两强”制度，推动苏木乡镇“去机关化”，60%以上的苏木乡镇干部下沉到嘎查村办事服务。深入推进党风廉政建设和反腐败工作。认真履行党风廉政建设主体责任，切实把主体责任落实具体化、规范化，支持和推动纪委“三转”，严肃查处违纪违法案件，保持了惩治腐败的高压态势。

在总结工作的同时，鄂尔多斯市认真分析面临的挑战和存在的不足，主要是经济下行压力仍然较大，部分行业和企业经营困难；产业转型任务艰巨，产业融合度不高，产业低端化、产品初级化特征明显；改革攻坚越来越触及深层次矛盾和利益调整，推动改革举措落地任务繁重。

二、2016年的工作重点

2016年，鄂尔多斯市将全面贯彻落实党的十八届五中全会、中央经济工作会议和自治区党委九届十四次全委会、全区经济工作会议精神，抓好“十三五”规划建议落实，按照“五位一体”总体布局和“四个全面”战略布局，牢固树立和贯彻落实创新、协调、绿色、开放、共享的发展理念，适应经济发展新常态，坚持改革开放，坚持稳中求进工作总基调，坚持稳增长、调结构、惠民生、防风险，着力加强结构性改革，增强持续发展的动力、活力和竞争力，确保“十三五”顺利开局。

（一）大力推进结构性改革

扎实推进供给侧结构性改革，重点抓好以下五件事。去产能方面，严格执行国家和自治区环保、能耗、技术标准，引导投资逐步退出低效领域。运用市场机制、经济手段、法治办法，引导优势企业兼并、收购、重组落后产能企业。积极推动煤转化项目利用现有煤炭产能。鼓励引导煤炭企业之间，煤炭企业与电力、化工等下游企业兼并重组，提高煤炭产业集中度。降成本方面，降低制度性交易成本，进一步清理规范中介服务，转变政府职能、简政放权。降低企业税费负担，进一步清理涉企的收费罚款项目。降低社会保险费，减少企业人工成本。降低企业财务成本，稳步推进委托贷款、“助保金”贷款业务和中小企业上市工作，让利实体经济。全力争取更多的电价补贴、电力多边交易、天然气价格等优惠政策，降低企业生产成本。加快集装站建设，与神华合作强化铁路运力，推广液化天然气运输车，降低企业流通成本。加快推进企业技术改造，降低企业成本。去库存方面，因地制宜制定去库存的具体举措，落实户籍制度改革，完善住房保障制度，加快转移农牧民市民化进程，打通供需通道。通过棚户区改造回购置换存量房、发展旅游地产和养老地产等措施，扩大有效需求，着力消化存量房地产。防风险方面，进一步强化政、银、企联扶、联防、联控工作机制，积极协调各大金融机构在贷款方面增额、延期、降息，缓解企业融资压力，防范企业金融风险。严厉打击恶意拖欠和逃废银行债务行为。加大政府性债务化解力度。坚持用法治思维、法治方式解决民间借贷问题，妥善化解民间借贷债务纠纷，切实维护群众合法权益。补“短板”方面，进一步加大农村牧区“十个全覆盖”力度，大力推进精准扶贫、精准脱贫，促进广大农牧民增收致富，缩小城乡差距。大力推动“互联网+”、电子商务等新兴产业发展，加大对旅游、文化、休闲、养老、体育等产业扶持引导力度。强化增收举措，完善增收机制，促进城乡居民收入稳定增长。

（二）着力推动经济稳定增长、工业转型升级

做好煤炭产业稳量、保价、提质“三篇文章”。通过打造“鄂尔多斯煤”品牌、强化联合保煤价机制、深化与用煤大户长期合作等多种措施，争取明年销售煤炭5.3亿吨以上。扶持经济效益好的企业稳产，保障大型骨干企业正常生产经营，鼓励市场前景好、用工好的中小企业发展壮大，帮助停产半停产企业恢复生产，增强市场主体信心，稳定发展预期，提升存量经济竞争力。抓项目、扩投资、促转型。建成项目抓投产、达产、稳产，全力保障中天合创360万吨甲醇、伊泰120万吨精细化学品等26个项目投产，形成新的经济增长点。续建项目抓进度，确保中煤二期80万吨尿素、大数据中心等62个续建项目顺利实施。新建项目抓开工，促进京东方二期、奇瑞新车型等52个新建项目尽快开工；保障蒙西至天津南、上海庙至山东两条输电通道配套电源点开工。上报项目抓核准，争取伊泰200万吨煤制油和北控、新蒙、中海油、河北建投、华星煤制气完成核准，尽快落地建设。提高投资强度和产出效益。进一步优化工业园区布局，引导园区跨区域整合重组，推动园区集中、集聚、集约发展。优化要素配置，对不符合国家产业发展政策方向或已批复但长期不开工的“僵尸项目”进行清理，盘活水、土地、环境容量等闲置指标，为其他优质项目顺利推进腾出空间。加强工业节能和资源综合利用，实施再生资源回收利用示范工程，加快推进国家工业固废综合利用示范基地建设。

（三）把现代服务业做成一篇大文章

一是把发展现代服务业作为“一把手”工程，实施服务业发展项目推进制，突出融合发展，创新现代服务业管理体制机制，提升服务业集聚效应。二是围绕打造精品线路和产品，推进全产业链、市场营销和标准化建设，加快建设我国休闲度假旅游目的地。三是围绕大宗商品交易，加快物流园区建设、第三方物流企业引进、电子交易平台建设、长短途物流配套，大力发展现代物流业。争取空港园区综合保税区获批，建设综合保税库。四是加快发展健康养身产业。建设国家级社会化养老示范基地，实施旅居养老、候鸟养老、生态养老、景区养老等新型养老模式。围绕特色专科医疗护理、健身休闲等，推进健康养生产业发展。五是利用大数据、云计算，积极发展电子信息产业。六是围绕设立民营银行、企业上市、扩大融资等，推进金融创新。

（四）切实加大招商引资力度

一是创新招商方式，完善招商政策，打造招商引资平台，加速资金、人才、资源等要素集约集聚，争取新引进重大项目80项。二是主动融入国家“一带一路”发展战略和产业布局，积极扩大对俄、蒙的交流合作。围绕产业链条延伸、主导产业配套等领域抓好招商引资，争取引进不少于100个战略性新兴产业、延伸配套、专精特新项目。三是充分利用电价优惠的优势，有针对性地开展招商引资工作，吸引电解铝、多晶硅、蓝宝石、云计算、高端陶瓷等。四是实行招商引资项目管理制和责任人负责制，建立招商引资责任清单，按月调度，确保招商引资取得实效。五是突出园区招商引资职能，加大对园区的精准考核力度，提升园区经济效益。六是扩大对内对外开放。利用我市航口口岸即将开放的优势，在空港物流园区建设免税店，引进日本、韩国、蒙古国、俄罗斯等国家的特色商品，积极推进我市跨境电子商务的发展。

（五）全面完成“十个全覆盖”工程各项任务

一是确保完成“十个全覆盖”工程各项任务。计划投资100亿元，完成80%以上自然村覆盖任务，同时向较小自然村和散户延伸。全年计划改造危房4.2万户，解决16.2万人饮水安全问题，街巷硬化6200公里，农网升级改造3531公里，同时全面完成好其他几项工程任务，实现功能全覆盖、村庄全覆盖、人口全覆盖。二是统筹推进“三项重点工作”。把推进农村牧区“十个全覆盖”工程与产业发展和产业结构调整结合起来，对产业基础较好的行政村进行产业提升，集中打造100个典型示范村；对立地条件较差的村子，着手进行产业扶持，力争5年内构建起规模化、特色化产业发展格局。大力培育农牧民专业合作组织，促进农牧民合作组织覆盖率达到50%以上、规范运行的农牧民合作社达到10%以上。以国家农业科技示范园为载体，大力引进和培育龙头企业，新增年销售收入500万元以上的农牧业产业化龙头企业15家。把推进“十个全覆盖”工程与基层党组织建设、乡风文明大行动结合起来，进一步推动苏木乡镇“去机关化”，着力抓好环境整治、民风建设和群众性精神文明创建工作，完善村规民约，建设美丽乡村。

（六）推进中心城区一体化发展

一是强化市级层面对中心城区发展的总体规划和统筹布局，率先在中心城区推行经济发展、土地开发利用、环节保护、城市基础设施建设等“多规合一”。二是加快东胜、康巴什、阿镇一体化进程，实现中心城区融合发展、协调发展、绿色发展、共享发展。加快康巴什设区步伐。三是大力提升城市品质，扎实推进国家智慧城市试点工作，实行市域居住证制度，认真完善教育、医疗、社保等政策，为转移进城农牧民和稳定就业人群落户城镇创造条件，吸引更多大学生、产业工人等扎根鄂尔多斯，提高户籍人口城镇化率。四是转变城市发展方式，完善城市治理体系，提高城市治理能力，着力解决城市病等突出问题，不断提升城市环境质量、人民生活质量、城市竞争力。五是加强城市基础设施建设，主动加强与呼市、包头综合交通运输、水利、信息基础设施建设的互联互通和共建共享，打造“一小时经济圈”。

（七）抓好全面深化改革工作

一是抓好承接类改革任务落实。紧盯中央和自治区年度工作要点，严格按照任务要求抓好落实。按照改革总台账确定的年度改革任务分领域扎实推进。对今年已出台的改革方案加大组织实施的推进力度，确保早日落地见效。二是抓好试点类改革任务创新。紧紧围绕资源型经济创新发展、生态文明制度改革等24项试点任务，进一步拓宽改革视野，加快建设进度，推动各项改革取得综合效果。三是抓好自选类改革任务突破。坚持问题导向，着力在资源资本化改革、环境管理体制改革、系统性防范风险改革、创新招商引资改革等方面有新突破。围绕教育体制、社会保障等方面确定一批重点改革事项，着力提升人民群众获得感。四是加快实施创新驱动战略。重点在原煤、化工产品、羊绒制品等优势特色产品上创新；着力推进不同煤种气化、煤炭分级分质利用、高盐水处理及煤矸石资源化利用等方面技术突破。推进鄂尔多斯国家可持续发展实验区建设，加快国家清洁能源国际创新园建设。五是大力推进鄂尔多斯第三次创业。开展“互联网+中小微企业”行动计划，实施“小老板”培育工程、中小企业团队打造工程，进一步降低创业门槛，深入实施农村牧区青年创业富民行动和“十万大学生创业圆梦”行动。

（八）打好脱贫攻坚战

认真贯彻落实“六个精准”和“五个一批”的工作要求，坚持因地施策、因户施策、因人施策，大力实施专项扶贫，计划市本级投入财政扶贫资金2.37亿元，确保2016年内率先完成国家标准下1.2万贫困人口稳定脱贫和杭锦旗贫困县“摘帽”的工作任务。完善工作到村、扶贫到户工作机制，强化党政“一把手”负总责的脱贫攻坚工作责任制，做到不脱贫不脱钩。认真梳理摸排全市低于农村牧区低保水平的农牧民群体基本情况，将这部分人群纳入扶贫攻坚计划，明年在帮助1.2万人实现稳定脱贫的基础上，同步提高这部分农牧民群众的生活水平。

（九）统筹抓好生态环境保护、安全生产、食品安全和维护稳定四件大事

完善鄂尔多斯农村牧区优化开发区、限制开发区、禁止开发区“三区”发展规划，推动“三区”发展规划与国家、自治区主体功能区规划布局协调一致。编制自然资源资产负债表，建立草原生态动态监测平台，为落实自然资源资产责任审计和生态环境损害责任终身追究制奠定基础；新建项目严格执行国家标准，分门别类制定绿色化标准，加强生态文明制度建设。落实企业主体责任，推进安全生产隐患排查整治体系和安全生产一线标准化、自动化和信息化建设，健全预警应急机制，加大监管执法力度，从源头上杜绝安全隐患。推进全国食品药品安全城市建设，实施食品安全战略，加大食品监管力度，建立健全食品生产流通全过程可追溯体系。深化“平安鄂尔多斯”建设，推进社会治安综合治理，健全多元化矛盾纠纷排查化解机制，有效预防和化解矛盾纠纷，维护社会和谐稳定。

（十）加强和改善党对经济工作的领导

严格落实从严治党政治责任，认真落实“1+3”制度体系要求，着力提高驾驭经济发展全局的能力，不断提高领导新常态下转型发展的专业化能力和法治化水平，牢牢把握党对经济工作的领导权和主动权。完善党委研究经济社会发展战略、定期分析经济形势、研究重大方针政策的工作机制，提高决策科学化水平。按照总书记提出的“好干部”标准和自治区党委要求，加强领导班子和干部队伍建设，切实选准选优干部、配强配优班子，全面完成市、旗、乡三级党委换届工作。认真落实“五级示范抓引领”要求，持续强化作风建设，进一步加强基层党组织建设。从严落实党风廉政建设主体责任和监督责任，认真抓好巡视反馈意见整改落实工作。加大腐败案件查处力度，营造风清气正发展环境。

供　　稿：余永崇　　鄂尔多斯市委政策研究室主任
责任编辑：天　莹

乌海市经济社会发展情况

2015年，在自治区党委的正确领导下，我市坚持以“四个全面”战略布局为统领，深入学习贯彻习近平总书记系列重要讲话、考察内蒙古重要讲话和王君书记重要讲话精神，全面落实中央、自治区党委各项决策部署，在新常态下保持了经济社会稳定发展。

前三季度，全市地区生产总值完成405.43亿元，同比增长7.5%；固定资产投资完成324.01亿元，同比增长15.5%；公共财政预算收入完成62.54亿元，同比增长11.5%；社会消费品零售总额完成98.61亿元，同比增长7.9%；公共财政预算收入完成62.54亿元，同比增长11.5%；城镇常住居民可支配收入25900元，同比增长8.1%；农村牧区常住居民可支配收入10062元，同比增长8.0%。预计全年，全市地区生产总值增长7.5%左右，固定资产投资增长13%左右，社会消费品零售总额增长8%左右。

一、2015年的主要工作

（一）工业经济转型步伐加快

前三季度，规模以上工业增加值增长7.1%；工业固定资产投资完成185亿元，同比增长15.5%。全市规模以上工业增加值增速较一、二季度有所回升。烧碱、聚氯乙烯等主要工业产品保持增产，石灰石、盐酸、水泥熟料和汽车环比均实现了两位数增产。产业转型升级取得初步成效。以多元醇、农药医药中间体等产品为重点的精细化工产业逐步实现规模化发展，精细化工产值占工业总产值比重不断提高。佳瑞米二期600吨草铵膦、成城交大减水剂一期已经试产，源宏医药中间体一期设备安装即将完成、天津亚东萘系列中间体项目预计年底试产。传统煤焦产业由焦炭、煤焦油、焦炉煤气向精苯、蒽油、颜料、染料等精深加工延伸，神华硝铵、黑猫三兴二萘酚等项目基本建成，神华、黑猫煤焦油深加工和宝化万辰煤焦油深加工一期建成投产。煤气综合利用水平不断提高，焦炭气化取得重要进展，美方液化天然气项目一期建成投产，源通、华信焦炉煤气制液化天然气项目预计年内建成。围绕陕汽重卡新能源汽车项目，瑞格工贸、蒙达湖轮胎等近20个装备制造项目快速发展。引进了光裕润桐环保材料、青岛昌盛日电太阳能等一批新材料、新能源项目。全市电力装机容量达到389万千瓦，前三季度累计完成多边交易电量32.9亿千瓦时，为企业节约电费1.04亿元；4户企业签署大用户点对点直供电合作协议，启动停产负荷17万千瓦。重点项目稳步推进，前三季度固定资产投资完成324亿元，增长15.5%。20个自治区级重大项目已全部开复工，完成投资116.5亿元；115个市级重点建设项目开复工85项，综合开复工率达到74%。

（二）服务业发展迅速

前三季度，第三产业增加值同比增长8.3%，占地区生产总值的比重达38%，较去年同期提高10.4个百分点，增速连续3个季度超过第二产业。旅游业发展明显加快，乌海湖休闲度假旅游区被确定为全区优先建设的品牌旅游景区。预计全年接待游客190万人次，增长15.7%；实现旅游收入32.34亿元，增长25%。金融业发展稳中向好，内蒙古股权交易中心乌海办事处正式挂牌，百联汇、国泰君安等券商及创新型互联网金融企业入驻我市。商贸流通业繁荣兴旺，万达广场、浙商国际商贸城等项目即将投入运营。物流业迅速发展，物流业占第三产业增加值提高到20%，乌海北站货场、乌海国际陆港等一批物流园开工建设，以天健煤焦化交易中心、鸿达物资交易中心为龙头的一批电子商务交易项目相继建成。

（三）农业产业化态势良好

前三季度，新植、补植葡萄3433亩、蔬菜1.2万亩。牲畜存栏总头数达到15.8万头只。海南区土地确权登记颁证试点进展顺利，有序推进农区土地流转2万余亩。“乌海葡萄”地理标志证明商标成功注册。“云飞葡萄”和“乌珠葡萄”荣登“2015中国果品百强品牌”和“2015中国十大葡萄品牌”。以葡萄种植、深加工为主的一、二、三产业相融互促发展，葡萄酒年生产能力达7000吨。以蒙根花休闲农业园为代表的休闲农业企业达到12家，“农家乐”、“牧家乐”、“渔家乐”达到40家。

（四）城乡面貌进一步改观

城市规划建设水平大幅提升。高标准编制《乌海市近期建设规划(2016—2020年）》和《加油加气充电站总体规划》，编制完成绿地系统等17项专项规划。市政公用设施进一步完善，新增道路面积14.05万平方米，供热普及率达到84.5%，燃气普及率达84%。全面提升垃圾、污水处理和环卫设施水平，生活垃圾无害化处理率达95%，污水处理率达96%。交通网络日趋完善，荣乌高速、乌海湖大桥、110国道黄河大桥等重点项目顺利推进。

（五）农区“十个全覆盖”工程稳步推进

累计投入资金7.8亿元，着力推进农区危房改造、街巷硬化等5项重点工作，全面推进村文化活动室、村卫生室和便民超市等6项提标提质工程，推广实施农区各项长效管理制度。完成农区道路硬化127公里，危房改造3208户，解决8384人安全饮水问题。同步实施以“三清、三改、三化”为主要内容的村容村貌整治工作，在全市范围内开展“部门包村”活动。

（六）环境综合整治力度不断加大

实施减排项目97个，6家焦化企业完成提标改造，淘汰落后产能175.4万吨。在自治区高度重视下，乌海及周边区域大气污染联防、联控、联治步伐加快，矿区环境综合治理等一系列整治方案得到全面落实。大力推广使用清洁能源，成为自治区首个全国绿色交通城市。城市空气质量明显改善，截至10月底，中心城区优良天数为202天，增加6.4%，优良天数达标率为67.8%。

（七）生态环境持续改善

投入绿化资金2.3亿元，完成造林面积7000亩，义务植树110万株，建成区新增绿地面积20.6公顷，绿化覆盖率达到42.2%，人均公园绿地面积达到19.7平方米。国家园林城市和森林城市创建工作进展顺利。水生态文明城市试点建设通过国家中期评估。

（八）民生和社会事业稳步发展

用于民生和社会事业支出61.8亿元，增长46.2%，占地方公共财政预算支出72.2%。着力推进大众创业、万众创新，发放小额担保贷款6325万元，创客空间等6个创业园和创业孵化基地入驻创业实体近800

户，带动5000多人就业。保障性安居工程完成投资9.7亿元，新开工建设19910套，基本建成7048套。配套出台覆盖养老、医疗、住房等10个领域的帮扶政策措施，实现贫困人口包联全覆盖，805人实现脱贫。教育事业发展水平不断提升，启动实施第二期学前教育三年行动计划，5所幼儿园投入使用，学前3年毛入园率达到95%，高于全国和自治区平均水平；义务教育均衡发展有序推进，实施标准化学校建设和薄弱学校改造34所；高考本科上线率63.2%，比自治区高出17个百分点；职业教育发展良好，市职业技术学校通过第二批国家中等职业教育改革发展示范学校评估验收；民族教育和特殊教育保障水平进一步提升。文化体育事业蓬勃发展；桌子山召烧沟岩画被认证为全国首批岩画遗存地；全力推进全国公共文化服务体系示范项目“书法五进”创建活动。足球改革发展工作有序推进，创建10所国家级特色足球学校，启动校园足球四级联赛。医疗卫生服务水平不断优化，率先推行城市公立医院综合改革。加快卫生信息化建设，基层医疗机构信息系统覆盖率、应用率达到100%，规范化电子健康档案建档率99.85%，率先在自治区完成区域医院检验科网络管理系统建设，全市39家医疗机构实现数据共享。社会管理工作成效显著，完善立体化治安防控体系，城区重点部位场所技防安装率达100%，新建小区技防建设率达100%。落实政府监管责任和企业主体责任，强化危险化学品、非煤矿山及冶金等重点领域安全专项检查，安全生产形势总体稳定。

在看到成绩的同时，我们必须清醒地看到我市经济运行中存在的困难和问题。一是部分指标仍低位运行，完成年度目标压力较大；二是支撑转型的大项目较少；三是宏观经济压力仍在增加。

二、2016年的工作重点

2016年，我市将以党的十八大和十八届三中、四中、五中全会精神为指导，按照自治区党委和市委的决策布署，坚持“四个全面”战略布局，坚持创新、协调、绿色、开放、共享发展理念，把握新趋势，适应经济发展新常态，确保实现“十三五”良好开局。

（一）积极应对经济下行压力，着力保持经济平稳增长

全力抓好重点项目建设。加大重点项目推进力度，拟建项目重

点抓审批、建设项目重点抓进度、建成项目重点抓投产，充分发挥东源科技1,4-丁二醇、渤海精细化工等重点项目在转型升级中的龙头带动作用。全力稳定企业生产运营，及时制定出台有效的政策措施，帮助企业稳定生产、开拓市场，促进产能充分发挥。继续加大铁路运输协调工作力度，加强煤电油运等生产要素的平衡保障工作，进一步扩大电力多边交易范围，提高自备电比重，积极争取自治区在我市实施“一地一策”政策。全力优化投融资方式，探索设立产业引导基金，着力构建财政资金与金融资源、社会资本之间的系统联动机制，切实发挥财政资金的引导、带动和放大作用；深入开展银企对接活动，引导各类金融机构加大对重大工程、重点项目的融资支持；大力推行政府与社会资本合作模式，鼓励引导社会投资主体在基础设施等领域加大投资力度。全力做好招商引资，紧紧围绕煤焦化工和氯碱化工两大基地建设，切实引进一批产业带动性强、资源利用率和附加值高、经济和社会效益好的项目，加快产业转型升级步伐。

（二）坚持创新发展理念，着力优化经济结构

1.推动传统产业转型升级

引导焦化企业调整产品结构，着力提高产品附加值和科技含量，加快培育配套产业和下游产品，推动传统焦化产业向中高端迈进。积极推进焦炭气化发展路径，建成源通、华信焦炉煤气制液化天然气项目。延伸、优化氯碱化工产业，推动氯碱产业向集群化、精细化、终端化和高附加值转变。依托神雾集团乙炔新工艺制聚乙烯项目，打通电石利用新途径，推动电石乙炔化工产业升级。大力发展精细化工，打造以资源精深加工，产业上下游配套协作、循环发展为纽带的产业链，鼓励生产染料、颜料等贴近终端消费市场的产品，积极推进源宏精细化工、佳瑞米二期等精细化工项目建设，争取早日投产达效。

2.加快新兴产业规模发展

以《中国制造2025》为统领，大力发展新材料、生物医药及高性能医疗器械等重大技术装备制造业，打造多极支撑、可持续发展的产业新格局。依托现有钢铁冶金产业，围绕陕汽重卡，带动配套产业集群发展，加快中钰镁合金轮毂、蒙达湖轮胎等配套项目建设进度。加快雅泰高科技产业园、源通旋翼机和滑翔伞及轻便直升机等项目开工落地，着力培育新的经济增长点。全力推动以恒业成为中心的有机硅深加工、光伏制造等硅化工产业向高端化发展。

3.着力提升服务业发展水平

优先发展旅游文化产业，整合沙漠、黄河、桌子山岩画等景观，融入蒙元、书法、赏石等文化元素，推动旅游与文化产业融合发展。积极争取国家、自治区政策资金支持，出台具有竞争优势的旅游业发展政策。以环山环湖旅游景区建设为重点，加快甘德尔山生态文明景区、乌海湖旅游综合项目、乌海院子休闲旅游区等项目建设。深化财政金融体制改革，完善金融市场体系，大力引进各类金融机构和高端人才，加快产业基金建设，筹建金融控股集团，进一步拓宽融资渠道，支持我市建设发展。支持乌海银行发展成为区域性商业银行，加快乌海银行、乌海市投资集团上市步伐，推动金融业与互联网深度融合，增强金融企业整体竞争力，建设自治区西部区域金融中心城市。加快商贸服务业发展，推进月星家居广场、维多利商厦等项目建设，进一步完善滨河新区大型超市、农贸市场等配套设施建设。促进生产性服务业向专业化、社会化方向发展，加快推进乌海北站中心货场、国际陆港等物流园区建设。加快电子商务发展，完成乌海市电子商务规划编制，在推进农村电子商务工作方面有新突破。

4.不断夯实农业基础

启动海勃湾区和海南区草原确权承包工作，加快土地草牧场承包经营权流转，进一步健全企业与农牧民利益联结机制。推动葡萄产业规模化、标准化、园区化发展。加大沿黄沿线区域葡萄种植力度，新增葡萄种植面积7000亩。充分发挥葡萄产业协会在种植、流通、销售等各环节的作用，统一葡萄种植标准和质量标准，加大“乌海葡萄”品牌宣传，进一步拓展产品市场份额。加快设立葡萄产业发展基金，加大对汉森、阳光田宇、吉奥尼等龙头企业的推广支持，同时积极引进国内外知名葡萄酒加工企业，进一步提升我市葡萄产业整体发展水平。大力发展设施农业，蔬菜种植面积稳定在1.6万亩。着力发展具有乌海本地特色的“农家乐”、“渔家乐”、葡萄酒庄和休闲采摘园，打造集生产、生活、生态功能于一体的现代化都市农业发展模式。

（三）坚持协调发展理念，推动城乡一体化建设

1.着力提升农区建设水平

全力抓好农区“十个全覆盖”工程，将工程建设重点由主要街道向背街小巷延伸，加大村容村貌整治力度。继续开展“部门包村”活动，充分发挥农村基层党组织战斗堡垒作用，推动村风民风文明建设。结合农区脱贫工作，继续在调整产业布局、强化公共服务等方面下功夫，从根本上提升农区发展水平。建立和完善长效管理机制，坚持“建管并重、以管为主”原则，逐步建立农区综合管理、农区环境卫生持续改善等农区公共服务长效机制，确保“十个全覆盖”工程长久惠及农区群众。

2.进一步完善城市功能

结合“十三五”规划，实现国民经济和社会发展规划、城市总体规划、土地和林业利用规划“三规合一”。做好城市综合管廊规划，更新改造老旧街区地下管网，加大城市基础设施投入，提升城市综合承载能力。新建改造光明路、东环路、拥军北路等21条街路。加快实施甘德尔山山体、乌海湖大桥、乌海湖沿岸及高层建筑亮化工程建设，全力推进甘德尔山草甸公园、龙游湾湿地公园、书法主题广场等项目建设。以创建全国文明城市为统领，着力推动国家循环经济示范城市、全国水生态文明城市、国家卫生城市等“六城联创”工作，下大力气整治城乡接合部、铁路沿线、集贸市场等区域环境，有序开展“划行归市”工作，促进城市环境面貌整体改善。全力推动智慧城市和信息惠民国家试点城市建设工作，完善智慧乌海民生服务平台，提高城市精细化管理水平。加强交通网络建设，开工建设乌海市至宁夏宁东沿黄高速公路、巴音赛街互通立交桥和公交客运枢纽站等工程，力争年内建成乌海湖大桥和国道110黄河大桥。

（四）坚持绿色发展理念，加强生态建设和环境保护

1.大力推进生态建设

认真落实最严格水资源管理制度，加快推进水生态文明城市建设。高标准推进国家园林城市和森林城市建设工作，突出抓好甘德尔生态综合治理二期、湿地堤岸绿化、骆驼山矿区植被恢复和通道绿化等重点工程，大力推进京津风沙源治理、天然林保护等国家重点林业工程，按照“因地制宜，适地适树”的原则完成造林绿化面积4万亩。深入挖掘林业经济效益增长点，积极推广政府与社会资本合作模式，吸引社会资本投入绿化造林，推动林业建设低成本、可持续发展，实现生态效益和经济效益“双赢”。切实加强森林资源管护工作，建立病虫害远程诊断系统，推动林木管护市场化运作。

2.扎实推进环境保护和节能减排

按照党的十八届五中全会提出的环境保护新要求，贯彻落实最严格的环境保护制度，进一步加大环境治理力度，深入实施大气、水、土壤污染防治行动。组织实施好《骆驼山矿区环境地质灾害治理规划》，深入开展露采、灭火工程和洗煤厂煤矸石着火点整治，年内完成现有矸石着火点压覆治理和采区道路以及矿区公共道路的硬化、绿化工作，按照集中连片的模式实施矿区环境治理，探索利用治理达标的矿区土地发展光伏产业。深入贯彻落实《加强乌海市及周边地区大气污染联防联控工作的意见》，严格落实乌海及周边区域环境联合执法联动机制，有效改善乌海及周边大气质量。加强水泥、钢铁、玻璃等重点行业脱硫、脱硝设施的运行管理，确保主要污染物稳定达标排放。提高园区污水处理和再生水利用水平，确保海勃湾区、海南区、乌达区污水处理厂全部投入运行并实现中水回用。切实加强水污染防治工作，组织实施《乌海湖水环境污染防治规划》，确保乌海湖水质安全。

（五）坚持共享发展理念，着力保障和改善民生加快社会事业发展

1.进一步加大民生工作力度

加快推进市民扶贫脱困工程，采取特色产业带动就业、社会保障兜底脱贫、各类救助保障脱贫等措施，推进精准扶贫、精准脱贫。突出抓好创业就业工程，统筹做好就业困难群体就业援助工作，促进以高校毕业生为重点的青年就业。加大百姓安居工程建设力度，重点实施好海勃湾东山、乌达五虎山、海南拉僧庙等棚户区改造项目，计划完成改造3.1万户。

2.大力推动社会事业全面发展

优先发展教育事业，继续加大幼儿园建设力度，推动义务教育均衡发展，深化普通高中特色课程建设，提升高中教育办学质量。加快建立完善现代职业教育体系，规范发展民办教育，加快发展民族教育、特殊教育。提升医疗卫生事业服务水平，稳步推进公立医院改革，加强医疗卫生基础设施建设，完善区域卫生信息平台建设。着力提高文体惠民质量，促进公共文化服务标准化、均等化发展，构建具有鲜明乌海特色的现代公共文化服务体系。进一步完善社会治理机制，严格落实安全生产责任制，全力做好信访维稳工作，严厉打击各类违法犯罪活动，构建立体化治安防控体系，建设“平安乌海”。继续做好计划生育工作，促进人口均衡发展。

供　　稿：孟佩云　　乌海市委政研室主任
责任编辑：多志勇

巴彦淖尔市经济社会发展情况

2015年，巴彦淖尔市委、市政府团结和带领全市各族干部群众，大力践行总干精神，积极适应经济发展新常态，全面完成2015年各项目标任务，实现“十二五”时期圆满收官。“十三五”时期是全面建成小康社会的决胜阶段，巴彦淖尔市将认真贯彻落实党的十八届五中全会和自治区党委九届十四次全委会精神，牢固树立“五大发展理念”，紧扣全面建成小康社会这一总目标，激活深化改革、对外开放、创业创新三大动力源，切实做好2016年的各项工作，确保“十三五”开好局、起好步。

面对复杂严峻的经济形势、艰巨繁重的改革发展稳定任务，巴彦淖尔市积极应对经济下行压力，全力稳增长、调结构、惠民生，2015年全市经济社会发展各项事业和党的建设迈上新台阶。据有关部门统计，截至11月，全市规模以上工业增加值增长9%；固定资产投资664亿元，增长14.4%。预计全年地区生产总值增长8%，固定资产投资增长13%，社会消费品零售总额增长11%，公共财政预算收入增长6%，城乡居民人均可支配收入分别增长10%和11%。

一、2015年的主要工作

（一）三次产业协调发展，呈现稳中向好态势

农业方面，粮食总产达到69亿斤，创历史新高。设施农业达到24万亩，并呈现向休闲旅游、规模化方向发展的态势。肉羊饲养量达2139万只，出栏量达1143万只，出栏量和冷鲜加工量居全国地级市之首。有机奶产量达30万吨，居全球第一。河套面粉、圣牧高科有机奶获国际农交会金奖，新增“三品”认证59个，河套、巴盟、乌拉特等绿色特色农畜产品品牌知名度不断提升。

工业方面，坚持扩总量与调结构并重，狠抓企业运行和重大项目建设。1—10月，工业固定资产投资完成358亿元，同比增长39.8%，

规模以上工业增加值增长9%，增速均居全区前列。重点企业通过电力多边交易，降低电费成本2.1亿元。36家企业进入资本市场，融资57亿元。推广“助保贷”业务，帮助企业融资2850万元。实施千万元以上工业重点项目172项，开工167项，建成82项。华拓1500万吨铁矿石干选、草原宏宝100万只肉羊加工、圣牧高科酸奶扩建等项目建成投产，鑫型能源液化天然气、天昱园二期等项目加快推进。风电和光伏发电并网累计达300万千瓦，占到电力总装机的60%，清洁能源产业基地初步成型。开工建设口岸神华跨境铁路、境外重载公路、铜精粉出入境专用通道，年内口岸过货量有望突破700万吨。

服务业方面，第三产业增加值达到185.7亿元，增长6.8%，对地区生产总值的贡献率提高到29%。B型保税物流园区基本建成，直通天津的陆路港实现通关运营，甘其毛都口岸物流园区被确定为自治区级服务业聚集区。航空旅客吞吐量17.5万人次，增长21%。金融机构各项存贷款余额分别达到745.8亿元、637.7亿元，4家农商行存贷款增速继续高位运行，金融服务经济发展的能力显著增强。羊畜产品电子交易平台交易额突破亿元，葵花籽交易中心交易总额近25亿元，五原县成为“全国电子商务示范县”。黄河河套文化旅游区入选全国优选旅游项目名录，荣获“中国乡村旅游模范村”称号7个，实现旅游收入30亿元。建成国家级外贸转型示范基地2个，外贸进出口总额实现25亿美元，农畜产品出口贸易额连续6年居全区首位，总量占到全区的70%。

（二）城乡基础设施和生态建设力度持续加大，支撑和保障发展的能力不断增强

巴彦淖尔市坚持尊重自然、因地制宜、顺势而为，协调推进中心城区、县城、集镇、新农村新牧区建设。城建完成投资152亿元，常住人口城镇化率提高到51.7%。启动实施一批道路管网、园林绿化、城镇出入口改造等工程，综合整治背街小巷1000多条，旱厕改水厕149座，15万居民告别脏、乱、差的生活环境。双河新区建设有序推进，完成金川南路配套工程，河套学院新校区、先锋大桥加快建设。6个县城建设水平不断提高，19个重点集镇改造加快推进。投资15亿元的河套灌区排水设施改造工程基本完工，实施高标准基本农田、节水配套改造、盐碱地改良等项目194万亩。新改建公路2500公里，总里程达2.1

万公里，百平方公里路网密度达32.3%，居全区第3位。临哈高速、乌梁素海航运等工程加快推进，临甘一级公路开工建设，乌中旗通勤机场年底投运。完成电网投资12.3亿元，电网架构支撑保障经济社会发展的能力不断增强。林业生态建设、乌梁素海综合整治等工作有序推进，乌拉特草原、乌兰布和沙区生态持续好转，成为全国生态文明先行示范区。

（三）人民生活持续改善，社会事业蓬勃发展

2015年，新增城镇就业1.2万人，农牧民转移就业15.3万人。24家创业园入住市场主体2997个，临河、五原创业园被列入自治区“众创空间”示范基地。新增市场主体2.1万户，新增注册资本184亿元，增长35%，大众创新、万众创业的局面正在形成。新开工保障性住房2.5万套，建成1.1万套，10.6万人受益。实施农村牧区危房改造2.1万户，竣工1万户，农牧民住房条件不断改善。投入14.5亿元实施扶贫开发项目327个，选派464名干部深入162个贫困嘎查村开展驻村帮扶，3万多贫困农牧民稳定脱贫。社会保障扩面提标力度不断加大，全面开展城乡居民大病医疗保险工作，报销比例城镇医保达到53%、“新农合”达到85%。医疗机构业务专网、小药箱发放、城乡居民健康档案实现全覆盖，“新农合”参合率达到100%。建成自治区企业研发中心22家。坚持为困难群众办好“三个一”民生实事，发放资金2亿元，26万农牧户和1211名低保家庭大学生受益，城镇“零就业”家庭实现动态清零。扎实开展“五城同创”，成为第5批全国文明城市提名城市，建成全国文明村镇2个。沿黄公路自行车锦标赛和黄河湿地龙舟赛等大型文体活动的影响力不断扩大，举办中、蒙、俄“共同的胜利”——纪念抗战胜利70周年系列文化活动，有力推动了同俄、蒙的文化交流。积极创新社会治理，深入推进“法治巴彦淖尔”、“平安巴彦淖尔”建设。

（四）全面深化各项改革，经济社会发展的动力活力不断增强

2015年，巴彦淖尔市规划的358项改革任务，启动实施247项，形成成果307个。着力在总书记嘱托的“三项改革任务”上下功夫，农企利益联结机制日益健全，270家规模以上龙头企业建立农企利益联结机制，带动13万农户增收；生态文明制度改革稳步推进，完成乌前旗党政主要领导矿产资源资产责任审计试点任务；对蒙合作更加紧密，编制甘其毛都口岸中蒙经济合作区规划，蒙古国在我市设立领事办事处工作取得新进展。农村土地承包经营权确权登记颁证工作、县级公立医院综合改革等6个国家级试点成效显著，“扩权强县”、完善牧区草原确权承包工作等21个自治区级试点完成阶段性任务。乌梁素海管理体制、人民调解制度等25项自主改革有效推进，解决了一批多年积累下来的体制性、机制性难题，为经济社会发展增添了活力和动力。

（五）扎实开展“三严三实”专题教育，全面加强和改进党的建设

巴彦淖尔市严格按照中央、自治区党委的部署要求，认真履行抓好专题教育的主体责任，把握问题导向，抓好关键动作，先后召开8次专题会议研究部署。市几大班子带头抓好集中学习，带头讲好专题党课，带头开展专题研讨，带头进行查摆、整改，其中市委常委班子73项整改任务已完成69项。全面落实从严治党“1+3”制度体系，认真开展五级示范抓引领工作。2.3万名干部参与“万名干部下基层”活动，781名机关干部任嘎查村第一书记，选派第一书记、村务监督委员会、活动场所3项内容实现全覆盖。圆满完成嘎查村“两委”换届选举工作，班子整体结构明显改善。大力推行党员星级化管理、党员流动综合服务队、爱民固边直通车、草原党群联络户等特色党建载体。分级分类推进社区、非公经济和社会组织、机关党建工作，大力推进基层组织规范化建设，基层党建经费保障和干部待遇水平稳步提高。严格贯彻《干部选拔任用工作条例》，严把选人用人政治观、品行关、作风关、廉政关，一批想干事、会干事、干成事的干部被选拔到重要和关键岗位。改进领导班子和领导干部实绩考核办法，简化考核指标，突出重点工作，调动干事创业积极性。积极探索不胜任现职干部召回管理制度，对6名科级干部进行召回管理。认真履行党风廉政建设主体责任，坚持把纪律和规矩挺在前面，加大反腐倡廉教育、纪律审查和党内法规制度落实力度，加强对权力运行的监督和制约，基本形成了守纪律、讲规矩的良好氛围。市直机关事业单位派驻纪检机构实现全覆盖，旗县区纪检监察机关“三转”改革机构调整到位，苏木乡镇和街道全部配备了专职纪检书记。积极探索对苏木乡镇巡视工作新机制，二轮巡视8个苏木乡镇。严肃查处发生在干部身边的不正之风和腐败问题，始终保持惩治腐败的高压态势。

（六）大力推进“十个全覆盖”工程，不断提高农牧民生产生活条件

巴彦淖尔市扎实开展“万名干部下基层”和“四联四包”活动，引导全市各级干部把“十个全覆盖”工程作为建功立业的平台，主动作为、勇于担当、攻坚克难，全力推动工程建设。进一步加大巡回检查和专项督查力度，加强督促整改，严格考核，严厉查处工作不力、弄虚作假、挤占挪用资金等问题，确保工程扎实有效推进。今年完成投资45亿元，4271个村庄已完成1753个村庄建设任务，正在建设1213个，占村庄总数的69%。工程的实施有力地推动公共服务向农村牧区延伸拓展，带动了全市设施农业、规模化养殖业等现代农牧业发展，既有效拉动投资，又增加了农牧民财产性收入和经营性收入，使50多万农牧民受益。据测算，今年“十个全覆盖”工程拉动我市地区生产总值增长近1个百分点，农牧民人均直接受益728元。

在取得成绩的同时，巴彦淖尔市发展中还存在一些困难和问题。一是一些重大项目推进缓慢，工业品价格持续走低，部分企业运营艰难，特别是化肥、焦化等行业亏损比较严重。二是财政增收乏力，民生投入、项目配套等刚性支出增加，收支矛盾比较突出。三是玉米、羊肉等大宗农畜产品价格下降，农牧民增收难度加大。

二、2016年的工作重点

2016年是实施“十三五”规划的第一年。巴彦淖尔市将认真贯彻中央和自治区的决策部署，紧扣“一个总目标”，激活“三大动力源”，做好“八项重点工作”，全力以赴稳增长、促改革、调结构、惠民生、保稳定，确保“十三五”精彩开局。

紧扣“一个总目标”。紧紧围绕全面建成小康社会的总目标，从巴彦淖尔市情出发，认真谋划和推进各项工作，努力保持经济中高速增长，力争主要指标高于全国、全区平均水平。

强化“三大动力源”。一是深化改革。着力适应经济发展新常态，推动重点领域和关键环节的改革取得实质性突破，以新动能促进新发展。二是对外开放。积极深化区域合作，承接发达地区产业转移，进一步深化对蒙合作，启动中蒙跨境经济合作区建设，将甘其毛都口岸建成拉动全市经济发展的新增长极。三是创业创新。把创新摆在发展全局的核心位置，深入实施创新驱动发展战略和人才强市战略，打造“双创”新引擎，推动新技术、新产业、新业态蓬勃发展。

做好八项重点工作：

（一）突出扩面提标，扩大“十个全覆盖”工程战果

2016年是完成“十个全覆盖”工程的决战、决胜之年，工作任务十分艰巨繁重。巴彦淖尔市要严格按照“不漏一村、不漏一户、不漏一人”的要求，坚持因地制宜、群众满意的原则，以实用、实效、可持续为目的，带着感情、当成事业，统筹抓好农村牧区产业结构调整、基层党组织建设和脱贫扶贫等工作，实实在在地改善农牧民生产生活条件和村庄面貌。一是在发挥农牧民主体作用上再下功夫，紧密结合“万民干部下基层”活动，进一步强化宣传发动，积极组织开展清“五堆”、备物料，按照实际、实用、实效和缺什么补什么的原则，同步推进绿化、美化、亮化和产业配套，引导农牧民大力发展林果业、庭院经济、“乡村游”、“牧家游”、农牧区电子商务等特色产业，打造一批特色种养业、乡村旅游业、村级电子商务示范村，培育新的乡村经济增长点。二是在发挥政府主导作用上再下功夫，做好规划、搞好预算，通过涉农涉牧项目资金整合、金融贷款、社会捐助、以工代赈等多种途径广泛筹集建设资金，确保4271个村庄实现全覆盖。三是加强工程管护，搞好工程招投标，加快工程进度，加强质量监管，健全村庄长效管理机制和各类村规民约，探索开展农村综合执法，确保花钱少、办事多、见效快，使农村牧区的面貌焕然一新，基础设施条件和公共服务水平显著改善，确保群众满意、长期受益。

（二）突出绿色特色，推动现代农牧业快速发展

坚持把绿色有机作为主攻方向，走产出高效、产品安全、资源节约、环境友好的现代农牧业发展道路，争当全区绿色农畜产品生产加工输出基地排头兵。加大种养殖业结构调整力度，坚持向规模要效益，进一步扩大设施农业和养殖业规模，力争新增设施农业3万亩，建设10万亩设施农业园区3个，新改建规模化养殖场123个、种羊场55个，肉羊饲养量达到2600万只，规模化养殖比例达到70%以上。积极发展现代种业，抓好小麦、葵花、玉米等农作物良种繁育和巴美肉羊、乌拉特黑山羊、二狼山白绒山羊等畜禽良种培育和保护。加强“河套”、“巴盟”、“乌拉特”等品牌的国家地理标志产品登记保护，办好全国肉羊产业大会、河套农畜产品进出口博览会、农业科技博览会，提高河套绿色产品的知名度和影响力。进一步夯实农牧业发展基础，实施200万亩高标准基本农田建设、72万亩改盐增粮工程、20万亩土地深耕深松、河套灌区续建配套与节水改造等项目，提高农牧业综合生产能力。推进农牧业标准化和信息化，健全农产品质量安全监管体系、科技创新推广体系、农牧业社会化服务体系。

（三）突出质量效益，促进工业经济平稳增长

坚持提升传统产业与培育新兴产业并重，积极推进工业扩量提质，不断提高新型工业化水平。认真落实扶持企业发展的政策措施，力保企业正常生产。推动企业提高产品技术、工艺装备、节能环保等水平。建立企业市场化退出机制，让“僵尸企业”有序退出。实施重点工业项目170项，计划完成投资360亿元。积极开展招商引资工作，力争引进国内到位资金245亿元。新增21家企业在“新三板”、区域股权市场挂牌融资。落实最严格的环境保护制度，大力推进乌梁素海综合治理，启动工业污染源全面达标排放计划，严格环保执法，完成节能减排目标任务。

（四）突出提档升级，大力发展第三产业

把服务业作为调结构、转方式的重要途径，培育新模式新业态。推进旅游文化深度融合，依托山、河、湖、草、沙等自然资源和民俗资源，大力发展观光旅游、水上运动、沙漠探险、隔壁越野、“农家乐”、“牧家乐”、自驾游、边境游等多种旅游业。积极实施“旅游+”行动，抓好重点旅游景区建设，积极开发精品旅游线路和特色产品，策划、包装、推出一批旅游文化项目，加大宣传营销力度，推动旅游消费持续升温。扶持大型商贸物流企业发展，提升物流企业规模化、集约化水平。大力发展商贸物流、农畜产品物流，完善城乡物流配送体系。鼓励支持股份制商业银行、小额贷款公司、村镇银行等市场主体加快发展，推动地方商业银行发展。积极发展普惠金融，为小微企业、低收入群体和贫困人口提供更多方便快捷的金融服务。促进电子商务、物联网等新兴业态发展，探索建立河套农畜产品电子交易中心，加快电子商务走进农村牧区。稳步扩大番茄、籽仁、脱水菜等优质农畜产品出口，加快对外贸易优化升级，巩固出口市场份额。

（五）统筹城乡发展，提升城镇宜居宜业水平

按照“拓展中心城区，打造特色县城，构筑新型集镇，建设美丽乡村”的思路，加快推进城乡发展一体化进程。进一步完善中心城区功能组合，加强市政公用设施和公共服务设施建设，做好城镇背街小巷改造、集镇建设和棚户区改造，不断提高宜居水平。推动物质文明和精神文明协调发展，大力开展全国文明城市、园林城、卫生城、双拥模范城、环保模范城“五城同创”活动，打造文明之城、绿色之城、和谐之城、活力之城和幸福之城。加强交通、电力等基础设施建设，投资70亿元完成临哈高速主体工程，加快建设甘其毛都至临河一级公路，启动212、215、311省道改建工程，搞好通村公路建设。投资19.4亿元进一步完善城乡电网架构。以天蓝、地绿、水清、土净为目标，统筹推进乌兰布和沙漠、乌拉特草原、乌梁素海、河套平原等重点区域的生态建设。开展大规模国土绿化行动，加快重点区域绿化，加强林木管护，完成林业建设面积60万亩，高水平承办好全国村庄绿化现场会。

（六）突出精准发力，坚决打赢脱贫攻坚战

认真贯彻中央、自治区党委扶贫工作会议精神，坚持精准扶贫、精准脱贫基本方略，以更大的决心、更明确的思路、更精准的举措、超常规的力度，坚决打赢脱贫攻坚决战。严格按照生产发展、易地搬迁、生态补偿、发展教育、社会保障“五个一批”的脱贫路径，以乌梁素海周边地区、山旱区为主战场分类推进，实行最严格的考核督查问责，提高扶贫实效。2016年，计划减贫3万人，确保2017年基本消除绝对贫困，5个自治区级贫困旗县、54个贫困嘎查村全部“摘帽”。

（七）突出改善民生，不断增进人民福祉

坚持民生优先导向，坚守底线、突出重点、完善制度、引导预期，不断加大民生工作力度。推动就业技能培训向专业化、特色化发展，着力解决结构性就业矛盾。完善社会保险体系，健全职工养老保险多缴多得激励机制，进一步提高城乡居民大病保险报销比例。推动义务教育均衡发展，加快市直民族教育园区二期、市级职业技能培训实训基地、河套学院新校区等重点项目建设。推进“健康巴彦淖尔”建设，加强全民健康教育，完善体育设施配套，发展体育产业，倡导大众健身、全民运动。完善覆盖城乡的基本医疗卫生制度和现代医院管理制度，加强医学人才特别是全科医生的培养，扶持蒙医药、中医药事业发展。搞好足球、自行车、龙舟赛等群众性文体活动。新建一批国家级农业科技园区、国家高新技术企业和自治区企业技术研发中心。切实抓好生产安全、生态安全、食品药品安全、网络信息安全，坚决维护国家安全。

（八）突出落实从严管党治党责任，以严、实的作风助推经济社会发展

认真履行从严治党的主体责任，不断加强和改善党委对经济工作的领导。深化干部人事制度改革，完善政绩考核评价体系和奖惩机制，建立以“五大发展理念”引领经济社会发展的考核评价办法，发挥考核指挥棒作用。全面推广党员星级化管理、草原党群联络户等基层工作模式，不断扩大基层党组织阵地覆盖和工作覆盖。深入推进党风廉政建设，全面落实“两个责任”，切实把纪律和规矩挺在前面，始终保持惩治腐败的高压态势，为经济社会发展创造良好的政治生态环境。

供　　稿：赵峻岭　　巴彦淖尔市委副秘书长、政研室主任
责任编辑：天　莹

阿拉善盟经济社会发展情况

2015年，阿拉善盟认真贯彻中央、自治区的各项决策部署，主动适应经济发展新常态，继续坚持稳中求进总基调，积极有效地应对经济下行压力，坚持以提高经济发展质量和效益为中心，统筹推进稳增长、促改革、调结构、惠民生各项工作，全盟经济社会保持平稳健康发展态势。

前三季度，全盟地区生产总值完成239.92亿元，增长7%；城乡500万元以上固定资产投资完成283.61亿元，增长15.5%；社会消费品零售总额完成46.62亿元，增长7.1%；公共财政预算收入完成24.02亿元，增长-3.2%；城镇常住居民和农村牧区常住居民人均可支配收入分别达到24196.49元和10918.11元，增长8%和8.2%。预计全年，全盟地区生产总值完成331亿元，增长8%；城乡500万元以上固定资产投资完成348亿元，增长16%；社会消费品零售总额完成67亿元，增长7.5%；公共财政预算收入完成32.5亿元，增长-18.5%；城镇常住居民和农村牧区常住居民人均可支配收入分别达到32612元和15925元，分别增长9%和10%。

一、2015年的主要工作

（一）集中力量抓项目，投资规模继续扩大

1.项目投资

实行盟级领导联系重点项目重点企业制度，加强项目督查调度，强化项目管理服务，健全完善考评体系，确保开复工率和投资进度，有效发挥了项目投资对经济增长的支撑作用。实施94个盟级重点建设项目（其中16个项目列入自治区级重大项目），已开工88个，完成投资293.5亿元，占全盟固定资产投资总额的84.3%。在重点项目的拉动下，固定资产投资保持较快增长，增速高于全区平均水平。

2.招商引资

立足新常态创新招商思路、调整引资重点，进一步完善招商引资工作机制，优化招商引资环境，积极引入投资实力更强的大型国企和民营龙头企业，新能源、装备制造、沙产业、文化旅游等产业领域招商引资成效显著。预计全年签约招商引资项目50个，协议引资4189.8亿元，其中落地11个，落地率22%；共实施招商引资项目102个，引进到位资金157亿元。

（二）加快调整促转型，三次产业协同发展

1.农牧业发展

进一步调整优化种植结构，积极推进节水高效作物的引进、试验、示范，预计农作物总播面积50.74万亩、粮食总产量18万吨，粮、经、草比例6：3.9：0.1。进一步转变草原畜牧业发展方式，严格实行以草定畜、草畜平衡，牧业年度牲畜总头数176.1万头只，农区养殖比重达到55.6%。进一步挖掘以双峰驼、白绒山羊两大优良畜种为主的优势特色畜牧业发展潜力，驼绒年加工能力达到500吨，以超级白绒山羊产业园区建设为依托，加快培育“1396”、“1450”高端羊绒品牌。进一步加快特色沙产业发展步伐，深化与科研院所、高等院校的合作，充分发挥阿拉善沙产业研究院及院士专家工作站的作用，与自治区科技厅共建乌兰布和生态沙产业高新技术产业园区，全力推进肉苁蓉、锁阳新食品原料申报认证工作，新启动实施12个沙产业研发项目，已开发出20多个新产品。进一步推进农牧业规模经营、产业化经营，农牧业专业合作社发展到504家，建成新型家庭农牧场56个，预计规模以上农牧业产业化企业销售收入增长8%。土地草牧场承包经营权确权登记颁证试点工作有序推进。

2.工业发展

认真落实保持工业经济平稳增长的一系列政策措施，加强运行调度和监测分析，积极搭建银企对接、用工对接、产销对接平台，强化煤、电、油、气、运等要素保障，努力保持工业经济平稳增长。通过落实生产用电临时扶持、电力多边交易、免征基本电费三项电力扶持政策，预计全年为企业降低成本2.66亿元。落实盟级领导联系重点企业机制，“一企一策”帮扶15户盟级重点工业企业（集团），有针对性地帮助企业协调解决生产经营困难。积极开展中小微企业“助保金贷款”业务，建成“助保金贷款”资金池规模7443万元，为28户企业发放贷款2.8亿元。实施了24个投资亿元以上工业重点项目，预计全年完成投资65亿元。以工业重点项目为支撑，着力调整优化产业结构，加快传统产业新型化、新兴产业规模化、支柱产业多元化步伐，基本形成以煤化工、盐硝化工和矿产品采选加工为支柱产业，风电、光伏、建材、装备制造等多极支撑的工业格局。进一步加快工业布局调整，加强工业园区建设，提出利用5年时间将阿拉善经济开发区打造成为自治区重要的营业收入超千亿元的工业园区的思路，各项基础工作全面推进。实施企业素质提升工程，在清华大学举办企业高层管理人员专题培训。预计全年，全部工业增加值完成199.35亿元，增长8.1%。

3.服务业发展

围绕将阿拉善打造成为国际旅游目的地这一总体目标，修订完善各类旅游规划，制定出台推动旅游业发展的政策措施，着力将旅游业培育成为支出产业。成立文化旅游投资公司，整合文化旅游资源，构建旅游业投融资、招商引资及项目建设管理平台。加快品牌旅游景区创建，胡杨林旅游区被列入自治区优质品牌景区创建名单，广宗寺、福因寺、定远营捆绑打造宗教文化旅游区，推进以核心旅游资源为龙头，带动其他景区发展壮大。进一步加强旅游宣传营销，成功举办胡杨节、巴丹吉林沙漠文化旅游节、阿拉善·玉奇石文化旅游节、越野e族阿拉善英雄会等重大节庆活动，提升了“苍天圣地阿拉善”旅游品牌的知名度和美誉度。预计接待国内外游客440万人次，实现旅游收入48亿元，分别增长29.4%和37.1%。物流流通方面，加快编制完成重点物流园区详细规划，推进阿拉善经济开发区陆港、太西物流园区、策克口岸西物流园区等项目建设；制定促进电子商务发展的政策措施，200多家盟内企业和商户入驻主流电商平台；参加全球跨境电子商务大会，成功对接阿里巴巴集团，拓展了盟内企业电商营销渠道。金融服务方面，举办全盟政、银、企对接会等6次对接活动，促成签约项目47个，签约金额99.13亿元；健全完善融资担保体系，全盟8家融资性担保机构担保资金总额达4.14亿元，增长26.9%；积极推进企业上市融资、直接融资，23家企业在内蒙古股权交易中心融资板块挂牌。大力支持观赏石宝玉石产业发展，建立健全产业发展推进机制，发布阿拉善玉地方标准，促成戈壁石“供玺”在香港上市。切实发挥消费基础性作用，促进六大领域消费，出台推进健康服务业、房地产市场发展的政策措施，加快培育消费增长点。

（三）夯实基础增后劲，发展条件持续改善

1.交通建设

新建、改建公路里程2450公里，其中高速公路、一级公路1380公里，完成投资152.6亿元，超过建盟以来交通投资总和，创全区各盟市年度交通投资历史新高。巴彦诺日公至苏海图一级公路、张家房至查哈尔滩高速公路主体工程建成通车，京新高速公路阿盟段全线开工并完成总投资的40%，雅布赖至山丹、巴彦诺日公至孟根、孟根至雅布赖3条一级公路加快建设。铁路建设实现历史性跨越，临哈铁路额济纳至哈密段开通运营，标志着以天津港为桥头堡的亚欧大陆桥新便捷通道的形成。编制“十三五”及中长期铁路网发展规划，巴彦浩特至银川快速铁路项目列入国家铁路网中长期发展规划。三旗通勤机场运行基本平稳，试点工作有序推进，积极争取阿拉善左旗机场升级扩建。

2.水利建设

全面推进重大水利工程建设，腾格里经济技术开发区供水工程开工建设，新建的条山水库完成总工程量的80%，蓄水80万立方米；科泊尔海应急分凌（洪）区、黄河内蒙古段二期防洪、黑河下游河道整治等工程前期工作加快推进。重点园区、重点企业跨盟市水权转让工作有序进行，落实500万立方米用水指标。进一步推进农业节水工作，针对扬黄灌区和井灌区分别采取渠道衬砌和覆膜滴灌节水措施，农业节水灌溉面积占比达到60%，农田灌溉水有效利用系数0.58。

3.城市建设

实施城市基础设施建设项目12类40项，完成投资10.16亿元。编制腾格里经济技术开发区、乌兰布和生态沙产业示范区、乌力吉口岸等重点区域总体规划，修编三旗政府所在地镇总体规划。继续开展小城镇建设试点工作，6个试点城镇建设进展顺利。在全盟城镇启动为期3年的“城市精细化管理年”活动，开展智慧社区、数字化城管试点工作，全面提升城镇管理水平，打造宜居、宜业、宜游文明城镇。城镇生活垃圾无害化处理率达96.7%，生活污水处理率达80%。

4.生态环境保护建设

进一步扩大生态保护建设规模，实施草原补奖、公益林补偿、退牧还草等重点生态工程项目，草原保护建设总规模1420万亩，人工造林58.5万亩，飞播造林29.7万亩。贺兰山国家级自然保护区成为全区首个入选全国林业信息化建设示范基地项目，阿拉善黄河湿地公园被列入国家试点项目。深入开展“科学发展隐患排查化解年”活动，以腾格里工业园区环境治理为主的环境保护综合整治工作成效显著，环保部解除挂牌督办事项。

（四）深化改革促开放，发展活力不断增强

1.改革情况

全盟确定6大领域323项重点改革任务，已形成191项改革成果形式。简政放权步伐进一步加快，盟本级行政审批事项精简幅度达70%以上，总办理时限压缩了36.8%。“三证合一”登记制度在全盟范围内推开，新登记各类市场主体增长29%；实现涉法涉诉信访与普通信访的分离；巩固15年免费教育政策，推进旗级公立医院综合改革；社会保障制度进一步完善，城乡低保实现一体化；清理盟纪委参与的议事协调机构，精简率达89.9%；开展“营改增”试点工作，全盟登记注册“营改增”纳税人1321户；加快集体林权制度改革，林地确权发证率达100%。

2.开放情况

向北开放和对蒙合作、口岸贸易等工作有序推进，出台了进一步深化对蒙交流合作的意见和分工方案。策克口岸建设发展进一步加快，公铁立交、创业园、海关监管设施信息化等项目进展顺利，预计全年过货量达750万吨。乌力吉口岸开放审批工作取得重大进展，通过外交部、发改委、口岸办等八部委的审理，国内审批进入国务院最后审批通过阶段。区域交流合作迈出新步伐，积极开展融入“丝绸之路经济带”和草原丝绸之路各项工作，加强与呼包银榆经济区毗邻地区的合作，与宁夏银川市、中卫市、石嘴山市签订产业发展、基础建设、生态环保等领域的合作协议。

（五）改善民生促和谐，社会大局保持稳定

深入推进创业就业工程，加快创业园暨孵化基地建设，多措并举促进大众创业、万众创新。预计全年，城镇新增就业4698人，农牧民转移就业3916人，城镇登记失业率控制在3.26%以内。社会保障体系进一步完善，城乡养老保险月人均标准提高到325元；城镇居民医疗保险大病统筹制度初步建立，“新农合”参合率达97.96%；保障城乡低保对象3200户5700人，累计发放资金3100万元。加强养老服务体系建设，初步探索建立了农村牧区“医养结合”养老服务模式。深入实施扶贫攻坚工程，“三到村三到户”项目完成投资5325万元，集中扶持39个贫困嘎查村，“金融扶贫富民工程”累计向农牧民放贷4.2亿元。稳步推进百姓安居工程，投资4.05亿元，完成新建公租房984套60540平方米、棚改672户72355平方米的目标任务。加快发展教育事业，加强教师队伍建设，通过脱产研修、送教下乡培训等方式，共培训教师3000多人次，启动实施校园消防安全改造和校园监控全覆盖工程。进一步加强城乡医疗卫生服务体系建设，公立医院改革扎实推进，6家试点医院取消药品零差价；促进嘎查村卫生室落实基本药物制度，探索实施基本药物捆绑配送模式。安全生产形势总体平稳，应急处置能力显著提升，大力开展食品药品“安全阿拉善”创建工作，全力维护公平有序的市场经济秩序。全面推进依法治盟，强化依法行政和“法治阿拉善”建设，促进民族团结、社会稳定和边疆安宁。

（六）全力以赴促进度，“十个全覆盖”成效明显

如期完成“十个全覆盖”工程年度工作任务，全盟162个行政嘎查村、12个自然村实现了“十个全覆盖”，行政嘎查村全覆盖率达到82%，为2016年全面完成工程任务奠定基础。全年完成投资10.47亿元，其中旗区扩面提效8.17亿元，自治区任务投资2.3亿元，完成自治区下达任务的110%。高度重视，精心组织，从盟本级到旗区、苏木镇、嘎查村，形成层层推进、齐抓共管的良好工作机制。按照“高起点、高标准、高品位”的规划设计原则和“规划先行、产业支撑”的发展要求，科学编制全盟198个行政嘎查村规划。加大观摩检查和教育培训力度，共组织盟内外观摩学习活动8批次400多人。深入开展干部下乡驻村工作，通过工程实施极大地改善了党群干群关系。在大力推进工程建设的同时，切实加强项目后期管理，各旗区分别制定完善管护管理办法，确保工程持久发挥效用。注重产业培育和支撑，结合工程实施重点扶持发展种植业、养殖业、旅游业、沙产业、林果业等产业，着力打牢农牧民持续增收基础。坚持立足实际、分类施策，结合工程实施进一步加大对守土戍边农牧民的扶持力度，推动边境边界地区和谐稳定。

2015年，阿拉善盟凝心聚力、开拓进取，着力稳增长、促发展，经济社会各项事业取得新进步。但是，发展过程中仍存在一些困难和问题，主要表现在：一是经济总量偏小，可用财力不足，集中力量办大事的能力较弱；二是发展方式依然粗放，产业结构不尽合理，资源型产业比重偏高，战略性新兴产业和现代服务业发展不足；三是发展支撑条件仍然较差，生态环境脆弱，基础设施滞后，资源环境约束日益趋紧；四是城镇化质量和水平不高，城镇功能不够健全，综合承载能力较弱；五是城乡共享发展水平较低，基本公共服务均等化程度不高，社会转型期维稳压力加大。

二、2016年的工作重点

2016年，阿拉善盟将全面贯彻落实中央、自治区的新部署、新要求，进一步适应新常态、把握新趋势，坚持以经济社会全面转型为主线，立足盟情实际，培育发展动力，激发社会活力，继续在稳增长、促改革、调结构、惠民生上下功夫，在抓项目、兴产业、强基础、促发展上求突破，推动经济社会持续健康发展，为“十三五”规划顺利实施开好头、起好步。初步确定2016年阿拉善盟经济社会发展主要预期目标是地区生产总值增长7.8%，城乡500万元以上固定资产投资增长13%，社会消费品零售总额增长10%，公共财政预算收入增长7%，城镇常住居民人均可支配收入增长9%，农村牧区常住居民人均可支配收入增长9%。2016年，阿拉善盟将重点做好以下5个方面的工作。

（一）突出项目支撑，确保经济运行在合理区间

抓好产能项目，提升工业发展后劲；抓好交通项目，构建综合性交通运输体系；抓好水利项目，巩固水资源保护和合理开发利用成果；抓好电力项目，提升用电保障水平；抓好城建项目，提升城市综

合承载能力。围绕培植壮大优势产业和新兴产业，全力做好煤化工、盐化工产业链延续以及新能源、高科技、沙产业、文化旅游、重大基础设施等产业领域的招商工作，高质量引进一批大项目、好项目，更好地带动产业转型升级。强化重点项目推进联席会议制度，深入开展盟级领导联系重点企业重点项目工作，加强对重点项目的统筹、协调和服务，努力确保项目开复工率和投资进度。

（二）突出结构调整，推进产业迈向中高端水平

按照“农业要收缩、农村要整合、农民要集中”和“牧业要适度、布局要合理、牧民要守边”的总体要求，大力推进农牧业向集约化、规模化、标准化、产业化方向发展，着力提升土地产出率、资源利用率和劳动生产率。坚定工业主导地位，以提高资源综合利用率和延伸产业链为主方向，以技术创新为动力，改造提升传统产业，大力发展战略性新兴产业，推动工业经济持续健康发展。重点推动现代煤化工、盐化工、精细化工、特色冶金、新型建材、装备制造、新材料等产业发展，加速形成全产业链，打造低碳、高效的循环型工业经济体系。进一步调整优化工业布局，提高园区集约、集聚水平，努力把阿拉善经济开发区建设成为千亿元营业收入的国家级循环经济示范区。坚持把发展现代服务业作为经济结构调整的战略主攻方向，积极挖掘优势和潜力，推动服务业发展壮大。以打造国际旅游目的地为目标，健全旅游业发展的工作机制和政策体系，推动旅游业成为名副其实的支柱产业。统筹推进物流、金融、商贸、文化产业发展，推动现代服务业提档升级。

（三）突出生态保护，统筹推进城乡协调发展

立足资源环境承载能力、发展基础、发展潜力，调整完善空间开发格局，引导各类生产要素按照主体功能优化配置。加强生态保护与建设，规范自然保护区管理，组织实施好草原补奖、公益林补偿、退牧还草、天然林保护、湿地保护和“三北”防护林等重点生态工程，进一步强化禁牧、休牧、舍饲圈养等保护性措施的落实。把生态文明理念融入城乡建设全过程，重点抓以巴彦浩特为主的城市建设管理工作，着力打好农村牧区“十个全覆盖”工程攻坚战，促使城镇水、电、路、讯等基础设施和科教文卫等社会公共服务职能逐步向乡村延伸，加快推动城乡一体化进程。把环境保护工作放在经济社会发展大局中来把握，强化政府领导责任、部门监管责任和企业主体责任，形成权责一致、各地各部门齐抓共管的工作格局。进一步减轻和消除资源开发利用活动对生态环境的不良影响，提升环境质量，确保环境安全。

（四）突出改革开放，增强发展动力活力

深化重点领域改革，突出问题导向，突出精准发力，突出完善制度，做到全程跟进、全程负责、一抓到底。按照简政放权、放管结合、优化服务、转变政府职能的要求，再减少下放一批行政许可事项，积极做好公务用车制度改革工作。紧抓国家实施“一带一路”战略契机，加强对蒙开放和区域合作，加快推进策克口岸边境经济合作区、互市贸易区、保税仓库建设，千方百计提高口岸过货量；全力推动乌力吉口岸开放工作，尽快完成国内外审批手续；认真落实与周边地区签订的经济合作战略框架协议，推动与宁夏、甘肃等周边省区合作向更深层次、更广领域发展。大力推进科技创新，制定出台推进大众创业、万众创新的实施意见，不断优化科技创新环境。继续抓好创新平台建设，汇聚更多创新资源，加快创新成果转化。

（五）突出民生改善，促进社会和谐稳定

坚持扩面和提标并重，进一步完善社会保障体系，努力做到应保尽保、普惠于民。强化企业收入分配调控，进一步推行企业工资集体协商制度。大力促进创业就业，构建就业政策、创业孵化、实训培训三个体系，实施大学生创业引领、离校未就业高校毕业生就业促进、蒙古语授课高校毕业生及就业困难人员就业援助三项计划。稳步推进百姓安居工程建设，确保年度计划顺利实施。深入推进脱贫攻坚工程，进一步健全完善精准扶贫、扶贫投入、创新扶贫工作机制，推进贫困旗县“摘帽”、贫困人口脱贫目标尽早实现。坚持优先发展教育，推进教育均衡发展，提高教师整体素质。广泛开展全民健身活动，提高竞技体育水平。稳妥推进旗级公立医院改革和卫生计生信息化建设，落实“全面两孩”生育政策。加强和改进新形势下的群众工作和信访工作，深入做好矛盾纠纷排查调处工作。坚决杜绝重特大安全事故的发生，大力整顿规范市场秩序，加强产品质量和食品药品安全监管。加强应急管理工作，不断提高应对各类突发事件和保障公共安全的能力。强化社会治安综合治理，深入开展平安创建活动，切实维护社会稳定。进一步加强民族宗教工作，促进民族团结和边疆安宁。

供　　稿：石东升　　阿拉善盟行署办公厅
责任编辑：焦志强

满洲里市经济社会发展情况

2015年，满洲里以试验区建设取得新突破为目标，突出“项目建设推进年”主题，主动适应新常态，着力谋求新发展，坚持在建设向北开放桥头堡上争当龙头，在打造中、俄、蒙文化交融的跨境旅游休闲度假基地上深入破题，在构筑贸游主导、贸工结合的产业体系上做足文章，在筑牢“两个屏障”上夯实基础，全力打造祖国北疆亮丽风景线。

1—11月，全市地区生产总值完成210亿元，增长8%；固定资产投资完成110亿元，增长16.7%；规模以上工业增加值增长8.9%；公共财政预算收入完成13亿元，增长7%；社会消费品零售总额完成122亿元，增长8.5%；城镇居民人均可支配收入完成2.7万元，增长8.6%；口岸过货量完成2684万吨，与去年同期持平；市外贸进出口总值完成33亿美元，增长12%。预计全年，地区生产总值完成229亿元，增长8%；固定资产投资完成110亿元，增长16.7%；公共财政预算收入完成14.9亿元，增长7%；社会消费品零售总额完成133亿元，增长8.5%；城镇居民人均可支配收入完成2.95万元，增长8.6%；口岸过货量突破3000万吨，略高于去年；市外贸进出口总值完成36.8亿美元，增长12%。主要经济指标增幅好于年初预期、好于其他对俄口岸。

一、2015年的主要工作

（一）产业层次不断提升

加大项目推进力度，年初、年中、年末开展3次现场观摩活动，及时解决项目手续和融资等难题，全年实施投资500万元以上重点项目224个，开工率达88.2%，项目开工率和投资完成进度均创历史最高水平。工业基础不断夯实。木材落地交付620万立方米，增长6.5%，被评为中国十强木材与木制品市场集群。原煤产销近1300万吨。联众热电联产项目实现供热，恒升油菜籽加工、凯润实木家具、深能源光伏发电等一批重点工业项目加快推进。服务业加快发展。新增外贸企业195家。跨境电子商务试点园区入驻企业7家，“神灯速贸”中俄跨境电子商务平台上线试运营。旅游总人数达到660万人次，旅游总收入完成45亿元。成功举办中国北方国际科技博览会、中俄蒙国际旅游节、冰雪节暨美丽使者大赛，查干湖国际旅游度假景区、套娃广场二期、世界木屋博览园等项目加快实施。创汇农业稳步发展，出口果菜35万吨。

（二）口岸开放纵深拓展

综合保税区获得国务院正式批复，累计完成基础设施投资2.9亿元。加快推进互市贸易区深度开发，与国门景区实现互通。满洲里车站站场扩能改造、满洲里至阿拉坦额莫勒一级公路、零号界碑公路建设加快推进，公路口岸扩能升级等工程开工建设，口岸功能不断完善。对俄进出口综合货场二期建成运营，液化石油气储运基地、中俄农产品贸储基地、博汇通综合储运、森富口岸物流园和国际公路物流中心二期等项目进展顺利。启动航空口岸落地签证，西郊机场免税店开业运营，进出港旅客42万人次，增长5%。实现“苏满欧”国际班列双向开通，中欧国际集装箱班列线路达到14条、突破600列，货值突破100亿元。多式联运海关监管中心获海关总署批准，平行进口汽车突破200辆。成功举办乌兰乌德“满洲里日”和满洲里“赤塔日”活动，完成乔巴山市孛儿帖公园援建项目，与阿拉山口市和匈牙利拜赖焦新村市缔结友好城市。新增境外投资项目36个，投资额1亿美元，增长73%。制定出台优化通关环境，实施运量奖励等政策措施，减免口岸收费2.4亿元，通关效能不断提升。

（三）改革活力全面释放

完成改革任务112项，形成改革成果146项，承接国家和自治区改革试点13项。实施新一轮行政许可事项调整，编制完成行政权力清单，保留行政许可事项125项。成立公共资源交易中心。推进工商注册便利化，在全区率先启动“一照一码”改革。实行“三个一”通关模式，在铁路、公路口岸启动海关移动查验单兵作业系统和通关作业无纸化改革试点。完善国有资产运营体系，组建城市发展投资有限公司。卢布现钞使用试点启动实施，内蒙古银行“俄贷通”业务开始办理。实施大工业直供电试点，扎煤公司与达赉湖热电厂实现电力直接交易。口岸旅游股份有限公司在“新三板”成功挂牌，填补了我市空白。满洲里主体功能区建设试点获得国家批复，东湖生态旅游示范区初列为自治区级旅游休闲集聚区，进出口贸易综合服务体系建设列入自治区服务业改革创新试点，扎赉诺尔独立工矿区搬迁改造纳入国家计划。非公经济发展活力持续增强，新增注册企业629户，新增个体工商户2438户。

（四）城市环境明显改善

《满洲里市城市总体规划（2014—2030）》获自治区批复。霍尔津河干流入境至小北湖疏浚工程开工建设，城市供水管网改造进展顺利。市区垃圾处理厂升级改造、扎区污水处理厂投入使用。完成扎赉诺尔区棚户区、城镇边缘区供水工程，解决了5100多人的饮水安全问题。加快保障性安居住房建设，完成第十二学校棚户区改造项目506户居民搬迁安置，启动1350户城市棚户区改造项目。投资11.6亿元全面加强环境综合整治，分步推进居民区巷道、市政设施维修改造；实施既有建筑节能改造15.3万平方米；完成30个老旧小区和10栋高层住宅公共设施改造，惠及居民9800户3.5万人；集中清理违法建筑272户15.6万平方米，清理违法占地33.5万平方米。开展木材企业消防安全整治，关闭取缔低端木材加工企业39户，居民区内135户木材加工企业迁入园区标准厂房。开展呼伦湖周边地区“百日行动”专项整治。加大用能企业监管和环境隐患整治力度，实施减排项目5个，完成年度节能减排任务。加快推进城市绿化，完成重点区域绿化1541亩，植树110.5万株。

（五）民生水平持续提高

加快推进10项惠民工程，投入社会事业和改善民生资金14.7亿元。新增就业5060人，城镇登记失业率3.5%。城镇居民最低生活保障标准提高到570元。为社区工作者月均提高生活补贴400元。华颐托老所被民政部确定为养老机构信息惠民试点，“救急难”被确定为全国综合试点。推进教育均衡发展，完成义务教育薄弱学校改造，标准化中学和建设加快推进。有序推进公立医院改革试点，5所公立医院取消药品加成。人口自然增长率为3.5‰。满洲里书城、蒸汽机车博物馆建成运营。成功举办国际文化艺术节、首届中俄蒙油画艺术家年会系列活动。全面落实安全生产责任，加强食品药品安全监管。完善社会治安综合治理体系，流动人口服务管理模式被中央综治委列为全国先进典型。严厉打击违法犯罪活动，反恐防爆和应急处突工作得到加强，社会大局保持稳定。“六五”普法取得新成效。顺利完成社区居委会换届选举。

在经济社会快速发展的同时，也存在一些不容忽视的问题。一是试验区政策效应发挥不明显、先行先试力度不大。二是经济发展抵御外部风险能力弱，易受俄罗斯经济波动影响，自主增长内生动力不足，缺少立市大项目支撑。三是城市基础设施建设不完善，供水、供热、供电管网建设滞后已成为制约发展的瓶颈，城市承载能力亟须提升。四是一些干部作风不够扎实，主动深入基层、现场解决问题不多；有的干事缺乏激情，工作不敢担当，为官不为，在落实中央“八项规定”、反对“四风”方面还有不足。

二、2016年的工作重点

2016年，满洲里市经济社会工作的总体要求是深入贯彻落实中央、自治区党委和呼伦贝尔市委的决策部署，坚持“四个全面”战略布局，坚持发展是第一要务，坚持创新、协调、绿色、开放、共享发展理念，以试验区建设为主线，以“质量效益提升年”为主题，着力推进“贸游立市、工业强市、贸工一体”战略，着力扩大对外开放，着力培育新的经济增长点，着力打造宜居魅力城市升级版，着力增进民生福祉，努力实现“十三五”良好开局，把祖国北部边疆这道风景线打造得更加亮丽。

（一）推动口岸核心能力建设提档升级，巩固提升全国最大陆路口岸地位

坚持把口岸建设作为经济发展的生命线，不断提升口岸疏运能力和区域辐射带动作用。一是推进口岸互联互通建设。加快公路口岸货检区扩能改造，启动新建海满高速，推动满西高等级公路和满洲里至新伯鲁克公路建成通车。完成满洲里铁路口岸站场改扩建工程，全力配合滨洲铁路电气化改造，争取齐满客专和满洲里—乌兰浩特—通辽客运专线列入国家高铁网建设规划。推动完成满洲里至赤塔电气化铁

路建设和俄A-166联邦公路升级改造。完善国际航空口岸功能，增加至国内主要旅游客源地的航线和季节性航班，拓展俄、蒙、韩重点城市国际航线，鼓励发展航空货运业务。二是促进运量货值稳定增长。积极与哈铁局、联检联运部门、俄方和有关企业协调对接，增加铁矿砂、煤炭、危险化工品和德系整车等品类进口，推动液化石油气、天然气进口破题。发挥汽车整车进口口岸功能，加大平行进口汽车力度，力争今年突破500辆。扩大“南菜北运”，探索在海南建立满洲里口岸对俄出口农产品种植基地，扩大果菜出口规模。开辟跨境多式联运交通走廊，培育新增“满俄欧”等班列开行，加大跨境班列开行密度和班次，力争今年突破700列。三是提升口岸服务支撑能力。启动国际物流中心二期建设，推动森富国际物流贸易综合体等一批物流项目建设运营，形成仓储1000万吨、进出境车辆100万辆次的物流能力。优化电子口岸各系统功能，推进口岸“三互”大通关，在沿边口岸率先建立单一窗口，建成全国一流电子口岸。深化口岸管理体制改革，扩大通关一体化区域范围。积极争取入境免税试点，带动口岸过境人员增长。探索与俄方口岸实施便利运输一体化通关新模式，促进口岸双向提速提效。

（二）推动对外开放提档升级，完善提升欧亚陆路大通道重要枢纽功能

主动融入国家“一带一路”战略，以开放促开发、以开放促改革，不断拓展对外开放的广度和深度。一是强化开放平台功能。加快综合保税区基础设施建设和招商引资进程，确保年内验收封关运营。加强与北京天竺综合保税区等方面合作，建设综合保税区国际商品直销中心。加强与外交部和俄蒙方面的持续对接，积极推动中俄蒙跨境经济合作区启动建设。加快自由贸易区申报建设进程，力争列入国家自由贸易园（区）试点。二是构建开放型经济体制。以开放倒逼各领域改革深入推进。加强与俄蒙合作共建，全力打造“中蒙俄经济走廊”的重要节点。推进互市贸易区深度开放，用好8000元边贸免税政策，探索实施“一线放开、二线管住、人货分离、境内关外”的分线管理模式。推进简政放权和商事制度改革，制定试验区产业鼓励目录和负面清单，实施差别化产业政策。深化跨境金融服务改革，探索离岸金融业务试点。三是创新对外合作沟通机制。不断完善中俄蒙毗邻地区沟通协调合作机制，继续推动在满洲里恢复设立领事机构。进一步拓展与俄蒙腹地城市的交流互动，拓展教科文卫体和旅游等多领域合作，丰富互办“城市日”活动内涵，密切青少年友好交流。启动实施中宣部“国门形象建设工程”试点工作，提高口岸城市国际传播能力。鼓励和引导有实力的企业“走出去”开拓俄蒙市场，努力在“中蒙俄经济走廊”建设中促进区域经济一体化发展，构建区域经济共赢新局面。继续深化与东北地区、环渤海地区和长三角、珠三角地区的合作，深度承接发达地区产业转移。

（三）推动口岸特色产业提档升级，培育和打造新的经济增长点

围绕口岸优势和资源禀赋，把项目建设作为培育特色产业体系、加快产业转型升级的重要举措，积累发展能量、积蓄发展后劲。一是提高工业经济发展水平。推动木材加工业提档升级，适应供给侧结构性改革的要求，完善国际木材交易市场功能，鼓励凯润、绿海等中小企业为瑞典宜家等国际知名企业做下游配套，形成全产业链专业分工合作模式；加大创新力度，提升终端产品规模，打造本土知名品牌，力争木材精深加工比例达到65%以上。推动进口农产品落地加工，力争实现小麦进口落地加工，实施中俄农产品贸储基地、恒升油菜籽进口储运加工等项目，形成150万吨的加工能力。提高煤炭综合开发转化水平，加快推进4×60万千瓦坑口电站和500千伏输变电工程启动建设。推动俄罗斯宽轨接入扎赉诺尔工业园区。鼓励发展清洁能源，开工建设华能一期2万千瓦等光伏发电项目。二是提高外经贸发展水平。加强边贸企业能力建设，及时调整完善外贸扶持奖励办法，吸引国内外更多企业在满洲里注册分支机构。突出发展跨境电子商务，培育和引进龙头电商企业，加大电商人才队伍建设，建立跨境电子商务大数据中心，完善跨境支付结算体系，恢复开通中俄国际邮路，争取进入国家和自治区电子商务示范城市和基地行列。新建液体化工仓储保税基地、油品化工专业货场、浩通能源铁路专用线等项目。积极建设中欧商品交易中心，发展进出口商品线上展示和现货交易，推动出口货源在满洲里口岸集结拼箱，实现班列过埠增值。加快企业“走出去”步伐，实现境内外同步发展。三是提高旅游业发展水平。以打造

“中俄蒙风情兼得的跨境旅游、休闲度假基地”为目标，因地制宜，谋划各区旅游发展定位，统筹各区旅游协调联动互补发展。全面提升善国门景区、套娃广场、互贸区等核心旅游服务水平，确保通过国家5A级旅游景区创建验收。坚持文化旅游融合发展，积极推动世界木屋博览园、万通水世界、蒙古始祖圣地、木文化博物馆、东湖国际文化旅游度假小镇等景点、景区建设，大力发展玉石和油画产业，建设俄罗斯玉石产业文化园，举办高水平的玉石公盘和中俄蒙油画艺术家年会，满足高端旅游群体消费需求，拉动四季旅游均衡发展。深化与周边区域和俄、蒙毗邻地区旅游联动，打造辐射呼伦贝尔、兴安盟的国内游精品线路，增开“茶叶之路”——满洲里等跨境旅游专列，丰富中俄蒙环线自驾游线路。健全旅游公共服务体系，加强旅游市场秩序监管，推进智慧旅游建设，完善旅游综合配套，营造良好旅游发展环境。四是提高金融业的支持保障能力。完善政府、银行、企业三方沟通的投融资机制，推进与光大银行内蒙古分行合作设立口岸发展基金，与满洲里农村商业银行设立“美丽乡村”产业基金，与中国建设银行满洲里支行设立文化产业发展基金，与包商银行满洲里分行设立木材产业发展基金，研究设立外经贸产业发展基金。积极推动政府与社会资本合作模式，开展基础设施和公共服务项目融资。支持口岸集团等本土优秀企业上市。创新“助保贷”模式，进一步降低中小企业准入门槛，提高贷款放大比例。

（四）推动城市建设管理提档升级，全力打造宜居魅力城市升级版

继续将中西文化交融的城市建设理念贯穿于城市规划设计和开发建设全过程。着力完善城市功能，强化城市管理，提升城市内涵，全面打造生态宜居城市。一是全面开展城市环境综合整治。以改造房、墙、路、地、区为重点，突出抓好城市棚户区改造、独立工矿区改造、危房土房改造、采煤沉陷区治理、生态移民搬迁等项目。拆除改造老旧房屋29621户，消灭建成区土房、危房；投资28.7亿元，改造城市棚户区房屋3585户面积42万平方米；投资4.7亿元，绿化城市面积1.2万亩；投资7.2亿元，新建改造道路56公里、清理“两违”40万平方米、拆改楼院墙15公里和厂区平整106万平方米，切实改善群众生产生活环境。推动工业园区形象提档升级，按照既是工业园区又是旅游景区的标准，进一步完善园区总体规划和建设，做好园区美化净化和厂区环境整治。完成进口资源园区集中供热供气管网建设，年内拆除所有木材加工企业自备锅炉。二是优化城市空间布局。按照《满洲里市城市总体规划（2014—2030）》，编制完成全市剩余部分地块的控制性详细规划，完成与总体规划相互衔接和协调的专项规划。不断完善城市路网结构，借助海满高速满洲里段改线建设，构筑城市大外环框架。重点加快华阜大街两侧在建项目形象进度，扩大城市体量。各区要按照各自功能定位谋划和引进项目，提高产业聚集度，科学优化空间布局。加快城市新区和国际物流产业园区的基础设施建设，拉动城市东西区组团发展。三是继续提升城市品位。突出欧式特色。加强主城区沿街外立面维修改造和特色亮化工程，突出古典欧式建筑风格，增加和维护欧式街头小品，注重牌匾、路灯等细节设计，配合烘托欧式风情，增加城市艺术感，打造精品城市。提高精细化管理水平，改革城市管理体制，继续加大老旧小区改造力度，创新物业管理方法，引进有实力的物业公司，提高收费率，实现精细化服务。继续加强城市绿化，打造环城水系，争创自治区级园林城市。创新城市管理模式，完成智慧城市一期建设。

（五）推动社会事业提档升级，不断增进民生福祉

一是打好扶贫攻坚战。按照精准扶贫和政策兜底相结合的原则，通过实施产业带动、棚户区安置、低保政策、社会救助和医疗救助等多种扶贫方式，用一年的时间，率先在自治区完成脱贫任务。实施更加积极的就业政策，重点帮助大中专毕业生、“零就业”家庭和就业困难人员等群体就业。突出做好青年创业工作，健全政策、服务、培训“三位一体”的创业促进机制，以创业带动就业。二是大力发展社会事业。注重文明城市创建的常态化，保持“全国文明城市”荣誉称号，展示国家文明窗口良好形象。发挥中俄蒙科技孵化合作平台作用，办好中国北方国际科技博览会，进一步提升经济效益和社会效益。实施教育质量提升计划，持续加大教育人才队伍建设，加强教学硬件建设投入，创建自治区级示范性高中。创新高等教育发展理念，积极申请成立满洲里应用技术本科院校，培养实用型技能人才。完善分级医疗制度，逐步形成合理就医流向。推动公立医院综合改革，加强与国内外知名医院的交流合作，研究完善医疗人才培养和引进机制，力争晋升三级医院。完善公共文化设施，加快城市规划馆、档案馆、群艺馆和图书馆建设，提升公共文化服务水平。大力开展全民健身运动，满足人民群众日益增长的健康需求。积极发展冰上体育项目，大力推进青少年足球运动，完成足球馆建设，打造中俄蒙青少年运动训练基地。三是促进社会和谐稳定。做好“七五”普法工作，健全司法救助和法律援助体系，提高依法治市水平。畅通群众利益诉求渠道，坚持和改进四大班子领导接访制度，认真解决好涉及群众切身利益的突出问题。做好民族宗教工作，巩固民族团结，促进宗教和谐。深化“双拥共建”，努力争取“全国双拥模范城”六连冠。提升安全治理能力，进一步完善安全生产责任体系，落实“党政同责、一岗双责、齐抓共管”的要求。推进“数字公安”建设，严厉打击各类违法犯罪活动，实现社会治理网格化、网络化。提高全民反恐意识，加强安保力量配备，提升处理突发事件的能力，筑牢祖国北疆安全稳定屏障。

供　　稿：滕广兴　　满州里市委副秘书长、办公厅主任

责任编辑：张志华

二连浩特市经济社会发展情况

2015年，二连浩特市坚持以党的十八届五中全会精神为指导，深入贯彻落实自治区党委、政府的重大决策部署，努力克服国内外经济下行压力的不利影响，全力以赴稳增长、调结构、抓开放、促改革、惠民生，口岸经济社会发展呈现稳中有进态势。

截至10月底，地区生产总值完成64.76亿元，增长10.7%；规模以上工业增加值21.07亿元，增长16.36%；全社会固定资产投资32.1亿元，增长19.4%；社会消费品零售总额23.12亿元，增长7.5%。预计到年底，地区生产总值完成100亿元，同比增长16%；全社会固定资产投资38.65亿元，增长17.6%；社会消费品零售总额30.3亿元，增长7%；进出口货物总量1500万吨，增长10.6%；全体居民人均可支配收入38409元，增长5%。

一、2015年的主要工作

（一）先行先试、敢为人先，改革开放实现新突破

全方位扩大对外开放。试验区建设总体规划报自治区待批。协调商务部与蒙古国工业部在我市召开中蒙跨境经济合作区第一次磋商会议，蒙方已将《共同总体方案》意见反馈商务部。跨境经济合作区总体规划、产业规划编制完成，控制性详规和部分修建性详规启动编制，跨境区边防设施迁建完工，外围道路工程启动。边民互市贸易区一期工程投入试运营，《边民互市贸易区管理办法》报自治区待批。二连与蒙俄互联互通重大项目全部纳入国家和自治区相关规划。举办第七届“二洽会”，中、蒙、俄三国26家企业的14个项目进行了签约，协议资金达13.7亿元。加强对外教育交流合作，援建的二连浩特—扎门乌德青少年足球交流基地投入使用，与蒙古国5所学校建立友好合作关系。国际学院选派82名学生赴蒙俄高等院校学习。出台《蒙古国籍学生奖学金实施办法（试行）》，蒙古国学生在我市就读人数

增加128人。全面推动深化改革。被自治区列为第二批“扩权强县”试点市，“扩权强县”61项管理权限在我市已实现57项。被自治区列为落实“三互”推进大通关改革试点口岸。推进公立医院综合改革试点工作，市医院通过二甲医院评审，蒙中医院被评为二乙民族医院。食品可追溯体系建设被列为自治区试点。不动产登记局正式揭牌，颁发华北地区首家不动产权证。完成“三证合一，一照一码”登记改革。积极推动金融创新，中行、农行开展人民币与蒙图现钞兑换业务，中行办理外币现钞出入境调运资格获批，包商银行二连支行正式营业。启动“助保贷”业务，为10户企业发放贷款3150万元。

（二）稳定总量、调整结构，国际贸易和物流业发展取得新成效

积极应对国内外经济下行压力，进一步调整优化进出口贸易结构，全力以赴争政策、扩品种、保过货。出台《支持边贸企业能力建设（暂行）措施》，引进和留住外贸企业在口岸注册经营、过货过关。加大政策争取力度，国家质检总局同意二连口岸进口蒙古国饲草，整车进口口岸审批进入启动征求国家部委意见程序。粮食进口指定口岸获批，实现蒙古、俄罗斯及哈萨克斯坦等国，油菜籽、大麦等粮油商品进口，进口粮油8万吨，增长75%。实行羊绒进口地税减免政策，进口羊绒4900吨，增长160%。全年进口纸浆50.4万吨，增长44.5%。协调呼和浩特海关建立铁矿石、木材等大宗进口商品海关申报价格动态管理机制，铁矿石进口申报价格平均下调47%，协调呼铁局将二连发往包头方向的铁矿石铁路运费降低30元/吨。推动郑连欧班列常态化运行，全年验放70列，增加61列。口岸进出口货运量完成1400万吨，增长3.2%。欧华大厦和环宇国际商贸城部分商业楼完工，富皇汽车修配城投入运营，商贸物流业发展条件逐步改善。加快推进电子口岸建设，公路口岸自助通关通道、货运通道卡口自动核放系统启动实施。

（三）优化环境、严格执法，工业经济发展迈出新步伐

充分依托蒙俄资源和市场，把进口优势转化为加工优势，全力以赴强基础、促运行、保安全。理顺边境经济合作区管理体制，组织开展边合区产业整体规划修编工作，制定出台《扶持工业企业发展实施意见》，工业企业服务环境进一步优化。启动粮食进出口加工园区建设，粮食站场改造一期完工，恺禹源、浩田、鑫圣达3家粮油加工企业入驻园区。全力推动工业项目建设，紫源断桥铝、蒙鑫达彩钢项目开工，渤钢200万吨铁精粉项目积极推进，阳澜新型建材一期、远通断桥铝等5个项目建成投产。二连浩特新能源微电网项目获得国家能源局批复。电力外送通道规划论证工作启动。帮助企业争取建设指标，天宏阳光5万千瓦、华电5万千瓦光电项目部分并网发电。协调呼铁局签订秦龙、渤钢等企业铁路接轨协议，为企业顺利投产创造条件。完成鹏顺矿业、中升粮油、盛辉英利等企业提限工作。工业增加值完成32.1亿元，增长15.3%。加大安全生产和环境保护执法力度，督促远恒、安泰等木材加工企业加快消防隐患整改，开工建设工业固废处置中心，清理尾矿70多万吨，3家选矿企业完成循环水池建设，企业生产经营得到规范。加大危险化学品监管力度，完善各项管理制度和应急预案，规划过渡期口岸危险化学品存储场所，危险化学品进出口管理能力显著提升。

（四）提档升级、加强引导，旅游业发展取得新进展

深入推进文化和旅游业融合式发展，打造品牌、增加投入、破解瓶颈、落实补贴，扭转了口岸旅游人数下滑的局面。中蒙跨境旅游合作示范区被列入国家旅游局2015年全国优选项目名录、全区15个品牌景区之一。完成国门景区综合服务区主体工程建设，综合博物馆装修布展启动实施。起草《中蒙两国旅游协定》并上报国家旅游局，推动解决团体旅游互免签证和8座以下车辆出入境问题。开通重走“茶叶之路”二连浩特旅游专列，举办首届二连浩特—扎门乌德国际那达慕、第二届“茶叶之路”文化旅游节等系列活动，口岸知名度进一步提升。与扎门乌德签订《跨境旅游合作框架协议》，协调赴扎门乌德“一日游”费用由420元降至315元，赴扎门乌德“一日游”人数同比增长233%。出台《2015年旅游企业奖励措施》，来我市旅游的外地团组增长227%。加大文化旅游宣传促销力度，在周边地区、蒙古国乌兰巴托、俄罗斯乌兰乌德和伊尔库茨克等地开展旅游宣传推介，通过新媒体、旅游达人宣传推广，口岸文化旅游吸引力进一步增强。全年接待国内外游客183万人次，增长8.2%；实现旅游总收入57.4亿元，增长62.1%。

（五）加强基础、服务民生，城市基础设施建设得到新提升

锡二线铁路通车运营，二满线一级公路、省道312线二连段、重载公路连接线等公路项目开工建设，机场改扩建工程具备验收条件。筹资1亿元重点解决关系群众切身利益的道路、供热、给排水等问题，硬化和修补道路1.8万平方米，新建和维修排水管网2公里，新建供热管线6.5公里、换热站7座，新增集中供热面积60万平方米。改造老旧小区22个，维修、新建公厕10座。与包钢西创、河海大学合作寻找新水源取得初步成果。推进节水型社会试点建设，将齐哈青储饲料基地7眼水井改造为水源井并入城市供水管网，新增日供水能力8000吨。完成绿化分质供水工程，夏季高峰期用水紧张问题得到缓解。积极推进住房公积金归集扩面，率先实现67户个体工商户、私营企业、自由职业者办理缴存了住房公积金。以创建全国文明城市为契机，开展机关事业单位包联街路、市区大车限行、流浪狗整治等一系列专项行动，市容市貌环境进一步改善。加强大气污染防治工作，13家企业改用清洁能源或接入集中供热管网。

（六）弥补欠账、发展产业，农村牧区工作展现新面貌

抓住国家、自治区政策机遇，切实弥补几十年农牧区基础设施薄弱、公共服务设施滞后的历史欠账，让全市农牧民及早高标准享受惠民政策成果。全年筹集资金1.2亿元实施“十个全覆盖”工程，完成危房改造58套；新打机井35眼、新建水窖7处，解决297户养牧户安全饮水问题；完成3条通村公路、硬化街巷62.4公里，嘎查公路通达率达到100%；新建35千伏变电站、广播电视基站各1座，实现赛乌素菜农光纤入户；完成赛乌素2500平方米校舍和1200平方米卫生室工程建设，改造4个嘎查文化活动室和3处便民连锁超市，农村牧区常住人口低保、医疗、养老保险水平继续处于区盟前列。重点推动赛乌素嘎查和牧区危房整体升级改造2项示范工程建设，对赛乌素嘎查进行美化、绿化、亮化，改造房舍、道路、广场等公共设施，新建蔬菜温室大棚20座；对牧区全部269户牧户房屋进行外墙保温、更换门窗，农牧区生产生活条件进一步改善。推动农村牧区产业化建设，培育盟级以上农牧业产业化龙头企业4家、农牧民专业合作组织4家。开展草原确权登记工作，确权率达95%以上。扎实推进京津风沙源治理工程，完成封沙育林3.5万亩、人工造林100亩，实施重点区域绿化3260亩，草原生态持续好转。

（七）突出重点、突破瓶颈，民生和社会事业显现新进步

同工同酬招聘教师52名，引进硕士教师和医生11名，初步缓解教师和医务人员不足问题。民族学校、国际学院部分楼体完工，蓝天幼儿园主体完工。加大公立医院投入力度，筹资400万元为市医院采购医疗设备。城镇职工和居民医保政策内住院费用报销比例分别提高到85.3%和75.3%，新农合最高报销比例达到85%，封顶线提高至14万元。改造各中小学校和相关单位体育场馆室内足球场9处，5所中小学校体育场馆面向市民开放。扎实推进就业创业工程，全年新增就业824人，城镇登记失业率控制在2.4%以内。继续扩大养老保险覆盖面，基础养老金月人均达到754.7元，农牧民参保实现全覆盖。城乡低保月标准提高至590元，位居全区盟市第一。提高五保对象、城镇“三无”人员集中供养标准，月补贴标准分别达到2000元和1700元。扎实推进精准扶贫工作，15户47名贫困牧民实现脱贫。高度重视老年人工作，全年为1029名老年人发放高龄津贴204.4万元，为972名老年人缴纳人身意外保险。顺利通过自治区双拥模范城检查考评组验收，积极争创全国“双拥模范城”三连冠。

二、2016年的工作重点

2016年，我市将以党的十八大和十八届三中、四中、五中全会精神为指导，全面落实自治区党委、政府各项工作部署，主动适应经济发展新常态，切实提高发展质量和效益，努力为自治区打造祖国北疆亮丽风景线作出新的更大贡献

（一）抓住国家改革开放的新机遇，进一步加快试验区建设步伐

1.加快试验区政策体系建设

加大向上争取力度，推动试验区总体规划经自治区批准实施，争取国家、自治区出台支持试验区发展的一揽子政策。继续推进“三互”大通关改革，将边检站纳入旅客出境联合查验体系，开展货运、小车通道“三互”工作。协调推进中蒙海关联合监管试点，年内统一双方海关数据格式，实现载货清单电子化传输。做好“扩权强县”改

革试点，争取所有权限年内全部落实到位。简化跨境贸易和投资人民币结算业务流程，探索建设对蒙人民币清算中心和现钞调运中心。

2.推动试验区先导性工程建设

编制完成跨境经济合作区控制性详规、修建性详规，争取年内中蒙双方签署《共同总体方案》。开展中蒙跨境区可行性研究，支持蒙方国家安全评估。采取政府融资、社会参与等方式加大投入，启动跨境区核心区3平方公里道路、给排水等基础设施及综合查验中心等项目。争取设立边境经济合作区综合保税区，围绕跨境经济合作区搞好产业衔接和功能配套，实现互动发展。协调推动《边民互市贸易区管理办法》尽快获批，运营边民互市贸易区一期工程，有序推进二期建设。充分发挥自治区级互贸区的品牌作用，吸引中蒙企业入驻，繁荣口岸贸易市场。

3.畅通试验区疏运通道

全力推动二满线、省道312线二连段、国道331与省道312重载连接线公路建成通车，争取208国道二连至苏尼特右旗高等级公路改造启动。积极推动集二线铁路改造项目前期工作，力争铁路站场改扩建项目开工建设。推动国际机场改扩建工程通过验收并投入使用，争取设立国际航空港，常年开通至乌兰巴托国际航线。进一步规范机场财务和航线补贴，调整优化票务销售策略，推进机场运行和管理实现新突破。加快电子口岸建设进程，完成公路口岸自助通关通道建设，启用公路口岸货运通道卡口自动核放系统，进一步提高口岸通关效率。

4.着力提高对外开放水平

认真落实国家《中蒙俄经济走廊规划纲要》，继续完善与蒙俄有关地区的合作和会晤机制，推动矿产资源开发、基础设施互联互通、金融合作迈出新步伐。组织筹办好第八届“二洽会”，力争升格为国家贸促会和自治区政府举办的展会。加快实施“走出去”战略，引导国内企业赴蒙俄开展矿业、农业、牧业等开发合作，进一步带动工程技术设备、制成品出口和劳务输出。切实加强驻蒙古国乌兰巴托代表处工作力量，成立二连浩特人民对外友好协会，提升对外交往水平。巩固对蒙、加强同俄友城建设，年内与蒙古国扎门乌德市、俄罗斯伊尔库茨克州安加尔斯克市、图瓦共和国克孜勒市建立友好城市。继续深化与陆桥沿线地区间在教育科技、文化体育、卫生防疫、生态建设等领域人文交往合作，抓好与蒙古国合作申办孔子课堂、与乌兰巴托市国立医院建立友好关系、与蒙俄高校“2+2”和“3+1”联合办学、与蒙俄共同举办足球联赛等工作，不断提升对外开放层次和水平。

（二）推动特色主导产业发展，更加注重提高经济发展质量和效益

1.突出抓好国际贸易和物流业

围绕“供给侧结构性改革”和“降成本”要求，统筹做好对蒙古国、俄罗斯、欧洲国家贸易发展，调整完善边贸企业能力建设扶持政策，促进边贸企业发展壮大。支持企业扩大铁矿石、原油、木材等大宗商品进口规模，拓展纸浆、粮油、熟制牛羊肉等新增商品进口量，参与期货交割、纸浆等免费储运。积极争取国家放宽粮食、饲草、活动物及制品进口，力争获批成为汽车整车进口口岸，进一步增加进口货物种类。引导国内企业在蒙俄设立建材、机电、果蔬、日用消费品等商品分销中心和营销网络，不断扩大出口货运量。协调推动郑连欧等中欧国际班列加密班次，实现全程图定、快速运行，发展壮大转关过境对欧贸易。加快发展跨境电子商务，推动跨境电子商务公共服务平台、站赤跨境电子商务产业基地项目年内投入运营，创新对外贸易新渠道。推动中蒙俄跨境电商物流通道项目开工建设，支持五金机电商城等项目早日投入运营。推动中蒙俄三国签订公路运输协定，争取与蒙俄过境运输合作迈出新步伐。加强与葫芦岛、曹妃甸港务集团对接，拓展陆港物流一体化合作领域，全力推动中蒙俄冷链物流港落地开工。引进企业建设矿产品交易中心，打造中蒙国际矿业交易平台。

2.促进工业经济提质增效

围绕“去产能”要求，科学、系统研究口岸工业发展，推进传统工业企业产能升级，同质化工业企业兼并重组，严格控制增量，防止新的产能过剩。进一步完善工业园区基础设施，启动实施粮食站场改造二期工程，为引进企业入园创造条件。建成运营工业固废处置中心，督促企业继续清理尾矿、规范循环水池建设，实现园区固废有序排放和处理。推动现有工业企业转型升级，鼓励福林、友谊等木材加工企业延伸产业链，向生产实木家具等精深及终端产品发展。狠抓重点工业项目实施，启动渤钢200万吨氧化球团铁项目建设，推动渤钢200万吨铁精粉项目建成投产。全力推动中港伟业木材加工、阳澜环保墙体、满都隆肉食品加工、恺禹源粮油加工、浩田粮油加工、鑫圣达进口面粉等一批中小工业项目建成投产。完成4户企业提限工作，争取全市规模以上工业企业达到37户。全年完成工业增加值36.3亿元，增长14.1%。

3.增强文化旅游业发展活力

引导文化旅游企业提档升级，提供更高品质的旅游产品、更加优质的服务，增加旅游看点和卖点，促进旅游业健康发展。扎实推进中蒙跨境旅游合作示范区建设，继续完善国家地质公园基础设施，推动民族文化展览馆及国际青年旅社项目投入运营，加快推进综合博物馆装修布展，确保国门景区综合服务区建成运营。积极开展国门4A级、策格民俗风情园3A级景区申报工作，力争创建成为国家全域旅游示范区。全力推动中蒙两国签署旅游协定，力争实现中蒙两国团体旅游互免签证，解决8座以下车辆出入境问题，破解游客和车辆出入境瓶颈制约。深度开发二连浩特—乌兰巴托—伊尔库茨克—满洲里自驾游线路，大力发展中蒙俄跨境自驾游。持续加大对旅游企业奖励扶持力度，深化与北京、呼和浩特、蒙古国乌兰巴托、俄罗斯乌兰乌德等客源地的合作，共同开发和丰富特色旅游产品，实现旅游资源共享、旅游客源互送。筹办好“茶叶之路”文化旅游节、二连浩特—扎门乌德国际那达慕、中蒙俄青少年足球邀请赛，以及与蒙古国东戈壁省、乌兰巴托市互办文化周等品牌活动，扩大口岸文化旅游品牌效应。加强旅游综合咨询服务中心和旅游厕所建设，鼓励引导旅游服务企业评星升级，强化旅游从业人员培训，不断提升旅游接待能力和服务水平。坚持传统媒体与新兴媒体宣传并举，进一步强化旅游和城市品牌外宣推广力度，切实提高口岸知名度。全年预计接待国内外游客198万人次，增长8.3%；实现旅游总收入60亿元，增长5.5%。

4.加快培育绿色清洁能源业

引进大企业启动实施新能源微电网项目。加强与内蒙古电力公司对接，积极开展新能源供热试点规划论证工作。协调推动二连至锡盟特高压输电通道建设，争取新能源电源点项目落地。推动华电、天宏阳光各4万千瓦光电项目并网发电，力争风光电装机容量达到42万千瓦。

（三）着力改善人居环境，统筹城乡一体化发展

1.加强城市建设

以创建全国文明城市为统领，全面提升城市建设水平，保障改善市民生活条件。继续完善城市道路、供热、给排水等市政设施及老旧小区综合改造工程，加快宜居城市建设。量力量水而行，加强城市绿化精细化管理，实施重点、多点绿化、亮化，加快推进戈壁生态公园、机场环岛及周边绿化项目建设，提升城市形象和品位。积极推动“去库存”工作，组织筹办好住房展销会，继续做好公积金扩面工作，消化存量商品住房，切实加大棚户区改造力度，促进房地产业健康发展。实施水源地改扩建工程，新建水源井10眼，增加城市日供水能力1万吨。启动第三水源厂项目建设，继续寻找新水源地，不断提高城市用水保障能力。推进合同节水试点城市建设工作。加大闲置土地清理处置力度，促进土地集约节约利用。

2.提升城市管理水平

高标准完成城市总体规划第七次修编和各类专项规划编制工作，促进与“十三五”规划、土地利用规划、产业规划“多规合一”，增强规划科学性和指导性。深入推进城市管理体制改革，明确管理范围、权力清单、责任主体，完善城市治理体系，着力解决城市病等突出问题。扎实推进城市综合管理执法试点，完善城市管理联合执法机制，加大城市分级分区管理力度，推动由粗放型管理向精细化管理转变。认真落实“整街包联”、“门前三包”责任，强化市容市貌、公共设施日常维护与监管，严厉查处破坏市政设施和市容市貌违法违规行为。加快智慧城市建设，年内完成政务数据中心、“平安二连”、智慧交通、“12345”综合服务热线等系统工程，提升城市管理信息化水平。

3.继续改善农牧区生产生活条件

深化实施“十个全覆盖”提标扩面工程，完成新打机井26眼、6.6公里赛乌素续建道路、142公里农网升级改造等项目建设，改造升级3处便民连锁超市，争取苏吉嘎查34公里砂石公路和赛乌素—陶力—奔红敖包60公里道路开工建设。精心实施赛乌素、齐哈人口聚集区环境整治提质扩面工程，组织实施美化、绿化、亮化工程，配套环卫基础设施设备，拆除和改造危旧房屋，积极打造美丽乡村。新建、改造、维修蔬菜大棚197座，新建暖棚和储草棚各50座，实施蔬菜大棚节水灌溉工程，改善农牧业生产设施条件。扶持发展“家庭牧场”，年内打造10户标准化家庭牧场示范户。推动圣水庄园、众兴禽业公司农牧业项目建设，年内培育自治区级农牧业龙头企业2家。积极推进古伊林活动物隔离场项目建成投入使用。完善农产品检验检测体系，推动蔬菜绿色无公害产地标志认证，打造赛乌素绿色蔬菜种植品牌。全面完成草牧场确权登记颁证工作。严格执行基本草原保护制度，确保年内牲畜存栏数控制在4.5万头只以内。

（四）持续加大口岸民生投入，提升口岸群众幸福感

1.全面发展以教育、卫生为重点的社会事业

狠抓中小学校教学管理和教师培养，招聘和引进一批优秀教师，继续解决教师职称聘用和工资兑现问题，加大对优秀教师的表彰奖励力度，充分调动工作积极性，提高教学质量。发展壮大高等教育，争取获批成立二连浩特国际应用技术职业学院。推进民族中学、国际学院新校区、蓝天幼儿园建成使用，进一步改善教育硬件条件。扎实推进公立医院综合改革试点，开工建设妇幼保健院项目，继续加强市医院和蒙中医院重点专科建设和业务骨干培养投入，引进一批紧缺型医务人才，切实提升医疗救治水平，实现“小病不出社区、大病不出城区”目标。推动城镇职工医保、城镇居民医保和“新农合”医疗制度有效整合，实现“三保合一”目标。强化人口和计生工作，全面实施一对夫妇可生育两个孩子政策。加强食品药品监管，推动食品小作坊加工园区建设，完成食品可追溯体系建设试点任务，确保群众饮食用药安全。继续推进全市足球改革发展三年行动计划，与蒙、俄有关地区开展足球联赛，促进中蒙俄青少年足球、成人足球健康发展。

2.完善社会保障体系

在完成13户贫困户脱贫任务的基础上，启动城乡一体化精准扶贫工作，按照“六个精准”、“五个一批”的要求，制定扶贫攻坚实施方案，采取推进“十个全覆盖”工程、帮扶发展壮大产业、加强就业

创业扶持、强化医疗救助和助学补贴、社会保障兜底等措施，逐步实现城乡困难群众稳定脱贫。扩大职工基本养老保险覆盖面，实现机关事业单位与企业职工养老保险并轨管理，推动新投产项目单位、私营企业及个体工商户参保，做好城镇职工基本养老保险与城乡居民养老保险转移接续工作。开展基本医疗保险付费总额控制，提高医保基金使用效率。继续提高城镇职工和居民医保政策内住院费用报销比例。积极推进城镇基本医疗保险异地就医直接结算。推动首家社会化养老项目启动，推广海南省三亚市—二连市—蒙古国中央省两国三地国际养老项目，切实提高养老服务水平。健全完善社会救助体系，提高城乡居民最低生活保障标准，保障城乡困难群体基本生活需求。继续做好机关事业单位工资改革，落实县级以下公务员职务与职级并行制度，提高机关事业单位工作人员收入水平。全面落实最低工资和工资集体协商制度，加强监督检查力度，切实维护劳动者合法权益。

3.促进城乡充分就业

抓住“大众创业、万众创新”的机遇，落实就业创业扶持政策，创造性做好就业工作。依托锡盟民族高级技工学校二连分校开展电子商务实训，提高培训质量。巩固扩大创业孵化园、民族文化创业园规模，促进高校毕业生、进城农牧民、复转军人等群体充分就业。加大对“零就业”家庭的援助力度，确保“零就业”家庭动态清零和至少有一人稳定就业。全年征集就业岗位2000个，新增就业800人，城镇登记失业率控制在2.4%以内。

供　　稿：刘金鑫　　二连浩特市人民政府督查室
责任编辑：张志华

专题研究篇

内蒙古大气污染防治对策研究

董恒宇　马永真　赵　吉

中华文明历来强调“天人合一”，遵循自然规律，主张人与自然的和谐共生。我国正在大力推进生态文明建设，推动绿色循环低碳发展。面向未来，我国把生态文明建设列入“五大建设”的重要内容，提出创新、协调、绿色、开放、共享的发展理念，形成人和自然和谐发展现代化建设新格局。当前我国大气污染总体形势依然严峻，以可吸入颗粒物（PM10）、细颗粒物（PM2.5）为特征污染物的区域性大气环境问题日益突出，灰霾频发严重制约经济社会可持续发展，损害人民群众的身体健康，影响社会和谐稳定。大气环境保护维系人民群众根本利益和经济持续健康发展。在2015年巴黎世界气候大会上，习近平主席讲：“中华文明历来强调‘天人合一’、尊重自然。面向未来，中国将把生态文明建设作为‘十三五’规划重要内容，落实创新、协调、绿色、开放、共享的发展理念，通过科技创新和体制机制创新，实施优化产业结构、构建低碳能源体系、发展绿色建筑和低碳交通、建立全国碳排放交易市场等一系列政策措施，形成人和自然和谐发展现代化建设新格局。”

内蒙古党委和政府始终重视大气污染防治工作，自治区提出“8337”发展思路，涵盖了清洁能源输出基地和生态安全屏障建设，确立了内蒙古在京津冀大气污染联防联控中的重要地位。自治区党委书记王君同志在2014年自治区党委九届十一次全委会上指出：“要不断加强生态文明建设，牢固树立生态文明理念，自觉肩负起生态建设和环境保护的历史责任，组织实施好重大生态修复和环境治理工程，积极探索加快生态文明制度建设，切实筑牢我国北方重要生态安全屏障。”在2015年自治区党委召开的九届十四次全委会议上，王君书记又强调要牢固树立和贯彻落实创新发展、协调发展、绿色发展、开放发展、共享发展的理念，不断提高贯彻“五大发展理念”的能力和水平，更好地引领新的发展实践。大气污染问题既是环境问题，也是重大民生问题。内蒙古是能源消耗和污染排放的重点区域，在给全国输送清洁能源的同时也承担着艰巨的大气污染防治任务，既要做好国家能源输出基地，又要做好大气污染防治工作，内蒙古面临两难抉择。

一、内蒙古大气污染的现状与分析

（一）大气污染及灰霾成因

空气是地球表面一切有生命的生物赖以生存的基本条件，清洁的空气对人类生存影响极大。由于自然和人为的原因，一些有害物质排放到大气中，其数量、浓度和存留时间都超过环境所能允许的极限，即超过空气的稀释、扩散和净化能力，使大气质量恶化，给该地区的人类、动植物和其他生物带来直接或间接的不良影响，这种现象是大气污染。

气象上将大量极细微的尘粒均匀地浮游在空中，使水平能见度小于10.0千米的空气普遍浑浊现象称为灰霾（雾霾）。PM2.5的科学定义是粒径小于等于2.5微米的细颗粒物，通常用质量浓度表示，其中粒径最大的差不多是头发丝的1/20。PM2.5的来源可分为一次源（直接排放）和二次源（二次生成）。一次源可分为自然界排放和人为源排放。其中，自然排放源包括风扬尘土、火山灰、森林火灾、海浪飞沫、生物来源等；人为排放源包括工业粉尘、机动车尾气颗粒物、道路扬尘、建筑施工扬尘、厨房烟气等。PM2.5的二次生成是指排放到大气中的气态污染物通过多种化学物理过程产生的二次细粒子。人类活动排放的大量气态污染物如二氧化硫（SO_2）、氮氧化物（NO_x）、氨（NH_3）、挥发性有机化合物（VOCs）等，都能够在大气中被氧化产生硫酸盐、硝酸盐、铵盐和二次有机气溶胶（SOA）。这些二次生成的细粒子是大气中PM2.5的重要来源。

有关专家研究灰霾天气的成因，认为内蒙古地区灰霾天气形成有三大原因：第一，灰霾天气形成的根本原因是燃煤、机动车、工业、扬尘等这些污染源的污染物排放量大，导致空气质量显著下降；第二，灰霾天气形成的直接原因是污染扩散条件不利，从而形成灰霾天气。风力较小，大气层比较稳定，有利于夜间的辐射降温，使得近地面原本湿度比较高的空气饱和凝结形成雾；第三，PM2.5污染及相关联区域污染传输是形成重污染的重要因素，它基本来源于工业和建设项目的排放。

综合分析，灰霾天气形成的内因是PM2.5的污染，外因是合适的气象条件。燃煤、机动车排放和工业污染等众多因素中，能源结构的不合理，特别是煤炭等化石燃料的过度消费，是雾霾形成的重要原因。煤烟中的超细颗粒是PM2.5的主要来源，燃煤排放的二氧化硫等有害气体与空气中其他污染物进行大气化学反应，又是PM2.5骤升的主要原因。

（二）内蒙古地区大气污染

2014年，内蒙古自治区12个盟市中，执行空气质量新标准的呼和浩特、包头、赤峰和鄂尔多斯4个城市二氧化硫平均浓度为46微克/立方米，二氧化氮平均浓度为35微克/立方米，可吸入颗粒物平均浓度为114微克/立方米，细颗粒物平均浓度44微克/立方米，空气质量有所改善。同时，应该看到，虽然我区大气污染防治工作取得了一定成绩，空气质量总体上在全国各省区中处于中等偏上水平，但这并没有从根本上改变我区大气污染防治的严峻形势，并不意味着保护环境的压力有所减轻。2015年冬天我们明显感觉到雾霾天气的连续性在增加，大气污染的严重程度在增加。

（三）内蒙古大气污染防治的主要问题

污染物排放持续增加。我区产业结构以资源型工业为主，重化工业比重较大，重工业污染物排放居高不下；同时作为国家清洁能源输出基地，随着外送清洁能源的逐年增加，煤炭消费量快速增加，污染物排放的增加不可避免，增大了大气污染防治工作的压力。2014年全区能源消费总量达2.45亿吨标准煤，同比增长8%；火电装机总量6703万千瓦·时，年发电量3858亿千瓦·时，外送电量1460亿千瓦·时，同比增长0.5%。其中，火电装机总量和外送电量均居全国第一。加之我区采暖期较长，分散供热多，煤烟污染比较突出的局面短期内难以改变。

面源大气污染问题比较突出。受城乡二元结构影响，我区城中村、城郊接合部原煤散烧导致的面源污染问题较为突出。由于经济欠发达，基础设施不完善，加之受供热能力、供热管道配套、气源等因素制约，我区部分偏远城镇、城郊村建城区中承担供热任务的燃煤小锅炉淘汰难度很大，自治区大气污染防治目标责任书中要求到2015年底，城市建城区淘汰10蒸吨及以下燃煤锅炉；到2017年底在全区范围内淘汰10蒸吨及以下燃煤小锅炉的目标任务难以如期完成。

企业治污资金短缺。2014年以来，受经济下行压力的影响，企业经济效益下滑，用于后续污染治理资金短缺，一些治理项目很难在规定时间内完工并投入运行形成减排效益，从而制约了大气污染治理相关目标的如期实现。我区治理大气污染政府财政引导性资金应该进一步增强。

二、内蒙古在区域大气污染协防中的定位与机遇

（一）内蒙古在大气污染联防联控中的重要地位

内蒙古在大气污染治理中要找准自己的位置，只有找准位置才能扮演好自己的角色。内蒙古的地位由治理大气污染工作中的挑战、机遇和贡献所决定。

内蒙古在京津冀及周边地区（北京市、天津市、河北省、山西省、内蒙古自治区、山东省）区域大气污染联防联控中具有重要的地位。清洁能源基地和生态安全屏障功能在内蒙古战略定位中具有引领作用，决定了我区肩负着优化区域能源布局、减少碳排放、减轻污染物跨界传输和建设京津冀上游清洁带等多重责任，凸显在区域大气污染协防和应对气候变化中的重要地位。协调解决区域突出的环境问题，需要借助限制性政策工具，需要从节能减排降碳等多个方面多管齐下，这也成为我区大气污染防治的重点任务。

（二）内蒙古在区域大气污染防治中的挑战与机遇

2014年4月国务院办公厅印发的《大气污染防治行动计划实施考核办法》规定，京津冀及周边地区（北京市、天津市、河北省、山西省、内蒙古自治区、山东省）以PM2.5年均浓度下降比例作为考核指标。国务院《大气污染防治行动计划》提出，发挥市场机制

调节作用，本着“谁污染、谁负责，多排放、多负担，节能减排得收益、获补偿”的原则，积极推行激励与约束并举的节能减排新机制。国务院办公厅印发《2014—2015年节能减排低碳发展行动方案》提出：“建立碳排放权、节能量和排污权交易制度。推进碳排放权交易试点，研究建立全国碳排放权交易市场。加快制定节能量交易工作实施方案，依托现有交易平台启动项目节能量交易。继续推进排污权有偿使用和交易试点。”这些政策必将加快内蒙古能源市场体系发展步伐。

内蒙古在大气污染防治和节能减排中，建立统一开放、竞争有序的能源市场体系，使市场在资源配置中起决定性作用，可以加快实现内蒙古富民强区全面建成小康社会的奋斗目标，提高我区在国家大气污染防治的贡献度，提高国家能源安全供应保障能力，实现内蒙古成为国家清洁能源输出基地的战略目标。

三、内蒙古大气污染综合防治对策与建议

（一）完善大气污染联防联控机制

推动建立大气污染治理的区域合作机制。大气污染的复合性、流动性的特点，决定了其治理工作必须走区域合作的路子，京津冀及其周边地区联防联控治理大气污染的实践深刻说明了这一点。我区在大气污染治理区域合作方面已经作了大量工作，如积极参与京津冀联防联控，开展乌海市及周边地区大气污染合作治理的研究等，应当及时总结这方面的经验，加大力度，以期进一步提高大气污染的防治成效。

（二）减排控制倒逼产业升级

采取污染物总量控制和煤炭消费总量控制等措施，用严格的环保手段倒逼传导机制，促进经济发展方式的转变，实现环境保护，优化经济发展。通过调整产业结构和能源结构，加快淘汰落后生产能力和工艺，提高企业清洁生产水平，降低污染物排放强度，促进经济社会与资源环境的协调发展。建立以空气质量改善为核心的控制、评估、考核体系。根据总量减排与质量改善之间的响应关系，构建基于质量改善的区域总量控制体系，实施二氧化硫、氮氧化物、颗粒物、挥发

性有机物等多污染物的协同控制和均衡控制，有效解决当前突出的大气污染问题。

（三）推进清洁能源基地建设

目前看来，世界经济的动力终将来自清洁能源，自工业革命以来推动经济发展的化石燃料时代的结束为期不远，100%利用再生能源的愿景开始成型。调整能源结构、构建清洁能源传输通道，成为解决目前区域大气环境问题亟待解决的关键问题。

发展可再生清洁能源是解决大气污染的利器。可再生能源开发的环境代价小，可大幅削减能源消费排放，已成为我国实施绿色低碳战略的重要举措。研究制定《内蒙古自治区可再生能源调度管理办法》、《内蒙古自治区可再生能源保障性收购长效机制的指导意见》。发展清洁能源才能减少大气污染，对于防治京津冀及周边地区的大气污染具有重大意义。

（四）优化区域能源布局

“一带一路，电力先行”。基于我区能源禀赋优势和国家政策倾斜，加快推进特高压建设步伐，构建以“特高压电网+智能电网+清洁能源”为特征的能源互联网，提高电网接纳新能源和可再生能源的能力，内蒙古不仅要建成我国重要的清洁能源输出基地，还要建成可再生清洁能源主力基地。

在广袤的西部荒漠、戈壁区建设可再生清洁能源主力基地，推动沙生生物产业发展，将西部绿色产业发展纳入国家相关规划，上升为国家长期发展战略。重点在阿拉善等200毫米降雨量以下地区大力发展太阳能和风能，而中东部相对湿润区应减少此类项目，保护自然植被。“十三五”规划应将阿拉善纳入蒙西大型风力发电和光伏发电基地，支持建设对接蒙西和宁东特高压电力在建通道。

（五）制定相关法律政策

建议出台《内蒙古自治区生态保护补偿办法》。将天然草原及自然保护区纳入国家和地方生态补偿范畴。在呼伦贝尔及大兴安岭建立国家生态保护综合试验区，探索建立草原、森林、水资源等为重点的多元化生态补偿机制，增加碳汇功能。

环境保护生态科技企业发展落后，应抓紧促进环保科技产业的立法工作，把发展环保产业与科技型环保生态产业集聚区紧密结合起来，抓紧制定促进环保科技产业法律，积极鼓励环境保护生态科技产业发展。

制定环保奖励与惩罚并存的法律政策。鼓励企业、市民加入到环境保护的行列，利用政府对电力、石油、煤炭、水等资源的控制，对单位产出的污染物排放制定更严格的标准。

（六）完善环境与能源交易体系

完善我区排污权有偿使用和交易工作制度，培育排污权交易二级市场，鼓励企业从二级市场中有偿取得排污指标，推动跨区域、跨行业交易。

2017年我国将建成全国性碳排放交易系统。推动我区碳排放交易体系的建设，在参与华北碳排放权交易体系建设的基础上，推进我区碳交易平台（或环境交易所）建设。林业和草地碳汇应纳入碳交易体系。积极推动将“碳汇”纳入国家核证自愿减排量的交易。

（七）建立草原国家公园制度

森林、草原、湿地等自然生态系统的生态资产与文化遗产价值巨大，其涵养水源和净化空气等服务人类生存的功能不可替代，可为构建我国北方生态屏障和京津冀“上风上水”清洁带提供有力保障。建议在内蒙古建立草原国家公园，保护不同草原（森林草原、草甸草原、典型草原、荒漠草原）生态系统类型，同时构建国家公园管理者与当地农牧民的利益共享模式。

（八）科技引导节能环保产业发展

统筹研究解决目前比较突出的企业节能减排技术改造资金不足问题，加快建立自治区大气污染防治基金工作步伐，积极探索多种形式的筹资融资渠道，帮助企业解决落实节能减排项目中的资金短缺问题。

节能环保产业是新常态下的战略性新兴产业之一。建议制定自治区“十三五”《循环经济发展行动计划》，推进园区循环化改造，加大城市矿产、餐厨废弃物资源化利用工作。通过开展商业模式创新，激活节能环保市场。开展环境污染第三方治理，完善节能环保综合服务体系。积极探索多种形式的筹资融资渠道，发展政府与社会资本合作融资模式，解决资金不足问题。

加快建立自治区大气污染防治基金工作步伐，设立环保科技专项资金，支持研发“三废”治理与资源化关键性技术，重点培育自主创新的节能环保龙头企业，有力推进地区生产总值的绿色化进程。

（九）提高公众的环境保护意识

大力推进大气污染防治，着力改善城市空气质量，与城市居民的生产生活和身体健康息息相关，是直接关系人民群众切身利益的重大民生问题。各级政府要将提高社会公众环保意识、引导公众参与大气污染治理放在社会文明建设的重要位置着力推动。要进一步通过报纸、电视、网络等传媒广泛开展大气环境科普宣传，解读政策部署，反映亮点，进行舆论监督。开展群众性公益活动，不断强化公众的环保意识，培养公众的绿色出行、低碳生活的习惯，教育公众自觉抵制和举报各种违法排污行为，从而形成强大的合力，推动我区大气污染防治工作不断深入，切实建设好、保护好内蒙古这一祖国北疆亮丽的风景线。

我国是《巴黎协定》的重要推动者，提出开展温室气体减排等气候行动的“国家自主贡献预案”。我区正在加快研究制定与国家承诺相对应的2020年后应对气候变化行动目标，必将对大气污染防治工作起到积极推动作用。我区要推进重点行业、重点区域的治理工作，严格控制燃煤污染，坚决控制工业污染，有效控制扬尘污染，合理控制机动车污染。坚持标本兼治，更加重视源头治理，加强生态环境保护，强化节能减排约束，推进生态文明制度创新，努力从根本上保障和推动环境质量改善。

中共中央政治局2015年3月审议通过《关于加快推进生态文明建设的意见》，明确提出“协同推进新型工业化、城镇化、信息化、农业现代化和绿色化”。绿色发展是解决雾霾等环境危机的根本之道。推进产业升级与结构调整，促进能源生产和消费革命，着力培育低消耗、少排放、能循环的绿色经济体系，既是大势所趋也是必然选择。新常态意味着我国经济将步入循环、低碳的绿色化轨道，加快构建资源节约、环境友好的生产方式和消费模式，每个人都应当践行绿色生活，共同打造天蓝、地绿、水净、山青的美好家园，推动实现绿色发展。

作　者：董恒宇系内蒙古自治区政协副主席
马永真系内蒙古社会科学院院长、研究员
赵吉系内蒙古大学环境与资源学院院长、教授

抓好工业这一重点　确保经济稳定增长

刘万华　潘照东　焦志强　梅　园

2015年是稳增长调结构紧要之年，学习贯彻中央经济工作会议和全国“两会”精神，落实自治区党委关于2015年经济工作的安排部署，努力保持全区经济的稳定增长，应突出抓好工业经济这一重点。

一、抓发展是第一要务，抓工业是抓发展的重点

把工业作为抓发展的重点，是由工业在我区经济中的地位决定的。工业经济占我区国民经济的“半壁江山”，对一、三产业具有较强带动作用，可以说工业兴则百业兴、经济兴。同时，抓工业经济也是我区稳增长的关键。目前经济下行压力主要来自工业。第一产业基本保持稳定，服务业也是发展势头良好，经济下行主要体现在工业经济方面。特别是资源型产业占比高的地区受到的影响更大。我区的近邻山西省，2014年工业增加值增长只有3%，致使山西地区生产总值仅增长4.9%，在全国各省、自治区、直辖市增速排名垫底。我区工业增加值每增减1个百分点，就会影响地区生产值增速近0.5个百分点，工业增加值如果掉下来，其他产业很难补得上。2015的经济形势更加复杂严峻，稳增长的任务更加繁重艰巨，保持经济的平稳运行必须抓好工业这个国民经济的大头、这个困难较大的经济工作领域。

从我区长远发展的角度看，工业经济更是举足轻重。我国经济发展进入了新常态，我区要适应经济发展新常态并在经济发展新常态下有所作为，必须进一步转方式调结构，对国民经济进行深度调整。对此自治区党委提出围绕“五大基地”建设调整优化产业结构、通过创新驱动调整优化要素结构、着眼协调发展调整优化区域结构的明确思路。落实自治区党委的决策部署，“五大基地”建设必须以工业为

主导，大力培育优势主导产业，促进产业转型升级；创新驱动必须以工业企业为主力军，使企业成为科技创新的主体，并带动管理创新、经营模式创新以及全社会创新；协调发展必须以工业化为主要抓手，进一步提高呼包鄂等地区的工业化水平，加快发展滞后地区的工业化进程，以工业化带动县域经济发展。可以说转方式调结构的重点在工业，国民经济深度调整的关键在工业。

只强调抓工业是抓发展的重点还不够，还必须进一步强调抓发展在全局工作中的重要位置。只有把抓经济工作摆上位置，抓工业才会摆上位置。贯彻落实中央“四个全面”战略布局，必须以全面建成小康社会为统领，以经济建设为中心，抓好发展这个第一要务。邓小平同志曾讲，“经济工作是当前最大的政治，经济问题是压倒一切的政治问题”。习近平总书记在中央经济工作会议上也明确提出要“加强党对经济工作的领导”，这一要求具有很强的现实针对性。目前经济下行压力较大，如果经济工作上不去，民生就得不到保障，就会出现一系列社会问题，改革难以深化，法治建设难以推进，从严治党也就失去意义。所以，把经济工作摆上重要位置，抓发展是当前迫切的任务。

加强经济工作的领导，要体现在行动上。2015年贯彻落实“四个全面”战略部署的任务很重，在全面抓好深化改革、法治建设、从严治党的同时，要对全面建成小康社会、保持经济稳定增长投入更多的时间和精力。盟市一级党委、政府应拿出不低于三分之一的时间抓经济工作，旗县一级应一半左右，经济工作部门应投入更多的时间和精力。而且抓其他工作的部门也要统筹兼顾，不偏离经济建设中心，不旁落发展第一要务，并通过深化改革为发展增添动力，通过法治建设为发展提供保障，通过从严治党为发展提供保证，确保2015年经济平稳运行，迈出全面建成小康社会坚实的一步。

二、以产业建设为抓手，推动工业转型升级

经济建设是中心，工业经济是重点，产业建设是关键。无论是稳增长还是转方式、调结构，最终都要落脚到产业建设上。

要围绕建成“五大基地”抓产业建设。清洁能源输出基地：要

抓好煤炭的“绿色开采”和就地转化，加快电力输出通道和配套电源点的建设进度，积极开拓区内用电市场，延伸“煤—电—冶”产业链条，把原煤转化率达到50%、电力装机1.3亿千瓦的目标分解到年度、分解到地区、分解到企业。现代煤化工生产示范基地：要积极采用新技术、新工艺提高核心竞争力，并着力开发下游产品，每个重点企业都要制定出具体规划和年度实施细目。有色金属生产加工和现代装备制造等新型产业基地：要大力提高有色金属的精深加工度，推动装备制造业改造升级，促进有色金属行业与装备制造业融合发展，打造一批新型产品。比如要主动适应我国高铁行业快速发展的需要，以包钢为基础，建设我国的特种钢材基地。绿色农畜产品生产加工输出基地：要在打好草原、绿色、有机品牌的基础上，高度重视产业链的延伸。在国际上，玉米可被精加工成为3000多种产品，马铃薯能够生产出1000多种终端新产品。从我区实际出发，乳制品加工可尝试向保健品、化妆品方向拓展；牛羊肉加工要加强对骨、血利用，向生物制药等领域延伸。旅游观光、休闲度假基地：要重视旅游工艺品开发，生产制造有地区特色的工艺品、纪念品，形成一批新的产业。

要围绕新的发展机遇抓产业建设。既要看到现实经济环境变化带来的压力和挑战，更要看到国家经济政策调整给我区发展创造的有利条件和机遇。进一步把这些有利条件和机遇落实到产业建设上，就能获得新的发展。比如国家要加强基础设施建设方面的投入，我区建材工业就有了新的发展契机。比如国家重视生态文明建设，今年有望出台“土十条”，权威人士预测将为土壤修复治理产业吸引约10万亿元的投资，有关方面要早做准备，努力争取环保产业有新的作为，类似沙产业、粉煤灰循环利用等都会有新的发展空间。比如国家即将出台《京津冀协同发展规划纲要》，着力打造环渤海地区的发展龙头，我区有条件成为京津冀产业西进的重要承接地，通过加强对接和合作，我区许多产业都会找到新的增长点。

要把产业建设落实到一个个具体项目上。项目建设是产业建设的载体，抓经济、抓发展要体现在抓项目上。要切实抓好已有项目的实施，包括开工在建项目、立项核准项目，要争取早开工、早建成、早达产、早达效。要积极谋划新上项目，进一步打开思路，在产业延伸中找产业链项目，在产业升级中找中高端项目，在结构调整中找产业关联项目，在承接产业转移中找互利合作项目，在国家宏观政策中找新兴产业项目，努力做到规划一批、论证一批、核准一批、储备一批，既解决现实发展问题，也为长远发展打下基础。要进一步强化抓项目建设工作机制，落实责任分工，加强分析调度，加大考核督查，特别是要加大盟市、旗县主要领导抓项目建设的力度，多听汇报，勤去检查，对工作不力的进行批评，各地抓项目建设的劲头很快就会上来。

三、把促进企业发展摆在重要位置

企业是市场经济的主体，是国民经济最基本的细胞。促进各类企业发展，是保持经济稳定增长的重要基础。尤其是在经济下行压力较大的情况下，许多企业生产经营出现较为严重的困难，应高度重视并努力促进各类企业健康发展。

要进一步深化国有企业改革，更好发挥国有企业的带动作用。国有企业对我区发展的带动作用不可低估。改革不是要不要国有企业的问题，也不是要降低国有经济比重的问题，而是如何做大做强的问题，是如何更好发挥其带动力问题。做大做强的重点是建立现代企业制度、完善法人治理结构并健全必要的监督管理；发挥带动作用主要应进行混合所有制改革，让集体企业、民营资本参与进来，实行资产重组、产业整合，形成一批大的企业集团和产业发展龙头，充分发挥优化经济布局、促进结构调整的作用。这一条应作为国有企业改革的主要着眼点。不是单纯为搞活国有企业而改革，而是要使发展混合所有制经济成为国有企业改革的重头戏。要唱好这台戏，需要多方面的参与。国有企业本身要积极，主管部门（主要指央企）要支持，参与企业包括民营资本要广泛，相关管理部门要给政策，地方政府要协调甚至是主导，这样才能唱成“大戏”而不是“二人台”。所以，加强国有企业改革的领导和组织是非常必要的。

要采取必要的政策措施，对特殊困难的大中型企业进行帮扶。留得青山在，不怕没柴烧。困难时期保住企业就是保住了发展。特别是地方大中型企业，是经济发展的重要支撑，发展起来很不容易，倒下了很难再起来。目前的困难企业很多，要进一步摸清底数，区别不同困难和问题，确定不同的帮扶政策和方式，尤其是要明确帮扶的重点，有限的资源要用在刀刃上。对重点企业的帮扶应采取现场办公的方法，“一企一策”有针对性地解决问题。要加大帮扶工作力度，在“量力而行”的前提下，“尽力而为”地从财税、投融资、劳动用工、社会保险等方面开些“小口子”，共担困难、共闯难关、共克时艰。

要进一步创造良好环境，支持小微企业发展。小微企业发展不足、民营经济比重偏低，一直是影响我区经济活力的重要因素。近年来，国家出台了许多支持小微企业发展的政策措施，并对全民创业进行鼓励和支持。要以政策扶持和改进服务为重点，切实把国家和自治区出台的政策措施落到实处，对小微企业、民营经济发展进行政策驱动和服务保障。特别是在当前大中型企业出现困难、吸纳就业受限的情况下，更要通过发展小微企业创造更多就业岗位，促进就业和再就业。同时，要通过补足小微企业发展不足的短板，努力建立起大中小微合理布局的企业组织结构，使自治区的发展既有大型企业支撑、中型企业带动，也有小型微型企业雄厚的基础。

四、要充分发挥金融对地方经济发展的支持作用

金融是经济发展的血液，是现代经济的核心，对经济发展起着越来越重要的作用。特别是面对当前较大的经济下行压力，金融更是促进经济发展的利器，应高度重视并充分发挥金融对地方经济的支持作用。

在充分肯定金融对内蒙古经济社会发展作出贡献的同时，也必须看到进一步发挥金融作用的潜力。2014年，我区金融机构各项贷款年末余额1.49万亿元，而与我区经济总量（1.78万亿元）接近的陕西省（1.77万亿元）、安徽省（2.08亿元）金融机构各项贷款余额分别为1.88万亿元和2.2万亿元，分别比我区高出近3900亿元和7100亿元。而2013年的资料显示，我区与两省的差距为3400亿元和6500亿元，也就是说不仅我区比两省的贷款总规模小，而且增量低，一年中又差了约500亿元。

更好发挥金融对地区经济的支持作用，需要多方面努力。要大力推动金融的改革与发展，加快构建多元金融服务体系，积极创新金融产品和服务，努力做大做强金融业。2013年，我区拥有各类金融机构数量为4675家，分别比陕西省和安徽省少1955家和2989家，特别是在股份制商业银行、小型农村金融机构及外资银行机构上相差较大。这一数据充分说明我区金融改革发展的潜力巨大。要加强银地、银企的沟通协调，党委要加强对金融工作的领导，政府要加强对金融工作的支持，金融部门要主动为支持地方经济发展献智出力，经济工作部门特别是企业要学习金融、会用金融，金融的作用才能发挥好。

除了用好金融外，还应从市场上找资金，尤其要加强企业上市融资工作。目前我区上市企业仅有24家，排名全国倒数第5，而陕西省和安徽省分别是39家和78家。四川省是西部地区上市公司最多的省份，达到了90家，其中一个主要原因就在于他们有一个二十几人的团队专门做企业上市推动工作。我区也应加强这方面的工作，经过一个时期的努力，再推出不低于10家上市企业是有希望做到的。通过推动上市企业，进一步培育一批龙头企业，为产业发展提供支持，为经济持续稳定发展增添后劲。

作　者：刘万华系内蒙古社会科学院党委书记、研究员
潘照东系内蒙古社会科学院研究员
焦志强系内蒙古社会科学院副研究员
梅园系内蒙古社会科学院助理研究员

论草原丝绸之路在世界文明对话中的地位与作用

马永真　梅　园

作为东西方交流开通最早、距离最长、影响最大，也是使用时间最长的文明交流通道——横跨欧亚大陆的草原丝绸之路，曾经对东西方之间的商贸、文化交流发挥了重要作用，在经济往来、文化交流、民族交融等方面对欧亚文明产生了极大的影响，有力地推动了亚欧文明的同步演进，也深刻影响了世界历史的格局和进程。科学揭示历史上草原丝绸之路形成、发展的客观规律，深入研究草原丝绸之路的功能、作用和精神遗产，充分挖掘草原丝绸之路的历史价值和意义，对于促进当代世界各文明间的对话和交流、维护世界文明的多样性具有重要的意义。

一、草原丝绸之路的形成与发展

草原丝绸之路的形成发展与欧亚大草原特定的地理位置、自然环境、物产资源以及历史文化等因素有密切关联。欧亚大草原气候适宜、地势平坦、生态相似的特殊地理条件和地貌特征，成为人类文明的主要发祥地，也使得延绵万里的陆路运输成为可能，为日后影响人类历史的草原丝绸之路的形成以及其在漫长世界文明演进过程中发挥东进西传、南播北达的中介作用，提供了得天独厚的自然条件。游牧民族迁徙、驻牧、角逐在欧亚大草原上，将所产生和获取的文明成果向四周传播，开辟了东自蒙古高原，经阿尔泰山地区，直至欧洲的草原通道，草原丝绸之路也由此形成。自此东西方文明互动就以波浪式和潮汐式的状态持续进行，各种文明要素在这条文明通道上传播、汇聚、融合。草原丝绸之路也以其旺盛的生命力，沟通着欧亚文明交流，推动着世界文明的同步演进。

历史变迁使草原丝绸之路逐步成为一条具有深远历史意义的国际通道，承担着东西方政治、经济、文化交流的重要使命。草原丝绸之路的兴起和发展，使以古代东亚中国文明、南亚印度文明，西亚波斯、阿拉伯文明和欧洲希腊、罗马文明为主的东西方文明以及草原文明诸因子在古代世界范围全方位的交流与互动，极大地改变了世界文明的格局。在草原丝绸之路的作用下，辽阔的草原成为欧亚古老文明交汇之地，对人类文明的发展及对于世界历史的形成有着不可估量的作用。

二、草原丝绸之路的历史作用

草原丝绸之路的形成不仅数次改写了人类文明的进程，而且无意中成为人类文明自身发展运动的动力。在经贸往来、文化交流、民族交融等方面对欧亚文明产生了极大的影响，极大地推动了人类文明的发展和社会进步。

（一）满足了各地区经贸往来的商业需求

商业的繁荣发展，能够有力地促进农业和手工业的发展，对一个地区经济社会的发展水平有着巨大的提升作用。在草原丝绸之路上，除了有来自中国内地的丝绸、漆器、茶叶、药材等生产生活用品，也有来自沿途诸城郭生产的如玉石和金青石等各类珠宝以及马匹、珍禽异兽、香料、颜料等各地土特商品物品，还有大宗从中亚、南亚以及非洲转运来的奇珍土产。尽管不同时期具体的贸易形式和商品有所不同，但草原丝绸之路沿途不同地理单元的人们，把本地区物产和制造的商品源源不断地送上这条贸易之路，实现商品的互通有无的同时，促进了商业的繁荣发展。

（二）促进了东西方文化交流与繁荣

每一种文明在其形成和发展过程中都会吸收和输出其文化的某些方面，文化多样性也就成为实现世界文化繁荣的必然要求，成为推动人类文明进步的重要动力。草原丝绸之路在地理条件与经济形态上的一致性决定了它在文化形态上也具有多元性和强烈的共同性，实现了沿线众多民族的杂居融合和不同文化的介入共生。亚欧大陆及北非各地区人们创造出文字、宗教以及科学和技术成果，纷纷借助草原丝绸之路带来的便利，实现跨区域交流传播，对人类社会发展和进步起到重要作用。作为东西方文化汇聚的舞台，草原丝绸之路使得东西方文化间相互影响、渗透，并由此产生五彩斑斓的文化成果，从根本上影响了人类文明的发展进程。

（三）推动了欧亚大陆乃至世界的民族融合

民族融合和同化，须以不同民族长期共处和迁徙为基本条件。在草原丝绸之路漫长的历史进程中，匈奴曾经从西域向西迁徙至中亚、欧洲，推动了日耳曼人长达2个世纪的民族大迁徙，逐渐形成今天西欧各个民族国家。此后，鲜卑、柔然、突厥、回鹘、契丹、蒙古族等都有沿途西迁活动，对欧亚大陆的民族格局产生影响。与此同时，草原丝绸之路上自西向东的迁徙活动同样是数不胜数，诸如雅利安人迁徙印度、阿拉伯人东进中亚等。各民族在迁徙过程中，推动和加速了民族融合和同化的过程，使文明向前发展的态势更为充实和稳固。草原丝绸之路作为各民族间互相接触、交流和融合的重要桥梁，对推动欧亚大陆乃至世界纷繁的民族融合有着不可磨灭的贡献。

三、草原丝绸之路在世界文明发展史中的地位

草原丝绸之路辉煌的历史特征，已成为今天全人类的财富。它延续时间之长，效果之好前所未有，可以说草原丝绸之路是世界文明交流的第一通道。

一是从时间上来说草原丝绸之路是最早产生的东西方交流往来的通道，要远早于绿洲丝绸之路和海上丝绸之路。早在公元前5世纪或者更早的时候，中国的丝织品就已经沿着贯通欧亚的草原通道源源不断地输往中亚和欧洲地区。在原苏联境内阿尔泰边区巴泽雷克墓葬中出土的公元前5世纪的精致丝织品和刺绣着凤凰图案的茧绸、漆器以及“山”字纹的青铜镜，成为草原丝绸之路产生时间最为直接的考古学证据之一，证明了中国与域外的交往，最早是通过草原丝绸之路得以实现的。

二是草原丝绸之路作为东西交往的桥梁一直未间断过，其持续时

间更长，也更加高效。在草原丝绸之路上产生的诸多文明以及丰富的文献史料与考古材料都共同说明，欧亚草原地带上的古代中国与世界的交通往来始终是一以贯之、持续发展的。在草原丝绸之路沿线地区出土的马具，则表明人类在较早时期便使用马匹和马车作为交通运输工具往来于草原丝绸之路上，仅以此为例，便足以彰显草原丝绸之路在世界范围的文明传播力度及巨大影响力。而在草原丝绸之路的历史中，游牧民族始终延续着大规模长途迁徙的传统，各民族之间经贸文化交流也因此更加频繁，这也使得整个欧亚文明互动始终处于动态之中，从而实现了文明信息更加便捷、全面、高效的传递。

三是草原丝绸之路波及范围之广，涉及地域和民族之多，是其他通道所不能比拟的。整个欧亚大陆的陆地面积几乎占世界陆地总面积的1/3，在相似的地理和生态环境中，草原丝绸之路呈网络状展开，四通八达，覆盖了极其广袤的地域。草原丝绸之路在漫长的历史中屡有变迁，在不同的时期形成了不同的格局。如匈奴时代主要在漠南和漠北，鲜卑时代在漠南，契丹时代在东部草原，蒙元时代则横贯欧亚、纵贯南北。这一现象表明草原丝绸之路的线路更加灵活，覆盖面更广阔，在沟通东西和南北经济、文化交流中所起的作用，要显得更加重要和优越。

四是比世界其他交流通道更文明。草原丝绸之路是通过和平手段实现并扩大了跨国商贸活动和跨种族文化交流。由于游牧经济的脆弱性，游牧民族必须依赖于农耕经济，所以历史上才出现和亲、朝贡、战争等交替的局面。草原丝绸之路发展的核心目标是经济交流和文化交流，尽管这其中有一些小的战争，但与殖民主义者通过血与火的宗教征服和殖民战争所开辟的掠夺、奴役、压迫之路相比，草原丝绸之路是以经济和文化交流的方式实现其功能的。因此，可以说草原丝绸之路形成发展的脉络和目的始终是符合文明发展的本意的。

四、草原丝绸之路对世界文明发展的启示

千百年来，不同文明在古老的草原丝绸之路上交相辉映、相互激荡，积淀形成了草原丝绸之路精神，蕴含着推动世界文明繁荣发展的历史价值，给人类文明留下了宝贵的遗产，无疑具有深刻的启迪和极

其重要的当代意义。

（一）各种文明之间的交往是文明延续发展的永恒主题

草原丝绸之路的形成源于欧亚草原上各人类文明中心的相互吸引。那些古文明中心之间虽然隔着高山、荒漠、巨川和大海，却通过一条长长的草原丝绸之路进行直接或间接的联系，彼此遥相呼应，不断地进行对话交流。正是草原丝绸之路沿线各民族拥有追求相互交往、共享文明发展成果的品质和精神，才使得不同地区、民族或国家的不同文明在这条通道上融汇延续传播，形成今天蔚为大观的世界文明风貌。草原丝绸之路发展的历史与命运也印证了文明交往的强大生命力、创造力和持久魅力。这也表明，各种文明之间的交往既是世界文明向前发展的内在需求，也是世界文明进步与发展的内在动力。今天，尽管各文明之间交往的内容和方式与古代相比都已发生了质的改变，但是文明交往发展的总的特点并没有改变，各种文明中所具有的共性价值日益为不同民族、国家所接受和遵循，世界不同文明间的对话仍是全球化进程中的必然趋势。作为一种复合的、共赢的、开放的合作交流方式，重新激活古老的草原丝绸之路，在合作内容上将更加丰富，在合作方式上将更加多元，在交往活动中将更加便利，将为世界各种文明之间提供更加全面深入交往与互动的新舞台。

（二）包容互鉴是实现文明持续发展的坚实基础

任何伟大文明的发展和演进都离不开与其他异质文明的交往互鉴。曾经繁衍生息在欧亚草原的不同文明通过草原丝绸之路进行对话、交流和融合，为其他文明的开拓和发展不断输入新鲜血液。这些文明作为历史沉积下来而成为人类共有的物质和精神财富，为世界文明的繁荣发展作出了重要贡献。而多元文明交汇的草原丝绸之路则充分展示了其开放性、多元性、包容性和追求和谐理念主张的重要性。源远流长的草原丝绸之路繁荣发展史告诉我们，理解和尊重不同文明，加强不同文明之间的相互理解、相互尊重、相互学习，对于每一种文明乃至世界文明的进步发展都至关重要。今天，我们所处的世界是一个多元化的世界，不同的国家有着不同的历史传统、文化基因和宗教信仰，选择了不同的社会制度和发展道路。

在大开放、大交往、大融合的全球化外部条件下，如何更好地实现文明交往是我们共同面对现实和未来的关键问题。草原丝绸之路包容互鉴的精神和生存智慧及其合理的思想内核，能够为当今世界的和平、发展、合作提供可供借鉴的精神资源，具有重要的时代价值。

（三）互利共赢是推动文明持续发展的不竭动力

在古代生产力落后、人类克服自然环境阻隔的能力有限的情况下，草原丝绸之路以商业利润为驱动力，把沿途各地区串联为一个统一国际市场，将沿线各个地理单元间的诸政权、诸民族打造成了一个经济命运共同体。正是这种表面上运作于商业领域的经济行为，导致了生活在欧亚大陆草原通道上的不同种族的思想、宗教、习俗等精神文化的变异与发展，在历史上最大限度地实现了东西方文明的互动。尽管草原丝绸之路上的各个国家和地区在漫长的历史进程中曾经不断发生着各种变迁，但无论是政治分割还是战争掳掠等，都没有阻隔这条线路上的贸易往来。草原丝绸之路的繁盛与沿线国家共享文明成果的迫切愿望有着密切的关系，反映出通过共同发展、共赢合作来谋求实现各方互利共赢的需求是草原丝绸之路保持畅通的最主要、最根本的原因。我们必须明确，再度繁荣草原丝绸之路必须是建立在互利共赢基础之上的合作。草原丝绸之路将通过打造欧亚地区交通网络，逐步形成东北业经济辐射区，并辅助“一带一路”合作倡议将把世界经济引擎的亚太地区与世界最大经济体欧盟联系起来，给欧亚大陆经济发展带来新的空间和机会。

放眼草原丝绸之路的整个历史进程，作为“交流之路”、“互惠之路”，草原丝绸之路使沿线各国、各民族、各地区实现了商品、技术、思想的交流，实现了互通有无、互利互惠、各取所需的目标，推动经济文化和社会的进步，促进了不同文明的对话与交融。草原丝绸之路精神本身蕴含“和平合作、开放包容、互学互鉴、互利共赢”的内涵特征。今天，建设新的草原丝绸之路的意义和内涵被赋予了强烈的时代气息，但其与古老的草原丝绸之路共有的“和平、友谊、合作、共赢”的宗旨仍一脉相承，并且充分体现了与时俱进的时代精神。新的草原丝绸之路将续写古代草原丝绸之路的美好新篇章，共铸世界文明的新辉煌。

作　者：马永真系内蒙古社会科学院院长、研究员
梅园系内蒙古社会科学院助理研究员

有效发挥智库引擎作用
助力“中蒙俄经济走廊”建设

张志华

国家主席习近平2014年9月11日在出席中俄蒙三国元首会晤时，首次倡导建设“中蒙俄经济走廊”，得到三国元首的积极响应。今年7月，中俄蒙元首在乌法会晤，批准了《中华人民共和国、俄罗斯联邦、蒙古国发展三方合作中期路线图》(简称“路线图”)，提出在对接“丝绸之路经济带”、俄罗斯“跨欧亚大铁路”、“草原之路”倡议基础上，编制《中蒙俄经济走廊合作规划纲要》(简称《纲要》)，目前《纲要》正在逐步落实。展望未来，中俄蒙经济互补优势更加凸显，区域经济合作前景广阔。推进这一开放新格局和区域合作，智库具有不可或缺的引擎作用，不断加强智库合作交流是助力“中蒙俄经济走廊”建设的重要路径选择。

一、建设“中蒙俄经济走廊”是实现中蒙俄三国发展的有效平台

2014年9月、2015年7月中俄蒙三国元首两次会晤，习近平主席倡议确立并付诸实施的“中蒙俄经济走廊”建设，传承以团结互信、平等互利、包容互鉴、合作共赢为核心的古丝绸之路精神，又顺应和平、发展、合作、共赢的21世纪时代潮流，符合国际社会的共同利益，洋溢着创新进取的时代精神，彰显了人类社会共同理想和美好追求。“中蒙俄经济走廊”建设是古丝路精神发扬光大的重要载体，是“一带一路”战略的重要组成部分，是推进“一带一路”战略实施的重要举措，是有效对接三国发展战略的重要平台，是互尊互信、合作共赢、文明互鉴的伟大构想，是惠及三国人民长远利益的美好愿景，

是实现三国发展的有效平台。

从古代草原丝绸之路的历史文化和地缘看，中蒙俄是古代草原丝绸之路的重要国家和通道，是古代草原丝路文化的重要发祥地、承载地。三国山水相连，睦领友好，交往频繁，亚欧人民堪称三国经贸文化交流的典范，知识交流、相互学习的先行者。比如，中蒙共同享有相同族源和丰富的文化资源，这些资源渗透在两国的历史文化中，也存续在两国现实社会生活中，是中蒙两国游牧文明的真谛和草原文化的胸怀在经济全球化的现代进程中发扬光大，是建设“中蒙俄经济走廊”的文化瑰宝和文化力量。再比如，从18世纪中叶到20世纪初，中国北方草原有一条通向蒙古高原和西伯利亚腹地的“茶叶之路”。这条茶路由二连浩特出境，途经乌兰巴托、恰克图等地，终点为俄罗斯贝加尔湖一带，横跨亚、欧大陆，绵延万里，创造了辉煌的商业奇迹。中俄“万里茶路”，带动了沿途城镇、商业、加工业、服务业的发展和文化交流，展现了民间社会密切交往的共同需求，也是一条商贸之路、文化之路，友谊之路。这些历史记忆是留给现代中国、蒙古国、俄罗斯的一份重要文化遗产，以这条“万里茶路”为主题，三国联合签署申报世界文化遗产的宣言，开启了尊重历史、传承文化、开拓未来的重要合作新篇章，是有利于建设“中蒙俄经济走廊”的底蕴深厚的共享资源，是一种崭新的历史观，也是中国倡导“一带一路”战略构想和“中蒙俄经济走廊”建设的出发点，是再现“茶叶之路”辉煌的创新之举。

从地理和地缘政治、经济看，“中蒙俄经济走廊”建设是一个符合三国发展愿景和实现三国人民愿景的有效合作平台，是“丝绸之路经济带”向北在陆地上的延伸、向南与“21世纪海上丝绸之路”对接的一种新跨境合作战略构想，既缩小了俄罗斯和蒙古国与亚太地区的时空距离，又体现了俄罗斯和蒙古国的国家利益和经济发展要求。“中蒙俄经济走廊”战略构想是实现中国“丝绸之路经济带”、蒙古国“草原之路”和俄罗斯“亚欧大铁路”建设目标的有效载体。从公布的编制的中期路线图可以看到，三方正在将发展战略对接落实到具体合作领域和项目上来。在经贸合作方面，为进一步提升三方贸易便利化水平，包括在相互贸易中扩大使用本币结算，三方将探讨建立经贸主管部门合作机制，完善三国工商会合作机制，推动定期举办洽谈会和经贸论坛，加强三方间贸易、投资和商务伙伴关系。开展三方海关合作，举行三国海关署级会晤。继续定期举行三方交通运输部门和机构工作组会晤。中蒙俄三国落实发展战略对接，打造经济走廊，将进一步拓展三方合作空间，更将带动整个欧亚地区的发展。古老的“茶叶之路”重新焕发生机与活力的前景可期，将为该地区国家和人民带来实实在在的福祉。“中俄蒙经济走廊”战略构想的实施，一方面将加强中俄与蒙古国各经贸领域的全方位合作，特别将使蒙古国经济从简单的双边合作向多边合作转型；从单一内陆经贸合作向陆海并重转型；从单纯的资源原料运输向多元化经济合作转移型；从粗放资源经济向环境保护经济转型。另一方面，中俄蒙三国首脑会晤开启了东北亚多边对话的新模式，将进一步提高中国的地区影响力以及对地区局势的掌控能力。“中蒙俄经济走廊”建设旨在开展更大范围、更高水平、更深层次的区域合作，共同打造开放、包容、均衡、普惠的区域经济合作架构，为我们描绘出了和平发展的美好蓝图，符合三国人民的共同利益，是三国人民的共同美好愿景。

二、智库是推动“中蒙俄经济走廊”建设的重要引擎

智库为影响政策而生，是一个国家文化软实力的重要组成部分。智库的起源和智库在世界历史上的独特作用反复证明，智库已成为国家外交的重要主体，智库在谋划发展蓝图、推动合作共赢、促进国家间友好交往中的作用日益凸显，智库间的合作已成为影响世界政治、经济、文化和社会进步的重要因素。建设“中蒙俄经济走廊”是一项复杂的系统工程，涉及多元合作伙伴、多个区域板块、多类实施主体、多项重点任务，更加离不开各方智库的影响和推动。当务之急是迫切需要三国智库的积极参与和务实合作，搭建三国人文交流的文化走廊，发挥智库的重要引擎作用。

智库的引擎作用还表现在智库相当于芯片，即智库=芯片的“智库+模式”。实施好建设“中蒙俄经济走廊”这一系统工程，要坚持共商、共建、共享原则，实现三国战略对接和一系列具体规划及项目的对接，这在客观上迫切需要三国智库进行前瞻性、战略性和可操作性

的独立研究和合作研究，以加大理解和共识，加强政策引导和阐释，提供智力咨询和服务，破除各种难题和困境。“中蒙俄经济走廊”建设以政策沟通、道路联通、贸易畅通、货币流通、民心相通“五通”为主要内容，其中，政策沟通是“中蒙俄经济走廊”建设的重要保障，民心相通是“中蒙俄经济走廊”建设的思想基础。作为咨政建言和人文交流的重要力量，智库不仅是本国政策与学术研究之间的桥梁、政府与公众之间的桥梁，也是各国之间深化交流合作、实现互利共赢的政策沟通的桥梁。充分发挥智库的专业研究能力及对政府和公众的影响力，对促进三国政策沟通、民心相通，为共建“中蒙俄经济走廊”奠定坚实的民意基础，具有独特而重要的意义。此外，除了从宏观视角的政策沟通、民心相通外，其余的“道路联通”、“贸易畅通”、“货币流通”等微观的内容同样需要强有力的智库智力支持和服务，发挥智库的智力芯片作用，每一“通”都有智库服务的相关要素支撑的一系列的“智库+模式”，如智库+贸易畅通，即可以分解为智库+政府决策（影响）+高端智库人才+高端产业（聚集）+金融创新服务+智库专业咨询，由此形成以政府政策开放带动、参政议政的高端人才聚集推动、高端产业集聚拉动、金融服务融合互动、专业咨询创新驱动为核心的全智能智库服务链条。以上智库=芯片的“智库+模式”和具体每一项的衍生的智库要素的组合服务模式，使智库智力服务的架构和体系更加清晰完善，“五通”的内容植入智力的芯片，插上芯片的翅膀，动力更强，飞得更远，为“五通”的实现增添强有力的智力内生动力，有力提升智库话语权、影响力，使智库成为“中蒙俄经济走廊”建设不可或缺的重要新引擎。

三、智库合作交流是助推“中蒙俄经济走廊”建设的重要路径

为了使“中蒙俄经济走廊”成为三国的命运共同体、利益共同体，必须构建打造智库联盟，加大智库间合作交流。三国学术界应抓住有利时机，增强使命意识，把握时代特性，积极探索智库对话新模式，全面拓展务实合作新途径，不断完善智库合作新机制，进一步推进智库间的广泛交流合作。我们应秉持共商共建、互利共赢、突出重点、稳步推进的原则构建国际开放智库平台，特别是要实现三国智库

有效对接，有效整合三国的智库资源，最大限度发挥智库的集聚效应，携手共同打造三国智库共同体，有效发挥三国智库的优势，共同关注和致力于“中蒙俄经济走廊”建设的研究，使三国智库成为实现三国命运共同体、利益共同体的有效平台和重要支撑。

促进中蒙俄国家智库交流合作，为“中蒙俄经济走廊”建设增信释疑、凝聚共识、提供政策支持应为三国智库建设的重要宗旨。通过三国智库开展全方位的合作和交流，增强信息交流和互信，促进政策沟通，共同制定推进区域合作的规划和措施，协商解决合作中的问题，促进“中蒙俄经济走廊”建设的思路创新，进而实现国家间政治互信、政策协调。2015年9月在乌兰巴托成立“中蒙俄三国智库联盟”，这是构建国际智库平台的成功实践和重要组成部分，为构建国际开放智库平台迈出可喜第一步。它将会有力助推中蒙俄三国智库作用的发挥，为“中蒙俄经济走廊”建设提供及时务实的智力支持。要构建三国智库网络平台，转变和创新智库交流合作方式。利用大数据资源和“互联网+”，实现三国智力联姻，芯片串联，以三国智库网络为平台，建立智库研究成果交流、资源共享、成果发布、成果转化、联合召开小型学术研讨会和智库对话等；创新合作方式，建立常态化智库对话、人员交流与合作研究机制；建立智库专家互访机制，重点支持三国智库学者访问、研究和培训。要以三国智库网络为平台，组织举办年度“中蒙俄经济走廊”建设国际发展高层论坛，介绍和分享中国以及相关国家的发展理念和经验，就“中蒙俄经济走廊”建设和相关国际问题进行深入研讨，这是发挥智库作用的重要途径。我们完全有条件可以打造以社会科学院、经济发展研究中心为骨干力量的“中蒙俄经济走廊”新型智库。

作者系内蒙古社会科学院副院长

农牧业和农村牧区发展的机遇与挑战探讨

王关区

经济发展进入新常态，我区农牧业和农村牧区发展的机遇与挑战并存。要主动抓住机遇，科学应对挑战，合理解决发展中存在的问题，有效推进我区农牧业和农村牧区发展方式的加速转变、产业结构的优化升级，推进其协调发展、创新发展、绿色发展及现代化建设。

一、农牧业和农村牧区发展的机遇与成效

（一）新常态下，更加重视农牧业经济发展，不断强化农牧业的基础地位

新常态的经济发展，是适中、适度的发展，其经济增长速度一般为中高速。也就是说，经济发展新常态下，全国及各省、自治区、直辖市的地区生产总值增长速度目标为7%左右即可，不用再过分追求、攀比高速增长。而农牧业是自然再生产与经济再生产相互交织、生产周期较长、风险比较高的产业，农牧业的生产经营特征同时决定了农牧业经济一般是中低速增长、发展的经济。在追求高速增长的经济情态下，由于农牧业及第一产业经济增长速度一般不高，对地区生产总值增长的贡献率往往也比第二产业、第三产业要低等，这样在具体的生产实践中就容易出现轻视农牧业经济发展，忽视甚至动摇农牧业基础地位的现象，结果要么欲速不达，要么“空中楼阁、摇摇欲坠”。在经济发展新常态下，农牧业经济增长的中低速不再显得慢，而农牧业持续、稳定、健康的发展正是新常态下推动总体经济高质量、高效益发展所必需的。这样就要更加重视农牧业经济发展，不断强化农牧业的基础地位，从而形成三次产业相互促进、良性运行、协调发展。

总的来看，自2013年我国经济开始进入新常态以来，内蒙古农牧

业经济呈现稳定增长、稳健发展的态势，农牧业作为基础产业、优势产业、特色产业的地位更加巩固，作用愈加明显。

（二）新常态下，更加有利于农村牧区产业结构特别是农牧业结构的优化升级

经济发展的新常态，其重要特征就是经济发展方式、增长方式转型、转变，经济结构及产业结构调整、优化、升级。2013年开始进入经济新常态以来，内蒙古农村牧区产业结构特别是农牧业结构调整、优化、升级的步伐有所加快。

改革开放以来，内蒙古农林牧渔业总产值大幅度增长，1980年仅为30多亿元，2013年达到2699亿元，尽管有价格因素在里面，但增长的幅度也着实惊人。其中，农业产值所占的比重逐渐缩小，1980年占64.3%，2000年占56.8%，2010年占48.8%，2012年占47.8%；畜牧业产值所占的比重逐渐扩大，1980年占31.0%，2000年占37.8%，2010年占44.6%，2012年占45.7%；林业产值所占的比重略有减小，1980年占4.4%，2013年占3.6%；渔业产值所占的比重有所增加，1980年占0.3%，2013年占1.1%。农林牧渔业结构，也就是农业部门结构及农业产业结构，逐步得到调整、优化，畜牧业在第一产业发展中的作用显著增强。

内蒙古优质高产高效作物的比重提高，种植业结构逐步优化。内蒙古高产、优质、高效农作物占农作物种植面积的比重，2007年为56%，2008年为61%，2009年为64%，2010年为66%，2011年为68%，比2005年增加了21个百分点，2014年达到73%左右。

内蒙古畜牧业的畜种结构、畜群结构、品种结构等进一步优化，牲畜地方品种改良、良种引进的水平提高。内蒙古2012牧业年度良种及改良种牲畜总头数为10654.2万头只，2013牧业年度良种及改良种牲畜总头数为10718.69万头只，2014牧业年度良种及改良种牲畜总头数为11587.3万头只，数量增加，个体品质优化。为了有效减少草场冷季载畜量、降低冬春饲草储备的压力、缓减牲畜饲养成本的增加，实现草畜平衡，2014年牧区冬羔早春羔比重增加到70%以上，冷季牛羊饲养量控制在4300万羊单位以下。

（三）新常态下，更加有利于农牧业科学技术进步，推进农牧业创新发展

新常态要有新动力，就是经济发展从主要靠要素驱动、投资驱动转向创新驱动，而创新驱动，主要就是科学技术进步的推动。内蒙古农牧业技术推广应用不断加强，农牧业科技进步日益加速，农牧业经济新的增长动力即创新驱动力正在加快形成并不断蓄积力量。

内蒙古农牧业科技进步贡献率逐步提升，1995年为34%，2000年为39%，2005年为41%左右，2010年为48%，2012年约为48.5%，“十二五”期末达到49.4%左右。

农业以优质新品种、综合配套高产技术、新型经营主体带动、统防统治、全程机械化作业、配方肥施用的6个方面全配套，创建高产示范片；大力推广五大作物五项核心技术、种子包衣技术、测土配方施肥技术等基础技术，广泛应用以喷滴灌为主的高效节水灌溉、地膜覆盖、坐水点种、脱毒马铃薯等关键技术，从而大幅度提高粮食的单产及其品质。

畜牧业大力提升本地畜种的保护与改良技术、良种畜的引进繁育技术，推广两年三胎、一胎多羔技术以及接早羔技术等，从而有效增加牲畜存栏数量，提高牲畜的个体品质。

内蒙古加大高标准基本农田建设的力度，2012—2014年完成国家高标准土地整治1618万亩，扩大了优质耕地面积，提高了农业集约经营的水准。

（四）新常态下，更加有利于生态文明建设，加速农村牧区绿色发展

经济发展的新常态，就是要逐步缓减以往粗放掠夺式、不可持续的经济增长形成的资源耗损、环境污染、生态破坏的压力，留住绿水青山，守望民俗乡愁，全面拓展农牧业和农村牧区生态文明建设，加速其绿色发展。

内蒙古生态环境脆弱，荒漠化和沙化土地面积分别占土地总面积的52%和35%。为此不断加大生态建设与保护力度，1998—2011年累计投入500多亿元，相继实施了退耕还林、京津风沙源治理、退牧还草、天然林资源保护、防护林、水土保持、生态环境综合治理、天然草原保护等一系列生态保护建设工程，取得了明显的成效。“十一五”期间，全区草原建设总规模达到5亿亩，全区共治理水土流失面积18191平方千米。“十二五”以来，不断加大治理的力度，治理的沙化土地累计达4300多万亩。目前我区近8000万亩农田、1.5亿亩基本草牧场受到林网的保护，2.6亿亩风沙危害面积和1.5亿亩水土流失面积得到初步治理，每年进入黄河的泥沙减少1.1亿吨。

（五）新常态下，更加有利于城乡协调发展、均等发展，有效提升农村牧区公共服务水平

内蒙古本着认识新常态、适应新常态、引领新常态的精神，掀起了以“十个全覆盖”为主体的宏大的新农村新牧区建设工程，不断提升农村牧区基础设施和公共服务水平。

2014年，全区“十个全覆盖”工程完工的有3588个嘎查村，完成投资273.93亿元。2015年计划完成5800个嘎查村，计划投资366.13亿元。城乡公共服务均等化，就是农牧民与城市居民一样都能享受到公共服务，而且享受的机会是平等的。然而，长期以来农村牧区基础设施建设滞后，城乡公共服务水准差距很大，像城市人一样舒畅地生活，像城市人一样享受较好的公共产品与公共服务，是广大农牧民多少年来的深切期盼与渴望。从“十个全覆盖”工程已完工的嘎查村来看，城乡公共服务均等化着实向前迈进了一大步；嘎查村基本公共服务体系初步形成，农牧民享受着小病不出村的医疗卫生服务，农牧业及农村牧区政策法规的咨询服务，科技知识、文学艺术、家庭生活、字典词典等各类图书资料的借阅参考服务，以便民超市为主体的日用品销售服务，广播电视服务，网络信息服务，医保低保养老服务，计划生育服务，戏剧表演、民艺展示、棋牌娱乐服务等，过着便捷、舒心、幸福的生活。

二、农牧业和农村牧区发展的挑战及难题

（一）农牧业发展的创新驱动力不足

创新驱动主要是科技驱动，衡量创新驱动程度的主要指标，是科技进步贡献率。内蒙古农牧业科技进步贡献率比全国平均水平低6个百分点左右，比国内先进省市低十多个百分点，比发达国家低20多个百

分点。

内蒙古农牧业科技成果转化率较低，比全国平均水平低大约10个百分点。内蒙古农牧业科技推广服务的专业技术人员短缺，与推广核心技术、关键技术，发展设施农业、现代农业等相匹配的技术骨干和技术指导数量较少，在一定程度上影响了农牧业科技的推广运用和农业科技进步贡献率的提高。如内蒙古农业科技最发达的巴彦淖尔市临河区，真正懂设施农业技术、能够开展设施农业技术指导的科技人员仅有10人左右。

（二）农牧业发展的现代化水准不高

内蒙古农牧业基础设施建设相对薄弱，有效灌溉面积不到耕地面积的一半，70%的耕地草场由农牧户分散经营，劳动生产率较低。内蒙古农田灌溉特别是节水灌溉建设水平不高，全区有效灌溉面积占耕地总面积的比重一般比全国水平小近10个左右百分点，比发达省市低30~40个百分点。

内蒙古农业机械设备，以小型化为主，也比较陈旧，农机总动力处于相对低的层次。单位耕地面积拥有农业机械总动力，内蒙古仅相当于全国平均水平的1/2，相当于发达省市的1/4。

内蒙古土地质量较差，耕地中70%以上为中低产田。耕地的有机肥施用量呈现下降的态势，而化肥施用量不断增加；内蒙古农用化肥施用量，2000年是74.7万吨，2010年是177万吨，2013年是205万吨，2014年是222.7万吨，2014年比2000年增加了148多万吨。大量施用化肥，使土壤结构劣化，耕地品质下降。内蒙古土地出现了一定的污染，如农用塑料薄膜污染、农药污染等。内蒙古农用塑料薄膜使用量逐年增长，2012年是2010年1.15倍；内蒙古农药使用量不断增加，2012年是2010年的1.23倍。另外，工矿业废渣、废水、废气的排放，也对耕地和草牧场造成一定程度的污染。

（三）农畜产品的加工层次还需逐步提高

内蒙古农畜产品精深加工能力和水平滞后。尽管内蒙古粮食产量和肉类、奶类等产量均位居全国前列，但土地产出率较低，农畜产品加工转化率仅为52.3%，精深加工率不足20%，与发达国家90%以上的加工率相比差距较大。总体来说，内蒙古农牧业产业化经营规模较小，农畜产品加工不够精深，品牌较少且知名程度较低，市场拓展有待大大加强。除了乳产业已经形成了大品牌外，羊绒产业虽有几个品牌，但是散、乱、杂的问题依然突出；羊肉加工也存在优势企业不突出等问题，品牌杂乱严重影响了羊肉的价格等。

内蒙古绿色农畜产品的口碑还是很好的，但是产量有限，知名品牌也偏少。据内蒙古自治区农牧业厅数据显示，全区绿色农畜产品生产加工企业只有144家，只占全区规模以上加工企业总数的7.8%，销售额不到100亿元，只占农牧业产业化销售总收入的3%左右。

（四）农牧民收入和消费水平较低

内蒙古农牧民人均纯收入与全国农民人均纯收入的水平还有差距。1990年，内蒙古农牧民人均纯收入为647元，全国为686元，内蒙古比全国低39元；2000年，内蒙古为2038元，全国为2253元，内蒙古比全国低215元；2010年，内蒙古为5530元，全国为5919元，内蒙古比全国低389元；2014年，内蒙古农村牧区居民人均可支配收入为9976元，全国农村居民人均可支配收入为10489元，内蒙古比全国低513元。

内蒙古城镇居民可支配收入与农牧民纯收入的比，1990年为1.79：1，2000年为2.52：1，2010年为3.20：1，2013年为2.97：1，城乡居民收入的差距较大。

内蒙古城乡居民人均生活消费性支出的比，1990年为1.82：1，2000年为2.43：1，2010年为3.14：1，2014年为2.10：1。2014年，内蒙古城镇居民恩格尔系数为28.7%，农牧民恩格尔系数为30.5%，说明农牧民消费水平、生活水平与城镇居民的差距还较大。

（五）粮食供给的结构性矛盾加剧

内蒙古粮食总产量，“九五”时期年均增长3.3%，“十五”时期年均增长6.0%。其中，玉米产量“九五”时期年均增长4.0%，“十五”时期年均增长11.1%，而小麦产量“九五”时期年均下降7.1%，“十五”时期年均下降4.6%。说明“九五”、“十五”时期，我区的粮食结构粗粮化的趋势非常明显。

2013年，内蒙古粮食总产量为2773.00万吨，比上年增长9.7%。其中，小麦产量180.40万吨，下降4.3%；稻谷产量55.99万吨，下降

23.6%。2014年，内蒙古粮食总产量2753.00万吨，比上年下降0.7%。其中，小麦产量153.90万吨，下降14.7%；稻谷产量52.40万吨，下降6.5%。

三、农牧业和农村牧区发展的对策和措施

（一）形成农村牧区及农牧业多元合理的产业体系

转变农牧业发展方式及生产方式，首先要调整、优化、升级农牧业产业结构，逐步形成多元、合理的现代农牧业产业体系。调整优化农业部门结构，进一步增加畜牧业的比重，畜牧业产值在农林牧渔总产值中的占比由现在的45%左右提高到50%以上，适当提高渔业、林业的比重。大力发展特色农牧业，发展设施种植业，发展集约养殖业。在种植业中要调整完善粮、经、草、菜等的结构，适当扩大饲草料、蔬菜等的种植面积；粮食种植结构要优化，适当提高小麦、水稻等精细粮以及杂粮的种植比例。在畜牧业中要进一步调整畜群、畜种、品种等结构，逐步形成牛、绵羊、山羊、马、骆驼的合理“五畜”结构，同时保护、改良土种畜，引进、培育良种畜，不断提高牲畜的个体品质。优化农畜产品结构，不断提高绿色食品、有机食品、地标产品在农畜产品中的比重，同时加大认证、宣传等的力度，特别是要科学营销、现代营销，真正实现优质优价、好效益。

拓展农牧业产业化与农村牧区产业的多元化。大力发展农畜产品加工产业、运输产业、销售产业，发展饲草料加工业、作物秸秆加工业等。重视发展农村牧区旅游产业，如草原生态旅游、畜牧业体验旅游、种植业观光旅游、设施农业采摘旅游、“农家乐”和“牧家乐”旅游等。

（二）优化农牧业生产经营体系

当前农牧业经营体系的欠合理完善，对发展现代农牧业和建设绿色农畜产品生产加工基地的制约进一步增强。内蒙古70%多的耕地、80%多的草牧场还是农牧户分散经营，这就导致了种养业新技术推广缓慢、良种使用率低、机械化程度低、规模效应发挥不足等。单家独户的农牧业生产模式，不能很好地适应规模化、标准化、集约化、机械化等的要求，使得生产成本居高、产品质量缺乏保障，农牧业的市

场竞争力和增产增收的能力下降。

在耕地、草场等农村牧区的土地集体或国家的所有权不改变、农牧户的承包权不动摇的基础上，通过耕地、草场经营权的合理流转等，扩大生产经营规模、创新生产经营主体、完善生产经营机制、优化生产经营体系，大力发展家庭农场、家庭牧场、特色种养大户、种植企业、养殖企业以及农牧业产业化的龙头企业、领军企业，发展农民专业合作社、牧民专业合作社等农村牧区合作经济组织等。

（三）完善农牧业科技推广服务体系

加快农牧业科技推广尤其是基层农牧业技术推广服务体系的建设，重点健全乡镇农牧业公共服务机构，发挥县乡农牧技术推广机构的整体功能，提倡服务在乡、管理在县；同时，引导鼓励专业合作社等社会力量开展农牧技术推广，提高农牧业社会化服务水平。适应生产环节、农时季节、重点区域和重点品种的需求，组织发动广大科技人员开展有针对性的技术服务。对于基层农牧技术推广服务体系的改革与建设，要贯彻执行“一个衔接、两个覆盖”的政策。要加快农牧业人才培育尤其是农村牧区实用人才的培养，加快培养新型职业农牧民、农牧业服务人员和农村牧区社会管理人员，着力解决“谁来种、谁来养”的问题。

（四）兴建农村牧区公共服务体系

内蒙古以“十个全覆盖”为统领的农村牧区基础设施建设工程、公共服务普及工程及城乡公共服务均等化推进工程，是嘎查村美化工程，农牧民宜居工程，是农村牧区全面建成小康社会的基础工程、保障工程，是自治区最大的民生工程。“十个全覆盖”工程的实施，使农村牧区基础设施和村容村貌发生了很大的变化，公共服务水平显著提高。然而，全面完善农村牧区公共服务体系，特别是大力提高农村牧区公共服务的质量与效率，实现城乡公共服务的均等化，还任重而道远。如有了医务室，还要不断培养提升医务人员的治疗水平，保障药物与医疗设备的质量，提高疾病的治愈率；有了图书室，还要丰富图书种类、增加图书数量，适当购进音像资料，并想方设法引导激发农牧民自觉借阅参考图书资料的积极性，提高图书的利用效率。要与现代农牧业服务体系有效对接，逐步形成完备的旗县、苏木乡镇、嘎查村三级农牧业与农村牧区现代服务网络体系，在嘎查村要适当增加农牧业生产的产前与产中的科技服务以及产后的销售服务，要逐步增加农村牧区绿化、美化、生态环境有效改善的宣传教育服务、操作示范服务，要尝试增加种养结构调整、发展特色产业、发展旅游产业、保护传统民俗文化等的信息服务与指导服务等。

作者系内蒙古社会科学院牧区发展研究所所长、研究员

内蒙古城市发展思路研究

天　莹　李　娜

在我国新型城镇化战略的推动下，内蒙古城市在区域发展中的作用越来越大，城市经济总量占全区经济总量已经达到60%，城市人口占全区市镇人口也达到60%。本文对内蒙古“十二五”以来城市发展的情况和需要关注的问题进行归纳和分析，并提出发展思路，对于“十三五”更好地发挥城市在区域发展中的带动作用，实现小康社会目标将具有重要的现实意义。

一、“十二五”以来内蒙古城市发展情况及其与“十一五”的比较

（一）城市人口规模不断扩大，城镇化率不断提升，城市进入质量提升的新阶段

“十　五”以来，内蒙古城镇化在经济高速增长的支撑下，进入快速发展阶段。城市规模不断扩大，城镇化率快速提升，城市人口从2005年的888.22万人增加到2010年的897.62万人，2014年达到900.38万人，城镇化率从2005年的47.2%，提高到2010年的55.5%，2014年城镇化率达到59.5%，高出全国平均水平4.7个百分点，在全国排第10位。“十一五”期间城镇化率平均每年提高1.67个百分点，进入高速发展阶段。“十二五”以来的4年间，受到全球经济危机和国内经济大环境的影响以及城市发展方式的转变，城镇化速度逐步放慢，每年平均提高1个百分点，比“十一五”下降0.67个百分点，全区城镇化建设不再以追求速度为主要目标，而是进入提升质量的新阶段。

（二）城市基础设施建设投资规模持续扩大，城市功能日趋完善

随着对城市投入的增加，城市市政基础设施在“十一五”基础

上得到明显提升。全区20座城市建设固定资产投资从“十一五”末的3882.6亿元，增加到了2014年的5380.92亿元，是“十一五”末年的1.4倍。在资金的支持下，城市用水普及率、燃气等普及率、人均城市道路面积、人均公园绿地面积、万人拥有公共汽车等各项指标不断提高，增速加快，2014年，上述5项指标分别比“十一五”末提升9.82%、13.02%、6.21平方米、6.44平方米、1.28台，增幅高于“十一五”。其中，呼伦贝尔市城区大力发展公共交通，每万人拥有公交车达到11.03辆，在地级市中为最高；包头市建设节水型城市，水资源利用量近几年控制在10亿立方米，用水普及率达99.45%；鄂尔多斯市城区绿化建设走在全区前列，注重城市绿化节水，东胜区部分采用了中水浇灌绿地，城市正在从大建设阶段转向加强运营管理、提升质量的新阶段。通过多年的建设，城市居民的生活更加便利，居住条件和出行环境得到改善，宜居性不断增强。

（三）城市就业、社会保障等公共服务水平明显提升，服务能力进一步增强

进入“十二五”，我区城市发展的重点从城市建设转向了民生建设。2014年各级财政民生支出2440亿元，比2013年增加100亿元，占一般公共预算支出的63%。其中，促进就业是民生建设的重点。在自治区政府出台的《关于进一步做好以创业带动就业工作的通知》、《关于进一步做好普通高校毕业生就业工作的意见》、《关于进一步做好新形势下就业创业工作的实施意见》等政策性文件的支持和引导下，各地通过重点推进家庭服务业、实行补贴政策、培训产业工人、采取项目带动就业等不同形式促进就业。2014年城镇就业人数达到738.8万人，其中，城镇个体私营就业人员437.3万人，占59.19%。城镇就业人数比2010年增加273.6万人，增长58.81%。其中，个体私营就业增长102.36%，在城镇就业中的作用越来越大。同时，城市社会保障征缴收入增长、覆盖面扩大，待遇水平、保障能力和服务水平进一步提高。比如，包头市2014年企业退休人员养老金月人均达到2188元，比“十一五”末增加682元；鄂尔多斯企业离退休人员养老金月人均达到2811元，高于国家和自治区平均水平，比“十一五”末增加近1385元。同时，社保部门积极优化办事流程，倡导优质服务，将5项社会保险进行整合，实现“五险合一”一站式办理，极大地方便了市民。

（四）城市建设和管理水平不断提高，创城工作成效显著

“十二五”以来，全区创城工作成效显著。2012年，包头市获得“节水型社会建设示范市”的称号。2013年，呼和浩特市、乌海市、鄂尔多斯市、包头市在“中国电子商务发展百佳城市”中榜上有名。同年8月，鄂尔多斯市被住建部列为第二批创建国家智慧城市试点市，编制了《鄂尔多斯市智慧城市总体规划》。2014年底，扎兰屯市被确定为我区唯一一个国家新型城镇化综合试点城市。2015年，又有包头市、赤峰市元宝山区、准格尔旗列入国家新型城镇化第二批试点，同年鄂尔多斯市获得“国家森林城市”的荣誉称号，包头市、鄂尔多斯市、满洲里市蝉联“全国文明城市”称号，乌兰察布市全面推进“五城联创”，通辽市正在举全力开展“全国文明城市”的创建工作。各类城市的创建提高了城市的发展质量，增强了城市魅力和竞争力。

二、内蒙古城市建设和发展中需要关注的问题

（一）城市规模小，小城市多，集聚效益偏低

城市规模决定经济效益。我区共20个城市，按照最新的《中国城市建设统计年鉴》，城区人口达到100万以上的大城市只有呼和浩特市和包头市。全区25万人口以上的城市有10个，占城市数量的一半，大中小城市比1：1.5：7.5，全国为1：1.45：6.9，小城市比重偏高。中等城市、Ⅰ型小城市、Ⅱ型小城市平均规模分别为73万人、35万人、10万人，且多数城市还没有达到城市等级规模的上限。中小城市规模偏小，影响了城市的集聚效益，尤其是低于10万人以下的小城市，大多吸引力较差，成为人口流出区。

（二）城市发展方式比较粗放，内生动力不足

进入21世纪以来，我区主要以投资拉动为主要模式来推进城市经济的快速发展。而技术创新在城市经济发展中贡献率比较有限。进入“十二五”以来的4年，城市投资规模持续扩大。2014年，9个地级市市辖区投资规模达到4475亿元，是“十一五”末的1.3倍。随着投资规模的扩大，投资效率下降，2014年增加1亿元地区生产总值需要投资达到5.3亿元，比2010年高出2.9亿元。同时，由于科研经费投入低，人才

缺乏，技术创新相对滞后。2014年地区生产总值中用于研究与试验发展的比例仅为0.68%，比全国2.09%水平低1.41个百分点。地方财政用于科学技术的支出为32.87亿元，占财政支出的0.85%，而全国地方平均为2.75%，相比之下我区明显偏低。每万人劳动力中有研究与试验发展活动人员24人，仅相当全国的48%。

（三）盲目追求大马路、大广场、大框架及过高的城市人口目标，造成人均建设用地和运行成本偏高及不可持续问题

一些城市规划和建设者过度追求大广场、大马路、大框架，不仅造成城市无序蔓延和土地的低效利用，而且造成高成本运行。目前，全区20个城市中就有9个城市人均建设用地超过150平方米，9个地级市有6个超过120平方米。而世界发达国家人均城市用地面积仅为82.4平方米，发展中国家为83.3平方米。有的城市盲目追求城市拉大框架，结果是建成后的城市用地规模大、人口密度和建筑密度低，导致城市运行和维护成本高，离开了小轿车寸步难行。无疑这样的城市必然增加居民交通成本，而小汽车大量增加，又增加了碳排放，与我国低碳城市建设和资源节约型社会的要求是不相符的。我区中西部尤其是西部水资源短缺，水资源将是未来城市发展的刚性约束，但有的城市人口规划目标不是以水资源承载力来确定，而是更多地服从于城市框架拓展的需要，造成人口规划目标偏高，甚至脱离实际。还有一些城市的规划和管理部门，只顾局部，不管整体，寄托于取用黄河水源，缺乏对我国黄河流域整体生态安全的综合考量，将会对城市可持续发展带来不利影响。

（四）城市市政建设各项指标极不均衡，且重地上设施建设、轻地下管网建设和改造，重工程建设、轻自然力的合理利用

全区城市市政基础设施建设很不平衡，人均城市道路和人均公园绿地面积超过全国平均水平，在全国排在前4位，而用气普及率、人均公共汽车在全国排在20位之后。首府城市交通拥堵问题依然严重，给居民出行带来不便。城市市政建设空间上也不平衡，重地上、轻地下，地下供水管网、排水管网不能满足宜居城市建设的要求，一些老城区供水管道老化现象严重，供水、排水管网建设时间长、标准偏低、质量较差，大城市老旧小区较高楼层供不上水的问题一年比一年突出；一些城市建设注重上工程上项目，忽视对于土地自然透水、蓄水、净水功能的科学利用，耗资大，结果却不尽人意，比如有的大城市进行了多次改造，但下中雨就积水，下大雨就成河的现象依然存在。

（五）就业、社会保障等公共服务还面临一些亟待解决的问题

就业压力仍然较大，就业结构性矛盾突出。2014年，我区全年需要安置就业的人员总数约在63万人，而我们吸纳就业的最大能力在40万人左右，供求缺口20万人以上。淘汰落后产能，加快产业结构转型升级是今后经济发展的必然要求。但从传统产业转移出来的劳动力，在技能、观念、文化素质方面无法适应新岗位。另外，大学生择业要求期望值高，就高不就低，新生代农民工子女就业观念也发生了较大变化，导致就业结构性矛盾突出。

社会保障扩面困难，中断缴费问题较突出，基金支付压力不断加大。受到经济下行压力的影响，一些企业、灵活就业人员养老保险中断缴费增多，扩大社会保障面面临困难，征缴难度加大，加上企业、事业单位退休人员增多，抚养比下降，基金结余减少，导致社保基金支付压力不断增大。

三、内蒙古城市发展的思路

解决我区城市发展中面临的问题，实现城市更好发展，就必须以科学发展观为指导，按照国家新型城镇化规划和中央城市工作会议的要求，以人的城镇化为核心，尊重城市发展规律，坚持五个统筹，因地制宜，突出重点，加快推进宜居宜业城市建设。

（一）提升城市规划和管理水平，加快行政体制改革和相关配套改革

加强城市规划的编制、审批和落实各个环节的监督管理。强化各个学科专家参与规划编制的环节，尤其要注意充分吸收历史、文化、生态方面的专家的意见，科学合理确定人口规模目标，减少行政干预，增强规划的科学性，保障规划对城市发展的引领作用，避免出现人口目标脱离实际，进而造成城市用地过多和不可持续的问题。加强监督管理和法律制度约束，保障规划严肃性和有效实施，防止未批先建、领导换届规划就修编的问题，做到一张蓝图绘到底。学习发达省区的经验，加强领导，加强各部门协调和配合，通过试点，优先在小城市推行“三规合一”，积累经验后，逐步在中等城市乃至大城市推进“三规合一”。

建设城市绿带，划定城市发展边界，遏制城市无序蔓延，集约合理利用城市土地。土地是宝贵资源，内蒙古人均耕地面积为4.5亩，虽然较全国人均水平高，但是具有灌溉条件的耕地不足三分之一，与美国人均耕地7.95亩相比，并不算多。因此，不能盲目乐观，要在全国的大格局下，合理利用土地，确保耕地面积不减少，特别是优质耕地面积不减少，维护国家粮食安全。那么，加快建设城市周围绿带，划定城市发展边界是今后的重要任务，确保城市发展不突破耕地红线，水域、水源蓝线和生态绿线，控制城市无序蔓延，保证城市建设用地与农村、农业发展的相互协调。优化城市内部的结构，疏解大城市中心城区功能，将部分机关单位、大医院、大学、商业超市向新区和城市周边适度迁移，形成工作、生活、就医、上学的混合型结构，缩短交通出行距离，降低生活成本和城市运行成本，防止交通拥堵。大力发展公共交通，道路设置要以公共交通、自行车、步行为先，而不是小轿车优先，引导更多人乘坐公共汽车或骑自行车出行，增加公共交通、自行车出行比例。

加快行政管理体制改革，科学设置和优化各部门的编制，增加教育、社保等公共服务部门的人员编制，适应城市公共服务快速发展的需要。加快财税体制改革，自治区财政转移支付要向中等城市和小城市倾斜，加大投入，为中小城市发展提供资金支持，增强中小城市公共服务能力和水平，促进大中小城市公共服务均等化，进而引导人口相对均衡地分布在不同等级的城市中，而不是过分集中于大城市，防止城市病的发生。

（二）控制西部大城市数量和人口规模，积极扩大东部区域中心城市和小城市的规模，构建以中小城市为主体的、人口与水资源合理配置的宜居城镇体系

我区城市的发展既要考虑规模效益，又要考虑水资源约束和宜居性。据王小鲁研究，100～400万人的城市效益最佳。而10万人以下的城市基本没有集聚效益。25万人以上的城市才能保证自我增长。但鉴于我区西部水资源短缺，一些城市属于中度或重度缺水城市的现实，今后中西部地区要限制大城市数量和控制100万以上人口的呼和浩特市、包头市人口规模，以保证城市可持续发展；而东部地区要发挥水资源相对丰富的优势，扬长避短，积极扩大中小城市规模，增强集聚效益。要通过增强产业支撑，提升基础设施和公共服务水平，促进农村牧区人口向城市集聚，进而在全区形成以中小城市为主，城市、人口和水资源最佳配置的城镇体系格局，增强城市发展的可持续性和宜居性。

（三）合理确定城市主导产业，加强城市间分工协作，以创新推进产业改造升级和融合发展，为城市提供更多就业岗位

各个城市要根据自身条件合理确定主导产业，产业设置上不能盲目“求多求全”，要树立错位发展，分工协作理念，集中财力、人力，加快传统产业改造和升级，加快新兴产业发展。当前，内蒙古城市发展已经进入工业化中期阶段，城市发展不能单纯依靠投资拉动，而要从投资拉动转向技术带动和工业与服务业的融合发展。发达国家城市发展的经验表明，技术和工业、工业与服务业的融合发展是城市发展的动力源泉。因此，要增加地方财政在科技方面的支出，拓宽科技投入的融资渠道，将科技投入提高到占地区生产总值的2%以上。优先对稀土高科、煤电化工、生物制药、节能环保等优势产业加大研发力度，加快科技成果转化和创新步伐，促进产业的改造升级，为城市发展创造持续的动力。特别要加快互联网与第三产业的融合，促进养老、康体、家庭服务、物流、云计算、电子商务等新兴服务业的发展，增强第三产业对就业的带动作用，为农村牧区转移人口和大学生提供就业岗位，实现稳定就业。重视非公经济、小微企业的发展，为非公经济、小微企业创造良好宽松的发展环境，落实各项贷款、税收优惠政策，发挥其就业蓄水池的作用。

（四）弥补市政基础设施短板，建设节水城市、海绵城市，提高城市基础设施建设水平

大中城市市政建设重点应从地上转为地下，加快地下管廊建设和老旧小区地下管网的更新改造，提高建设标准，方便居民日常生活。

尤其是对于内蒙古而言，节水应该是“十二五”城市建设中的重中之重，要把水资源节约利用和节水城市建设纳入领导考核的指标体系。与海绵城市建设相结合，把绿地沉下去，以利于雨后蓄水和渗水，充分利用天然降水，减少绿地对自来水的消耗；人行道铺设要加强监督和技术指导，采用透水砖，并与地面形成渗水系统，充分利用土地的自然渗漏功能，改变单纯依靠地下管网收集雨水的做法，自然和人工相结合，以达到更好的渗水、蓄水、净水效果；加强水源地保护，加强污水处理厂的建设、运营和管理，要将房屋住宅建设与自来水、污水、中水管网建设同步进行，保证自来水、污水、中水管网同时入户，加强居民节水意识，以补贴的方式推行节水器具，逐步实现居民生活用水的节约。加快绿地灌溉中水管线建设，扩大中心城区中水灌溉面，提高水资源的重复利用率。

（五）落实相关政策，提升城市公共服务水平

按照《国家新型城镇化规划（2014—2020）》、国务院《关于进一步推进户籍制度改革的意见》和自治区城镇化工作会议及相关文件的要求，按照不同城市规模，放宽户籍政策，进一步降低落户门槛，加快推行居住证制度，保证转移进城农牧民在公共服务方面与城市居民享有同等权利，并加快建立和推进农村宅基地有偿退出机制试点，增强农牧民落户城市的意愿，不断提高户籍城镇化率。

加强养老保险扩面工作，以非公企业职工、个体工商户、灵活就业人员和农牧民工为重点，加大核定力度，降低费率，延长缴费年限，增加参保人数，不断提高统筹层次和保障水平。

强化政府责任，把就业放在优先地位，鼓励大众创业万众创新，全力推进创业园建设和创业孵化基地建设，为入驻企业提供优惠政策，还要鼓励大学生进入创业园进行创业，实现创业带动就业的倍增效应。进一步加强培训机构培训内容的针对性和实用性，提高外来务工人员、转移农牧民技能，对于文化水平不高，年龄相对较大的农民工，要加强技能培训，鼓励他们从事保安、保洁、保姆、月嫂等对文化要求不高的服务业，满足家庭服务业市场用工需求。充分利用微信、短信、网络等媒体，加强宣传，及时发布培训、岗位需求信息，提高外来务工人员参加就业培训的主动性，并能及时找到合适工作。

作　者：天莹系内蒙古社会科学院城市发展研究所所长、研究员
李娜系内蒙古社会科学院城市发展研究所助理研究员

内蒙古“十三五”推进农牧业现代化的对策建议

韩成福

目前我区现代农牧业发展面临一系列问题，例如，活畜收购价格连续两年下跌，国际农畜产品价格普遍低于国内价格，从而对国内市场的压力持续加大，农畜产品生产成本居高不下，农牧业补贴有待进一步完善等。为了有效推进我区“十三五”农牧业现代化，我们必须采取切实可行的对策措施，解决这些问题，并夯实现代农牧业发展基础。

一、加强活畜收购市场监管，应对活畜收购价格下跌现象

根据锡林郭勒盟价格监督检查局调查，2014年和2015年该盟活畜收购价格连续两年下跌。2014年该盟羔羊出栏价格平均为14～15元/千克，同比降幅达34%～39%；白条羊收购价格平均为36元/千克，同比下降30.7%。2015年，全盟9个旗县市白条羊收购价格均同比下降约20%；羔羊肉平均销售价格约为4.2～4.4万元/吨，同比下降19%以上。

针对上述情况，一要摸清当地冷库和畜产品加工企业的收购能力及牧民出栏头数情况，调整牲畜头数，应对活畜价格持续走低趋势；二要建立牛羊肉价格预警机制，关注国内外市场价格变化，及时提供准确的供求信息；三要加大牛羊肉市场巡查，注重源头治理和产销过程监管，严厉打击肉类产品掺假、售假、压价、走私牛羊肉等违法违规行为，维护牧民利益和市场秩序；四要严厉惩罚刁难牧民，恶意拒收活畜及畜产品的企业或冷库等。

二、加快发展农畜产品精深加工，应对国际市场的压力

从农畜产品价格看，我国农畜产品价格高于国际市场，显示竞争力较弱。据联合国粮农组织预测，2014—2015年度，国际大豆、玉米、小麦、大米价格分别比中国国内价格每吨低1175元、923元、626元和1143元。欧盟原料奶收购价格低于我国原料奶收购价格，2015年6月，28个欧盟国家加权平均牛奶收购价29.99欧元/100千克，根据6月当月平均汇率计算，折合人民币2.04元/千克，环比下降1.80%，同比下降20.20%；而我国农业部定点监测价格显示，2015年6月第4周内蒙古、河北等10个奶牛主产省（区）生鲜乳平均价格3.42元/千克，同比下降16.2%。中国海关最新统计数字显示，2015年1—9月，我国谷物及谷物粉进口量为2608万吨，同比增加81.2%；大豆前9个月累计进口5964吨，同比增加13%。根据商务部对外贸易司公布的数据，2014年，液态奶进口量达到32.89万吨，同比增长68.9%；2015年上半年全国累计进口液态奶18.0万吨，同比增长21.7%。2015年7月，全国牛肉及其副产品进口实际到港为28560.76吨，羊肉及其副产品实际到港为和8125.87吨。可见，国内与国际农畜产品价格倒挂的现象，促进我国进口农畜产品不断刷新；而国内农畜产品的价格及销售受到抑制。

针对上述情况，一是要延长肉羊加工产业链。鼓励骨干企业通过意向投入、意向服务、意向收购，发展产业化经营，与牧民建立稳定的合同关系和利益联结机制。加大畜牧技术扶持力度，积极引导牧民改变生产经营方式，调整畜群结构，力争降低养殖成本。通过风险基金、保护价收购、返还利润等方式，促进双方建立起长期稳定的购销关系，保障双方利益。加快牛羊肉产品由单一向多品种发展，初加工向精深加工、大包装向小包装方向发展，并努力开发牛羊内脏、骨、血的综合利用等。从而有效延长肉牛肉羊产业链条，形成利益紧密的价值链，提高产品附加值，促进农牧民增收和增强全区牛羊产业竞争力。二是农畜产品生产必须走专业化、特色化发展路子，发挥比较优势。我区农畜产品生产必须保持地方特色、民族特色，进行专业化、多元化生产，满足不同消费者需求。综合考虑各地资源禀赋、产业基础、区位优势和市场条件，加强分类研究，科学制定规划，因地

制宜，因势利导，充分发挥比较优势，进一步优化农牧业区域布局和种养业结构，进一步开发农牧业多种功能；在全区分类划分建设具有地域特色的农畜产品来源地，鼓励地方农畜产品的生产向专业化和特色化迈进。三是在销售渠道上多下功夫。建立专门机构，负责开拓农畜产品销售市场。深入研究需求特点、市场走势，善于利用市场信息引导农牧业生产，善于通过市场流通链条带动农牧业生产，善于运用“互联网+农牧业”方式等，从而创新营销模式，扩大销售渠道。

三、调整种植业结构，确保我区口粮绝对安全

2015年10月中旬，我国三大主粮价格全面下跌，北大荒地区、吉林、内蒙古东部、山东、安徽等玉米价格下跌幅度最大，农户价格平均下跌20%～30%。内蒙古东部地区，玉米收购价格从2014年的1.6元/千克左右下跌为今年的1.2元/元左右，每千克下跌0.4元左右。

国家加快建立由市场形成粮食价格的机制，我们要在保护种粮农民利益的同时，引导促进农民调整粮食种植结构，提高粮食品质，推动粮食生产可持续发展。我区要努力调整优化种植业结构，促进农民多元化种植、精细化生产，提高农产品品质，保障收入稳定增长。

四、节约利用水资源，提高粮食生产用水效率

根据《2014年内蒙古自治区水资源公报》数据，全区水资源量呈现大幅下降趋势。2014年，全区水资源总量为537.79亿立方米，同比偏少44%。其中，地表水资源量397.61亿立方米，同比偏少51.1%；地下水资源量为236.26亿立方米，同比偏少5.25%。

2014年，全区供水总量182.01亿立方米，其中，地表水和地下水供水分别占总供水量的48.9%、49.9%。全区总用水量182.01亿立方米，同比减少1.21亿立方米。其中，农田灌溉用水118.80亿立方米，占总用水量的65.3%，同比增加3.17亿立方米；林牧渔业用水18.74亿立方米，占总用水量的10.3%，同比增加0.91亿立方米；工业用水量19.73亿立方米，占总用水量的10.8%，同比减少3.91亿立方米；城镇公共用水2.86亿立方米，占总用水量的1.6%，同比减少0.33立方米；生活用水7.60亿立方米，占总用水量的4.2%，同比增加0.07亿立方米；生态用水

14.28亿立方米，占总用水量的7.8%，同比减少1.12亿立方米。从平原区浅层地下水动态看，西辽河、土默川、河套平原和鄂尔多斯黄河南岸平原地下水埋深分别为5.41米、6.24米、1.90米和7.30米；与年初比较，西辽河平原、土默川平原和鄂尔多斯黄河南岸平原地下水位分别下降0.30米、0.37米和0.09米，河套平原地下水位上升0.02米。全区浅层地下水储存量比年初减少6.28亿立方米。这说明，我区工程性缺水问题依然突出，仍然以消耗地下水为主，粮食生产用水量依然较多。

针对上述情况，一是在生活领域，转变用水意识，树立全社会节水观念。同时逐步提高阶梯用水定额收费标准。通过经济杠杆，督促循环用水。二是在农业领域，持续加强农田水利设施建设的同时，提高用水户的节水意识。一方面完善农业用水方法，运用膜下滴灌、全膜覆盖、喷灌、集雨窖、湿润灌溉、管道输水等方式，提高用水效率。另一方面建立水权转换制度，节水获得收入，调动用水户节水积极性。三是在工业领域，通过财税、水价等手段，降低工业购置循环利用水资源设备的成本和后期运行费用，各地区依据水资源可利用条件调整优化工业结构、降低水资源消耗，严惩企业污染地下水行为，使工业实现零排放污水，提高用水效率。四是加快重点水利工程建设，解决工程性缺水问题。修善现有大、中、小型灌区的节水工程，在灌溉条件较差、灌溉水源不足的地区建设抗旱应急水源工程。完善水资源配置网络体系，建设高标准的旱涝保守农田。因地制宜进行集雨工程建设，多蓄自然降水，提高雨水的利用率。五是从自治区层面出台统一的农田水利基础设施建设标准，整合资源和资金，建设集中连片的旱涝保收的高产农田，把有限的资金用在刀刃上，实现投资效益最大化。

五、加快改良中低产田，提高农田有机质含量

我区中低产田占耕地面积较大比重，要加快改良。根据全区第二次土壤普查数据，全区中低产田面积共604.1万公顷，占耕地面积的84.4%。其中蒙东粮食主产区呼伦贝尔市、兴安盟、通辽市、赤峰市4个盟市累计为282.39公顷，占全区中低产田的46.75%。

要保护耕地资源，提升耕地质量，保障粮食稳定生产。通过深耕

深松、保护性耕作、秸秆还田、增施有机肥、种植绿肥等土壤改良方式，增加土壤有机质，提升土壤肥力。恢复和培育土壤微生物群落，构建养分健康循环通道，促进农业废弃物和环境有机物分解；适度退减耕地，宜灌则灌、宜草则草，实行林草结合、农牧结合，增加植被盖度；发展雨养农业，建设农田集雨窖等设施，开展粮草轮作、带状种植，优化农作物种植结构，推进种养结合。

六、创新农牧业生产经营方式，应对农牧业生产成本持续上升

农畜产品生产的劳动力成本和生产要素成本及土地流转成本居高不下，农牧民增收压力较大。由此，在稳固家庭承包权基础上，根据地区实际，有序流转土地经营权，积极稳妥推进多种形式的适度规模经营，大力发展种养大户、家庭农牧场、专业合作社等新型农牧业经营主体，鼓励发展集体经营、合作经营和企业经营，加快构建现代农牧业经营体系。积极探索尝试土地流转模式，包括整村整屯大面积流转、大型龙头企业直接流转、托管和半托管，甚至建立土地银行等，规范土地有序有效流转，集约化经营土地。人均耕地面积相对较少的乡镇，探索土地“托管式”模式，不改变土地用途，保障农民保底产量，提高土地规模化程度，降低生产成本。

七、调整农牧业补贴政策，提高政策效应

我区活畜收购价格连续两年大幅下跌，今年三大原粮收购价格也大幅下跌，这说明国家扶持农牧业发展的补贴政策执行的难度加大。由此，要调整优化对农牧业的补贴政策，提高政策效应。一是调整畜牧业扶持政策。根据牧民养殖活畜的成本，制定每千克活畜销售“指导价格”，市场价格高于“指导价格”，则不启动“指导价格”，市场价格低于“指导价格”，则启动“指导价格”，保障牧民基本利益。在现有的草畜平衡、草原生态环境补偿等补贴政策的基础上，再增加母畜的补贴，降低牧民的养殖成本，确保母畜头数。二是调整种植业的扶持政策。稳步增加补贴总量，确保每年补贴增幅不低于财政收入增幅，将补贴空间用到最足。转变补贴对象和项目，对获得国家粮食补贴后把耕地撂荒的农民，可取消粮食补贴，可考虑将发展农村

草业、治理农业污染纳入农业补贴的政策体系当中。

八、加快培养新型职业农牧民

目前农村牧区年轻劳动力基本进城务工，“谁来种植，谁来养殖”问题非常突出，农村、牧区“空心化”问题应高度重视。要加快培养新型职业农牧民，解决农牧业后继无人问题。加快建立教育培训、规范管理和政策扶持“三位一体”的新型职业农牧民培育体系。建立公益性农牧民培养培训制度，深入实施新型职业农牧民培育工程，推进农牧民继续教育工程。深化产教融合、校企合作和集团化办学，促进学历、技能和创业培养相互衔接。出台强有力政策，吸引进城农民工和职业院校毕业生等返乡创业，实施现代青年农场主计划和农村牧区实用人才培养计划。重点培养种养业能手、科技带头人、农村牧区经纪人和专业合作组织领办人等。

九、加快发展以原产地为地理标志的品牌产品

加大牛羊肉品牌建设力度。建设以锡林浩特市为中心的肉羊加工企业集群，发挥“乌珠穆沁”、“苏尼特”等国家驰名商标和“锡林郭勒羊肉”原产地标志的作用，扶持发展几家大型肉牛肉羊加工企业；要做大做强赤峰市的“草原兴发”等品牌和通辽市“科尔沁肉牛”品牌；在兴安盟以科右前旗为中心大力发展大型肉羊肉牛加工企业，创建自己的牛肉羊肉品牌；在呼伦贝尔市以海拉尔为中心地带，加快培育大型肉牛肉羊加工企业；要严防贴牌羊肉损害品牌产品，从而建立锡林郭勒盟、赤峰市、通辽市、兴安盟、呼伦贝尔市蒙东五盟市肉牛肉羊饲养和加工基地，形成产业集群，产生集群效应，促进农牧民增收，增强全区牛羊产业竞争力。

十、健全我区农畜产品质量安全追溯体系

内蒙古要打造我国重要的农畜产品生产加工输出基地，必须借鉴国外成功模式和北京等城市的食品安全管理经验，总结锡林郭勒盟羊肉产品质量安全追溯体系建设经验等，建立适合内蒙古实际的农畜产品安全监管模式，在全区各乡镇建设优势农畜产品质量安全监督检

测站、饲料质检站等，逐步健全农畜产品产地准出、市场准入、质量追溯、召回等制度，保障农畜产品质量安全。实施动物防疫体系建设工程，稳定和加强基层防疫队伍，提高动物卫生监管执法水平和公共服务能力，完善旗县区之间的监测预警网络，确保动物疫病处于稳定控制状态。整顿和规范农资市场秩序，严格监督管理种子、化肥、饲料等的销售，严厉惩治坑农害农行为，保障农牧业生产资料的安全供应。“十三五”期间，我区要建立健全初级农畜产品无公害化和产品质量可追溯制度，为做大做强农牧业保驾护航。

十一、以信息化促进农牧业现代化进程

“互联网+”时代，要释放农牧业市场潜力，必须尽快改变传统的生产营销模式，打造“云市场”，提高农牧业产业的网络化、数字化、智能化水平。通过“十个全覆盖”，实施农牧业信息化覆盖工程，推进宽带进村、信息入户，培养一支有文化、懂技术、会经营的新型职业农牧民队伍。加快物联网技术在粮食生产、畜牧业养殖和高效经济作物种植等农牧业生产领域的应用。完善农牧业生产环境物联网监测监控、病虫害远程预警和诊断、农牧业技术综合服务平台等信息系统。加快农村电子商务、物流配送业发展，使实体经济与互联网产生叠加效应。与阿里巴巴、腾讯等现代网络媒体合作，在网上打造专业化农畜产品交易平台，提供农畜产品期货信息、供求信息、产业资讯、价格行情等，提供行政绿色通道、仓储物流、产品溯源认证等多项服务。通过“云商城”平台，向国内外招商引资农畜产品深加工项目和生物质能源开发项目。实现全区农牧业信息化与农牧业现代化融合发展，提升优势农畜产品的信息化和知名度，提升其市场占有率和竞争力。

作者系内蒙古社会科学院牧区发展研究所副研究员

内蒙古在“中蒙俄经济走廊”建设中的战略地位研究

王启颖

2014年9月，习近平主席在与俄蒙元首会晤时提出打造“中蒙俄经济走廊”，得到俄蒙积极响应。“中蒙俄经济走廊”是“一带一路”战略的重要组成部分，是在“一带一路”框架下，针对中国与蒙古国、俄罗斯现实关系而提出的一项新型区域合作模式。内蒙古凭借其独特的区位优势、人文优势以及前期积累，成为中国连通蒙俄的重要通道，“向北开放的重要窗口”。

一、内蒙古参与“中蒙俄经济走廊”建设的优势分析

（一）区位优势

内蒙古同时与俄蒙接壤，与俄罗斯的边境线为1010千米，占我国与俄罗斯边境线的23.5%；与蒙古国边境线为3211千米，占我国与蒙古国边境线的68.2%。现有获得国务院批准的对外开放口岸16个，主要分布在边境14个旗（市），其中对俄罗斯4个，对蒙古国9个，国际航空口岸3个，有两条跨境铁路通过满洲里、二连浩特与俄罗斯、蒙古国相连；对内则横跨“三北”，与黑龙江、吉林、辽宁、河北、山西、陕西、宁夏和甘肃八省区相邻，紧靠环渤海经济圈和东北老工业基地。独特的地理位置，决定了内蒙古在“中蒙俄经济走廊”建设以及我国向北开放格局中的地位举足轻重。

（二）内蒙古与俄蒙有着良好的双边贸易基础

内蒙古分别于1983年和1985年恢复与俄罗斯、蒙古国的边境贸易，恢复当年贸易额分别为110万美元和46万美元，之后，内蒙古与俄

蒙的边境贸易不断发展。目前，蒙古国、俄罗斯已经成为内蒙古第一大和第二大贸易伙伴，对俄蒙贸易额占内蒙古对外贸易总额的50%左右。2014年内蒙古全区进出口总额达145.53亿美元，在国家整体对外贸易增速趋缓成为常态的情况下，自治区对俄、蒙贸易实现较大幅度增长，贸易额分别为30.54亿美元和40.97亿美元，二者合计占内蒙古进出口贸易总额的49.2%。

（三）人文领域的优势

目前内蒙古有蒙古族422万人，在与蒙古国交界处以及口岸城市，都有蒙古族生活，与蒙古国人民交流沟通无障碍。在中俄边境城市满洲里，也分布着俄罗斯族，在与俄罗斯的交往中也起到了推动作用。同时在俄罗斯和蒙古国也有相当数量的内蒙古人工作和生活，对于内蒙古与俄蒙的交流合作也可起到一定助推作用。此外，内蒙古还与俄蒙在文化、教育、科技、传媒等多个领域开展了形式多样的交流活动，民间交往的加深为内蒙古向北参与“中蒙俄经济走廊”建设提供了良好的人文环境。

二、内蒙古参与“中蒙俄经济走廊”建设的自身不足

（一）对外贸易规模偏小，对经济拉动作用弱

内蒙古经济的外向程度相对较低。从纵向比较来看，内蒙古对外贸易占地区生产总值的比重呈逐年下降趋势，外贸依存度由2000年的14.10%下降到2014年的5.01%，在全国排第29位，与我国49%左右的外贸依存度具有很大差距；从横向比较来看，内蒙古外贸依存度与新疆、广西、云南、黑龙江等其他几个沿边省区相比也处于落后地位，2000年内蒙古外贸依存度在五省区中还处于第2位，但到2014年已经降至最末位。在内蒙古地区生产总值不断上升的同时，外贸依存度却在不断下降，由此可见对外贸易对全区经济增长的拉动作用较弱。

（二）基础设施互联互通水平低，通道制约作用明显

首先，在跨境铁路建设方面，中俄、中蒙跨境铁路少且轨道标准存在差异，影响互联互通。目前内蒙古与俄罗斯开通的跨境铁路通道只有满洲里至后贝加尔铁路，与蒙古国只有二连浩特至乌兰巴托铁路，内蒙古与俄蒙的铁路通道数量与“中蒙俄经济走廊”建设的

现实要求不相匹配。此外，中国与俄罗斯、蒙古国的铁路轨距标准不同，在进入对方境内时都需要进行底盘的换装，影响了双方通道对接以及国际铁路联运的效率。其次，口岸设施不完善，公共服务功能较弱。内蒙古除满洲里和二连浩特口岸基础条件相对较好，其他口岸基础设施建设相对滞后，口岸联检部门查验设施技术落后，联检部门人员配置不足，通关过货能力受限。第三，内蒙古自身道路交通网有待进一步完善。目前内蒙古公路通达深度不足，技术等级偏低，公路网密度在全国排名靠后，而且口岸尚未与腹地建立起快速、高效的路网通道，使得口岸经济的辐射带动作用没有得到有效发挥。此外，铁路运营里程也与内蒙古辽阔的地域不相匹配，虽然内蒙古铁路运营里程已达10285千米，但铁路密度仅为86.94千米/万平方千米，排在全国第25位，而且高铁尚未实现零的突破，这无疑制约了内蒙古对外联通俄蒙，对内联通东北、华北与西北的通道枢纽作用。

（三）对外贸易结构不合理，与俄蒙开展贸易的大型企业数量较少

一方面表现为货物贸易发展迅速，服务贸易相对滞后。2014年内蒙古对外货物贸易总额为145.53亿美元，同期服务贸易进出口总额仅为10.44亿美元，服务贸易发展严重滞后，对经济拉动作用较弱。另一方面，货物贸易中的商品结构也不合理，大多以资源型商品或初级产品为主，而具有高附加值、高科技含量的商品数量相对较少。据统计，2014年全区高新技术产品进出口额仅为6.1亿美元，而且还同比下降32.2%，贸易结构有待进一步优化和升级。此外，我区在与俄蒙贸易往来中主要是民营企业和中小企业，竞争能力较弱，缺少大企业、大项目带动。

三、内蒙古参与“中蒙俄经济走廊”建设面临的机遇

（一）良好的国际环境和政策支持

从国际层面来看，我国与俄蒙政治关系不断提升，中俄建立了“全面战略协作伙伴关系”，中蒙建立了“全面战略伙伴关系”，俄蒙在我国“大国是关键，周边是首要”的外交布局占有重要地位，良好的中俄蒙关系为内蒙古参与“中蒙俄经济走廊”建设以及扩大对俄蒙开放提供了有力保障。从国内层面来看，无论是西部大开发战略、

东北老工业基地振兴还是“一带一路”战略，内蒙古均被纳入决策范围，国务院印发的有关文件及制定的优惠政策，也为促进内蒙古经济社会发展，扩大对俄蒙开放带来了机遇。

（二）中俄、中蒙一系列政府间经贸合作协定为内蒙古参与“中蒙俄经济走廊”建设提供了契机

中俄方面，2015年5月两国发表了《中华人民共和国与俄罗斯联邦关于“丝绸之路经济带”建设和欧亚经济联盟建设对接合作的联合声明》，并签署32份经贸合作协议，涉及天然气开发和管道建设、远程宽体客机的联合研制、远东地区开发、高铁、金融、核能、新能源等多领域的合作。中蒙方面，2014年习近平主席访蒙期间，两国签订了26项协议，包括过境运输、建立中蒙经济合作区、成立中蒙矿能和互联互通合作委员会、成立中蒙边境口岸管理合作委员会、人民币与图格里克本币互换等17项经济领域合作协定。中俄、中蒙众多协议的签署为内蒙古参与“中蒙俄经济走廊”建设以及扩大与俄蒙的经贸合作提供了坚实的基础和更加广阔的发展空间。

（三）俄罗斯远东开发战略为内蒙古带来机遇

远东开发战略是俄罗斯基于本国经济发展以及融入亚太经济圈的需要而作出的战略决策，加强与中国的合作是这一战略的重要内容，目前中国已成为俄罗斯远东第二大贸易伙伴，2015年上半年中国与俄罗斯远东贸易额为33.01亿美元，占远东外贸总额的23.6%。在中国与俄罗斯远东的经贸合作中，与远东接壤的中国边境地区发挥了关键作用，中俄政府也相继出台措施促进俄罗斯远东地区和中国边境地区的合作。2009年9月，中俄两国元首批准了《中国东北地区同俄罗斯远东及东西伯利亚地区合作规划纲要（2009年至2018年）》，包涵了中俄边境地区205个主要合作方案；2013年中国政府又通过了《黑龙江和内蒙古东北部地区沿边开发开放规划》，提出到2020年，黑龙江和内蒙古东北部地区将“基本建成”全国对俄罗斯及东北亚沿边开放重要的桥头堡和枢纽站。内蒙古应充分把握俄罗斯远东开发带来的机遇，扩大对俄罗斯的开发开放，积极参与和推进“中蒙俄经济走廊”建设。

（四）蒙古国大力发展经济的迫切需求

目前蒙古国正在大力发展经济，所以希望借助中国技术、资金等优势推动自身产业结构升级以及经济多样化发展。为此，蒙古国出台了一系列相关政策和措施。在法律法规方面，2014年开始实施新的《外国投资法》，包含了一些利好政策，具体有：在蒙古国创立企业不需许可，收购国内企业无须许可；取消战略区域；还对一些项目开出了低息贷款和进口材料免关税的优惠政策。同年蒙古国议会还通过了《矿产法》修订草案，主要包括两大方面修改内容，一是恢复发放新勘探特别许可证；二是建立健全长期、稳定的矿产领域投资开发法律环境。在通道建设方面，蒙古国国家大呼拉尔（议会）2014年通过决议，与中国临近的两段南线铁路将采用与中国相同的标轨，这将提高中蒙两国铁路跨境运输的效率。此外，蒙古国还计划建设全长997千米，北接俄罗斯、南连中国的高速公路。

四、内蒙古参与“中蒙俄经济走廊”建设面临的挑战

（一）俄蒙部分民众仍对中国存有戒心

一方面是由于中国的快速发展，引起俄蒙的担忧和猜忌。部分俄蒙学者和民众担心，“中蒙俄经济走廊”的建立会使两国经济更加依赖中国，从而成为中国经济附庸，主张要对中国予以防范。蒙古国更是担心随着“中蒙俄经济走廊”建设的推进，中国会对蒙古国实施领土“扩张”和“吞并”，导致“中国威胁论”在蒙古国始终存在。另一方面，俄蒙民众反华、排华情绪甚至行为的出现是由于在俄罗斯、蒙古国的中国企业的一些不当行为破坏了中国的形象。一些中国企业资质不足、环保意识薄弱、对当地居民的风俗习惯不够熟悉与尊重，导致因为环境问题、资质问题和产品质量问题造成的摩擦时有发生，直接影响到中国企业的声誉和形象。

（二）蒙古国政策环境稳定性差

冷战后蒙古国开始实行民主政治体制，但其民主政治尚未成熟与完善，人事更迭、政策变化的情况时有发生，这给包括中国在内的外国投资者带来了较大的政策风险，所以，在“中蒙俄经济走廊”建设过程中，一旦出现蒙古国单方面的政策变更，不仅会导致“中蒙俄经济走廊”建设增加适应政策变化的成本，也会带来经济方面的损失。在目前的蒙古国大呼拉尔中，民主党、正义联盟与绿色希望党组成了

执政联盟，政党之间的博弈仍在继续，这个联盟的稳定性还需观察，这也为“中蒙俄经济走廊”的建设带来了挑战和风险。

（三）俄蒙经济持续走低也为内蒙古参与“中蒙俄经济走廊”建设带来压力

2013年、2014年俄罗斯经济增长率仅为1.4%和0.6%，2015年受乌克兰危机以及西方多轮制裁的影响，世界银行预测2015年俄罗斯经济增长率接近为零。而蒙古国由于受国际大宗资源性商品价格下跌的牵动，经济增长率从2011年的17%一路下滑到2014年的7%。俄蒙经济下行压力的增大，对中俄、中蒙贸易也产生了不利影响，2015年1—11月，中俄贸易额为613亿美元，比去年同期减少29.3%，2015年上半年，蒙古国对华贸易总额为27.13亿美元，较去年同期减少12.7%。俄罗斯与蒙古国作为内蒙古对外开发开放的主要对象国，其经济持续下行为内蒙古扩大外贸规模带来一定挑战和压力。

五、提升内蒙古在“中蒙俄经济走廊”建设中的战略地位的对策建议

（一）以国家大战略为指导，做好内蒙古参与“中蒙俄经济走廊”建设的战略规划

在国家“一带一路”框架内，加强对内蒙古参与“中蒙俄经济走廊”建设相关问题的前瞻性研究，尤其要重点研究内蒙古在“中蒙俄经济走廊”中的具体定位、发展重点、优先顺序以及保障措施等，编制发展战略规划。内蒙古应从战略高度统筹做好参与“中蒙俄经济走廊”建设的规划布局，将参与“中蒙俄经济走廊”建设与内蒙古国民经济和社会发展有效对接。

（二）建立健全与俄蒙的沟通协调机制

利用中俄、中蒙两国政府及各部门之间现有的合作机制和平台，建立内蒙古与俄蒙地方政府间多层次的合作交流机制，尤其是与内蒙古相邻以及有经贸往来的俄蒙地方政府之间要建立起长期有效的政府间对话合作平台，加强相互之间的信息和政策沟通，确保各类合作项目的顺利推进。此外，还应对内蒙古与俄蒙现有合作机制进行梳理，根据“中蒙俄经济走廊”建设的新形势、新任务、新要求，不断升级

完善甚至建立新的相关合作机制，推动内蒙古与俄蒙合作不断深入。

（三）调整产业结构和优化对外贸易结构

一要促进自治区产业结构优化升级，培育具有较强国际竞争力的主导产业。充分利用产业扶持、政策优惠等手段，加快高新技术产业和资金密集型产业的发展，提高机电、电子产品在出口中的比重，不断提升出口商品质量，打造品牌知名度，提高出口产品的国际竞争力。二要大力发展服务贸易。内蒙古要充分发挥联通俄蒙的优势，利用国家鼓励服务贸易的相关政策和专项资金，完善服务贸易管理体制，扩大服务贸易领域，提升服务贸易在内蒙古对外贸易中的比重。

（四）加强基础设施互联互通建设

首先，要重点推动与俄蒙跨境铁路、公路等通道建设，在关键通道、关键节点和重点工程上加强与俄蒙合作，加快打通中俄蒙跨境铁路的缺失路段；改造、升级与俄蒙毗邻地区的跨境公路；加快建设内蒙古沿边旗县的高等级公路，使中蒙俄主要城市、重点矿区、产业园区形成交通运输网络。其次，要加快推进内蒙古与周边省区重要节点城市的高水平联通，加快高速公路、干线路网和高铁的建设，推动对俄蒙陆路口岸与京津冀、呼包榆、川渝等内地市场及辽宁、河北、天津等出海口的直联直通，从而形成覆盖我区的内外交通网络，更好地发挥内蒙古联通俄蒙与内地的交通枢纽作用。此外，还要加强口岸建设，进一步加大对口岸建设的资金投入力度，不断改善口岸基础设施条件和环境，提高口岸作业能力和过货量，提升口岸服务质量，更好地发挥口岸的通道作用。

（五）创新合作机制，扩大对俄蒙开发开放水平

一要创新企业合作方式。结合我国提出的产能合作理念，拓宽合作领域，加强与俄蒙在装备、技术、管理等方面的合作，鼓励企业到俄罗斯、蒙古国投资办厂，做到与合作对象深度融合，从而实现中国企业在俄罗斯、蒙古国的“本土化”，打造利益共同体。二要创新合作平台建设。要加快推进满洲里和二连浩特国家重点开发开放试验区建设，推进综合保税区、互市贸易区等平台建设，积极推进呼伦贝尔中俄蒙合作先导区、二连浩特—扎门乌德中蒙跨境合作区建设，探索设立满洲里边境自由贸易区建设工作，使内蒙古成为联通内地与俄蒙的枢纽。三要加快金融创新，推进跨境金融结算业务。随着“中蒙俄经济走廊”建设的启动，金融合作已成为未来中俄、中蒙重点合作领域之一。为此，内蒙古应加快金融创新，促进对俄蒙金融服务的便利化和规模化，加快推动本地银行开展对俄罗斯、对蒙古国业务结算，同时发展跨境金融，支持本地区商业银行到俄罗斯、蒙古国设立分支机构。

（六）深化人文交流，以“民心相通”带动“经济联通”

一要充分发挥媒体和智库作用，做好“走出去”、“引进来”的宣传和研究工作。“走出去”就是要通过多种途径，做好对外宣传，讲好中国故事。利用电视、网络、报纸、杂志等媒体，向俄蒙民众宣传我国“与邻为善、以邻为伴”、“亲、诚、惠、容”的周边外交理念，宣传“一带一路”和“中蒙俄经济走廊”的“互利共赢”和“共同发展”理念，以此消除俄蒙民众对我国发展的疑虑和戒心，为推动“中蒙俄经济走廊”建设营造良好的舆论氛围。“引进来”就是要加强对俄罗斯、蒙古国政治、经济和社会发展情况的研究。内蒙古应发挥自身优势，调动区内智库资源，从政治、经济、外交、社会、民族等多方面对俄蒙两国进行研究，全面了解俄蒙两国内政外交走向、经济社会发展情况以及民生舆论关切，为政府决策提供参考和依据。

二要发挥跨境民族桥梁与纽带作用，加强彼此文化认同。俄罗斯族与蒙古族在中俄蒙三国中作为跨境民族而存在，不同的是，在中国二者属于少数民族，而在俄罗斯和蒙古国则分别是构成本国的主体民族，他们共享历史和文化，我们应该充分发挥跨境民族的桥梁和使者的作用，在求同存异的基础上，加强彼此间的文化认同。

三要扩大中俄、中蒙人文交流的主体。人文交流只有让民众成为主体，才能富有活力，持续发展。一方面要打破人文交流活动参与者的领域界线，吸引各类社会主体参与人文交流活动，扩大人文交流的受众面；另一方面要注重发挥民间团体的作用，鼓励民间组织积极走向俄罗斯、蒙古国民众，多做得人心、暖人心的事，扩大在俄蒙民众中的影响力。只有民众之间理解和接纳对方，对彼此的文化有认同感，各项协议计划才能得到具体落实，才有利于“中蒙俄经济走廊”

的顺利推进。

作者系内蒙古社会科学院俄罗斯与蒙古国研究所助理研究员

内蒙古人口发展特点及影响研究

双　宝　陈新丽　党敏恺

目前，内蒙古人口发展总体态势良好，人口结构得到进一步优化，但仍然存在结构性“短板”。人口老龄化、性别比失衡、分布与流动结构不合理，以及人口自身修复空间的收窄问题已经从一个中长期问题演变成立即着手解决的问题。

一、内蒙古人口数量与增长

人口规模是指一个国家或地区在一定时期内人口的总量，一般以人口普查的统计结果为依据。从图1看，在1953—2010年间，内蒙古人口数量由原来的610.02万人增加到2470.63万人，共增加1860.61万人，增长率为305.01%。同期，全国总人口由6亿人增长到13.71亿人，增长率为128.5%。

新中国成立以来，内蒙古人口增长较快，但是人口增长率具有前高后低的递减规律。1953—1964年、1964—1982年之间的增长率分别

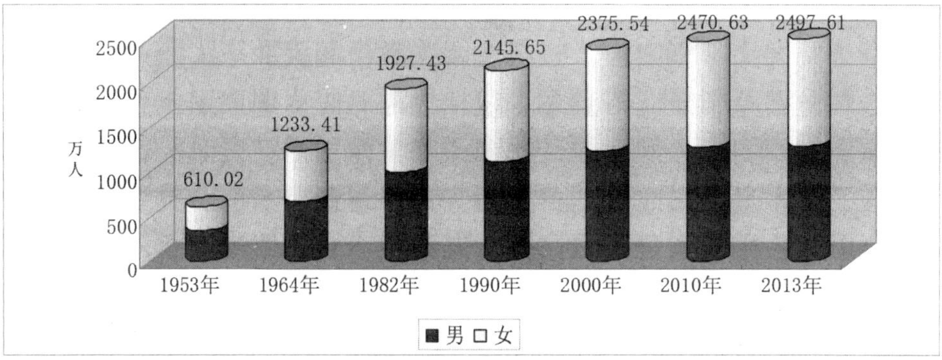

图1　内蒙古人口数量变动情况

为102.19%和56.27%；1982—1990年、1990—2000年之间的增长率分别为11.32%和10.71%；2000—2010年之间的增长率为4.0%。

随着人民生活水平和医疗卫生条件的改善，人口死亡率的下降，以及原有高生育率的惯性作用是内蒙古人口增长率呈现“前高”的主要原因。20世纪70年代末开始实施的国家计划生育政策是导致人口增长率“后低”的根本原因。尤其进入新世纪以后，城镇化进程的加快和计划生育政策的叠加效应以及人们生育观念的转变，促使内蒙古人口增长率明显回落。

2014年，内蒙古总人口为2504.81万人，全年出生人口为23.29万人，出生率为9.31‰；死亡人口为14.38万人，死亡率为5.75‰；自然增长率为3.56‰。与全国人口变动主要指标相比，内蒙古人口出生率、死亡率和自然增长率分别低于3.06、1.41和1.65个千分点。这说明，内蒙古人口发展模式已由过去的“两高一低”转变为“三低”的发展阶段。

二、内蒙古人口结构特征

（一）人口城镇化进程加快

内蒙古人口城乡分布发生了巨大的变动，呈现出人口向市镇集中转移的城市型人口发展态势。2014年内蒙古城镇化率达到59.5%，与2010年和2000年相比分别提高6.1和16.8个百分点。随着城镇化进程的加快，内蒙古乡村人口从1997年（1420.1万人）开始逐年下降，并且在2007年首次下降到城镇人口规模以下，实现了城乡人口结构变迁的质的变化。2014年，内蒙古乡村人口已下降到1014.2万人，比1997年、2007年和2013年分别增长-28.58%、-16.24%和-1.66%；同期市镇人口分别增长64.60%、22.38%和1.66%。

（二）人口年龄结构老化

内蒙古已进入人口老龄化与少子化并存的新常态。2013年，内蒙古0～14岁、15～64岁和65岁以上老年人口比重分别为13.73%、77.72%和8.55%。与2010年相比，老年人口比重上升0.9个百分点，少年人口和劳动人口比重分别下降0.34和0.65个百分点。

内蒙古乡村人口老龄化程度明显高于城镇。2010年乡村65岁及以上人口比重达8.20%，城市为7.05%，二者相差1.15个百分点。与2000年的乡村65岁及以上人口比重5.90%相比，这一比例上升了2.3个百分点。乡村人口老龄化超前城镇，以及农村牧区社会保障制度不健全和家庭养老功能弱化的情况下，乡村养老问题变得日益严峻。

（三）人口性别比失衡

改革开放以来内蒙古人口性别比虽然小幅回落，但一直在性别比正常范围（103～107）的箱体上方徘徊，2014年为107.38。从性别比的城乡走势看，乡村人口性别比失衡情况更加严重。2010年，内蒙古乡村人口性别比为111.21，城镇人口性别比为105.81，二者相差5.4个百分点。进一步从20～34岁最佳适婚年龄人口的性别比来看，2010年乡村适婚年龄段人口性别比高达113.88，与2010年的城镇适婚年龄段人口性别比（106.47）和2000年的乡村适婚年龄段人口性别比（108.40）相比，分别高7.41和5.48个百分点。可见，无论是城乡横向性别比，还是乡村纵向性别比来看，乡村人口性别比具有高位持续偏离的趋向。

与总人口性别比变动相似，内蒙古出生性别比也具有偏离正常范围上方运行的特点。2000—2010年之间，内蒙古出生性别比从108.84上升到111.96，上升了3.12个百分点。假设其他人口条件不变的情况下，出生人口性别比的上升必会推高总人口性别比，未来人口生态失衡的风险也会增加。

（四）人口素质稳步提高

内蒙古6岁及以上人口的受教育程度显著提升，其中小学文化程度者比重由2000年的44.08%下降到2010年的31.73%，下降12.35个百分点；大学文化程度者比重由4.06%上升到10.80%，上升6.74个百分点。而且，2010年小学文化程度者比重首次下降到初中文化程度者比重（41.48%）之下，人口受教育结构发生了实质性的变化。

分城乡看，乡村6岁及以上人口中的小学和初中文化程度者比例高于城市，而高中和大学文化程度者的比例均低于城市，人口文化素质的城乡差距较大。但是，从纵向来比较，乡村人口文化水平的提升是显著的。除了小学文化程度者比例下降之外，初中、高中和大学文化程度者比例都在提高。乡村人口文化素质的提升为发展现代农牧业、应用新兴农牧业科技和设备以及建设新农村牧区提供了较好的智力支持。

（五）人口流动规模扩大

随着工业化、城市化进程以及农牧民生产生活环境的变化，农牧民转移就业人数逐年增多，已形成来源不断多元、规模不断扩大、分布不断扩散的庞大群体。2010年，内蒙古长期务工的人数为675.37万人，占总户籍人口的27.67%，比2000年的16.65%提高11.02个百分点。2014年，全区农牧民转移就业256.7万人，其中转移6个月以上210万人，占农牧民转移就业总数的81.81%。

不仅乡村人口向城镇流动加速，而且农牧民“离乡不离土”式的乡村内部流动现象仍然普遍存在。据第6次人口普查资料，2010年内蒙古乡村人口中居住本乡、镇、街道半年以上，且户口在外乡、镇、街道的人数为132.69万人，占乡村总人口1098.61万人的12.08%。市镇人口向乡村反方向流动，尤其携带资本下乡的市镇人口也逐步增多，还有在城镇之间，尤其中小城镇人口向大城市流动的现象也比较突出。总之，内蒙古人口流动呈现出流量庞大、流动频繁、流向复杂的规模化和网络化的发展趋势。

（六）少数民族人口较快增长

据历届人口普查数据，2000年全区汉族人口比重首次下降到80%的整数关口。2014年，内蒙古汉族人口为1906.24万人，比重为75.50%；蒙古族和其他少数民族人口达到458.45万人和160.12，比重分别为18.16%和6.34%。与2000年相比，到2014年末全区汉族人口增加23.85万人，增长幅度为1.27%；蒙古族和其他少数民族人口分别增加55.53万人和69.89万人，增长幅度为13.78%和77.46%。同期，汉族人口比重从79.24%下降到75.50%，下降了3.74个百分点；蒙古族和其他少数民族人口比重分别增加1.20和2.54个百分点。

三、内蒙古人口结构“短板”与影响

（一）基础性“短板”：人口老龄化与就业难问题

1.内蒙古人口老龄化问题已从一个中长期问题演变成需要立即着手解决的问题

2013年，内蒙古60岁以上老年人口437.3万人，占全区总人口的

17.6%，高于全国平均水平3.3个百分点。与此形成鲜明对照的是，内蒙古人口老龄化的“未富先老”特征较明显，加上历史欠账太多，能够应对人口老龄化领域投入的财政支出中长期大幅度提高的难度也较大。然而，随着人口老龄化趋势的加剧，内蒙古养老和医疗保险待遇享受人数将大幅增加，从而进一步激化社会保障基金收支和养老服务供需之间的矛盾，对现行城乡养老和医疗保险以及社会救助与福利等造成沉重负担。

2.以大学生为主的青年就业和创业问题较突出

虽然内蒙古人口年龄结构步入了老龄化行列，但其劳动年龄人口比例仍在高位增加，青年就业与创业难问题突出。据内蒙古人口普查资料，2010年，内蒙古劳动人口比重为78.37%，与2000年相比劳动人口比重上升5.11个百分点。与此同时，随着高等教育的普及与大学毕业生的逐年增多，大学生已成为扩大就业的重点人群。尽管我们的服务业快速发展，但现代服务业增加的就业岗位仍然满足不了新增大学毕业生的求职需求，解决以大学生为主的青年就业与创业问题已成为国家、社会和个人共同面临的现实问题。

（二）整合性“短板”：空巢待养与性别失衡问题

1.随着人口增长速度放缓与人口流动加速，以及家庭规模小型化和家庭结构核心化，空巢老人养老问题日益突出

据内蒙古人口普查资料，在有一个65岁及以上老年人口的城乡家庭中，单身老年人家庭比重由2000年的11.40%提高到2010年的18.55%，上升7.15个百分点。在有两个65岁及以上老年人口的家庭中，只有一对老夫妇家庭比重由2000年的13.19%提高到2010年的21.83%，上升8.64个百分点。在人口老龄化和社会保障制度不健全的情况下，大量空巢老人家庭的出现，尤其乡村空巢老人家庭比例的快速上升，不仅严重削弱了家庭承担农牧业生产和养老责任的传统功能，也增加了未来家庭变迁的潜在风险。

从老年人的生活来源结构看，高达14.81%的老人依然靠自己的劳动收入来养老，11.42%的老人依靠最低生活保障金来维持生活，41.84%的老人依靠家庭其他成员来供养，0.58%的老人依靠财产性收入来养老，养老金和其他方式养老的分别为28.65%和2.69%。在老年抚养

比不断提高和社会养老缺失的背景下，空巢老人养老问题将成为影响养老保障持续公平发展的主要因素。

2.性别比失衡引起的“人口生态安全”问题

2014年内蒙古人口性别比为107.38，偏离正常范围上线0.38个百分点。与城市相比，乡村人口性别比失衡情况更加严重，二者相差约5个百分点。乡村人口性别比失衡，尤其乡村青壮年劳动人口性别比失衡带来的后果是多方面的，其中最为直接的后果是造成婚姻市场中对男性的“婚姻挤压”现象和“光棍危机”爆发。农村牧区婚姻成本和离婚率的大幅提高，与人口性别比失衡具有一定的正相关性。女性稀缺和婚姻成本提高而集中出现的“光棍”群体，其因缺失家庭支持和保护而逐渐变成具有“经济+婚姻”双重贫困特征的弱势群体。

（三）流动性“短板”：乡村“空心化”与流动人口半城镇化问题

1.内蒙古城镇人口增长明显加快，农村牧区人口增长缓慢，呈现出人口向市镇集中转移的城市型人口发展态势

2014年内蒙古城镇化率达到59.5%，比2013年提高0.8个百分点。然而，内蒙古城镇化在取得成就的同时，也带来了诸多新问题，如基层农牧民在没有具备适应城镇化环境的技能储备条件下，大量进入城镇被动从事第二和第三产业，加之“半城镇化人口”公共服务和社会保障普遍缺失的情景等对他们的生存和发展以及子女教育带来了极大的影响。

2.农村牧区人口增长速度放缓，加之农村牧区人口向第二、三产业流动，加剧了“农牧业后顾之忧”现象

近年来，内蒙古农村牧区经济社会运行态势良好，尤其自治区实施“十个全覆盖”工程以来农村牧区社会建设取得了重大进展。但是，城乡差距不断扩大，尤其是广大农村牧区发展滞后的局面没有根本改变，农村牧区公共服务和基础设施建设相对落后，农村牧区“空心化”和“老人农牧业”问题日益突出。乡村“空心化”一方面将会导致农村牧区公共服务体系的建立更加困难，农牧民享受公共服务成本变得更为高昂。另一方面甚至还会出现“十个全覆盖”实际效能被打折的情形，也就是说已经建好的部分嘎查村文化室和医疗室等公共

服务设施处于利用率不高或闲置的状态。

在内蒙古乡村人口老龄化的背景下，乡村劳动力年龄结构也发生了重大变化，其最主要的变化特征就是35岁以上劳动人口比例大幅度提高，35岁以下的劳动人口比例下降。虽然乡村劳动力供给较为充分，但是能够从事农牧业生产活动的有效劳动力仍然相对不充足，农牧业生产主要由留守中老年人为主的从业格局基本形成。当前，内蒙古经济社会处于工业化、城镇化的过程中，随着农牧业劳动力转移，特别是年纪较轻、受过一定教育的乡村人口向城镇的大规模迁移，可能会出现土地草场抛荒、农牧业生产率下降的现象，最终会影响到农牧业生产和乡村文化的发展与繁荣。

四、对策建议

（一）完善人口发展战略，优化人口年龄性别结构，积极应对老龄化和性别失衡问题

缓解人口老龄化压力，增加劳动力供给，补充“人口红利”，是从劳动力角度进行供给的结构性改革的主要内容。对此，首先要深刻领会党的十八届五中全会精神，在积极推进“单独二胎”工作的基础上，做好实施“全面二胎”政策的落地以及区内蒙古族和“三少”民族生育政策的调整工作，最大限度地缓解人口年龄性别结构性矛盾的中长期负面影响，确保人口“生态安全”和社会“老而不衰”。其次要在完善现行养老保险制度的同时，大力发展“医养结合”和“房养结合”的养老模式，确保群众未来养老保障需求。再次要充分认识人口性别比偏高带来的危害，采取开展男女平等的社会面宣传教育活动，建立有利于女孩及计划生育女儿户的利益导向机制，依法严厉打击胎儿性别鉴定等综合措施，促进人口性别比回落到正常范围之内。

（二）打破城乡二元结构，推进市镇和乡村人口协调发展，积极应对农村牧区“空心化”和“老人农牧业”风险

在人口“三低”发展模式下乡村人口增长速度显著放缓，甚至出现了结构性的负增长现象。加之，农村牧区人口向城镇流动速度的加快，促使乡村“空心化”和“老人农牧业”风险日益显现。因此，首先要坚持协调发展，统筹城乡基础设施建设和基层社区重构，实现农

牧业发展和农牧民增收致富“两不误”。以“十个全覆盖”为抓手，全面改善农牧民生产生活条件，提升基本公共服务效能的城乡均等化，建设美丽宜居乡村。其次要实施居住证制度，创新流动人口管理机制和方法。在保障流动人口原住地已有合法权益和自主定居意愿的基础上，推进就业、教育、职业培训、医疗和社保等城镇基本公共服务向常住人口全覆盖，切实解决进城农牧民“半城市化”问题。

（三）大力促进教育公平，提升人力资本素质，积极应对现代化和城市化带来的挑战

提高人口素质是坚持创新发展的必然要求，也是人口适应市场化和城市化浪潮的必由之路。首先要促进教育公平，大力发展农村牧区基础教育，完善农村牧区孩子上学和就业资助体系，逐步缩小城乡教育质量差距，让每个孩子都能成为有用之才。其次要积极开展社会技能培训，提高农牧民掌握新技术能力，为发展现代农牧业和承接“返乡创业型”智力、资金回流创造有利条件。再次要增强政府与市场携手促进大众创业，实施中小企业税收优惠和清费政策，重点支持种子期、初创期中小企业，发挥中小企业对扩大就业的杠杆作用和乘数效应。同时，主动适应“互联网+”时代，通过发展以互联网、物联网为平台的新型灵活就业平台，解决大学生为主的青年创业与就业问题。

（四）推动产业结构升级，完善社会保障制度，积极应对人口结构变动带来的深远影响

人口老龄化、青年群体就业难和阶层之间的利益冲突等结构性问题的解决归根结底都离不开经济发展。新世纪以来，内蒙古经济高速发展，综合实力明显提升，但是欠发达的基本区情还没有根本改变。发展中的问题还是要靠发展来解决。对此，首先要主动适应新常态发展要求，推动产业结构升级，努力培育新的增长点，确保经济中高速增长。其次，坚持共享发展，以减贫效应为导向，实施精准扶贫，找准贫困地区和群众致贫的深层原因，采取开发扶贫、生态扶贫、移民扶贫、金融扶贫、项目扶贫等不同措施，建立社会共享的财富分配平台，改善贫困地区和生活困难群众基本民生。第三，要抓住国家完善人口发展战略的有利时机，通过社会保障制度顶层设计与基层探索的方法，进一步推进社会保障制度的公平和可持续发展，强化社会保障制度对基本民生的兜底保障功能。

作　者：双宝系内蒙古社会科学院社会学研究所副研究员
陈新丽系内蒙古社会科学院社会学研究所助理研究员
党敏恺系内蒙古社会科学院社会学研究所助理研究员

内蒙古人才政策实施效果评价研究

张　敏　于光军

改革的快速道上，创新驱动的作用逐渐突显，对人才政策的系统性、整体性和协同性提出了更高的要求。本文以内蒙古自治区在新形势下人才工作面临的新问题和新挑战为背景，以“四个全面”战略布局对内蒙古人才发展提出的新要求和新任务为标准，对自治区人才政策措施的效果进行了客观评价，力图为我区人才政策发展提供系统化调整的基本思路性建议。

内蒙古实施人才强区战略以来，人才事业取得了令人瞩目的成就，自治区人才队伍整体实力显著提升，人才竞争力明显提升，逐渐形成了与经济社会跨越式发展战略相适应的人才发展模式。自2013年始，自治区党委又将人才强区工程列为全区“六大工程”之一加以推进，强调将人才工程作为全区落实“8337”发展思路的突破点和着力点之一。

“人才发展以用为本，用好人才政策为要”，政策是人才发展和人才发挥作用的根本保障。立足于全区人才总量不足、人才整体素质偏低、高科技人才回流困难等现实情况，进一步促进我区人才事业发展是一个庞大的系统工程，需要形成促进人才发展的长效机制，建立一整套彼此沟通协调的人才政策体系予以推进，才能使全区的人才工作真正迈上一个新台阶。

一、内蒙古人才政策现状分析

（一）人才政策日趋完善

近年来，内蒙古按照中央的要求，结合本区实际，制定实施了《内蒙古自治区中长期人才发展规划纲要（2010—2020年）》，确立人才在经济社会发展中优先发展的战略地位和战略布局，提出坚持人才工作的“四个优先”。内蒙古党委制定《关于进一步加强党管人才工作的实施意见》，形成了党委统一领导，组织部门牵头抓总，有关部门各司其职密切配合，发挥职能，社会各界广泛参与的形成人才工作合力的人才工作格局。《“草原英才”工程实施方案》、《“草原英才”工程若干政策规定（试行）》、《关于加强县域人才队伍建设的指导意见》等多个文件相继出台，各盟市、自治区有关部门都在不断加强各区域、行业人才规划和政策的编制工作，基本上形成了上下贯通、左右衔接的全区人才发展政策体系。

（二）政策对人才发展的驱动作用不断增强

自治区人才规划出台后，9个重点领域、12个盟市、54个旗县（市、区）颁布了人才规划，规划和政策体系基本健全。全区人才工作得到了前所未有的重视和提升，人才队伍进一步壮大。按照中共中央组织部统计口径，全区人才资源总量达185.2万人，占全区人口总量的7.5%；其中党政人才队伍17.09万人，占人才资源总量的9.22%；企业经营管理人才队伍31.81万人，占人才资源总量的17.18%；专业技术人才队伍93.31万人，占人才资源总量的50.38%；高技能人才队伍36.05万人，占人才资源总量的19.47%；农村实用人才队伍16.32万人，占人才资源总量的8.8%。

二、人才环境变化对自治区人才发展提出新要求

（一）“四个全面”战略部局对自治区人才发展提出了新要求

“四个全面”战略部局意味着内蒙古人才工作与人才发展环境将面临三个方面的巨大变化：一是社会运行方式将发生基础性变化。在依法治国的总方针下，法制建设将不断完善，社会运行的各个环节将不断纳入法制化轨道，促进人才工作发展的各项工作也将更多地在法治体系的框架下，依靠法制推动人才发展。二是政府职能、政府与社会发展各类主体的关系将发生根本性变化。政府直接参与社会活动的范围和力度将有所收缩，行政权力将大量减少，构建人才发展的良好环境、为社会各类人才提供服务和支撑将成为人才工作的主要内容。三是我区社会经济发展动力机制将发生本质性变化。全面提升城市功

能，建设新农村、新牧区，为社会经济长期可持续发展提供更好的建设基础；提高创新驱动能力建设水平，广泛动员、支持、扶持全社会人才投身于经济建设、社会发展的洪流中来，为社会经济发展提供新的动力，将成为我区人才工作的首要目标。

“四个全面”战略部局将使得我区人才政策的覆盖面进一步扩展到全社会，为适应发展环境的变化，推进人才发展的对策措施进一步法制化，我区人才工作需要进一步突出人才政策体系对人才发展的引导、保障作用。

（二）全面建成小康社会的任务对自治区人才结构提出了新要求

城镇化和农牧区社会发展新格局对丰富我区人才结构、改革我区社会人才发展机制提出了新的要求。我区城镇化与新农村、新牧区建设在以往巨大成就的基础上，进入了推进社会治理现代化、科学化，完善城镇、乡村社区功能，提高城乡社会服务、公益服务质量的新阶段。新型城镇化、城乡统筹发展是转变发展方式的重要动力来源，也是提高百姓生活质量、保障全面建成小康社会的重要途径。社会生活方式的变化使面向百姓日常生活的社会治理的地位越来越突出，使城镇和农牧区基层服务的重要性越来越突显，使促进社会发展进步的工作越来越细微化、日常化。要推进全面建成小康社会，我区需要将人才发挥效用的方式稳定下来，需要将驱动人才发展与我区社会经济的日常活动高度融合。

（三）改革的不断深化对自治区人才政策提出了新要求

随着改革的不断深化，国家提出了以体制创新推动科技创新的工作要求，就科技成果使用处置和收益管理创新，扩大股权和分红激励政策实施范围，完善科技成果转化、职务发明法律制度、科研人员流动政策、改革科技评价、职称评定和国家奖励制度等方面，已经在加快政策和制度改革进程。这为我区构建鼓励人才发展政策既提供了良好的环境，也提出了完善我区人才政策、促进人才发展的方向。

党中央基本确立了政府履行职能的方式将以社会化改革为主线，鼓励社会力量参与公共服务领域发展建设，推广政府购买服务等模式，并对政府介入经济建设、社会发展提出来强化服务职能的要求。新的要求和新的工作机制，要求基层人才结构也要进行有效调整，以人才政策创新和制度创新，突破基层人才工作存在的编制、待遇等方面的限制，及时补充自治区社会服务和社会治理需要的人才队伍，有效推进人才向城镇社区、乡村基层流动。

三、内蒙古现行人才政策存在的问题

（一）整体性上看全区的人才政策体系中，政策主线尚未明晰

我区人才政策的重点在争先“拉”人才、“留”人才上，而不在“用”人才和“激”人才上。注重人才“争夺”和数量积累，相应疏于为现有人才提供适宜人才发挥作用的工作生活环境，缺乏通过有效的“用”去“激发”人才涌现的机制，从而达到优化人才质量的目的。从“人人可以成才”的命题看，“用”人才和“激”人才具有“裂变”功效，是落到实处、操作性较强的政策设计的核心体现，能够牵引整体人才队伍增量的积累并实现人才“质”的优化。以为人才提供平等涌现的机会为核心，以社会竞争为途径，营造开放性的政策、事业、待遇“三留人”环境，才能激活专业技能人才队伍，锤炼经营人才队伍，达到释放创造人才的活力目的。把人才工作的重点放在“用”人才和“激”人才上，是我区突破人才困境的关键。在实际工作中，我们还缺乏统领人才工作全局的战略性政策，也缺少一系列与之相配套的具体政策，在我们有关调研中发现有些旗县甚至没有见到《关于实施“人才强区工程”的意见》的具体文件，也不了解自治区人才强区战略的基本意义和内容。

人才政策体系作为一个有机的整体，核心政策在政策体系中起到统领作用。而我区现有的人才政策政出多头、各行其是，没有形成主次分明、层次清晰的结构。内蒙古人才政策重点在“急用人才”这一技术类别上，而不在平等协调发展各类人才类别上。就人才市场建设来说，我们也缺少遵循市场规则的检验和筛选，缺乏按照人才成长规律予以激励的相应制度。由于人才政策竞争性的功效甚微，也难以激发中低层人才快速提升，没有形成引发其他领域的人才流动来补足稀缺的高级人才的体制机制。在政策最易发挥效力的行政领域，我们的人才工作在实践中没有将党政、社科、技能人才和“急用人才”等类别人才同等纳入统一的激励政策之中。

（二）宏观政策多，具体的扶持措施不明确，政策之间不配套

近年来我区虽然出台了很多的政策，但畅通人才交流渠道、形成服务人才发展平台的具体政策还不明确，关系到政策落地的可执行措施还不完善。至今还存在有高端人才引进政策，但相关措施无法兑现的情况，作为落后地区，不仅在吸纳人才方面没有比发达地区“更优、更活、更宽”，甚至还更为不足。有些政策片面地吸引人才，止步于人才到位，而不是针对怎样最大限度地使用和激励人才。

针对自治区亟待解决的问题和紧缺性人才而设立的8项重大政策中，大部分领域的支持性政策还是空白，有些政策虽然涵盖了一些具体可落实的措施，由于缺少具体的实施规范和可操作的规定和监管，使得执行过程中仍存在无法打通的环节和关卡，操作随意性较大，致使一些好的人才政策大打折扣。

整体性上，现有比较系统的人才政策只有关于高端人才引进的《“草原英才”工程若干政策规定》和《内蒙古自治区引进人才与智力工作暂行办法》。政策的相关性上，宏观政策较多，具体扶持人才发挥效用的措施不明确，政策的配套措施不完善。

（三）政府在人才政策上宏观缺位与微观越位并存

我国已经确立了资源配置主要由市场决定的机制，政府的作用主要体现在从宏观上对促进人才作出贡献予以重视和支持，尤其体现在加大投入、改善人才环境等方面。从人才有效配置的机制和规律来看，其核心依据的是价格机制和竞争机制。在统一市场面前，“一流人才一流报酬”的机制体现的是市场规律。按市场供求机制来说，稀缺的高级专业人才和经营人才理应“价高”。低待遇、低工资、低价值注定“买”不来稀缺的人才，就是原有“囤积”的人才，也照样留不住。但是，人才的核心是“以用为本”，自然要求“能力导向”和“业绩导向”的人才使用机制与此相配套。在这一机制下，“一流人才一流报酬”的核心不是人才的身份，而是人才劳动的成果价值；不是“有”人才的静止状况，而是人才在“干”的效应局面。这就需要将人才政策的重点从以“身份”定待遇，转向以实际能力和业绩定待遇上。用“能力导向”和“业绩导向”打通人才类别、级别、地域的流动樊篱，构建起全面开放的以“四个不唯”论人才的人才评价标

准和评价体系。通过“能力导向”和“业绩导向”人才使用机制的构建，来替代和弥补经济待遇的劣势。

四、把握人才发展新需要，推进自治区人才政策体系化建设

（一）体系化是完善内蒙古人才政策的着眼点

促进自治区人才事业发展是一个庞大的社会系统工程，需要形成促进人才发展的长效机制，各项人才政策需要彼此沟通协调予以推进，以完善人才结构、稳定人才队伍、发挥人才效益。体系化建设是要在横向上能够做到满足社会各个领域对人才的需要而无一遗漏，在纵向上能够做到满足各层次人才发展的需要而无一遗漏，要求我区的各项人才政策在政策制定的着眼点、制度制定的时代性和先进性、政策执行性以及政策效果的保证性上有所改进，在工作机制上，建立以政府为主导，以市场为基础，以企业为主体，以中介为补充的社会化人才工作体系。

完善我区人才政策体系，是要在更大限度地发挥人才对我区新时期社会经济发展的实际贡献目标下，按照中央全面深化改革的总方向和具体改革措施要求，把握新时期社会发展的新趋势，把握新时期人才需要的变化，把握新时期人才工作环境变化，在“四个全面”的总体布局中，查找我区人才政策中在新环境下需要完善、改进的地方，查找我区现行人才政策还没有覆盖到的新兴领域，将国家全面深化改革的内容体现在我区人才政策中，进一步突出政策实施效果，强调人才发挥作用的效果，形成人才政策以效用为核心的体系化。

（二）人才政策体系化建设思路

1.以人才认定作为人才政策体系的入口

推行科学、明确、规范，以突出能力和业绩水平为标准的人才分类认定工作，是人才政策体系真正发挥引导作用的基础。针对不同层次人才制定不同政策，打破“草原英才”、“科尔沁人才”、“玉龙人才”、“自治区杰出人才”、“自治区高级技师”、“全区技术能手”、“自治区创新创业人才”的框架，将各行各业中的“专才”、“偏才”划定进来，特别是对创新型人才，应当突破区域限制，突破身份、学历、职称的束缚，按教育、卫生、科技、农业、牧业等行业

标准，针对不同阶段人才的个性化特点，从配套资助、户籍、住房、医疗、社保等多方面进行政策设计，使人才政策能够精准发力，让人才政策真正起到提振信心和保障的作用。

2.以绩效评估作为人才政策后续支持的通道

人才发展具有规律性和连续性，人才政策体系也应该与此相一致，对人才的扶持形成连续的过程，而不仅仅是一种荣誉的颁布和终极的评定。所以建立与完善人才政策的绩效评估环节，将绩效评估作为人才政策体系的重要节点，对各类人才在认定并执行政策后的成绩和未来的发展进行有效的评估，对优秀等级或潜力较大的人才、团队、基地进行后续的跟踪扶持，对不符合条件的要运行退出机制，形成优胜劣汰的良好用人环境，明确评估主体，规范评估运行机制，发挥人才评估环节延伸和完善人才政策链的重要作用。

3.以后补助模式作为人才政策的主要支持形式

采用后补助模式的扶持政策，一方面可以引导撬动社会资本，提高财政资金使用效益；另一方面贯彻“绩效管理”思维，以提升盟市和基层人才开发的积极性；三是针对市场导向类的人才应突出用人主体的作用，由企业或用人单位提出需要资助和扶持的情况，政府采用“后补助”及间接投入等方式给予支持，形成主要由市场决定人才或项目，以及资金的分配、评价机制。

4.以政府购买的方式搭建人才服务平台和载体

加大政府购买人才公共服务力度是人才服务未来的发展方向，鼓励民营资本以独资、合资、收购、参股、联营等多种形式进入人力资源服务领域，提高人力资源服务领域的民营资本参与程度。鼓励和支持区内人力资源服务机构与国内外人力资源服务机构以合资、合作形式开展服务。使人才政策与科技政策、产业政策、教育及社会保障等民生政策相互协调匹配。完善政府购买公共服务制度，加快人才开发信息化建设。建立全区人才资源信息库，形成统一、开放的人才信息化平台，实现人才资源共享。

作　者：张敏系内蒙古社会科学院公共管理研究所副所长、副研究员
于光军系内蒙古社会科学院经济研究所所长、研究员

图书在版编目(CIP)数据

内蒙古自治区经济社会发展报告.2015/张志华主编.
–呼和浩特：远方出版社，2016.1

ISBN 978-7-5555-0633-1

Ⅰ.①内… Ⅱ.①张… Ⅲ.①区域经济发展–研究报告–内蒙古–2015 ②社会发展–研究报告–内蒙古–2015 Ⅳ.①F127.26

中国版本图书馆CIP数据核字(2015)第318573号

内蒙古自治区经济社会发展报告2015

主　编　张志华

出版发行	内蒙古出版集团　远方出版社
社　　址	呼和浩特市乌兰察布东路666号　邮编 010010
电　　话	（0471）2236471 总编室　2236460 发行部
经　　销	新华书店
印　　刷	内蒙古爱信达教育印务有限责任公司
开　　本	787mm×1092mm　1/16
字　　数	378千
印　　张	24.25
版　　次	2016年1月第1版
印　　次	2016年1月第1次印刷
印　　数	1—2000册
标准书号	ISBN 978-7-5555-0633-1
定　　价	68.00元